OD 17 / 55

OD / 114

STEPHAN WOLFF

Der rhetorische Charakter sozialer Ordnung

Soziologische Schriften

Band 17

Der rhetorische Charakter sozialer Ordnung

Selbstverständlichkeit als soziales Problem

Von

Dr. Stephan Wolff

DUNCKER & HUMBLOT / BERLIN

Alle Rechte vorbehalten
© 1976 Duncker & Humblot, Berlin 41
Gedruckt 1976 bei Buchdruckerei Bruno Luck, Berlin 65
Printed in Germany
ISBN 3 428 03607 7

Inhaltsverzeichnis

Vorbemerkung 9

A. *Zum erkenntnis- und wissenschaftstheoretischen Hintergrund des Themas* 15

   I. Zum Problem der Vermittlung allgemeiner Regeln und ihrer situativen Anwendung 15

      1. Skizze des Verhältnisses zwischen Theorie und Daten bei verschiedenen Positionen innerhalb der Wissenschaftstheorie 15

          a) Englischer Sensualismus und Empirismus 16
          b) Logischer Empirismus 18
          c) Der Falsifikationismus 23
          d) Der Konstruktivismus 27

      2. „Heilungsversuche" innerhalb der experimentellen Forschung 32
      3. Der konstruktivistische Charakter der klassischen Testtheorie 37

  II. Erste philosophische Ansätze zu einer systematischen Erfassung von „Heilungsversuchen" 40

      1. Die Sprachspieltheorie des späten Wittgenstein 40
      2. Winch, Hart und die Problematik des Ansatzes einer „wittgensteinianischen Soziologie" 48
      3. Rawls Argumentation gegen die utilitaristische Rechtstheorie und sein doppelter Regelbegriff 54

 III. „Vertrauen" als notwendiges Konzept im Kontext des doppelten Regelbegriffs 58

      1. „Vertrauen" und subjektive Entscheidung 58
      2. „Vertrauen" als soziologische Kategorie 65

          a) Vertrauen und zeitliche Komplexität 66
          b) Vertrauen und sachliche Komplexität 68
          c) Vertrauen und soziale Komplexität 69

  IV. Resümee des ersten Abschnitts 73

B. *Soziologische Ansätze zur Methodik der Regelapplikation („Rhetorik des Heilungsversuches")* 76

   I. Zur Spezifizierung des rhetorischen Charakters alltagsweltlicher und wissenschaftlicher Aussagen und Handlungen 77

1. Explikation des „Rhetorik"-Begriffs 77
2. Zum Begriff der Indexikalität 79
3. Einige vorläufige wissenschaftstheoretische Folgerungen 86

II. Die soziologische Tradition des „Moralischen Absolutismus" als die in der soziologischen Theorie gebräuchliche Form der Lösung des Problems sozialer Ordnung 96

    1. Das traditionelle Problem sozialer Ordnung und die Lösungsform des „Moralischen Absolutismus" 96

    2. Thomas Hobbes 100

    3. Emile Durkheim 110

    4. Talcott Parsons 119

III. Ethnomethodologie als mögliches Paradigma einer nicht-absolutistischen Soziologie? 129

    1. Zusammenfassung der von einer solchen Theorie zu vermeidenden „Fehler" 129

    2. Darstellung der verschiedenen Richtungen innerhalb der Ethnomethodologie 134

        a) Harold Garfinkel 134

        b) Harvey Sacks 147

        c) Don Zimmerman, Melvin Pollner und Lawrence Wieder 155

        d) Aaron Cicourel 159

        e) Die Analysis-Gruppe um Alan Blum und Peter McHugh .. 177

C. *Versuch der „Überwindung" der Ethnomethodologie als einer Theorie sozialer Erfahrung* 192

    I. Die Problematik der Kritik der Ethnomethodologie an den soziologischen Ordnungstheorien 192

    II. Ethnomethodologie als Theorie sozialer Erfahrung, als „kognitive Soziologie" im Sinne Cicourels 201

        1. Abgrenzungen von den übrigen Richtungen innerhalb der Ethnomethodologie 201

        2. Zum Versuch der Problematisierung und „Überwindung" der Ethnomethodologie 205

            a) Die beiden grundsätzlichen Lösungsmöglichkeiten des Indexikalitätsproblems in der Ethnomethodologie 205

            b) „Analysis"-Versuch einer Theorie der Basismechanismen .. 217
Basismechanismen in der zeitlichen Dimension S. 218 — Basismechanismen in der intersubjektiven Dimension S. 226 — Basismechanismen in der Objektdimension S. 245 — Basismechanismen in der kognitiven Dimension S. 260 — Basismechanismen in der Dimension der persönlichen Identität S. 268

D. *Zusammenfassung* 287

    I. Zum allgemeinen Ansatz der Arbeit 287

    II. Zusammenfassung des „Analysis"-Versuchs der Theorie der Basismechanismen 295

    III. Folgerung: Ansätze zu einer kritischen Theorie der Ethnomethoden 303

Literaturverzeichnis 311

Vorbemerkung

In dieser Arbeit soll der Versuch unternommen werden, soziologisch das Problem der *alltagsweltlichen Selbstverständlichkeiten* in den Griff zu bekommen. Es geht mir darum, die Frage zu klären, wie denn die alltagsweltlich Handelnden die Kontingenzen ihrer jeweiligen sozialen Situation kognitiv verarbeiten, so daß sich ihnen diese zumindest in den meisten Fällen als *geordnete* bzw. als *unproblematisch-selbstverständliche* präsentiert. Dieser Fragestellung liegt die Unterstellung zugrunde, daß sich die Geordnetheit von Situationsdefinitionen wenigstens zum Teil als Funktion subjektiv-kognitiver Interpretationsleistungen ergibt, d. h. durch die jeweilige Struktur der Situation nur in einem begrenzten Maße determiniert wird.

Als zentrale Fragestellung ließe sich für diese Arbeit formulieren, wie es denn die sozial Handelnden zu Wege bringen, Selbstverständlichkeit oder genauer: ein Gefühl von Selbstverständlichkeit und sozialer Ordnung herzustellen und aufrechtzuerhalten. Kritisch wird sich daran die Frage anschließen müssen, inwieweit dieses „Gefühl" eine Entsprechung in den Bedingungen der jeweiligen Situation hat.

Nichts dürfte so unselbstverständlich sein, wie der Versuch, sich über Selbstverständlichkeiten Gedanken zu machen! Die Wahrheit dieses Satzes haben gerade die Vertreter jener soziologischen Theorierichtung der *„ethnomethodology"* erfahren müssen, in der man sich explizit um die soziologische Klärung alltagsweltlicher Selbstverständlichkeit bemüht.

Zur Thematisierung von Selbstverständlichkeiten, d. h. zu ihrer „Ent-Verselbständigung" bieten sich zwei Vorgehensweisen an:

— entweder die *experimentelle Zerstörung von Selbstverständlichkeit und Alltäglichkeit,* wie dies politisch etwa im Rahmen der amerikanischen Bürgerrechtsbewegung und des frühen Studentenprotestes durch sog. „happenings" zu leisten versucht wurde. Dort ging man gezielt unbefragte und eingespielte Selbstverständlichkeiten an, indem z. B. Neger in Lokalen sich aufhielten, die früher selbstverständlich den Weißen vorbehalten waren, indem Studenten die Lehrform der Vorlesung mit ihrer charakteristischen einseitigen Kommunikationsrichtung als eine „schlechte" Selbstverständlichkeit bewußt machen konnten. Aber auch im tagtäglichen Alltagsleben (wobei auch im sozialen System der Wissenschaft Alltäglichkeit stattfindet!) lassen sich ähnliche Effekte erzielen, wollte man etwa in einem Gespräch jede Unklarheit sofort nachfragen, jede Aussage wörtlich nehmen, seinen Gegenüber in jeder neuen Interaktionssituation neu zu definieren versuchen ... Mit alledem würde aber nur der bloße *Aufweis*, nicht schon die theoretische Analyse solcher Geordnetheitsunterstellungen geleistet.

— Die andere, hier sich anbietende Darstellungsmethode bestünde im sukzessiven Aufzeigen der Problematik von Selbstverständlichkeiten, ihrer Funktion, der Mechanismen ihrer Herstellung, Aufrechterhaltung und Verteidigung sowie der Adäquatheit von Geordnetheitsunterstellungen in Relation zu der Situation, innerhalb derer sie gebildet und aufrechterhalten werden.

Beide Vorgehensweisen können aber nicht endgültig befriedigen: die erste, weil bei ihr die analytische Aufarbeitung des Themas zu kurz kommt und sich der Erkenntnisgewinn auf, gleichwohl nicht zu unterschätzende, „aha-Erlebnisse" beschränken müßte. Zur Kritik der zweiten Darstellungsmethode möchte ich ein Ergebnis dieser Untersuchung vorwegnehmen, daß nämlich Selbstverständlichkeiten „hergestellt" werden, d. h. in zeitlichen Prozessen entstehen und immer wieder bestätigt bzw. modifiziert werden. Entlang einer solchen Argumentation lassen sich sowohl Themenstellungen wie Ergebnisse von Themenbearbeitungen als die Resultate von Herstellungsprozessen begreifen, in denen sie für den Autor Selbstverständlichkeit erlangt haben. Wenn Themen, so meine nur scheinbar paradoxe These, nicht am Anfang, sondern am Ende einer Arbeit stehen, dann sollte es bei einer solchen Arbeit m. M. n. weniger um eine bloße Schematisierung von Prozeßergebnissen gehen als um die Darstellung des Herstellungsprozesses selber. In diesem Sinne bildet diese Arbeit zumindest in gewissem Maße meinen eigenen Lernprozeß noch einmal ab. Deshalb geht es auch nicht an, die soziologische Behandlung von Selbstverständlichkeit in der Weise vorzunehmen, daß man diesen Begriff analytisch zu differenzieren versucht, um dann die einzelnen Bestandteile des Konzeptes mit vorliegendem wissenschaftlichen Material anzureichern oder gar zu operationalisieren.

Die Alternative zu einem solch analytisch-deduktiven Vorgehen sehe ich nun nicht in einer induktivistisch-generalisierenden Kompillation von Einzelevidenzen, sondern eher in einer funktionalistischen Betrachtungsweise, die sich an bestimmten alltagsweltlichen Problemen, Irritationen oder Schwierigkeiten festmachen läßt. Als Bezugsproblem sehe ich in diesem Falle die Frage, wie es in sozialen Situationen den Handelnden angesichts der aktuell verfügbaren knappen zeitlichen, sachlichen und sozialen Ressourcen gelingt, internalisierte Normen, eingespielte Situationsdefinitionen, Faustregeln, Einstellungen, d. h. allgemeine Regeln in einer solchen Weise situativ zu applizieren, daß die Geordnetheit bzw. das Gefühl sozialer Ordnung erhalten bleibt. Dieser Applikationsprozeß läßt sich nun aber nicht als unproblematische logische Ableitung verstehen, sondern impliziert, wie jede Operationalisierung, einen „interpretatorischen Sprung". Dadurch wird er voraussetzungsreich, sozial prekär und bedarf bestimmter sozialer Absicherung, sei es von seiten des Applizierenden oder von der sozialen Situation aus, innerhalb derer ein solcher Applikationsversuch stattfindet. Ich werde in der Arbeit aufzuzeigen versuchen, daß sich die „Selbstverständlichkeit" eines solchen Applikationsschrittes nur erzielen läßt, wenn dieser in einer bestimmten, in sich *methodischen Weise* vollzogen und den jeweiligen Mithandelnden signalisiert wird (das meine ich mit „Rhetorik"). Die Methodik oder, wie ich sagen werde, die „Rhetorik sozialer Ordnung" zumindest in einigen ihren Teilen darzustellen, nach ihren Funktionen oder auch funktionalen Äquivalenten zu fragen, habe ich mir im folgenden vorgenommen.

Da aber, wie angedeutet, die Bewußtmachung und analytische Durchdringung von Selbstverständlichkeit ein schwieriges Geschäft ist, und da man zu diesem Thema, trotz der unübersehbaren Literatur zum Problem sozialer Ordnung bisher auch auf recht wenige Vorarbeiten zurückgreifen kann, man sich also in der Darstellung seine eigene wissenschaftsgeschichtliche Tradition erst zu schaffen hat, werde ich dem Leser einige Geduld zumuten müssen, bis es auch für ihn einsehbar „zur Sache geht". Ich kann nur an ihn appellieren, einen kognitiven Mechanismus anzuwenden, der von mir später noch als einer expliziert werden wird, mit dem Selbstverständlichkeit in sozialen Prozessen hergestellt werden kann, nämlich die „et-cetera-Regel", bei deren Anwendung man einer Darstellung „Vorschuß" geben kann bis zu einem späteren Zeitpunkt, von dem aus sich dann ihr Sinn retrospektiv erschließt (dies gilt insbesondere für Abschnitt A). Gleichwohl wird sich später zeigen, daß die Ergebnisse der Erörterungen im ersten Teil notwendig zum Verständnis wie zur philosophischen und soziologischen Einordnung des Späteren sein werden.

So diskutiere ich etwa zu Anfang jene Methoden, mit deren Hilfe sich die Wissenschaftstheorie bzw. die aus dieser resultierende Methodik der empirischen Überprüfung sozialwissenschaftlicher Aussagen ihren Objektbereich *systematisch* einschränkt, um sich einer adäquaten Behandlung des Problems der situativ-historischen Kontingenz zu entziehen (etwa die „Zurechtstutzung" der Versuchspersonen durch Herausnehmen aus dem natürlichen Kontext von Raum und geschichtlichem Zusammenhang; durch einen undifferenzierten „Umwelt"-Begriff; durch eine spezifische Form der statistischen Verarbeitung von Daten, usw.).

Auch die Relevanz des zweiten Abschnittes des Teils A wird sich erst voll in den späteren Teilen der Arbeit bestimmen lassen: hier werden nämlich einige Konzepte referiert, welche bei der Schilderung und Diskussion der soziologischen Ansätze zu unserem Problem immer wieder, wenn auch oft nur implizit, Bedeutung erlangen werden. So etwa das Wittgensteinsche *Sprachspielkonzept,* nach dem einem sozialen Vorkommnis Sinn immer nur im Rahmen eines in sich geschlossenen Definitionshintergrundes, eben des Sprachspiels, zugesprochen werden kann. Parallelen zu der aus diesen Prinzipien abgeleiteten Form von Soziologie (vertreten hauptsächlich durch Peter Winch) finden sich bei einigen Positionen der Ethnomethodologie, wie bei der sog. „Analysis"-Gruppe (s. Abschnitt B III, 5). In der Kritik der wittgensteinianischen Soziologie (s. Abschnitt A II, 2) lassen sich daher einige Prinzipien der späteren Kritik an der Ethnomethodologie entwickeln.

Auch der in der sprachanalytischen Philosophie um Wittgenstein entwickelte *doppelte Regelbegriff* (Hart, Rawls) wird sich später als eminent wichtig für die Klärung des Problems der Selbstverständlichkeit erweisen, da mit seiner Hilfe zwischen Basisregeln, die den oben angedeuteten Interpretationsschritt anleiten und den Oberflächenregeln unterschieden werden kann, also etwa generellen Tatsachenbehauptungen oder Normen. Erst durch das Zusammenspiel beider Regelebenen wird eine sozial als selbstverständlich empfundene Applikation allgemeiner Regeln auf spezifische Situationskontexte soziologisch erklärbar.

Im dritten Punkt des Abschnittes A schien es notwendig, einige Bemerkungen über *Vertrauen* anzufügen. Dies deshalb, weil jede Realitätskonstruktion, und das macht ihren „rhetorischen" Charakter aus, eine gewisse Auswahl aus einer Vielzahl möglicher anderer Realitätskonstruktionen darstellt. Bringt nun ein Interaktionspartner seine Realitätsinterpretation in eine Interaktion ein und sein Partner übernimmt sie, so muß dieser ihm bzw. der „Rationalität" seines Interpretationsschrittes (oder wie ich mich ausdrücken werde, seinem „Heilungsversuch der situativen Kontingenz") Vertrauen entgegen bringen. Der Mechanismus des Vertrauens läßt sich also eng im Zusammenhang mit *alltäglichen Entscheidungsproblemen,* d. h. wissenschaftlich im Zusammenhang mit der empirischen Entscheidungstheorie diskutieren. Sozial konstruierte „Ordnungen" oder Selbstverständlichkeiten — das gilt sowohl für alltagsweltliche wie für wissenschaftliche Ordnungsvorstellungen — verweisen damit auf *vorgängige Entscheidungen,* deren Logik zu entschlüsseln, eine wesentliche Aufgabe für die Soziologie sein dürfte.

Diese Entscheidungen folgen, wie ich mich zu zeigen bemühen werde, nicht etwa den mathematischen Kalkülen der traditionellen normativen Entscheidungstheorie, sondern ganz spezifischen subjektiven

Entscheidungsstrategien, deren Auswirkungen sich in einem gewissen *Konservatismus* alltäglichen Entscheidungsverhaltens zeigen. D. h. die Selbstverständlichkeit und Geordnetheit von sozialen Situationen wird von den Beteiligten in der Regel länger aufrechterhalten, als dies nach dem klassischen Nutzensmodell „rational" wäre. Hinter diesem Konservatismus, so wäre meine These, stehen gewisse Stabilisierungsmechanismen („Ethnomethoden"), die den Handelnden als Hilfsmittel dienen, sich trotz etwaiger Störungen so lange wie möglich das Bild einer „geordneten" bzw. selbstverständlichen Welt zu erhalten.

Weder in der Entscheidungstheorie noch in den gängigen soziologischen Theorien zur sozialen Ordnung sind diese Mechanismen freilich expliziert worden. In der traditionellen soziologischen Vorstellung von sozialer Ordnung glaubte man stets allein mit der Konzeption einer *normativen Realitätsorientierung* das alltagsweltliche Verhalten sozial Handelnder erklären zu können. Damit wurde die Frage der Applikation solcher Normen als selbstverständlich, d. h. als sozial und kognitiv unproblematisch angesehen und demgemäß vernachlässigt. Der Widerlegung dieser Ansicht habe ich den zweiten Hauptteil (B) gewidmet, und zwar soll dies im Rahmen einer Kritik der Theorien von Hobbes, Durkheim und Parsons geschehen.

Die zumindest ihrem Anspruch nach am weitesten fortgeschrittene Alternative zu solchen „normativistischen Heilungsversuchen" des Problems der situativen Applikation allgemeiner Regeln, hat sich in den letzten Jahren (vornehmlich in den USA) die *Ethnomethodologie* in den Vordergrund geschoben, welche ich in Abschnitt B III in ihren unterschiedlichen Schattierungen zu diskutieren versuche.

Im letzten und meiner Ansicht nach wichtigsten Teil (Abschnitt C) möchte ich dann versuchen, die Ethnomethodologie in einem dialektischen Sinne „aufzuheben", was meint, sie durch die Konfrontierung mit ihren eigenen Widersprüchen zu „überwinden" ohne ihre grundlegenden Erkenntnisse zu vernachlässigen, diese also „aufzuheben". Dabei bediene ich mich des „Tricks", zwei verschiedene Schulen der Ethnomethodologie gegeneinander auszuspielen. Zunächst gehe ich davon aus, daß die *„cognitive sociology"* Aaron Cicourels als die zukunftträchtigste Position im Rahmen der Ethnomethodologie anzusprechen ist. Daneben gibt es aber, schon quasi außerhalb der orthodoxen ethnomethodologischen Schulrichtung, die sog. *„Analysis"-Konzeption*, welche zwar wegen ihrer theoretischen Nähe zu dieser denselben Einwänden wie die Sprachspielkonzeption Wittgensteins ausgesetzt ist, dennoch aber den hier relevanten und von mir methodisch angewandten Vorschlag macht, *Theorien auf die in ihnen implizierten Lebensformen zu untersuchen.* Grundthese ist hier, daß der Theoretiker mit seiner Theorie zugleich eine bestimmte ihm gemäße

Lebensform konstruiert, ein Realitätsbild, innerhalb dessen auch er sich einordnet. Theorien geben also auch Aufschluß über das Gesellschaftsverständnis des Theorieherstellers, und zwar *in methodischer Weise*, d. h. die *Tiefenstruktur* bzw. die „Grammatik" der Theorie entspricht der „Logik" einer bestimmten Lebensform.

Einen solchen „Analysis"-Versuch unternehme ich nun an der Theorie Cicourels, und zwar in der „Verschärfung", welche sie im Rahmen der deutschen Rezeption durch die Arbeitsgruppe Bielefelder Soziologen erfahren hat. Schon bei Cicourel deutet sich eine quasi transzendentalistische Sicht der grundlegenden Mechanismen der Stabilisierung von Situationsdefinitionen an, welche in der deutschen Rezeption nur noch weiter ausgebaut wird. Als Resultat ergibt sich dann eine *„Theorie apriorischer Basismechanismen"*.

Ich will dem Ergebnis dieses „Analysis"-Versuches hier nicht vorgreifen und nur soviel andeuten, daß meiner Meinung nach wir in der Ethnomethodologie *nur eine von mehreren Theorien der Realitätskonstruktion* (parallel dazu etwa die Gestaltpsychologie) vor uns haben, welche keineswegs in der Lage ist, allgemeingültige („apriorische"), sondern immer nur historisch-spezifische „Ethnomethoden" darzustellen.

Zum Abschluß dieser Vorbemerkung bleibt mir nur noch jenen zu danken, die mir durch freundschaftliche Aufmunterung, fördernde Kritik und sachverständige Tips über manche Klippen dieses Arbeitsprozesses hinweggeholfen haben: Jörg Bergmann, Helmut Dubiel, Ernst v. Kardorff, Winfried Picard, Roswitha Schroeter und Otmar Seidl.

Mein besonderer Dank gilt Herrn Professor Dr. E. K. Francis für seine eingehende Auseinandersetzung mit meiner Arbeit.

Die Arbeit wurde im wesentlichen im Frühsommer 1975 abgeschlossen. Sie hat der Philosophischen Fakultät I der Universität München als Dissertation vorgelegen.

A. Zum erkenntnis- und wissenschaftstheoretischen Hintergrund des Themas

I. Zum Problem der Vermittlung allgemeiner Regeln und ihrer situativen Anwendung

1. Skizze des Verhältnisses zwischen Theorie und Daten bei verschiedenen Positionen innerhalb der Wissenschaftstheorie

Das Hauptproblem, das es in dieser Arbeit zu entwickeln gilt und dessen Behandlung innerhalb der Soziologie thematisiert werden soll, ist das meiner Ansicht nach grundsätzlich unauflösbare Vermittlungsproblem zwischen allgemeinen Regeln, seien dies nun wissenschaftliche Sätze, Normen, Selbstbilder oder faustregelartige Routinen, und ihrer konkret-situativen Applikation. Da, wie ich zu zeigen versuchen werde, dieses Grundproblem alltagsweltlichen wie wissenschaftlichen Erkennens und Handelns zumindest logisch *grundsätzlich* unlösbar ist, gilt es die soziologische Aufmerksamkeit stärker als bisher auf jene Methoden zu richten, mit Hilfe derer Alltagsmenschen, Wissenschaftler, Richter, Ärzte, Psychologen, Polizisten usw. dieses Dilemma zu lösen, oder um den plastischeren Begriff Harold Garfinkels zu gebrauchen, zu „heilen" versuchen.

In diesem Sinne möchte ich meine Untersuchung in den Kontext einer *reflexiven Soziologie* einordnen, wenn auch vielleicht in einem etwas weiteren Sinne verglichen z. B. mit der Position Alwin Gouldners. Es geht mir im folgenden nicht um die Ausarbeitung von Methoden und Handlungsanweisungen, die es gestatten, das Applikationsproblem zu eliminieren, sondern eher um die Darstellung der Systematik solcher Eliminationsversuche.

Der sich nun anschließende Teil A dieser Arbeit soll einen doppelten Zweck erfüllen:

— einmal geht es allgemein darum, das angesprochene Problem dadurch plausibel zu machen, daß man seinen Ort im Kontext altbekannter wissenschaftstheoretischer wie forschungstechnischer Fragestellungen präzisiert (Abschnitt A I);

— zum anderen soll in den Abschnitten A II und A III der theoretische und begriffliche Hintergrund für die nachfolgenden soziologischen Deutungs- bzw. Lösungsversuche des Applikationsproblems verdeutlicht werden, wie sie im Rahmen der sog. „Ethnomethodologie" entwickelt worden sind. Dies erscheint mir vor allem deshalb notwendig zu sein, weil dieser soziologische Ansatz den Leser weitgehend über seine theoretischen Quellen und Hintergrundannahmen im Unklaren läßt.

Zunächst werde ich mich also mit den Anstrengungen in der Geschichte der modernen Wissenschaftslehre befassen, das Verhältnis von allgemeinen theoretischen Sätzen und Beobachtungsdaten bzw. später Beobachtungssätzen von der erwähnten Applikationsproblematik zu „heilen". Klaus Holzkamp[1], dem ich eine Reihe von Anregungen für den folgenden Abschnitt verdanke, hat diesen Prozeß als den *„Rückzug der modernen Wissenschaftslehre"* zu systematisieren versucht. „Rückzug" bezieht sich dann auf die Tatsache, daß sich die erkenntnis- und wissenschaftstheoretische Diskussion weniger mit der Formulierung und eventuellen „Lösung" dieses Problems befaßt hat, sondern eher die Bemühung zu konstatieren ist, durch besondere theoretische, d. h. meist ontologische Annahmen sowie durch in spezifischer Weise konstruierte Überprüfungsprozeduren das Applikationsproblem wissenschaftstheoretisch wie forschungspraktisch aus dem Wege zu räumen.

a) Englischer Sensualismus und Empirismus

Das Problem der Vermittlung allgemeiner Sätze und singulärer Daten konnte sich philosophiegeschichtlich erst in der Folge der Kritik des englischen Empirismus und Sensualismus an der rationalistischen Philosophie eines Leibniz oder Descartes entwickeln. Für die rationalistischen Philosophen war Wissenschaft kein experimentelles Unternehmen, innerhalb dessen bestimmte klar definierte Phänomene durch Beobachtungen in streng kontrollierten Situationen erforscht werden.

Während die Empiristen nur solche Daten als Grundlage wissenschaftlicher Theorien akzeptierten, die einer experimentellen Prüfungsprozedur zugänglich sind bzw. ihr entstammen, leiteten die Rationalisten „Natur" aus letzten, unbezweifelten Prämissen, kamen also nicht induktivistisch, d. h. über Generalisierungen zu ihren theoretischen Aussagen[2].

Diese sich nun entwickelnde Tradition des empirischen Induktivismus oder naiven Empirismus hat über ihre rein philosophiegeschichtliche Aktualitätsphase hinaus das tatsächliche Verhalten und die Realitätsinterpretationen der experimentell verfahrenden Wissenschaftler, ge-

---

[1] *Holzkamp*, K.: Kritische Psychologie, Frankfurt 1972, S. 80 ff.

[2] Vgl. dazu *Salmon*, W. C.: The Foundations of Scientific Inference, Pittsburgh 1967, S. 2; sowie *Descartes*, R.: Abhandlungen über die Methode des richtigen Vernunftgebrauches, Stuttgart 1971.

1. Verhältnis zwischen Theorie und Daten

rade in den Phasen sog. „normaler Wissenschaft" gekennzeichnet[3, 4]. Obwohl Hume das Problem der induktiven Generalisierung, also die Frage, wie man denn Wissen über nicht Beobachtbares erwerben könne bzw. wie solches Wissen auf beobachtbare Vorgänge explikativ oder prognostisch angewendet werden kann, mit aller Deutlichkeit als das zu lösende logische Problem gestellt und gleichzeitig, bis zum heutigen Tage geltend, die These seiner Unlösbarkeit begründet hatte, haben sich Generationen von Philosophen und Wissenschaftler an verschiedenartigen „Heilungsversuchen" abgearbeitet. Dabei erwies sich die induktive Generalisierung höchstens als ein pragmatisch-entscheidungstheoretisch[5] eingrenzbares, keinesfalls als ein logisch lösbares Problem. Gerade deshalb erlauben die verschiedenen „Heilungsversuche" einige Rückschlüsse auf die Systematik, die hinter dieser Auffassung vom wissenschaftlichen Forschungsprozeß steht:

1. Nach dieser Auffassung ergeben sich die Sätze der Theorie quasi „beobachtungssprachlich" aus der Summation singulärer, raum-zeitlich gebundener Aussagen.

2. Damit dies logisch[6] möglich erscheint, müssen bestimmte ontologische, d. h. empirisch nicht mehr zu rechtfertigende Annahmen unterstellt werden:

— das Prinzip der *Uniformität der Natur*, d. h., die Tatsache, daß man Beobachtungen immer nur in einer konkreten raum-zeitlich fixierten Situation machen kann, ist kein Hindernisgrund für daraus abgeleitete Generalisierungen über eine Vielzahl oder alle möglichen Kontexte;

— der Begriff des *Naturgesetzes* auch in den sozialwissenschaftlichen Disziplinen. Solche Gesetze seien objektiv gegeben und müßten vom Forscher nur entdeckt werden;

— die These, daß Naturgesetze objektiv gelten und weitgehend passiv vom Forscher gefunden werden können; dieser wird nur als unproblematische Registraturstelle gedacht.

---

[3] Vgl. *Kuhn*, Th.: Die Struktur wissenschaftlicher Revolutionen, Frankfurt 1967.

[4] Illustrative Beispiele wären hierfür die Epochen des Experimentierfetischismus innerhalb der Psychologie der 30er und innerhalb der Soziologie Ende der 40er Jahre. s. dazu *Arminstead*, N.: Experience in Everyday Life, in: ders. (Hrsg.): Reconstructing Social Psychology, Harmondsworth 1974.

[5] *Stegmüller*, W.: Das Problem der Induktion: Humes Herausforderung und moderne Antworten, in: Lenk, H. (Hrsg.): Neue Aspekte der Wissenschaftstheorie, Braunschweig 1971.

[6] Und zwar entgegen dem Humeschen Paradox, das *Salmon*, W. C. 1967, S. 11, so formuliert: "We *know* (in our hearts) that we have knowledge of unobserved facts. The challenge is to show this is possible."

3. Fragen nach der Relevanz wissenschaftlichen Forschens waren damit von vornherein beantwortet, da es ja nur um die Entdeckung objektiver Wahrheiten gehen kann[7].

Das Vermittlungsproblem zwischen Forschungssituation und den allgemeinen Sätzen sowohl der inhaltlichen Wissenschaft wie jenen der Methodologie wird also dadurch „geheilt", daß man den konkreten situativen Kontext auf dem Hintergrund der Unterstellung ontologischer Axiome als für die Wissenschaft irrelevant erklärt. Theorien bzw. wissenschaftlichen Satzsystemen wird daher kein von der Faktizität abgehobener subjektiver Charakter zugebilligt; sie sind, wenn methodologisch richtig verfahren wurde, Abbildungen der objektiven Zusammenhänge der Natur („Schöpfungsordnung")[8]. Die Rücksichtnahme auf historische und biographische Situationsbestimmtheit sowohl des Forschenden wie seines Untersuchungsobjektes erübrigte sich daher, zumal der Forschungsprozeß selbst nicht als einer begriffen wurde, der sich im Rahmen eines mehr oder weniger selbständigen Wissenschaftssystems abspielt, dem ja dann ex definitione „Subjektivität" und Situationsbestimmtheit unterstellt werden müßte.

b) *Logischer Empirismus*

Das Kennzeichen des nächsten hier zu explizierenden Rückzugsschrittes der Wissenschaftslehre, des *logischen Empirismus* war eine „Deontologisierung" der Erkenntnistheorie durch das Abgehen von *inhaltlichen* Aussagen zu den Möglichkeiten von Wissenschaft und Erkenntnis und eine stärkere Betonung der formalen und logischen Aspekte des Aufbaues wissenschaftlicher Sätze und Satzsysteme[9].

Man unterschied nun deutlich zwischen logischen bzw. mathematischen Wahrheiten, die als grundsätzlich unabhängig von der konkreten Realität gedacht wurden, also in „jeder möglichen Welt" (Leibniz) gelten und wissenschaftlichen Aussagen, die in ihrer Geltung von der tatsächlichen Beschaffenheit der Welt abhängig gemacht werden. Alle logischen Schlüsse werden als „nicht-erweiternd" (non-

---

[7] „So gesehen *kann es — bei Beachtung der methodologischen Regeln — gar keine inhaltlich irrelevanten wissenschaftlichen Fragestellungen geben*" (*Holzkamp,* K. 1972, S. 81).

[8] Zur Problematik der Subsumption von Daten unter Begriffe einer phänomenalen Beobachtungssprache s. *Berger,* H.: Erfahrung und Gesellschaftsform, Stuttgart—Berlin—Köln—Mainz 1972, sowie *Sellars,* W.: Science, Perception, and Reality, London 1963.

[9] Ich kann hier nur auf *Carnaps* Frühwerk „Der logische Aufbau der Welt", Berlin 1928, verweisen, das dem Versuch gewidmet ist, wissenschaftliche Erkenntnis aus elementaren Erfahrungssätzen zu konstituieren und zwar in der Weise, daß die Struktur einer Tatsache durch die formalen Beziehungen der sie abbildenden Zeichen repräsentiert wird.

ampliative) angesehen, da die logische Schlußfolgerung nicht mehr Information enthält, als in den Prämissen schon gegeben war. Empirische Generalisierungen wären demnach immer erweiternde Schlüsse, bei denen sich nicht wie bei logischen Schlüssen die Wahrheit der Prämissen unproblematisch auf die Wahrheit der Conclusio übertragen ließe. Im logischen Empirismus erhält die *Geltung* von allgemeinen Gesetzen einen *konventionalistischen Charakter,* d. h. sie müssen auf intersubjektiv nachvollziehbaren Beobachtungen beruhen. Dies leitete sich aus der These her, daß Aussagen über die Außenwelt weder evident noch einer vollständigen Verifizierung zugänglich seien, was nur bei logischen, nicht-erweiternden Schlüssen möglich wäre. Daher liegt der Akzeptierung allgemeiner Gesetzesaussagen immer eine konventionalistische Komponente zugrunde.

Damit kommt wissenschaftlichen Aussagen der Charakter von *Hypothesen* zu, die von einem mehr oder weniger identifizierbaren Forscherindividuum auf Grund raum-zeitlich lokalisierbarer Beobachtungen oder auch „einfach so" aufgestellt werden. Die dahinterliegenden Gründe zu eruieren, soll dann Aufgabe der Erkenntnispsychologie sein. Wissenschaft beginnt demzufolge nicht mit Erfahrung, sondern Erfahrung entsteht immer nur auf dem Hintergrund bestimmter theoretischer Annahmen. Wissenschaftliche Begriffe und Aussagen ließen sich demnach niemals auf das unmittelbar Gegebene zurückführen. Dies wäre allein dann möglich, wenn es gelänge, alle Terme der Theoriesprache auf Begriffe der Beobachtungssprache zu reduzieren. Wie nun aber die Diskussion über die Dispositionsbegriffe zweifelsfrei gezeigt hat, ist dies undurchführbar[10]. Dispositionsbegriffe wie neurotisch, intelligent, löslich etc. lassen sich zwar durch Reduktions- oder Symptomsätze empirisch illustrieren und immer mehr eingrenzen — ganz auf Beobachtungsbegriffe reduzierbar sind sie nicht[11].

Im Anschluß an Hempel[12] spricht man von Theorien als *nomologischen Netzen,* die nur über bestimmte Zuordnungsregeln mit der Beobachtungsebene verknüpft sind, welche ihrerseits nur mehr einen „Interpretationscharakter" darstellt.

---

[10] Vgl. etwa *Carnap,* R.: The Methodological Character of Theoretical Concepts, in: Feigl, H. / Scriven, M. (Hrsg.): Minnesota Studies in the Philosophy of Science, Vol. I, Minneapolis 1956; *Pap,* A.: Analytische Erkenntnistheorie, Wien 1958; *Ryle,* G.: Der Begriff des Geistes, Stuttgart 1973.

[11] „Man muß daher den Gedanken der Zurückführbarkeit der theoretischen Sprache auf die Beobachtungssprache preisgeben. Die empirische Interpretation einer naturwissenschaftlichen Theorie kann nicht einfach durch ein System von Definitionsketten, die letztlich auf unmittelbar Gegebenes zurückführen, vorgenommen werden ..." (*Stegmüller,* W.: Wissenschaftstheorie, in: Diemer, A. [Hrsg.]: Philosophie, Frankfurt 1967, S. 347).

[12] *Hempel,* C. G.: Aspects of Scientific Explanation amd Other Essays in the Philosophy of Science, New York 1965.

Damit löst sich z. B. der Begriff des Naturgesetzes im ontologischen Sinne (s. o.) auf. Naturgesetze können nurmehr als hypothetische Annahmen über Natur und nicht als Abbildung von Natur betrachtet werden. Da man davon ausgeht, Theorien bestünden aus axiomatisch aufgebauten Satzsystemen, stellt sich unser Applikationsproblem in verstärktem Maße, weil man ja nicht Erfahrung *an sich* mit den theoretischen Annahmen konfrontieren kann, sondern immer theoretische Sätze und Beobachtungsaussagen, in denen die Ergebnisse von Beobachtungen und Experimenten sprachlich festgehalten werden.

Diese Problematik bildete Anfang der 30er Jahre den Gegenstand des sog. Protokollsatzstreits, welcher, wie ich glaube, aus systematischen Gründen nicht gelöst werden konnte. Die „Lösung" der Problematik bestand weitgehend in der Aufstellung eines rigorosen empirischen Sinnkriteriums. Danach sollten nur jene Aussagen als wissenschaftliche Sätze akzeptiert werden, d. h. sinnvoll sein, die entweder selbst Protokollsätze darstellen oder aber sich logisch aus solchen ableiten lassen. Alle anderen Sätze sind sinnlos, und die theoretischen Probleme, die sich daraus ergeben, können als „Scheinprobleme" vernachlässigt werden[13].

Für die Psychologie haben Theoretiker wie Bridgman, für die Soziologie solche wie Lundberg in ihren operationalistischen Programmen diesen Standpunkt radikalisiert, indem sie nur Sätze zulassen wollten, welche sich auf Meßoperationen beziehen, also unmittelbar in Protokollsatzform zu bringen sind. Aussagen über Dispositionen oder andere „mentale" Ereignisse bzw. Eigenschaften scheiden damit automatisch aus dem Repertoire wissenschaftlich zulässiger Sätze aus. Der hier geforderten „Intersubjektivität" müssen demnach weitgehende, in sich aber systematische Opfer gebracht werden:

„Zur Vermeidung von Mehrdeutigkeiten muß bei der Formulierung von Protokollsätzen auf Ausdrücke wie ‚ich', ‚jetzt', ‚hier' verzichtet werden; an deren Stelle haben objektive Bezeichnungen für die Person des Protokollierenden sowie objektive Orts- und Zeitangaben zu treten[14]."

Damit werden raum-zeitlich identifizierbare Aussagen, die sich durch Verwendung sog. „indexikalischer Ausdrücke"[15] auszeichnen, aus dem wissenschaftlichen Arsenal ausgeschieden. Der Prozeß der Anerkennung wissenschaftlicher Aussagen erfolgt dieser Konzeption zufolge weitgehend konventionalistisch, und zwar auf dem „kleinsten gemeinsamen Nenner" phänomenaler Verhaltensabläufe.

---
[13] s. dazu den klassischen Text von *Carnap*, R.: Scheinprobleme in der Philosophie, Frankfurt 1966.
[14] *Stegmüller*, W. 1965, S. 447.
[15] *Bar-Hillel*, Y.: Indexikalische Ausdrücke, in: Schmidt, S. J. (Hrsg.): Pragmatik I, München 1974 (original 1954); *Lyons*, J.: Einführung in die moderne Linguistik, München 1972.

Dieser „Heilungsversuch" gibt sich also wesentlich „bescheidener" als dies im naiven Empirismus noch der Fall war. Nur über den Filter von von der Forschergemeinde akzeptierten Satzsystemen läßt sich noch Realität erfassen, wobei dieser Erfassungsprozeß selber unter eher pragmatischen denn ontologischen Prämissen gesehen wird.

Für den logischen Empirismus ließe sich demnach folgende Systematik der „Heilungsmethodologie" konstruieren:

1. Die Sätze wissenschaftlicher Theorien sollten axiomatisch aufgebaute Hypothesensysteme sein, deren Auffinden sich nur erkenntnispsychologisch erklären, deren Geltung sich nur konventionalistisch rechtfertigen läßt.

2. Ontologische Aussagen über den Objektbereich (Prinzip der Uniformität der Natur und der Begriff des Naturgesetzes) werden eliminiert, ontologische Probleme nach Maßgabe des empiristischen Sinnkriteriums zu Scheinproblemen erklärt.

3. Der Subjektivität bzw. Situationsbezogenheit von Forscher und Forschungsprozeß muß nun mehr Aufmerksamkeit zugewandt werden. Grundsätzlich ließen sich nämlich unendlich viele Satzsysteme zur Beschreibung eines bestimmten Objektbereiches konstruieren, da ja die „normative Kraft des Faktischen" nur mehr vermittelt das Resultat der wissenschaftlichen Forschung betrifft:

„Die Annahme oder Verwerfung eines solchen Satzes enthält also stets eine *konventionelle Komponente*; denn es gibt keine allgemeine Regel, die unsere Entscheidung, den Satz anzunehmen oder nicht, eindeutig festlegen würde. Dies bedeutet nach Carnap aber nicht, daß die Entscheidung *nur* Sache einer Festsetzung sei. Denn neben der konventionellen Komponente liegt stets auch eine nichtkonventionelle oder *objektive* Komponente vor, die in den tatsächlich gemachten Beobachtungen besteht[16]."

Der erkenntnistheoretische Status dieses objektiven „Rettungsankers" vor dem reinen Konventionalismus, der freilich eine mehr oder weniger dogmatische Auffassung von der Sicherheit der Basissätze impliziert, ist keineswegs eindeutig. Die logischen Empiristen selbst haben es versäumt, die beiden damit sich ergebenden Problematiken genügend zu explizieren:

Zum einen versuchten sie zwar, die intersubjektive Vermittelbarkeit von Protokollsätzen durch deren „Entsubjektivierung" oder Operationalisierung zu erhöhen, haben damit aber das Konventionalismusproblem nur unterlaufen, indem sie den Einigungsprozeß durch methodische Vorgaben künstlich zu simplifizieren trachteten. Durch Einschränkung des Objektbereiches sollte also quasi die alte Selbstverständlichkeit wiederhergestellt werden, von der der Empirismus der

---

[16] *Stegmüller*, W. 1965, S. 445.

englischen Sensualisten und ihrer Nachfolger „naiv" ausgegangen war. Wie etwa Alfred Bohnen gezeigt hat, ergeben sich aus diesem Versuch Folgerungen, die logisch-empiristisch nicht mehr in den Griff zu bekommen sind:

„Trifft es nämlich zu, daß theoretische Systeme nur durch eine Verknüpfung mit beobachtungssprachlichen Ausdrücken kognitiven Sinn erhalten, dann müssen die Begriffe und Aussagen der Beobachtungssprache bereits von sich aus sinnvoll sein, also eine eigenständige, autonome Bedeutung besitzen. Diese Bedeutungsautonomie zeigt sich nach weitverbreiteter Meinung insbesondere daran, daß der Sinn der Beobachtungsaussagen und -begriffe stets unverändert derselbe bleibt, gleichgültig ob die mit ihnen verbundenen theoretischen Begriffe oder Systeme sich wandeln oder nicht. Das heißt also: der Sinn von Beobachtungsbegriffen oder -sätzen bleibt invariant gegenüber dem Wandel der Theorien, in denen sie verwendet werden[17]."

Dieses *Invarianzprinzip* hat demnach eine Enthistorisierung der konkreten Beobachtungssituation zur Voraussetzung, da ja angenommen wird, daß einmal erhobene Beobachtungsdaten einen unzerstörbaren Kern gegenwärtiger und zukünftiger Wissenschaft darstellen. Gegen diese These ließen sich eine Reihe wissenschaftsgeschichtlicher[18] wie auch wahrnehmungs- bzw. kognitionstheoretischer[19] Argumente anführen, welche die Aufrechterhaltung der Invarianzbehauptung in der heutigen wissenschaftstheoretischen Diskussion nicht mehr gestatten[20].

Aber auch die andere, hier implizierte Problematik ist von den logischen Empiristen vernachlässigt bzw. trivialisiert worden: Sie gehen von einem unhistorischen, die konkrete Einigungssituation vernachlässigenden Konventionsbegriff aus, der Idealisierungen über Forscher und Forschungssituation impliziert, welche selber erst empirisch gesichert werden müßte:

— daß nämlich der Forscher alle subjektiven Relevanzgesichtspunkte außer dem der Wahrheitssuche ausschalten könnte;

---

[17] *Bohnen*, A.: Zur Kritik des modernen Empirismus, in: Albert, H. (Hrsg.): Theorie und Realität, 2. veränderte Auflage, Tübingen 1972, S. 175 f.

[18] Vgl. statt anderer: *Bohnen*, A. 1972; *Kuhn*, Th. 1967, sowie *ders.:* Logic of Discovery or Psychology of Research, in: Lakatos, I. / Musgrave, A. (Hrsg.): Criticism and the Growth of Knowledge, Cambridge 1970: *Feyerabend*, P. K.: Problems of Empiricism, in: Colodny, R. G. (Hrsg.): Beyond the Age of Certainty, Englewood Cliffs, N. J 1965. University of Pittsburgh Series in the Philosophy of Science, Vol. II, sowie *ders.:* Von der beschränkten Gültigkeit methodologischer Regeln, in: Neue Hefte für Philosophie, 2/3, 1972.

[19] Hinweise finden sich u. a. bei *Bruner*, J.: Going Beyond the Information Given, in: Contemporary Approaches to Cognition. Symposium held at the University of Colorado, Cambridge, Mass., 1957; *Holzkamp*, K.: Sinnliche Erkenntnis — Historischer Ursprung und gesellschaftliche Funktion der Wahrnehmung, Frankfurt 1973; *Piaget*, J.: Biologie und Erkenntnis, Frankfurt 1974.

[20] Ob dies auch ins Bewußtsein der heutigen *Forschungspraktiker* eingedrungen ist, wäre freilich eine andere Frage. s. *Kuhn*, R. 1967.

— daß der Stand der gesellschaftlichen Organisation von Wissenschaft für die dort ablaufenden konkreten kognitiven und sozialen Prozesse irrelevant sei;

— mit Hilfe der oben kritisierten „unproblematischen" Wahrnehmungskonzeption sowie mit der naiven Unterstellung, daß sich vernünftige Menschen durch rationale Diskussion immer und überall einigen könnten, glaubt man eine letzte quasi „ontologische" Sicherheit realisieren zu können: den Verifikationsgrad von Hypothesen.

Diese Variante des „Heilungsversuches" des Problems der Vermittlung von allgemeinen Sätzen bzw. Regeln und ihrer situativen Anwendung ließe sich als *Trivialisierung von Objektbereich, Forschungssituation und Forscher* kennzeichnen, und zwar auf einem Niveau, das der Wahrnehmungskonzeption der frühen Empiristen entspricht und nicht etwa den neuesten Entwicklungen im Rahmen der Wahrnehmungs- und Kognitionspsychologie[21].

c) Der Falsifikationismus

Die nächste Entwicklungs- oder besser gesagt Rückzugsstufe der Wissenschaftslehre, der wir uns zuwenden wollen, wäre die kritizistische Theorie des *Falsifikationismus* wie sie international hauptsächlich von Karl Popper und in Deutschland vornehmlich von Hans Albert vertreten wird. Popper entwickelt diese Konzeption[22] im Anschluß an seine radikale und kaum widerlegbare logische Argumentation gegen das induktivistische Programm der Verifikation von Hypothesen, also dem Schluß von einer Reihe anerkannter singulärer bzw. Protokollsätze auf allgemeine Gesetzesaussagen.

Logisch wären solche allgemeinen Sätze immer der Gefahr ihrer Widerlegung ausgesetzt, da die Zahl der logisch denkbaren Überprüfungsversuche die der empirisch abgelaufenen immer übersteigt. Um dieses Problem aus der Welt zu schaffen, d. h. die Berechtigung induktiver Schlüsse nachzuweisen, sind eine Reihe von Versuchen denkbar, die aber alle am sog. *„Münchhausen-Trilemma"* scheitern müssen. Nach Albert bleibt bei solchen Begründungsversuchen nur die Wahl zwischen

---

[21] *Bischof*, N.: Erkenntnistheoretische Grundlagenprobleme der Wahrnehmungspsychologie, in: Metzger, W. (Hrsg.): Handbuch der Psychologie, Band I, Halbband 1, Göttingen 1965; *Haber*, R. N. (Hrsg.): Information Processing Approaches to Visual Perception, New York 1969; *ders.*: Visual Information Processing, New York 1973; *Metzger*, W.: Psychologie, 3. Auflage, Darmstadt 1963; *Neisser*, U.: Cognitive Psychology, New York 1967, um nur einige Autoren zu nennen.

[22] *Popper*, K. R.: Logik der Forschung, 4. Auflage, Tübingen 1971.

„1. einem *infiniten Regreß*, der durch die Notwendigkeit gegeben erscheint, in der Suche nach Gründen immer weiter zurückzugehen, der aber praktisch nicht durchzuführen ist und daher keine sichere Grundlage liefert;
2. einem *logischen Zirkel* in der Deduktion, der dadurch entsteht, daß man im Begründungsverfahren auf Aussagen zurückgreift, die vorher schon als begründungsbedürftig aufgetreten waren, und der, weil logisch fehlerhaft, ebenfalls zu keiner sicheren Grundlage führt; und schließlich:
3. einem *Abbruch des Verfahrens* an einem bestimmten Punkt, der zwar prinzipiell durchführbar erscheint, aber eine willkürliche Suspendierung des Prinzips der zureichenden Begründung involvieren würde[23]."

Dieser Kritik kann das Induktionsprinzip als *Geltungsprinzip* nicht standhalten. Als *Forschungsprinzip* wird es, da es eine logische, rational nachkonstruierbare Methode, etwas Neues zu entdecken („Induktionsmaschine"), wie Popper sagt, nicht gibt, auf die *Erkenntnispsychologie* verwiesen, die freilich von der wissenschaftstheoretisch allein interessierenden *Erkenntnislogik* prinzipiell unterschieden werden müsse.

Als Alternative entwickelt Popper ein deduktivistisches Programm, da deduktive Schlußweisen in bezug auf die Geltungsfrage zwei logische Vorteile gegenüber den induktiven aufweisen. Zum einen wird der positive Wahrheitswert deduktiv von den Prämissen auf die Conclusio übertragen; zum anderen findet ein Rücktransfer des negativen Wahrheitswertes von einer als falsch erwiesenen Conclusio auf die Prämissenmenge statt[24].

Wissenschaftliche Theorien wären demnach immer nur grundsätzlich widerlegbar (falsifizierbar), niemals aber endgültig begründbar. Aus allgemeinen Sätzen lassen sich gemäß der falsifikationistisch-kritizistischen Auffassung zusammen mit raum-zeitlichen Randbedingungen Protokollsätze, oder wie Popper vorzieht zu sagen, „Basissätze", ableiten, die dann empirisch überprüft werden können. Wird der Basissatz empirisch nicht bestätigt, so kann man rein logisch auf die Falschheit des allgemeinen Satzes (mit Hilfe der Schlußform des „modus tollens") schließen. Voraussetzung ist freilich, daß man in wissenschaftlichen Theorien immer von Allaussagen ausgeht[25, 26].

Das grundsätzliche Problem hat sich nun freilich auf die Basissätze verlagert, verändert sich aber, wie Popper selbst bemerkt, nur graduell:

---

[23] *Albert*, H.: Traktat über kritische Vernunft, 2. Aufl., Tübingen 1969, S. 13.
[24] *Albert*, H. 1969, S. 12; vgl. auch *Popper*, K. R. 1971, S. 14 - 16.
[25] Auf die Grenzen des Popperschen Konzeptes in diesem Punkt hat *Stegmüller*, W. 1971 eindringlich hingewiesen.
[26] Auf quasiinduktionistische Ausarbeitungen des Falsifikationskonzeptes wie den Begriff der „corrobation" (s. *Popper*, K. R.: Conjectures and Refutations. The Growth of Scientific Knowledge, London 1963) kann ich hier nicht näher eingehen. s. dazu z. B.: *Wellmer*, A.: Methodologie als Erkenntnistheorie, Frankfurt 1967, S. 203 ff.

1. Verhältnis zwischen Theorie und Daten

„Allgemeine Sätze transzendieren die Erfahrung schon allein dadurch, daß sie eben allgemein, universal sind und daher jede endliche Zahl ihrer beobachtbaren Instanzen transzendieren; und singulare Sätze transzendieren die Erfahrung, weil die Universalbegriffe, die normalerweise in ihnen vorkommen, Dispositionen zu gesetzmäßigem Verhalten voraussetzen und somit allgemeine Gesetze (in der Regel von geringer Allgemeinheit)[27]."

Auch bezüglich der Basissätze sind wir demnach mit dem Münchhausen-Trilemma konfrontiert. Der „Rückzug der modernen Wissenschaftslehre" vollzieht der Kritizismus in Anbetracht dessen in der Weise, daß er die *Begründungsidee* überhaupt aufgibt und an Stelle dessen die *Idee der kritischen Prüfung* setzt, nach der alle problematischen Aussagen innerhalb einer rationalen Diskussion eine Klärung zugeführt werden. Nach Albert hat diese Problemlösung den Vorteil, das erwähnte Münchhausen-Trilemma überhaupt nicht erst entstehen zu lassen, da das Ziel der Erkenntnisbemühungen nun nicht mehr irgendein archimedischer Punkt der Erkenntnis sei. Damit ist jeder Anspruch der Wissenschaft „Wahrheiten" oder „gesicherte Erkenntnisse" aufstellen bzw. finden zu können verabschiedet, die reine Tatsache der „Noch-Nichtfalsifizierung" ermöglicht in keiner Weise irgendwelche Wahrheitswerte endgültig zuzuerkennen (dies gilt wohlgemerkt nur für empirische Aussagen).

Die kritizistische Position erkennt also ausdrücklich den interpretativen und konstruktiven Charakter wissenschaftlicher Satzsysteme an und konzediert damit in gewissem Maße, daß das Aufstellen solcher Hypothesen grundsätzlich beliebig sei, also ganz eindeutig den jeweiligen historisch-situativen Kontingenzen zugerechnet werden müsse. Wissenschaftstheoretisch-systematische Aussagen ist Popper nur bereit in bezug auf die Methodologie des Überprüfungsverfahrens aufzustellen, nicht aber bezüglich des Entdeckungszusammenhanges. Er nimmt eine *neutralisierende Funktion* der Überprüfungsprozedur und damit implizit die historisch-situative Neutralität derselben immer noch an.

In diesem Punkt macht Albert, über Popper hinausgehend, noch weitere Zugeständnisse, ohne sie in ihren Konsequenzen freilich abzusehen. Er spricht nämlich davon, daß man

„nach Aufgabe der Begründungsidee die heuristische Problematik nicht mehr ohne weiteres aus der Methodologie (verweisen kann), ... und (es) müssen innerhalb der Methodologie die relevanten Züge der menschlichen Erkenntnissituation — und damit auch die faktischen Zusammenhänge, die da eine Rolle spielen — zumindest berücksichtigt werden"[28].

Wissenschaft könnte demnach als Institution begriffen werden, als soziale Veranstaltung, so daß es bei der Beurteilung wissenschaftlicher

---

[27] *Popper*, K. R. 1971, S. 379.
[28] *Albert*, H. 1969, S. 38 f.

Theorien nicht nur auf die interne logische Stringenz bzw. die jeweiligen Überprüfungsprozeduren ankäme, sondern auch auf die „Logik der Wissenschaft als einer sozialen Veranstaltung". Damit wäre zwar auf der einen Seite eindeutig die Kontextabhängigkeit von Wissenschaft konzediert, während andererseits die Kontextabhängigkeit der kritischen Methode selbst undiskutiert bleibt. Die Frage danach wird durch den Hinweis auf die Gefahren des „naturalistischen Fehlschlusses" (Schließen von Sein auf Sollen) abgetan, und Albert kann daher auch eine kritizistisch sich verstehende Wissenschaftstheorie auf rein formale Prinzipien zurückführen, die schon immer und überall gelten, sie gleichsam naturwüchsig aus den Notwendigkeiten rationalen Argumentierens ergeben. Da aber, ob der Gefahr des naturalistischen Fehlschlusses eine solche Methode sich selbst nicht begründen kann, bleibt als Fazit:

„Die Methodologie ist gewissermaßen nichts anderes als eine fundamentale Technologie für das Problemlösungsverhalten, die sich an bestimmten Wertgesichtspunkten orientiert, an Wertgesichtspunkten, die mit dem menschlichen Streben nach Erkenntnis (sic!) der Wirklichkeit und damit der Wahrheit zusammenhängen. Die *Annahme* einer bestimmten Methode, auch die der *Methode der kritischen Prüfung*, involviert eine *moralische Entscheidung*, denn sie bedeutet die Übernahme einer für das soziale Leben sehr folgenreichen methodischen Praxis ... Das Rationalitätsmodell des Kritizismus ist der Entwurf einer Lebensweise, einer sozialen Praxis, und hat daher ethische und darüberhinaus politische Bedeutung. Es ist keineswegs eine Übertreibung ..., wenn man darauf hinweist, daß das *Prinzip der kritischen Prüfung* unter anderem eine *Verbindung* herstellt zwischen *Logik und Politik*[29]."

Damit erweist sich aber die Idee der Kontextabhängigkeit schon wieder als pervertiert, weil der kritizistische Forscher durch die Akzeptierung seiner Methode sich gleich wieder außerhalb jeder konkreten, historisch vorliegenden Gesellschaft stehend definiert und damit sich selbst vom Standpunkt eben dieses Kontextes immunisiert, gleichwohl aber den Anspruch erhebt, bezüglich aller inhaltlichen Fragen kompetent Stellung nehmen zu können[30].

Die Kritik dieser Immunisierungsstrategie soll im Anschluß an die Schilderung der letzten Position der Wissenschaftslehre vorgenommen

---

[29] *Albert*, H. 1969, S. 40 f.
[30] So hat z. B. Albert persönlich zu soziologischen, psychologischen, zu theologischen, zu rechtsphilosophischen wie zu politischen Fragen an Disputen teilgenommen bzw. solche induziert. s. dazu seine Arbeiten: *Albert, H.:* Im Rücken des Positivismus?, in: Kölner Zeitschrift für Soziologie und Sozialpsychologie, 17, 4, 1965; *ders.:* Traktat über kritische Vernunft, 2. Auflagen, Tübingen 1969; *ders.:* Konstruktivismus oder Realismus? Bemerkungen zu Holzkamps dialektischer Überwindung der modernen Wissenschaftslehre, in: Zeitschrift für Sozialpsychologie, 2, 1971; *ders.:* Erkenntnis und Recht. Die Jurisprudenz im Lichte des Kritizismus, in: Albert, H. et al. (Hrsg.): Rechtstheorie als Grundlagenwissenschaft der Rechtswissenschaft. Jahrbuch für Rechtssoziologie und Rechtstheorie, 2, 1972.

werden, in welcher sich der „Rückzug" von der konkreten Realität (bei gleichzeitigen enormen wissenschaftstheoretischen und versuchstechnischen Raffinement) ganz extrem darstellt, und die in manchen Punkten die konsequente Fortsetzung und Weiterführung (von der grundsätzlichen Tendenz her, nicht unbedingt historisch) des Kritizismus darstellt.

d) Der Konstruktivismus

Diese wissenschaftstheoretische Position läßt sich vornehmlich mit den Namen Duhem, Dingler, May und neuerdings Holzkamp (bis 1969) verbinden[31]. Auch Dingler hat wie Popper die These vom letztendlich konventionalistischen Charakter wissenschaftlicher Aussagen akzeptiert, welche durch die Unlösbarkeit des Begründungsproblems im Rahmen des klassischen Rationalitätsmodells unausweichbar wird. Dennoch versucht Dingler in der Wissenschaft ein „System letztbegründeter Erkenntnisse" zu realisieren. An Popper wird vornehmlich dessen Scheinradikalität bezüglich des Falsifikationsverfahrens kritisiert[32]. Man insistiert demgegenüber auf der Möglichkeit, Theorien trotz widersprechender Basissätze aufrechtzuerhalten, zu „exhaurieren", d. h. die theoriedivergenten Ergebnisse auf bestimmte Konstellationen von Randbedingungen zurückzuführen, die dann aus dem Geltungsbereich der Theorie ausgeschieden werden[33]. Das, was auf den ersten Blick wie eine klassische Immunisierungsstrategie[34] aussieht, dürfte dennoch „in

---

[31] In jüngster Zeit unterscheidet man zwischen dem Konventionalismus in der Tradition Dinglers und der konstruktivistischen Wissenschaftstheorie der sog. Erlanger Schule. Da es mir hier mehr um die Plausibilisierung eines Problems, denn um eine wissenschaftstheoretische Abhandlung geht, kann ich dies nicht genauer ausführen. s. dazu etwa *Mittelstraß, J.*: Die Möglichkeit von Wissenschaft, Frankfurt 1974, S. 84 ff.

[32] *Holzkamp*, K.: Wissenschaft als Handlung, Berlin 1968.

[33] „Das Exhaustations-Verfahren geht von der Voraussetzung aus, daß man zwei Arten von Bedingungen zu unterscheiden habe, die die Beschaffenheit konkreter, in Jetzt-und-hier-Aussagen erfaßter Daten beeinflussen können: einmal die Bedingungen, die der Forscher selbst gemäß seiner Theorie in der Realität aufgesucht oder in der Realität hergestellt hat und von denen er behauptet, daß sie mit bestimmten, in der Theorie angenommenen Effekten in Zusammenhang stehen. Diese Bedingungen kann man ‚konstituierende Bedingungen' nennen. Sie decken sich weitgehend mit dem, was man in der experimentellen Forschung ‚unabhängige Variablen' nennt. Zum anderen können aber auch Bedingungen die empirischen Daten (die ‚abhängigen Variablen') beeinflußt haben, die gegen den Willen des Forschers in der konkreten Situation, in der die Daten erhoben worden sind, wirksam geworden sind. Die Beibehaltung einer Theorie trotz abweichender Daten unter Rückgriff auf ‚störende Bedingungen' ist das Exhaustionsverfahren" (*Holzkamp*, K. 1972, S. 89 f.). Vgl. ders. 1968, S. 101 ff.

[34] In dieser Richtung laufen auch die Argumente Alberts gegen den Konstruktivismus. Dazu: *Albert*, H. / *Keuth*, H. (Hrsg.): Kritik der kritischen Psychologie, Hamburg 1973.

den ruhigen Phasen der Wissenschaftsentwicklung"[35] eine adäquate Beschreibung wissenschaftlicher Vorgehensweise sowohl in den Natur- wie in den Sozialwissenschaften sein. Wenn man davon ausgeht, daß die Elimination von störenden Randbedingungen Kennzeichen jedes experimentell-wissenschaftlichen Vorgehens (normalerweise unter dem Terminus „Standardisierung" gefaßt) sei, wäre das Verfahren der Exhaustion eine unausweichliche Begleiterscheinung des Forschungsprozesses. Dasselbe Argument hat in einem wissenschaftsgeschichtlichen Zusammenhang Thomas S. Kuhn ausdrücken wollen, wenn er darauf hinwies, daß im Rahmen der sog. „normalen Wissenschaft" weniger die Theorie als der Forscher sowie der Standardisierungsgrad der Forschungssituation überprüft werden; schon deshalb, weil die vom Falsifikationismus implizit angenommen „experimenta crucis" in wirklichkeit kaum je anzutreffen sind.

Dingler und seine Nachfolger formulieren nun den impliziten Konstruktivismus der gängigen Experimentiertechnik explizit als Forschungsprogramm. Dabei entsteht das Problem, daß die Sicherheit der gefundenen allgemeinen Gesetzesannahmen nur mehr deren *analytische Charakter* geschuldet ist, nachdem die Experimentiersituation von vornherein schon so restriktiv strukturiert wurde, daß die zu überprüfende Theorie gar nicht mehr falsifiziert werden konnte. In der Konsequenz führt diese voluntaristische Konzeption wissenschaftlicher Begründung zu einem epistemologischen Dezisionismus (Albert) bzw. einem dezisionistischen Operativismus (Mittelstraß). Damit wird die „Realität" außerhalb der Experimentierbedingungen völlig zugunsten der synthetischen Überprüfungssituationen aus dem Blick verloren. In gewissen Grenzen wird auf diese Weise Erkenntnis durch Entscheidung ersetzt.

Klaus Holzkamp hat in einer Metakritik dieser Konstruktivismuskritik den Stellenwert dieser Position zu verdeutlichen versucht. Für ihn stellt der Konstruktivismus die konsequenteste Ausformung des *„logischen Postulates des Theoretischen"* dar, welches schon in den anderen, von mir oben diskutierten „Rückzugspositionen" der Wissenschaftslehre immer stärker betont worden war. Vorherrschend für die konstruktivistische Methodik sei der „Wille zur Eindeutigkeit", durch den die klassische Rationalitätsvorstellung von der absoluten und damit sicheren Begründung, wenn auch auf neue Weise rekonstruiert werden soll.

Holzkamp unterscheidet *systemimmanente Eindeutigkeit,* die logische Konsistenz des theoretischen Satzsystems betreffend, von *systemtrans-*

---

[35] Dieser Ausdruck stammt von *Popper,* K. R. 1971, S. 48 f.

zendenter Eindeutigkeit, die sich auf jene Instanzen realer Verhältnisse bezieht, welche mit der Theorie *nicht-konstruktivistisch* in Einklang gebracht werden können. Die Anzahl der aus einer Theorie ableitbaren Sätze (ableitbar nach dem Prinzip der systemimmanenten Eindeutigkeit) bestimmt den Integrationsgrad einer Theorie. Empirische Überprüfungs- oder manchmal besser Bestätigungssituationen der Theorie werden durch einen „Realisation" genannten Auswahl- bzw. Herstellungsvorgang von Forscher „konstruiert"[36].

Man stellt sich demnach die Welten, in denen die eigenen Theorien gelten sollen, selbst her, indem man die konkreten historisch-situativen Kontingenzen als „störende Randbedingungen" über die spezifische Methodik der Versuchsanordnung oder der Beobachtungstechnik eliminiert. Theoretische Aussagen gewinnen damit den Charakter von *Konditionalaussagen:* Wenn die in den Standardisierungsvorschriften angegebenen Situationsparameter realisiert sind, d. h. alle störenden Randbedingungen ausgeschaltet wurden, treten die angegebenen empirischen Effekte auf. Erfolgen die erwarteten Resultate nicht, so kann das Exhaustionsverfahren solange angewandt werden bis alle Störungen beseitigt sind, d. h. systemimmanente Eindeutigkeit vorherrscht. Freilich läßt sich dieser Prozeß nur bis zu einem gewissen Grade fortsetzen, da sonst das *Komplementaritätsprinzip* der systemtranszendenten Eindeutigkeit verletzt würde: totale Exhaustion würde totale empirische Irrelevanz bedeuten. Durch das Konzept des „Belastetheitsgrades" soll nun das Verhältnis beider Arten von Eindeutigkeit zueinander präzisiert werden:

„Gemäß dem Belastetheitskonzept sollen Exhaustionen nur insoweit zulässig sein, als die Behauptung, bestimmte Abweichungen zwischen Theorien und Daten gehen auf störende Bedingungen zurück, selber wieder begründbar ist. Sofern der —logisch immer mögliche — Rückgriff auf störende Bedingungen zur Interpretation von Abweichungen nicht begründet werden kann, wird der Umstand, daß die theoretische Annahme nur durch Exhaustion aufrechterhalten werden konnte, der Theorie als ‚Belastbarkeit' zugerechnet. Je höher der Belastetheitsgrad einer Theorie ist, umso mehr verringert sich ihr ‚empirischer Wert' bzw. ihr ‚Realisationsgrad'[37]."

---

[36] „Mit dem Prinzip der Realisation ist die passivistische Position des Sensualismus endgültig verlassen: der Forscher bildet dieser Konzeption nach nicht die Realität in seinen Theorien ab, sondern er versucht, umgekehrt in aktivem Handeln reale Verhältnisse auszuwählen (‚Beobachtung') oder herauszustellen (‚Experimente'), die seinen Theorien entsprechen. Das Realisationsprinzip ist, wie ersichtlich, eine Konsequenz aus dem Prinzip vom Primat des Theoretischen. Das Realisationsprinzip ist das eigentliche ‚Gegenprinzip', das vom Konstruktivismus dem empiristischen Prinzip der Induktion konfrontiert wird" (*Holzkamp*, K. 1972, S. 93). Vgl. ders. 1968, S. 98 f.

[37] *Holzkamp*, K. 1972, S. 95.

Der entscheidende Punkt konstruktivistischer Bedingungsanalyse kann also nicht die Konstruktion beliebiger theoretischer Weltmodelle und deren versuchsweise Umsetzung sein, sondern die wesentliche Anstrengung hat sich auf die theoretische Differenzierung der konstituierenden von den störenden „unabhängigen Variablen" zu richten.

Im folgenden Schema I soll noch einmal kurz auf den Dimensionen

— Abkehr von der unmittelbaren Wichtigkeit der Empirie für die Begründung wissenschaftlicher Sätze (Primat des Theoretischen)
— Wichtigkeit der Rolle des Forschers und Betonung der historisch-situativen Randbedingungen der Forschungssituation
— ontologische bzw. quasi-ontologische Grundannahmen
— Wahrheitsanspruch
— Gütekriterien für eine wissenschaftliche Theorie

der Rückzug der modernen Wissenschaftslehre dargestellt werden. „Rückzug" bezieht sich, wie wir gesehen haben, auf zwei Aspekte: Zum einen Rückzug von den empiristischen Idealisierungen der Forschungssituation, von denen man im modernen Wissenschaftsbetrieb zunehmend abgeht. Es setzt sich zunehmend die Einsicht durch, daß dieser Wissenschaftsbetrieb eben nicht als eine Summation isolierter und passiver Forscherindividuen begriffen werden kann, die nur als kognitive und sensuelle Rezeptionsmatrizen fungieren. So haben Falsifikationismus und vor allem dann der Konstruktivismus den grundsätzlich aktiven Charakter wissenschaftlichen Vorgehens betont. Beide Positionen sind aber nicht über einen mehr oder weniger subjektivistisch-voluntaristischen Praxisbegriff hinausgekommen und damit zu keinen inhaltlichen Aussagen über konkret-historisches Forscherhandeln gelangt.

Zum anderen bezieht sich „Rückzug" auf die historisch zunehmende Problematisierung der klassischen Begründungsvorstellung bis zu dem Punkt der Selbstbestätigung von Theorien im Konstruktivismus. D. h. ein unproblematisches Verhältnis von Theorie und Daten, aber auch von Überprüfungsprozedur und Realität kann immer weniger unterstellt werden. Es ist die eigenartige Logik dieses „Rückzuges", daß er im Endeffekt zu einem wissenschafttheoretischen Subjektivismus führt, dessen Konsequenz Relativismus und schließlich Skeptizismus sein müssen. Interessant wird zu beobachten sein, daß ähnliche Konsequenzen sich auch bei der soziologischen Betrachtung des Applikationsproblems ergeben werden. Ich werde mich zu zeigen bemühen, inwieweit eine mangelnde *historische Ausrichtung* der verschiedenartigen „Heilungsversuche" für eine solche Entwicklung verantwortlich gemacht werden kann.

1. Verhältnis zwischen Theorie und Daten

	Abkehr v. d. unmittelb. Wichtigk. d. Empirie.	Wichtigk. d. Rolle d. Forschers	„Ontologisch. Grundannahmen"	Wahrheitsanspruch	Kriterien für Theorien
Naiver Empirismus	Theorie als bloße Umsetzung d. Sinnesdaten	Als spezifisches historisches Subjekt irrelevant. Nur Abbildmatrize für Naturgesetze.	Uniformität d. Natur. Begriff d. Naturgesetzes.	Total, Aufdeckung v. Naturgesetzen	Beobachtung
Logischer Empirismus	Betonung d. Satzcharakters wiss. Aussagen	Versuch d. Eliminier. subj. Kontingenzen durch Standardisierung d. Protokollsätze	Verifikation als Wahrheitsannäherung	Wahrheit als Konzept vorhanden	Beobachtung; logische Konsistenz
Falsifikationismus	Trennung v. Erkenntnispsych. u. Forschungslogik; Rückzug auf Begründungsfragen	Wichtige Rolle d. Forschergemeinde, die durch Konsensus Basissätze anerkennt.	Annahme d. Rationalität verbürgenden kritischen Kritik	Technologische Effizienz („corrubation")	Logische Konsistenz Konsensus über Beobachtungen
Konstruktivismus	Realisation von vom Standpunkt d. Theorie notwendig. Randbeding. „Wille" als konstitutives Motiv wiss. Vorgehens	Aktivist. Position, d. nur durch Belastetheit „gebremst" wird.	keine	Entfällt, nur mehr Streben nach Eindeutigkeit	Systemimmanente Eindeutigkeit (d. i. log. Konsistenz. Belastetheitsgrad, Ausmaß d. Eliminat. v. Störbedingungen

2. „Heilungsversuche" innerhalb der experimentellen Forschung

Diese erkenntnis- bzw. wissenschaftstheoretischen Betrachtungen mögen auf den ersten Blick abstrakt erscheinen. Deshalb will ich kurz versuchen, ihre konkrete Relevanz durch die Betrachtung des aktuellen Forschungsprozesses in den Sozialwissenschaften zu demonstrieren. Dabei soll auch die im letzten Abschnitt aufgestellte These bekräftigt werden, daß der Konstruktivismus die adäquate Systematisierung der aktuellen Forschungspraxis darstellt.

Ich möchte mich bei der Schilderung auf das *Experiment* beschränken, da es die ausgearbeitetste Forschungstechnologie darstellt. Es sollen die experimentierstrategischen Methoden aufgezeigt werden, mit Hilfe derer man im aktuellen Forschungsprozeß das grundlegende Problem der situativen Applikation wissenschaftlicher Sätze „zu heilen" versucht. Dies geschieht auf dem Wege einer zunehmenden „Verabstrahierung" der Forschungssituation bis hin zur experimentellen Herstellung auch der als Geltungskriterium fungierenden „Realität".

Üblicherweise werden in der Literatur zur empirischen Sozialforschung[38] folgende drei Aspekte genannt, die zum Ausgangspunkt der Frage nach der Möglichkeit experimenteller Forschung in den Sozialwissenschaften gemacht werden können:

Wiederholbarkeit: Experimente sollen so gestaltet werden, daß die situativen Parameter bei einer Experimentwiederholung reliabel wieder reproduziert oder „realisiert" werden können. Zumindest die prinzipielle Wiederholbarkeit muß garantiert sein. Dazu muß die Zahl der relevanten Situationsparameter durch Manipulation der Experimentalsituation sowohl überschaubar wie repräsentativ (Validität) gehalten werden.

Die Problematik einer solchen Vorgehensweise zeigt sich etwa dann, wenn uns ein neopositivistischer Forscher wie Opp nach der Schilderung von Wahruntersuchungen versichert (gegeben waren relativ hohe Reliabilitätskoeffizienten):

„Da derartige Situationen auch in ‚modernen' Gesellschaften relativ häufig vorkommen dürften, folgt (sic! Die Ableitung geschieht aufgrund eines Korrelationskoeffizienten in Verbindung mit dem Oppschen common sense. St.W.), daß soziale Situationen nicht so ‚offen' sind, daß keinerlei Prognosen möglich sind[39]."

---

[38] s. etwa *Mayntz, R. / Holm, K. / Hübner, P.*: Einführung in die Methoden der empirischen Soziologie, 2. erweiterte Auflage, Opladen 1971; *Friedrichs, J.*: Methoden der empirischen Sozialforschung, Reinbek bei Hamburg 1973; *Zimmermann, E.*: Das Experiment in den Sozialwissenschaften, Stuttgart 1972.

[39] *Opp, K. D.*: Methodologie der Sozialwissenschaften, Reinbek bei Hamburg 1970, S. 83.

2. „Heilungsversuche" innerhalb der experimentellen Forschung

Solche Analysen könnten nur aufgrund einer eindeutigen *Bedingungsanlyse*, d. h. der genauen interferenzstatistischen Sicherung der Beziehung zwischen abhängigen und unabhängigen Variablen, die hier und schon gar nicht für die „moderne" Gesellschaft allgemein möglich ist, oder aber durch eine phänomenologische Analyse der Situation geleistet werden, wie sie sich dem Behavioristen Opp natürlich verbietet.

Nun ist aber die *Kausal- oder Bedingungsanalyse* eindeutiges Ziel jeder experimentellen Bemühung. Die Frage wäre also, wie das Versuchsdesign gestaltet werden müßte, in welchem Ausmaß und in welcher Richtung die *Kontrolle der Bedingungen* zu erfolgen hat, um einmal die unabhängigen Variablen rein nach den operationalen Vorschriften in die Situation einzubringen, zum anderen Störbedingungen, die nur der jeweiligen Situation geschuldet sind, zu eliminieren und schließlich die Reaktionen der Versuchspersonen in ihrer Anzahl und Komplexität auf ein versuchstechnisch (etwa von der Kapazität der Versuchsbeobachter her) und vor allem statistisch bearbeitbares Maß zu bringen (bezüglich des Skalenniveaus, der Anzahl der Variationen der unabhängigen Variablen, etc.). Diese Voraussetzungen experimenteller Analyse können *nur* durch ein mehr oder weniger konstruktivistisches Vorgehen realisiert werden, das sich in seinen Hauptpunkten[40] wie folgt zusammenfassen läßt:

— Am Anfang steht die *Einverständniserklärung* der Versuchsperson, sich den experimentellen Bedingungen zu unterwerfen, d. h. situationsunangebrachtes Verhalten zu unterlassen und sich den Anordnungen der Versuchsleiter zu fügen[41].

— Nachdem sich die Versuchsperson in die Situation begeben hat, erhält sie eine *Instruktion,* in der die Situation definiert, die gewünschten und nicht erwünschten Reaktionen bestimmt oder manchmal auch nur angedeutet werden.

— Da aufgrund der statistischen Analysen, die durch die Annahmen der *klassischen Testtheorie*[42] grundsätzlich bestimmt sind, die Personen nur als Populations- bzw. Stichprobenelemente auftreten dürfen, ist es für die *Ausschaltung* von Störbedingungen wesentlich, daß sich die Versuchspersonen „verabredungsgemäß" verhalten:

---

[40] Nach *Holzkamp*, K. 1972, S. 55 ff.

[41] Wie weit dieses „sich Fügen" gehen kann, zeigen etwa die berühmten Authoritätsuntersuchungen von Milgram 1963. Für eine Kritik des artifiziellen Charakters auch dieser Versuchssituation s. *Mixon*, O.: Instead of Deception, in: Journal of the Theory of Social Behavior, 2, 1972. Für „in vivo-Untersuchungen" dürften immer noch die schrecklichen Schilderungen in *Kogon*, E.: Der SS-Staat, München 1974 (original 1946), wichtig sein.

[42] *Lienert*, G.: Testaufbau und Testanalyse, Weinheim—Berlin 1967.

34   A.I. Allgemeine Regeln und ihre situative Anwendung

„Der Zweck der experimentellen Planung und der Datenauswertung ist hier in dem Maße als erfüllt zu betrachten, als man all das, was eine jeweils reale Versuchsperson von der gedachten, idealen Norm-Versuchsperson unterscheidet, ausgeschaltet oder bedingungsanalytisch isoliert hat. Nur soweit man die jeweiligen Bestimmungen der Norm-Vp. im Experiment realisiert hat, kann man den nomothetischen Anspruch auf Allgemeingültigkeit der in der Theorie formulierten Zusammenhangsbehauptungen der Möglichkeit nach rechtfertigen[43]."

Bedingung der Möglichkeit einer solchen Vorgehensweise erscheint mir weiterhin eine sehr abstrakte Vorstellung von der Rolle des Forschers sowie ein extremer Schematismus bei der Auswahl der relevanten Situationsvariablen zu sein.

Der *Norm-Forscher*, ein als völlig objektiv, ohne eigene Relevanzkriterien, Emotionen oder Ideosynkrasien agierender Forscher stellt ein empirisches nicht zu bestätigendes theoretisches Konstrukt dar, wie die Forschung zur Sozialpsychologie des Experiments u. a. von Rosenthal[44] eindeutig nachgewiesen haben. Dies gilt historisch vor allem, nachdem durch die Ausdifferenzierung des Wissenschaftssystems und seine Entlastung von anderen sozialen Aufgaben[45] sich die Relevanzkriterien von Wissenschaftlern und Laien zumindest graduell auseinanderentwickelt haben bzw. nachdem es sich die Wissenschaft leisten konnte, die ihr gesellschaftlich zugestandenen zeitlichen, sachlichen und sozialen Ressourcen bis zu einer gewissen Toleranzgrenze nach systeminternen Relevanzkriterien zu verwenden[46].

Für uns hier besonders wichtig dürfte dieser „Heilungsversuch" sein, soweit er sich auf eine *Idealisierung der Rolle der Versuchsperson* in Richtung auf eine Normversuchsperson erstreckt. Diese Idealisierung kann dahingehend systematisiert werden, daß es sich hier um ein gedachtes Individuum handelt, welches artifiziellen Umweltbedingungen ausgesetzt wird, deren Systematik es nicht oder zumindest nicht voll durchschauen kann und die es als unveränderbar zu akzeptieren hat. Die Realität welche der Versuchsperson präsentiert wird, erweist

---

[43] *Holzkamp*, K. 1972, S. 52.

[44] Zusammenfassend in *Rosenthal*, R.: Experimenter Effects in Behavioral Research, New York 1966.

[45] Auf diesen Prozeß nehmen von verschiedenen Standpunkten her Stellung: Marx und Engels, wenn sie die Trennung der körperlichen von der geistigen Arbeit thematisieren (etwa in *MEW*, Band 3, S. 46 ff.), oder auch Luhmann, wenn er die Mechanismen der Selbststeuerung der Wissenschaft herauszuarbeiten versucht (speziell in: *ders.*: Soziologische Aufklärung, Köln—Opladen 1970).

[46] Zur Rolle des Wissenschaftlers siehe etwa die Arbeiten von: *Ben-David*, J.: The Scientist's Role in Society. A Comparative Study, Englewood Cliffs, N. J., 1971; *Storer*, N.: The Social System of Science, New York 1972; sowie in den readers von *Weingardt*, P.: Wissenschaftssoziologie, Frankfurt 1972 (Band 1), 1974 (Band 2).

sich als eine eingeschränkte, ihr grundsätzlich fremde, deren Realisationscharakter ihr grundsätzlich verborgen bleibt und auch versuchsstrategisch bleiben soll[47].

Aufgrund der Einverständniserklärung verbunden mit dem starken Autoritätsdruck und Konformitätszwang (s. z. B. die klassischen Ash- und Sherif-Experimente) in der Forschungssituation wird es der Vp. auch schwer, wenn nicht unmöglich gemacht, sich während des Versuchs des konstruktivistisch-künstlichen Charakters und der hinter dieser Konstruktion stehenden Absichten zu versichern. Damit bleibt die Vp. ganz auf die gezielt restriktiven Informationen des Versuchsleiters als konstituierende Elemente ihrer Realitätsinterpretation angewiesen. Die *Labilisierung* der Experimentiersituation bewirkt eine starke Vereinheitlichung der Situationsdefinitionen und damit der Ausgangsbedingungen bei den Vpn, wodurch freilich das Handeln im Experiment nichts mehr mit dem normalen Reaktionsverhalten im Alltag zu tun haben muß, da die gewohnten Stimuli und Reaktionsmöglichkeiten beschränkt sind[48].

Diese Schematisierung ergibt sich folgerichtig aus dem behavioristischen Verhaltenskonzept der gängigen neopositivistischen Sozialforschung[49], die, weil sie nur korrelationsanalytische Übereinstimmungen auf der Ebene des sog. „overt behavior" zulassen will, sich ganz auf die möglichst eindeutige Zuordnung diskriminativer Stimuli (unabhängige Variablen) und darauf folgender Reaktionsklassen verlassen muß. Die innere Logik dieser Verbindung bleibt unaufgeklärt, da bei ihrer Explikation auf mentale und damit angeblich nichtintersubjektive Daten Rücksicht genommen werden müßte. Radikal zu Ende gedacht hat Hans Westmayer dieses behavioristische Programm, ausgehend, wie er sagt, von einem skinnerianischen Standpunkt, präzisiert a la Stegmüller:

„Wenn das Verhalten eines Menschen im historisch-gesellschaftlichen Prozeß vorausgesetzt werden sollte, würde die Verhaltenstheorie die Konstruktion einer entsprechenden Individualtheorie fordern, die selbstverständlich die Verhaltensgenese und die soziale Einbettung des Menschen berücksichtigen müßte. Da eine genaue Kenntnis dieser Daten nicht außerhalb kontrollierbarer Umgebungen erreichbar ist, kann sich die Verhaltenstheorie gegen-

---

[47] Ein extremes Beispiel für die Irreführung von Vpn. bieten die genialen Experimente Stanley Schachters (zusammenfassend in *Schachter*, St.: Emotion, Obesity, and Crime, New York und London 1971).

[48] Die Restriktivität der Versuchspersonen, der Situation und auch der gegebenen Handlungsmöglichkeiten wird in den bekannten Kommunikationsstudien der New Haven-Schule auf die Spitze getrieben. Dementsprechend ist auch ihre empirische Irrelevanz.

[49] s. etwa die angeführten Arbeiten von *Hempel*, C. G. 1965 und *Opp*, K. D. 1970.

wärtig derartige Ziele nicht setzen. *Erst über eine Verhaltenstechnologie, die innerhalb der Alltagsrealität Laborbedingungen schafft, ist eine exakte Übertragung auf den ‚wirklichen Menschen' — was immer das sein mag — möglich*[50]."

Im Klartext heißt dies, daß, um überhaupt exakte Forschung zu ermöglichen, der „Heilungsversuch" auf die reale gesellschaftliche Veränderung der Realität in Richtung auf eine Laborrealität hinauslaufen müßte, wie sie Skinner etwa in „Futurum II" oder in „Beyond Freedom and Dignity" dargestellt hat: die konservativ-reaktionäre Revolution abgeleitet aus der scheinbaren Unlösbarkeit methodologischer Probleme! Dadurch, daß dieser „Heilungsversuch" als solcher nicht erkannt wird, verstrickt er sich auch in unlösbare logische Schwierigkeiten. Zwar stellt Westmayer für eine solche „programmierte Umwelt" durchaus die Frage nach dem Mißbrauch von Macht, glaubt aber, daß sie sich eigentlich schon erledigt hätte:

„Die Frage ‚Wer kontrolliert den Kontrolleur?' wird in diesem Zusammenhang gegenstandslos, da auch das Verhalten des (der) Kontrolleurs (e) einer Kontrolle — in erster Linie der Kontrollierten — unterliegt[51]."

Ganz abgesehen davon, daß sich schon soziologisch solche Annahmen kaum halten lassen[52], erscheint eine solche Auffassung auch logisch unmöglich, weil sie eindeutig zirkulär wird.

Das methodologische Streben nach „Objektivität" mit der Betonung der Reproduzierbarkeit, Standardisierung und Meßbarkeit steht demnach immer in der Gefahr kontextueller Irrelevanz. Nach der grundsätzlich richtigen Abkehr vom Empirismus soll die Objektivität in der Intersubjektivität begründet werden, deren Kriterien aber weitgehend unklar bzw. willkürlich gesetzt sind. Indem man die Objektivität und Intersubjektivität an konstruierten Situationen festmacht, wird implizit der Objektivitätsanspruch wieder konterkariert, da die Distanz zu den real ablaufenden Handlungsvollzügen immer größer wird[53]. Eine „Heilung" unserer Grundproblematik läßt sich folglich nicht über eine Vereinheitlichung von Forscher, Situation und Forschungsgegenstand in den Sozialwissenschaften erreichen. Dennoch

---

[50] *Westmayer*, H.: Kritik der psychologischen Unvernunft. Probleme der Psychologie als Wissenschaft, Stuttgart 1973, S. 128 (Hervorh. St.W.).
[51] *Westmayer*, H. 1973, S. 139.
[52] s. z. B. *Gouldner*, A.: Reziprozität und Autonomie in der funktionalen Theorie, in Hartmann, H. (Hrsg.): Moderne amerikanische Soziologie, Stuttgart 1967; selbst Luhmann würde sicherlich nicht so weit gehen, das Ausmaß der Kontrolle der Kontrolleure mit dem Kontrolliertheitsgrad der Kontrollierten gleichzusetzen, obwohl er tendenziell ein ähnliches Argument vertritt. s. *Luhmann, N.*: Klassische Theorie der Macht, in: Zeitschrift für Politik, 16, 1969 b.
[53] s. dazu *Berger*, H.: Untersuchungsmethode und gesellschaftliche Wirklichkeit, Frankfurt 1974, S. 26.

und vielleicht gerade deshalb sind jene quasiontologischen bzw. idealisierenden Annahmen im Rahmen der Forschungsmethodik von Interesse, die einen solchen Ansatz abzusichern versuchen.

3. Der konstruktivistische Charakter der klassischen Testtheorie

Paradoxerweise treten sogar im Rahmen entwickelter Methodologien noch weitgehend unbegründbare ontologische Hilfsannahmen auf. Die klassische Testtheorie erscheint mir hierfür ein gutes Beispiel zu sein, da sie zudem noch einige der erwähnten konstruktivistischen Grundannahmen mitthematisiert, absichert und begründet. In diesem Sinne kann sie als eine mathematische Ideologie des Experiments bzw. der empirischen Sozialforschung überhaupt gelesen werden. Die klassische Testtheorie, welche die mathematische Grundlage des herkömmlichen experimentellen Vorgehens bildet, versucht die Komplexität des Übersetzungsproblems durch zwei grundlegende, meiner Ansicht nach ontologische Axiome zu „heilen"[54]:

— Die Annahme des *wahren Wertes:* Man interpretiert die Beobachtung, daß die Testwerte sowohl intra- wie interindividuell schwanken und die Varianz von Meßwerten (außer bei total reliablen Tests, die es freilich nicht gibt) größer Null ist, in der Weise, daß man annimmt, man könne aus dieser Streuung auf rein statistischem Weg einen objektiven, wahren Wert extrahieren, der dem Resultat der Versuchsperson(en) entspricht, welches sie erzielt hätte(n), wenn die störenden Bedingungen innerhalb der Situation bzw. „innerhalb" der Versuchsperson(en) nicht vorhanden gewesen wären. Man definiert den wahren Wert als den *Erwartungswert,* der sich bei völlig objektiven und unabhängigen Meßwiederholungen automatisch einstellen müßte. Die Diskrepanz zwischen beobachtetem und wahrem Wert wird als *Meßfehler* bezeichnet.

— Der eigentliche „Heilungsversuch" besteht in der zweiten ontologischen Annahme, daß nämlich die Meßfehler, also die störenden situativen Kontingenzen sich *zufällig* verteilen, der Mittelwert einer Meßfehlerverteilung folglich gleich Null sei. Weiterhin wird zwischen dem wahren Wert und den jeweiligen situativen Randbedingungen kein systematischer Zusammenhang angenommen. Demnach müßte die Korrelation zwischen wahren und Fehlerwerten ebenfalls gleich Null sein. Auf diese Weise läßt sich die Enthistorisierung der Forschungsergebnisse gleichsam methodologisch beweisen: statistisch ergibt sich nämlich daraus, daß bei einer größeren Zahl von Messungen der Erwartungswert der wahren Werte mit dem Erwartungswert der beobachteten Werte immer mehr zusammenfällt, weil der Mittelwert der

---

[54] Für einen Überblick s. *Fischer,* G.: Psychologische Testtheorie, Stuttgart 1968.

Fehlervarianzen ex definitione gleich Null ist. Man kann demnach durch eine Vielzahl raum-zeitlich lokalisierbarer Messungen eine *Ent-Kontextualisierung*, in meiner Terminologie einen „Heilungsversuch" zu Wege bringen.

Was ist damit aber anderes geschehen als eine *Exhaustion* der Fehlervarianz, d. h. der Versuch einer „legitimen" Ausschaltung situationsspezifischer Varianzquellen? Die Vpn, die außerhalb des Experimentes in je spezifischen, historisch-gesellschaftlichen Situationsbezügen stehen, werden durch die Versuchsanordnung und die dabei stattfindenden Restriktionen in ahistorische *Individuen* verwandelt. Die jeweiligen subjektiven Akzentuierungen von Verhalten in der Versuchssituation werden tendentiell eliminiert bzw. in dem undifferenzierten Begriff der „Fehlervarianz" aufzulösen versucht, was es dann gestattet, sie als angeblich zufällig zu vernachlässigen.

Damit wird es der behavioristisch-neopositivistischen Sozialforschung (worunter nach dieser Diskussion natürlich auch der Konstruktivismus zu zählen wäre) leicht, Experimentiersituationen bei Tieren mit Ergebnissen bei Humanexperimenten zu parallelisieren, da nach dieser Konzeption Menschen legitimerweise auf den Status bloßer Organismen reduziert werden können.

Man wird demnach zusammenfassen können, daß die konkrete empirische Forschung immer schon konstruktivistisch vorgeht, daß ihr Leitmotiv eher systemimmanente als systemtranszendente Eindeutigkeit, also „Wahrheit" in einem realistischen Sinne ist, zumindest wenn man die am höchsten entwickelte Forschungstechnologie in den Sozialwissenschaften, das Experiment, betrachtet[55].

Wie ich ausgeführt habe, wird zwar der grundsätzlich „aktivistische" Charakter wissenschaftlichen Handelns, auch von Neopositivisten wie Albert, zunehmend realisiert, aber die Zielrichtung und Relevanzbestimmung von wissenschaftlicher Arbeit erfolgt noch weniger aufgrund einer Analyse der gesellschaftlichen Rolle, Funktion und Bestimmtheit von Wissenschaftler und Forschungsbetrieb, sondern wird subjektivistisch und grundsätzlich irrational als „moralische Entscheidung" gewertet. Diese „moralische Entscheidung" bezieht sich abstrakt auf formale methodologische Handlungsprinzipien, die selber nicht

---

[55] Ähnliche Ergebnisse ließen sich für die Methoden des Interviews, bestimmter Beobachtungsverfahren, der Inhaltsanalyse sowie einer Reihe von statistischen Verrechnungsverfahren, wie etwa der Faktoren- oder auch der Pfadanalyse finden. Neben der schon erwähnten Arbeit von Berger, H. 1974, s. *Churchill, L.*: Ethnomethodology and Measurement, in: Social Forces, 50, 1971; *Cicourel, A. V.*: Methode und Messung in der Soziologie, Frankfurt 1970; *Silverman, D.*: Methodology and Meaning, in: Filmer, P. et al.: New Directions in Sociological Theory, London 1972.

3. Der konstruktivistische Charakter der klassischen Testtheorie

mehr auf ihre Genesis und ihre historische Geltung bzw. Geltungsmöglichkeit im Rahmen der aktuellen institutionellen und ökonomischen Randbedingungen und des inneren Differenzierungsgrades des Wissenschaftsbetriebes hinterfragt werden. Dieser wissenschaftstheoretisch legitimierte Dezisionismus muß auf das einzelne Forscherindividuum als letzter Instanz wissenschaftlichen Handelns rekurrieren[56].

Liest man unter diesem Aspekt neuere Texte zur Wissenschaftssoziologie und Wissenschaftstheorie, so wird klar, daß die Interpretationen des Wissenschaftsfortschrittes unter darwinistischen Prämissen[57] entweder bloßer Reflex dieser „Introjektions-Ideologie" waren oder aber sich nur auf ganz spezifische historische Epochen der Wissenschaftsentwicklung beziehen können. Dies trifft vielleicht in den Anfangsphasen einer Disziplin sowie in Situationen zu, in denen das Interesse gesellschaftlicher Instanzen an Wissenschaft und/oder an der speziellen Disziplin noch nicht Ausmaße angenommen hat, welche die innersystemischen Entscheidungsprozesse der Wissenschaft affizieren[58].

Die „Heilungsversuche" in der gängigen neopositivistischen empirischen Sozialforschung laufen also auf die *Abstraktion von den situativen Randbedingungen* hinaus, sowohl was den Forschungsprozeß als ganzen wie was die daran beteiligten Forscherindividuen betrifft. Diese Abstraktion wird auch in der Forderung nach raum-zeitlich unbegrenzt geltenden Gesetzesaussagen (Popper) deutlich, welche ontologisch die Annahme einer durch historische Randbedingungen unwandelbaren menschlichen Natur impliziert bzw. den zu untersuchenden Individuen viel von ihrer konkret-historischen Formbestimmtheit (etwa durch die restriktiven Bestimmungen des Forschungsdesigns) nehmen muß, um auf diese Weise vielleicht dem „Menschen an sich" näher zu kommen. Freilich kann es für uns nicht darum gehen, diese abstrakte Konstruktion des „Menschen an sich" einfach für ideologisch oder ungültig zu

---

[56] Holzkamp spricht hier von „Introjektion": „Der ‚individuelle' Forscher erscheint hier als ein in seiner Konkretheit undurchdringlich Letztes. Die Kriterien zur Beurteilung von Forschungsinhalten und Forschungsinteressen werden ‚in' den Forscher hineinverlegt und damit rationaler Kontrolle entzogen. Dieser Akt der ‚Hineinverlegung' soll ... *Introjektion* heißen. Die so verstandene Introjektion als biographisch-personalisierende ‚Naturalisierung' ist ein Sonderfall des konstruktivistischen Konzeptes der ‚Umdeutung von Geschaffenem in Vorfindbares' ..." (*Holzkamp*, K. 1972, S. 102).

[57] *Böhme*, G. / *Daele*, W. v. d. / *Krohn*, W.: Alternativen in der Wissenschaft, in: Zeitschrift für Soziologie, 1, 1972.

[58] s. dazu auch den der heutigen Situation eher entsprechenden Begriff der „Finalisierung von Wissenschaft", der von Böhme et al. in Absetzung von ihrer früheren Position in *dies.*: Finalisierung der Wissenschaft, in: Zeitschrift für Soziologie, 2, 1973, expliziert wurde.

erklären. Vielmehr muß, wenn man ihren Charakter als spezifischen historischen „Heilungsversuch" einmal durchschaut hat, diese Konstruktion auf ihre interne Methodik sowie auf die historischen Randbedingungen ihrer Entstehung und Entwicklung hin untersucht werden. Ähnlich haben Karl Marx und Friedrich Engels in ihrer Kritik am deutschen Idealismus angesetzt:

> „Der widersinnige Urteil der Philosophen, daß der wirkliche Mensch nicht Mensch sei, ist nur innerhalb der Abstraktion der universellste, umfassendste Ausdruck des faktisch bestehenden universellen Widerspruchs zwischen den Verhältnissen und den Bedürfnissen der Menschen. Die widersinnige Form des abstrakten Satzes entspricht ganz der Widersinnigkeit der auf die höchste Spitze getriebenen Verhältnisse der bürgerlichen Gesellschaft[59]."

Da es mir zunächst noch mehr um die Explikation des grundlegenden Problemzusammenhanges bzw. um die Erarbeitung bestimmter begrifflicher und konzeptueller Grundlagen für die folgenden beiden Hauptteile geht, soll die hier von Marx und Engels angedeutete Fragestellung erst in einem späteren Teil der Arbeit wieder aufgenommen werden, gleichwohl aber das eigentliche Erkenntnisziel dieser Arbeit darstellen.

Zuvor erscheint es mir wichtig, kurz jene philosophischen Konzepte zu diskutieren, die den Zusammenhang zwischen wissenschaftlichen Satzsystemen und ihrem konkreten Kontext nicht bloß konstruktivistisch zu „heilen" versuchen, sondern den Heilungsprozeß selbst noch einer Analyse unterziehen, Versuche, welche sich also ihres eigenen reflexiven Charakters zumindest teilweise bewußt sind. Im Kontext dieser Darstellung werde ich dann systematisch einige Begriffe und Konzepte zu entwickeln versuchen, die für die späteren soziologischen Überlegungen zum Applikationsproblem grundlegend sind, d. h. die (oft nur impliziten) Hintergrundannahmen der dort zu diskutierenden Positionen darstellen.

II. Erste philosophische Ansätze zu einer systematischen Erfassung von „Heilungsversuchen"

1. Die Sprachspieltheorie des späten Wittgenstein

Ein erster Ansatz in dieser Richtung wurde meines Erachtens in der Spätphilosophie Ludwig Wittgensteins konzipiert. Zum besseren Verständnis seiner Sprachspielkonzeption sollen noch einige Bemerkungen zum Gedankengang seines Frühwerks vorausgeschickt werden, das,

---

[59] *MEW*, Band 3, S. 415.

wie wir sehen werden sowohl Komplement wie Vorläufer seiner späteren Position ist[60].

Im Tractatus hatte noch der *Abbildungsgedanke* die ganze Philosophie Wittgensteins beherrscht und daraus abgeleitet die Frage, wie denn die Sprache ihre Abbildungsfunktion adäquat erfüllen könnte. Die ontologische Grundannahme des *logischen Atomismus* bildete den Ausgangspunkt für die Erklärung des Abbildungsprozesses von Welt in Bewußtsein über das Medium der Sprache[61].

Kern seiner *Abbildtheorie der Sprache* dürfte die Unterstellung sein, daß sich die Struktur der Welt in der Struktur der Sprache wiederfinden ließe. Die Deutung der Sprache sollte ganz dieser Struktur der Welt angepaßt werden. Die im Tractatus entwickelte Verstehenstheorie setzt den sprachlichen Sinn nicht wie die Hermeneutik mit dem Totalsinn eines geschichtlich individuellen Textes oder aber der mehr oder weniger unbewußten Intention des Autors bzw. Sprechers gleich, sondern sie versteht unter Sinn den *Informationsgehalt*, die Adäquatheit der Abbildung von Tatsachen. Tatsachen lassen sich in positive, welche das Bestehen eines *Sachverhaltes* ausdrücken, und negative, welche das Nichtbestehen ausdrücken, ausdifferenzieren. Daraus folgt, daß die Gesamtheit der bestehenden Sachverhalte die Welt ist (Tractatus 2.04). Ein Sachverhalt ist nun eine *Verbindung* von *Gegenständen* (Dingen, Sachen; s. Tractatus 2.011), die quasi die Grundatome der Welt repräsentieren und die sich nun in beliebiger Weise zu bestehenden oder bloß fiktiven Sachverhalten verbinden lassen; daraus folgt, daß, wenn alle Gegenstände gegeben sind, damit auch alle *möglichen* Sachverhalte gegeben sind.

Die Gegenstände sind untereinander, wie gegenüber den Sachverhalten *unabhängig*. Kenny bemerkt, daß Wittgenstein keine Beispiele für „Gegenstände" angibt und meint, daß dies kein Zufall sei:

„Wittgenstein glaubte an die Existenz einfacher Gegenstände und unteilbarer Sachverhalte nicht deshalb, weil er glaubte, er könne Beispiele für sie angeben, sondern weil er glaubte, es müsse sie geben, als Gegenstücke in der Welt zu den Namen und Elementarsätzen einer vollständig analysierten Sprache[62]."

Die Struktur des Heilungsversuches beim frühen Wittgenstein wird damit deutlich: Er setzt, damit das Übersetzungs- bzw. Applikationsproblem eliminierend, die Grenzen der Welt mit den Grenzen der Sprache gleich (Tractatus 5.6). Ernst genommen hat dies natürlich die radikale Konsequenz, daß man eigentlich über die logische Form der Sprache (und damit des Applikationsproblems), die gleichzeitig, die logische Form der Welt ist, nichts mehr aussagen kann, weil man sie in seinen Aussagen selber nicht mehr wieder-

---

[60] *Wittgenstein*, L.: Tracttatus logico-philosophicus. Logisch-philosophische Anhandlung, Frankfurt 1973 (zitiert wird nach der Wittgensteinschen Nummerierung); *ders.*: Philosophische Untersuchungen, Frankfurt 1971 (zitiert wird nach der Wittgensteinschen Nummerierung).
[61] Für die Entwicklung des Arguments vgl. *Kenny*, A.: Wittgenstein, Frankfurt 1974; *Stegmüller*, W.: Hauptströmungen der Gegenwartsphilosophie, Stuttgart 1965; *Wuchterl*, K.: Struktur und Sprachspiel, Frankfurt 1969.
[62] *Kenny*, A. 1974, S. 91.

geben kann. Da Wittgenstein den synthetischen Apriorismus Kants[63] ablehnte, transformierte er dessen transzendentalen Idealismus auf die Ebene der Sprache und radikalisierte ihn zugleich durch seine ontologische Konzeption: Aussagen über die transzendentalen Bedingungen der Möglichkeit von Erfahrung wie bei Kant sind wegen der *Unhintergehbarkeit der Sprache* unmöglich, „unsinnig", wie sich Wittgenstein ausdrückt. Das gilt natürlich auch für seine eigenen Sätze im Tractatus. Deshalb erscheint es nur folgerichtig, wenn er philosophisch die Unsinnigkeit seiner eigenen Philosophie konstatiert:

> Meine Sätze erläutern dadurch, daß sie der, welcher mich versteht, am Ende als unsinnig erkennt, wenn er durch sie — auf ihnen — über sie hinaus gestiegen ist (Er muß sozusagen die Leiter wegwerfen, nachdem er auf ihr hinaufgestiegen ist). Er muß diese Sätze überwinden, dann sieht er die Welt richtig (Tractatus 6.54).

Wie er selber ausführt, versteht er das Zutreffen seiner Aussagen quasi mystisch:

> Es gibt allerdings Unaussprechliches. Dies *zeigt* sich, es ist das Mystische (Tractatus 6.522).

Dieser radikale „Heilungsversuch" bringt, wie Wittgenstein selber gesehen hat, das Ende jeder Philosophie mit sich. So konstatiert er denn auch im letzten Satz des Tractatus, daß man, worüber man nicht sprechen könne, schweigen solle.

Man muß also annehmen, *daß die „Heilung" immer schon stattgefunden hat*, weil sonst nach Wittgensteins Meinung Verständigung überhaupt nicht möglich wäre. Für die Konzeption der konkreten, im Verstehensprozeß beteiligten Subjekte resultiert daraus eine sehr ähnliche Konsequenz, wie jene, welche sich am Ende unserer Diskussion der modernen Wissenschaftslehre ergeben hat,

> „denn in der von Wittgenstein postulierten reinen Sprache des transzendentalen Subjekts, in der die weltkonstitutiven Sachverhalte aufgrund der logischen Form der Sprache abgebildet werden können, wären ja die konkreten menschlichen Subjekte immer schon über die Struktur der Welt miteinander verständigt"[64].

Verstehen beschränkt sich in dieser Konzeption auf die bloße *logische Interpretation* von Aussagen über Tatsachen zwischen *abstrakten Menschen*, die zu transzendentalen Subjekten gerinnen. Dies führt, konsequent zuendegedacht zum totalen Solipsismus.

Andererseits hat aber Wittgenstein die Dialektik zwischen einer absolut realistischen, in ihrer Konsequenz (aufgrund der Aporien des „Heilungsversuches", in dem das Applikationsproblem einfach wegdefiniert wird) aber idealistischen Position durchaus gesehen:

---

[63] Der synthetische Apriorismus Kants stellt ja bekanntlich einen der Lösungsversuche des Humeschen Paradox dar. Zugleich ist er damit auch ein „Heilungsversuch" unseres Applikationsproblems.

[64] *Apel*, K. O.: Wittgenstein und das Problem des hermeneutischen Verstehens, in: ders.: Transformation der Philosophie, Band 1, Frankfurt 1973, S. 348.

Hier sieht man, daß der Solipsismus, streng durchgeführt, mit dem reinen Realismus zusammenfällt. Das Ich des Solipsismus schrumpft zu ausdehnungslosen Punkt zusammen, und es bleibt ihm die koordinierte Realität (Tractatus 5.64).

Der Realismus wird demnach durch die *totale Dekontextualisierung* bzw. Entsubjektivierung der konkreten Subjekte „gerettet".

In seiner *Spätphilosophie* vollzieht Wittgenstein nun eine klare Wende: Die Struktur der Sprache soll sich nicht mehr der Struktur der Welt anpassen, sondern er betrachtet Sprache als den Ausdruck einer *originären Lebensform,* als die Basis, von der aus die Welt erst in den Blick kommt. Damit verschiebt sich der Ausgangspunkt der Betrachtung auf die *Situation,* innerhalb derer der jeweilige Handelnde seine Sprache anwendet bzw. *verwendet.* Bedeutung und korrelativ dazu Verstehen wird als etwas beschrieben, was nur aufgrund des *situativen Sprachverwendungskontextes* theoretisch wie praktisch zu behandeln ist. Wittgenstein stellt sich damit ganz ausdrücklich dem, was ich Applikationsproblem genannt habe.

Im Tractatus hieß es noch im Anschluß an Frege, ein Name würde nur im *Zusammenhang eines Satzes* Bedeutung erlangen können (3.3). Demgegenüber vertritt er nun eine wesentlich weiter gefaßte These: daß man nämlich Wörter, Namen, Aussagen usf. immer nur auf dem Hintergrund eines umgreifenden „*Sprachspieles*" interpretieren könne, in welches diese eingebettet sind:

„Ich werde auch das Ganze: der Sprache und der Tätigkeiten, mit denen sie verwoben ist, das ‚Sprachspiel' nennen" (PU, 7).

Man kann grundsätzlich drei Elemente eines Sprachspiels unterscheiden:

1. Die reinen *Sprachelemente* und *Indikatoren* (Hauptwörter, Zahlwörter, raum-zeitliche Hinweiswörter, Adjektive usf.), die, vielleicht mit Ausnahme der raum-zeitlichen Hinweiswörter, auch in den üblichen Theoriesystemen, z. B. einer deduktiv-nomologischen Theorie a la Popper, vorkommen.

2. Die *Sprechpartner.* Dies bedeutet sowohl für alltagsweltliche wie für wissenschaftliche Verstehens- bzw. Interpretationsprozesse notwendig die Hereinnahme der *konkreten Beteiligten.* Unzulässig wäre demzufolge eine methodische Reduktion der am Forschungsprozeß Beteiligten auf Norm-Forscher, Norm-Versuchspersonen sowie standardisierte Experimentalsituationen.

3. Die *Sprechsituation* oder, wie man erweitern könnte, der situative Kontext überhaupt. Dies würde eine negative Sanktionierung der oben diskutierten „konstruktivistischen" Eliminationsversuche angeblicher „Störvariablen" implizieren.

Das Sprachspiel beschreibt der späte Wittgenstein demnach als eine *semantisch-pragmatische Funktionseinheit*. Die Sprache wird, um den Anforderungen der jeweiligen konkreten Kontextbezüge zu entsprechen, in eine Vielzahl einzelner, voneinander unabhängiger Sprachspiele aufgeteilt, wobei die Tatsache und das Ausmaß der hier unterstellten Unabhängigkeit nicht näher expliziert wird, was, wie wir unten noch sehen werden, noch zu erheblichen theoretischen Schwierigkeiten führt. Wittgenstein bezeichnet das Applikationsproblem in eindeutiger Weise, wenn er feststellt, daß der Sinn einer Äußerung nur im Kontext des zugehörigen Kontext sich verstehen lasse. Er geht damit von dem Bemühen um eine auf alle Situationen anwendbare universale Idealsprache ab, hin zur Untersuchung einzelner raum-zeitlich bestimmter Sprachspiele.

Da sich Sinnbezüge immer nur im Rahmen eines Sprachspiels angeben lassen, folgert Wittgenstein, daß er auch auf eine übergreifende Definition des Sprachspielbegriffs verzichten müsse und sich statt dessen damit zu begnügen habe, bestimmte gemeinsame Züge in allen Sprachspielen aufzuzeigen („Familienähnlichkeiten"). So erwähnt er z. B. die Unmöglichkeit, eine gemeinsame Definition aller Ballspiele anzugeben (PU 68).

Aus seiner Parallelisierung von Sprache (d. h. Sprachspiel) und Spiel läßt sich dann der für uns wesentliche *Regelbegriff* explizieren:

„Eine entscheidende Parallele zwischen der Sprache und dem Spiel ist, daß in beiden Regeln angewandt werden. Das darf man freilich nicht mißverstehen. Im allgemeinen wenden wir die Sprache nicht gemäß strengen Regeln an — wenn wir sprechen, denken wir gewöhnlich nicht an Regeln des Sprachgebrauchs, und wenn wir danach gefragt werden, können wir keine angeben. Die Verwendung von Wörtern ist nicht überall durch Regeln eingeschränkt, es bleiben viele Möglichkeiten offen ... Doch dasselbe gilt auch für Spiele: Im Tennis gibt es keine Regeln, wie hoch oder wie hart man den Ball vor dem Anspiel wirft, trotzdem ist das Tennis ein Spiel mit Regeln (PU I, 68, 83). ‚Regel' ist wie ‚Spiel' ein Familienähnlichkeitsbegriff, der viele verschiedene, aber ähnliche Dinge umfaßt[65]."

Der „Rest" des Applikationsproblems, welcher auch für Wittgenstein nicht mehr zu „heilen" ist, kommt darin zum Ausdruck, daß Regeln wie Spiele „*Ränder*" haben, d. h. in konstitutiver Weise undeutlich sind, was Wittgenstein besonders augenfällig in PU 292 ausdrückt:

„Glaub nicht immer, daß du deine Worte von Tatsachen abliest; diese nach Regeln in Worte abbildest! *Denn die Anwendung der Regel im besonderen Fall müßtest du ja doch ohne Führung machen*" (Hervorh. von mir, St.W.)

---

[65] *Kenny*, A. 1974, S. 199 f.

1. Die Sprachspieltheorie des späten Wittgenstein

Es gibt durchaus eine Reihe von Spielen mit eher vagen Regeln, wie etwa viele Kinderspiele, welche trotz dieser Vagheit meist nicht ihren Charakter als systematische Spiele verlieren.

Entgegen strengen Kalkülregeln, wie sie etwa die positivistischen Wissenschaften bei ihrer Erklärung konkreter Sachverhalte zugrunde zu legen versuchen, erhalten die Spielregeln erst in ihrer praktischen Anwendung ihr „Leben", ohne daß sie vorher in allen Einzelheiten festgelegt wären[66].

Nun verweist ja die gängige (neo-)positivistische Wissenschaftsauffassung auf die Praktikabilität ihrer Heilungsversuche, welche sich in hohen Reliabilitäts- und Validitätskoeffizienten ausdrücken soll. Wenn dies zuträfe, würde dies bedeuten, daß man sich bei der Erklärung sozialer Sachverhalte auf die Konstatierung von *Regelmäßigkeiten* beschränken könne, und nicht den impliziten *Regeln* des jeweiligen Objektbereiches nachzuspüren habe.

Zur Klärung dieser Frage muß nach Wittgenstein zwischen Regelbefolgung und nicht regelgeleitetem Verhalten unterschieden werden. Im konkreten Falle wäre der Nachweis zu erbringen, daß Regelbefolgung mit Regelmäßigkeit koinzidiert. Bei einem solchen Versuch droht aber folgendes von Wittgenstein diskutiertes Dilemma:

— auf der einen Seite ist jede beliebige Handlungsfolge eines Menschen durch eine, wenn auch komplizierte Regel beschreibbar (etwa mathematisch mit Hilfe regressionsanalytischer Verfahren);

— andererseits läßt sich jede Handlung durch geeignete Interpretation als Befolgung einer *beliebigen* Regel auffassen.

Daraus würde logisch das Dilemma folgen, daß zwar alles Verhalten Regel*befolgen* ist, daß aber gleichzeitig keine Verhaltensweise ein Regel*verstoß* sein kann.

Wittgenstein löst dieses Dilemma, indem er die grundlegende Fehlerhaftigkeit beider Argumente aufzeigt.

Im ersten Argument wird Disparates in eins gesetzt: es bedeutet nämlich zweierlei, ob in einer Handlung tatsächlich einer Regel gefolgt wird, oder ob die Handlung nur als Regelbefolgung interpretiert werden kann (PU 200). Nach Winchs Wittgensteininterpretation[67] lassen

---

[66] Harold Garfinkel, ein Autor, mit dem wir uns unten noch ausführlich auseinandersetzen werden, hat in seinen „Demonstrationsexperimenten" diesen Tatbestand deutlich machen können. s. Garfinkel und seine Behandlung ungeregelter Handlungen während eines Schachspiels in *Garfinkel, H.: A Conception of and Experiments with „Trust" as a Condition of Stable Concerted Actions,* in: Harvey, O. J. (Hrsg.): Motivation and Social Interaction, New York 1963, S. 199.

[67] Vgl. *Winch, P.:* Die Idee der Sozialwissenschaft und ihr Verhältnis zur Philosophie, Frankfurt 1966.

sich folgende Hinweise für die Unterscheidung zwischen wirklichem Regelbefolgen und bloßer Interpretation angeben:

Winch gebraucht zur Illustration folgendes Beispiel:

N spielt mit mehreren Bekannten folgendes Spiel: er schreibt die Zahlenfolge 1, 2, 3, 4, 5 an und fordert die anderen auf, diese Reihe fortzusetzen. Sie schreiben selbstverständlich 6, 7, 8, ... Dies lehnt N aber ab und setzt die Reihe selbst mit 8, 11, 14, 17 fort. Auch die weiteren Fortsetzungen der Mitspieler lehnt N jeweils ab und führt immer eine neue, davon abweichende an. Wiewohl man für seine Reihe, wieweit sie auch immer gediehen sein mag, ein Bildungsgesetz angeben kann, wird man schon bald nicht mehr sagen, N folge einer mathematischen Regel (s. PU 227). Es hat keinen Sinn mehr von einer Regel zu sprechen, *weil wir die Art seines Vorgehens nicht von N lernen können*. Winch folgert im Anschluß an Wittgenstein daraus zweierlei:

— man kann nur dann sinnvoll von einem sagen, er folge einer Regel, wenn es anderen prinzipiell möglich ist, diese zu entdecken bzw. das Vorgehen nach ihr zu lernen.

— Der Begriff der Regel ist untrennbar verbunden mit dem Begriff des *Fehlermachens:*

„Ein Fehler ist ein Verstoß gegen ein als richtig *Etabliertes*. Als solcher muß er erkennbar sein[68]."

Regeln sind mithin als solche nur in einem gesellschaftlichen Zusammenhang sinnvoll. Von einer Gesellschaft läßt sich aber nur dann sprechen, wenn eine Gruppe von Individuen eine große Anzahl von Regeln gemeinsam befolgt. Das ist es, was Wittgenstein mit dem Begriff der *Lebensform* ausdrücken will, in die das jeweilige Sprachspiel eingebettet sei.

Wittgenstein setzt sich auch noch mit dem *zweiten* obigen Argument auseinander, wonach eine Regel ja nicht auch noch ihre eigene Anwendung regeln könne und somit gleichsam eine notwendige Unvollständigkeit bzw. Mißverständlichkeit in sich berge. Daraus ergäbe sich dann die Folgerung, es stehe jedem frei, eine Regel nach seinem Gusto auszulegen und anzuwenden, und eine Regel kann dann natürlich keine Handlungsanweisung mehr sein. Man könnte diese Position des *Regelskeptizismus* etwa mit folgendem Satz umschreiben: Egal, welche Regel du mir gibst, ich kann dir immer eine Regel nennen, die meinen — willkürlichen — Gebrauch dieser Regel legitimiert.

Dagegen wendet sich Wittgenstein etwa in folgenden Sätzen:

„Eine Regel steht da wie ein Wegweiser. Läßt er keinen Zweifel offen über den Weg, den ich zu gehen habe? Zeigt er, in welcher Richtung ich

---

[68] *Winch*, P. 1967, S. 45 f.

gehen soll, wenn ich an ihm vorbei bin? Ob der Straße nach, dem Feldweg oder querfeldein?" (PU 85).

„Ein Wegweiser ist in Ordnung, wenn er unter normalen Umständen seinen Zweck erfüllt" (PU 87).

„Wer einen Wegweiser findet, sucht nicht nach einer weiteren Instruktion, sondern er *geht*. Darum ist ‚Regel folgen' eine Praxis" (PU 20).

Zur Praxis, bestimmte Regeln quasi als Hintergrundwissen auf bestimmte Weise zu befolgen, d. h. in einer konkreten Situation diese anzuwenden bzw. zu applizieren, sind wir erzogen bzw., wie Wittgenstein sich ausdrückt, „abgerichtet" worden. Seine Auflösung der Schwierigkeiten mit dem obigen Argument scheint offenbar diese zu sein: Nur wenn man den Regelbegriff aus dem Kontext (die gemeinsame menschliche Handlungsweise; s. PU 206) bzw. dem ständigen Gebrauch (PU 198) isoliert, erscheinen solch seltsame Ungereimtheiten. Wittgenstein beschreibt dieses regelhafte Hintergrundwissen als ein Gerüst, von dem aus unsere Sprache wirkt (PU 240). Wer sich nicht an dieses Gerüst wesentlicher Übereinstimmungen (wesentlich für Verständigung!) hält, der „spielt" nicht mehr mit.

Regeln auf diese allgemein gepflegte Weise zu befolgen stellt einen Teil unserer Lebensform dar. Wir können dafür, daß wir Regeln so und nicht anders befolgen, keine Rechtfertigung oder Begründung geben. Rechtfertigung oder Begründung gibt es ja nur, wenn wir einen etablierten Sprachgebrauch haben, also wenn wir gemeinsame Regeln in gleicher Weise befolgen[69]. Gründe lassen sich nach Wittgenstein nur *innerhalb* eines bestimmten Spieles angeben. Wer sich darin nicht anpaßt, den können wir nicht verstehen; wer uns verstehen will bzw. wer auf unser Verständnis Wert legt, muß sich demnach immer schon auf unser Spiel einlassen; und es gibt nur etwas zu verstehen, wenn ein Spiel gespielt wird und das heißt, wenn es etablierte Regeln gibt.

Nun könnte aber etwa ein neopositivistisch orientierter Sozialforscher bei dem Versuch zu erklären, was es heißt, einer Regel zu folgen, auf folgenden Explikationsversuch verfallen: „Jemand folgt einer Regel, wenn er in gleichen Situationen immer sich in gleicher Weise verhält." Damit ließe sich scheinbar der Regelbegriff von sozialer Gesetzmäßigkeit gleichsetzen, welche ihrerseits durch Beobachtung von Regelmäßigkeiten „objektiv" gewonnen werden könnten. Eine solche Erklärung leidet aber an dem entscheidenden Mangel, offenzulassen, was als „gleiche" Situation und was als „gleiche" Weise gelten soll, wie also die Adäquatheit der jeweiligen Regel in der

---

[69] Wiederum sind die Parallelen zu Kuhns Paradigma-Konzeption frapierend. s. *Kuhn*, Th. 1967.

aktuellen Situation beurteilt werden soll. Analogieschlüsse und phänomenologische Eindrücke helfen bei diesem Problem nicht weiter[70].

Wittgenstein zeigt, daß das Wort „gleich" nur in Verbindung einer Regel eine feste Bedeutung besitzt, einer Regel, die für einen spezifischen Kontext bestimmt, was als gleich zu gelten habe.

2. Winch, Hart und die Problematik des Ansatzes einer „wittgensteinianischen Soziologie"

Peter Winch wendet in seinen Arbeiten die Sprachspielkonzeption ausdrücklich auf die Soziologie an. Hieraus expliziert er seine These, nach der soziales Verhalten als *regelbefolgendes* interpretiert werden muß und deshalb in den Sozialwissenschaften kausalanalytische Erklärungsstrategien systematisch zu kurz greifen. Dazu noch einige kurze Erläuterungen:

Ein in der kausalanalytischen Wissenschaftstheorie seit Hume grundsätzlich anerkanntes Prinzip ist jenes der *logischen Unabhängigkeit von Ursache und Wirkung*[71]. Dieses Prinzip stellt die logische Folgerung aus der Humeschen Problematisierung des Induktionsschlusses dar. Hume glaubte, daß sich die empirische Forschung nur auf Regelmäßigkeiten, d. h. korrelative Zusammenhänge bei ihren Erklärungsbemühungen stützen könnte. *Winch* dagegen sucht nachzuweisen, daß die eigentlichen Bindeglieder zwischen Handlungen nicht kausaler, sondern *begrifflicher Natur* sind und daß die Terminologie, deren wir uns bei der Beschreibung sozialer Handlungszusammenhänge bedienen, unlösbar mit unserem Verstehen dieser Handlungen als sozial sinnvollen Akten verknüpft ist. Das würde, so radikal wie es Winch interpretiert, bedeuten, daß *die Sinnhaftigkeit menschlichen Handelns prinzipiell keiner kausalen Analyse zugänglich wäre*.

Die Bedeutung einer Tatsache bestünde demnach nicht in dem *logischen* oder *empirischen* Text, in dem sie steht, sondern im Kontext des Regelbezugs, in dem sie begrifflich eingeordnet werden kann. Der Unterschied zwischen Reizen mit denen sich eine objektivistische Sozialwissenschaft beschäftigt oder auf die sie zumindest alle Situationsvariablen reduzieren möchte, und Regeln kann man darin sehen, daß jene entweder kausal wirksam sind oder nicht, während diese befolgt oder übergangen werden können[72].

---

[70] s. dazu ausführlich *Giegel*, H. J.: Die Logik seelischer Ereignisse, Frankfurt 1969.
[71] s. *Stegmüller*, W.: Wissenschaftliche Erklärung und Begründung, Berlin—Heidelberg—New York 1969, S. 438 ff.

2. Problematik einer „wittgensteinianischen Soziologie" 49

Man kann die Ablehnung des Humeschen Prinzips der Unabhängigkeit von Ursache und Wirkung auch im Kontext der schon erwähnten Problematik bezüglich des *Verhältnisses von Regelmäßigkeiten und Regeln* wiederfinden:

Sieht man sich die Praxis von Sozialwissenschaftlern an, so werden auftretende Regelmäßigkeiten meist als Hinweis oder sogar als *Beweis* für das Vorliegen von Regelhaftigkeit(en) bei dem betreffenden Verhalten gewertet. Die Unterstellung *bloß kausaler*, d. h. in diesem Zusammenhang korrelativer Regelmäßigkeiten wird meist als *pathologischer Grenzfall* angesehen, was etwa in Ausdrücken wie Geisteskranke, „Triebverbrecher", „Charaktermasken" usw. deutlich wird, die Personen bezeichnen, deren Verhalten aufgrund bestimmter äußerer Variablen („Krankheit", „ökonomische Position") eindeutig voraussagbar ist. Deshalb taucht auch das bloße Konstatieren von Regelmäßigkeiten als *Erklärungsfigur* in den Sozialwissenschaften in begrenztem Ausmaß auf (so bei ausgesprochenen Behavioristen) und ruft dann meist zusätzliche, mehr oder weniger hilflose Interpretationsanstrengungen hervor[73].

Der englische Rechtsphilosoph H. L. A. Hart[74] unterscheidet in diesem Zusammenhang den *internen vom äußeren Aspekt von Regeln*, je nachdem, ob man sich mit den Regeln als davon unbetroffener Beobachter befaßt oder aber als Mitglied der Gruppe, welche diese Regeln anerkennt und sich von ihnen in seinem aktiven Verhalten leiten läßt. Dem externen Beobachter kommt es zunächst nur auf das Konstatieren von Regelmäßigkeiten an: er sieht nur etwa soviel wie einer, der eine Straßenkreuzung mit Verkehrsampeln beobachtet hat und dann lediglich sagen kann, daß, wenn die Ampel rot zeigt, eine hohe Wahrscheinlichkeit für das Anhalten des Verkehrs besteht. Er nimmt das Ampelsignal bloß als ein *natürliches Zeichen*, daß die Leute sich in einer bestimmten Weise verhalten werden, ebenso wie Wolken ein *Zeichen* sind, daß Regen ins Haus steht.

---

[72] Dazu bemerkt Ryan, der in derselben sprachanalytischen Tradition wie Winch steht, wenn er sich auch in gewissen Grenzen von diesem abhebt: „Sähen wir von allen Regeln ab, würden wir uns auf eine Ebene begeben, wo es völlig unsinnig wäre, von ‚richtigem' oder ‚falschen' Verhalten zu sprechen. Für Winch ist das gleichbedeutend mit dem Verzicht, über menschliche Handlungen überhaupt zu sprechen ... Ganz allgemein gilt darum für Soziologen, daß wir nur dann die Regeln, denen wir im sozialen Leben folgen, ganz verstehen, wenn wir uns bewußt sind, in welcher Weise sie verfehlt werden können" (*Ryan. A.*: Die Philosophie der Sozialwissenschaften, München 1973, S. 178 f.).

[73] Ein besonders illustratives Beispiel sind die Interpretationsanstrengungen von wissenschaftlichen und journalistischen Wahlkommentatoren, die ja nur auf statistischen Korrelationen beruhen.

[74] *Hart, H. L. A.*: Der Begriff des Rechts, Frankfurt 1973.

Dadurch wird aber eine ganze Dimension des sozialen Lebens ausgelassen. Denn für die, die der Forscher beobachtet, repräsentiert das rote Ampellicht nicht bloß ein Zeichen, daß *andere* halten werden: sie betrachten es als ein Signal, daß *sie* halten müssen. Das bloße Rekurrieren auf den äußerlichen Gesichtspunkt trifft demnach nur den Aspekt des *Gezwungenseins zu etwas* („being obliged"), während der interne Aspekt über die *unbefragte normative Verpflichtung* etwas aussagt, wie sie im sozialen Leben den Normalfall darstellt („having an obligation"). Die Unterscheidung von internem und äußerem Aspekt findet sich in den Naturwissenschaften gerade nicht. Eine solche Differenzierung scheint auch nicht notwendig zu sein, da sich hier keine *sinnhaften Relationen* zwischen den Teilen des Objektbereiches finden:

„... es zeigen sich hier gleichsam zwei Ebenen der Theorie: die Ebene der wissenschaftlichen Theorien über die beobachteten Phänomene und die theoretische Ebene, die von den Phänomenen selbst eingenommen wird ... Darum muß der Soziologe gleichsam *zwei Sozialisationsprozesse* und nicht nur einen durchmachen. Der eine entspricht dem des Naturwissenschaftlers, der sein Bürgerrecht in der Gemeinde der Naturwissenschaftler erwirbt; der andere ist ihm ganz und gar unähnlich, denn er besteht darin, daß sich der Sozialwissenschaftler mit den Regeln der Gruppe vertraut macht, die er untersucht[75]."

Die Bedeutung von Wittgenstein, Winch und Hart liegt m. A. n. in ihrem Hinweis, daß es nicht ausreiche, bloß „einfühlend zu verstehen" und dann eine kausale Analyse anzuhängen[76], sondern daß es auch einer *begrifflichen Anstrengung* bedürfe. Erst wenn mit Sicherheit eine Regel alle Fälle einer gegebenen Verhaltensklasse „deckt" und alle Personen einer bestimmten Gruppe von Menschen jener Regel folgen, könnten wir zu deduktiven Vorhersagen für ihr Verhalten kommen.

Bevor ich auf einige Kritikpunkte hinsichtlich der wittgensteinianischen Soziologie eingehe, sollen die wichtigsten Punkte dieses „Heilungsversuches" noch einmal rekapituliert werden:

1. Ablehnung des logischen Atomismus und der Abbildtheorie.

2. Kontextualisierung von Bedeutung im Sprachspielbegriff, wodurch das Applikationsproblem überhaupt wieder thematisierbar wird.

3. „Heilungsversuch" über die Regelkonzeption, welche Sprachelemente, Sprechpartner und Sprechsituation systematisch verbinden soll.

---

[75] *Ryan*, A. 1973, S. 185 f.

[76] Wie das etwa für die wissenschaftstheoretische Position Webers gilt. Für die Ausarbeitung dieses Arguments s. *Abel*, Th.: The Operation Called „Verstehen", in: Albert, H. (Hrsg.): Theorie und Realität, Tübingen 1964.

2. Problematik einer „wittgensteinianischen Soziologie"

4. Zugeständnis der Vagheit von Regeln und damit Konstatierung der grundsätzlichen Unheilbarkeit des Applikationsproblems.
5. Differenzierung des Verhältnisses von regelgeleitetem und bloß regelmäßigem Verhalten (Begriff der Regel).
6. These, daß „Heilungsversuche" immer auf einen begrifflichen Kontext verweisen und nur in einem solchen versteh- und akzeptierbar sind.
7. Aufweis der Begrenztheit einer Wissenschaft, die nur den äußeren Aspekt beachtet.

Trotz der Plausibilität macht diese Konzeption m. A. n. den Fehler, sich mit dem Maß an Verstehen und überhaupt an soziologisch relevanten Informationen zu begnügen, welches den sozial Handelnden selbst zur Verfügung steht[77]. Die Konsequenz wäre eine notwendig *„kulturbezogene Soziologie"*, die von gegeneinander hermetisch abgeschlossenen Sprachspielen ausgeht. Dies hätte u. a. die Konsequenz, daß Angehörige eines primitiven Stammes Aussagen über zivilisierte Gesellschaften überhaupt nicht verstehen *können* wie auch umgekehrt uns deren Sinnsysteme verschlossen bleiben müssen. Dasselbe müßte aber auch auf unser Verhältnis zu vergangenen Geschichtsepochen zutreffen; unsere Tradition wäre so hermeneutisch „verriegelt".

Um diese These, in der zwar ein „Heilungsversuch" auf der Mikroebene eines gemeinsamen Sprachspiels avisiert wird, damit aber zugleich die „Heillosigkeit" allgemein gesellschaftlicher Verständigung und damit von Sozialwissenschaft impliziert ist, ernstnehmen zu können, müßte vorgängig zweierlei als richtig und gegeben unterstellt werden können:

— zum einen, daß es bezüglich der Struktur der Sprache keine apriorischen Bedingungen gibt, welche in allen empirischen Sprachen gleichermaßen vorkommen; daß es keine Systematik der Möglichkeiten dessen gibt, was und wie sich Menschen etwas mitteilen können und schließlich, daß es eine endliche Zahl von Mechanismen gibt, mit denen in den verschiedenen Sprachspielen systematisch das Applikationsproblem „geheilt" wird. Während der letzte Punkt Thema der weiteren Erörterungen sein wird, sei für die empirische und theoretische Problematisierung der beiden ersten Annahmen nur auf die Befunde von Piaget, Chomsky, Quine, der Sprechaktphilosophie, der ethnologischen Sprachforschung verwiesen, wo es in gewissem Umfange gelungen zu sein scheint, sprachspieltranszendierende Eigenschaften menschlicher Kommunikationsprozesse aufzuweisen.

---

[77] Da der dort vertretenen Ansicht nach Daten nur Sinn innerhalb eines bestimmten Sprachspiels bekommen und es angeblich keine übergreifenden Kriterien bzw. „Hermeneutische Sprachspiele" (K. O. Apel) geben soll.

— Die andere Bedingung, die gegeben sein müßte, sollte der Winchsche „Heilungsversuch" als gültig akzeptiert werden können, wäre eine hinreichend *exakte Definition der Grenzen* des Sprachspieles in zeitlich, räumlicher und sinnhafter Hinsicht. Solange Winch dies nicht leistet, bleibt vieles an seinem Konzept bloße Begriffsspekulation. Infolge dieses letzten Einwandes dürften sich Winchs Annahmen eigentlich nur unproblematisch auf anthropologische Untersuchungen kleiner primitiver Stämme anwenden lassen, welche in der Tat auch ein Hauptarbeitsfeld von Winch darstellen[78].

Die Frage wäre jetzt also, was wir aus dieser Konzeption für die Analyse komplexer Gesellschaften noch retten können:

Es ist sicherlich eine triftige Unterscheidung, von einer Person zu sagen, sie hätte etwas *getan* oder ihr sei lediglich etwas *widerfahren*. Zur Erklärung des letzteren Falles würden wir nach dem Schema Ursache-Wirkung vorgehen. Dies gilt auch für manche Eigenhandlungen von Individuen, etwa bei psychisch Kranken, Kindern, Menschen in Streßsituationen etc. Demgegenüber würden wir uns im ersten Fall zumindest auch bemühen, *Gründe* zu eruieren, welche die betreffende Person zu ihrem Handeln veranlaßt haben könnten.

Wollen wir Gründen auch nur eine gewisse Bedeutung beim Verstehen bzw. Erklären sozialer Handlungen zusprechen, dann wird der von Winch geforderte Rekurs auf die Systematik der jeweiligen Lebensformen unausweichlich sein. Ich möchte die These vertreten, daß es eine *Dimension der Notwendigkeit* gibt, auf Gründe bei Handlungserklärungen einzugehen. Diese Dimension variiert sowohl historisch[79], ontogenetisch[80] wie nach der Struktur des jeweiligen sozialen Kontext[81]. Gerade diese Dimensionalität der Bedeutung der Sprachspielidee und die dazu notwendigen *empirischen* Vorklärungen hat die

---

[78] s. z. B. *Winch* P.: Understanding a Primitive Society, in: American Philosophical Quarterly, 1, 1964.

[79] Wie Max Weber zeigte, ist die verstandesgemäße Rechtfertigung menschlichen Handelns eine historisch verhältnismäßig spät aufgekommene und ziemlich begrenzte Erscheinung. Vgl. dazu *Weber, M.*: Die protestantische Ethik, hrsg. v. J. Winckelmann, München—Hamburg 1965, z. B. S. 164.

[80] Vgl. Piagets Theorie der Entwicklung des moralischen Bewußtseins bzw. deren Weiterentwicklung bei *Kohlberg, L.*: Stage and Sequence: the Cognitive Developemental Approach to Socialization, in: Goslin, D. A. (Hrsg.): Handbook of Socialization Theory and Research, Chicago 1968; *ders.*: From Is to Ought: How to Commit the Naturalistic Fallcy and Get Away with It in the Study of Moral Development, in: Mischel, T. (Hrsg.): Cognitive Developement and Epistemiology, New York und London 1971.

[81] Sozial kommt diese Dimensionalität bzw. ihre Relevanz im Phänomen des *Takts* zum Ausdruck; besonders gilt dies für die Interaktion von und mit Stimatisierten. Dazu *Goffman, E.*: Stigma. Über Techniken der Bewältigung beschädigter Identität, Frankfurt 1967.

2. Problematik einer „wittgensteinianischen Soziologie" 53

Wittgensteinianische Soziologie vernachlässigt. Unter diesen Umständen möchte ich Ryan[82] zustimmen, wenn er sagt, „daß der Begriff der ‚Lebensform', auf der diese ganze These beruht, einfach nicht tragfähig genug ist". Nur wenn Lebensformen in viel strengerem Sinne, als wir das anzunehmen berechtigt sind, logisch voneinander differenziert werden können, wäre dieser Sprachspiel-Solipsismus aufrechtzuerhalten, der sich im Endeffekt auch nur graduell von dem „Heilungsversuch" der Tractatusphilosophie unterscheidet.

Eine Akzeptierung dieser These würde übrigens u. a. auch bedeuten, daß wir den *Satz vom Widerspruch* zu verwerfen hätten, was in der Radikalität, wie sich das von den Winchschen Thesen ableiten ließe, verheerende Folgen für die Wissenschaft haben müßte. Sogar wenn man sich auf einen wissenschafts- bzw. methodenpluralistischen Standpunkt stellen wollte, wird man dennoch ebenso für alltagsweltliche wie für wissenschaftliche Theorien eine Reihe von Kriterien unterstellen können, die mehr oder weniger über die meisten Sprachspiele verteilt sind, wie etwa die Forderung nach Widerspruchsfreiheit von Aussagenzusammenhängen und nach zumindest vager Überprüfbarkeit. Auch kollidieren Winchs Vorstellungen etwa mit der Einsicht der Psychoanalyse, nach der es manchmal aus systematischen Gründen notwendig erscheint, die Darstellungen, welche die Handelnden von den Gründen ihres Tuns geben, als in methodischer Weise verzerrte (vgl. die Systematik der sog. „Abwehrmechanismen") zu behandeln und unsere eigenen Erklärungen an ihre Stelle zu setzen.

Die wittgensteinianische Soziologie unterstellt also eigentlich eine idealtypische, d. h. bruchlos in sich geschlossene Kommunikationsgemeinschaft, mit der Konsequenz, daß ein kritisches Hinterfragen und Bewerten einer bestimmten sozialen Lebensform und Weltauffassung, etwa im Sinne der Ideologiekritik Durkheims, Webers oder auch Marx', *prinzipiell* unzulässig sein soll[83].

Damit haben wir wiederum, ebenso wie bei den obigen wissenschaftstheoretischen und methodologischen Erörterungen einen „Heilungsversuch" vor uns, der durch *eine, in sich systematische Abstrak-*

---

[82] *Ryan*, A. 1973, S. 209.

[83] „Solchen konkurrierenden Auffassungen gegenüber eine bindungslose Betrachtungsweise einzuhalten, ist insbesondere Aufgabe der Philosophie (und damit vom Windschen Standpunkt aus auch der Soziologie; St.W.); es ist nicht ihre Sache, der Wissenschaft, der Religion oder irgendetwas anderem Preise zuzuerkennen. Es ist nicht ihre Sache, irgendeine Weltanschauung zu befürworten ... Mit Wittgenstein zu reden: ‚Die Philosophie läßt alles wie es war'" (*Winch*, P. 1967, S. 133). Vgl. dazu auch die neopositivistische Kritik von *Gellner*, E.: Der neue Idealismus — Ursache und Sinn in den Sozialwissenschaften, in: Albert, H. (Hrsg.): Theorie und Realität, 2. veränderte Auflage, Tübingen 1972.

tion von den *konkreten Sachverhalten* das Applikationsproblem lösen zu können glaubt. Wie sich auch hier wieder zeigt, wird das Applikationsproblem immer nur über gewisse Abstraktionen bewältigt (nicht gelöst!!!). Nach meiner, in dieser Arbeit zu belegenden These muß dies Problem als *permanentes* in alltagsweltlichen wie wissenschaftlichen Erfahrungsprozessen akzeptiert werden und nicht über Idealisierungen, die in den diskutierten Fällen in sich auch noch sehr problematisch sind, ein für allemal aus der Welt geschafft werden. Meine Analyse zielt demnach daraufhin, das Verhältnis von Sprachgebrauch, Tätigkeit und Lebensform nicht als eines der problemlosen Vermittlung anzusehen, sondern eher, wie das Karl-Otto Apel vorschlägt, als eine *dialektische Einheit*, in der Widersprüche zwischen den einzelnen *Momenten* nicht ausgeschlossen sind:

„Sucht man diese Diskrepanzen ... verständlich zu machen, so hat man ... durchaus mit ‚externen Relationen' — also z. B. mit ‚erklärbaren' Kausalverhältnissen — zwischen unbewußten Ideen und zwanghaften Verhaltensweisen oder zwischen praxisimmanenten Interessen (d. h. nicht begrifflich explizierten Sinnmotiven) und offiziellen Sprachregelungen qua ‚institutionellen Fiktionen' (Gehlen, Luhmann) zu rechnen. Diese *externen Relationen* können freilich nicht *nur* aufgrund von Gesetzeshypothesen *erklärt*, sondern müssen auch gleichzeitig als solche *internen Relationen verstanden werden*, die aufgrund gewisser Tabuisierungsregeln nicht ins Sprachspiel aufgenommen werden konnten[84]."

Gerade diese Kombination von quasi-kausaler Erklärung und „hermeneutisch" ansetzendem Verstehen könnte man dann mit Apel als das *methodische Verfahren der Ideologiekritik* bezeichnen. Diese globale erste Annäherung, welche das zu bewältigende Problem eher genauer spezifiziert, als Hinweise für seine Lösung anbieten kann, wird in den folgenden Abschnitten systematisch zu erweitern sein.

3. Rawls Argumentation gegen die utilitaristische Rechtstheorie und sein doppelter Regelbegriff

Eine weitere wichtige Vorarbeit für die schärfere konzeptuelle Fassung des Vermittlungsproblems zwischen internem und externem Aspekt sozialen Handelns stellt die von John Rawls getroffene

"distinction between justifying a practice (under 'practice' versteht Rawls jede Aktivitätsform, die durch ein Regelsystem beschrieben werden kann; St.W.) and justifying a particular action falling under it ..."[85]

dar. Es geht also, z. B. für das System juristischer Normierungen, einmal darum, die systematische Aktivität der Rechtsprechung *an sich* zu rechtfertigen, während sich der zweite Rechtfertigungstyp auf die

---

[84] *Apel*, K. O. 1970, S. 261.
[85] *Rawls*, J.: Two Concepts of Rules, in: Philosophical Review, 64, 1955, S. 3.

Entscheidung für die Subsumtion eines Falles unter eine spezielle Regel bezieht. Man könnte dies auch an den unterschiedlichen Blickwinkeln illustrieren, von welchen aus Gesetzgeber und Richter die Bestrafung, d. h. eine Form der sozialen Beurteilung von Handlungen zu rechtfertigen versuchen.

Freilich genügt es nicht, sich bei einer solchen Gegenüberstellung zu beruhigen. Beide Regel- und Argumentationsformen müssen in ihrer Aufeinanderbezogenheit expliziert werden. Es ist nämlich einem Spieler in einem sozialen Regel- bzw. Sprachspiel nicht oder nur in bestimmten Fällen (scheinbar) möglich, sich bei der Rechtfertigung seiner Spielhandlungen auf *Gründe* (Rechtfertigungstyp 2) zu berufen, welche sich für oder gegen das Spiel *als Ganzes* richten (Rechtfertigungstyp 1).

Rawls diskutiert dieses doppelte Rechtfertigungsproblem in Absetzung von der *utilitaristischen Position* in der Rechtstheorie: Der *grundsätzliche Fehler* des Utilitarismus sei, so Rawls, seine Zuversicht, mit Nutzensargumenten genereller Art in beiden Rechtfertigungsfällen auszukommen. Dadurch würde die Unterscheidung zwischen den beiden Regeltypen unterschlagen. Rawls spricht von einem *„summary view"*:

"It regards rules in the following way: one supposes that each person decides what he shall do in particular cases by applying the utilitarian principle; one supposes further that different people will decide the same particular case in the same way and that there will be recurrences of cases similar to those previously decided ... I have called this conception the summary view because rules are pictured as summaries of past decisions arrived at by the *direct* application of the utilitarian principle to particular cases[86]".

Das Applikationsproblem erscheint von der utilitaristisch-pragmatischen Position aus durch den Rückbezug auf Präzedenzfälle „heilbar"[87]. Dagegen lassen sich folgende Überlegungen anführen:

1. müssen ähnliche Fälle immer wieder auftreten und als solche unproblematisch erkennbar sein, da sonst das Nutzensprinzip auf jeden Fall einzeln angewandt werden müßte;

2. erklärt sich damit nicht die Aufstellung allgemeiner Regeln, da die Entscheidungen in den einzelnen (Präzedenz-) Fällen logisch den Regeln voraufgeht;

3. kann eine Regel nicht, wie von den Utilitaristen unterstellt, direkt, unproblematisch und ohne Irrtumswahrscheinlichkeit auf einen Fall

---

[86] *Rawls*, J. 1955, S. 19.

[87] s. in diesem Zusammenhang den undifferenzierten Gebrauch des Stimulus-Begriffes in der behavioristischen Psychologie und Soziologie sowie die grundsätzliche Kritik daran in *Chomsky*, N.: A Review of B. F. Skinner's „Verbal Behavior", in: Language, 35, 1959.

angewendet werden. Regeln stellen in diesem Sinne nur Entscheidungshilfen, Handlungsmaximen bzw. „*rules of thumb*" dar. Rawls bezweifelt deshalb, ob es überhaupt sinnvoll ist, in diesem Zusammenhang von „Regeln" zu sprechen;

4. läßt sich sinnvoll aus dem „summary view" nur das Konzept der *generellen Regel* ableiten, da Regeln mit Wahrscheinlichkeitscharakter mit Hilfe *zusätzlicher* Entscheidungsmaximen erst angewendet werden können.

Diesem „summary view" stellt Rawls eine andere Sicht von Regeln, die „*practice conception*" gegenüber, wobei Regeln solche Verfahrensweisen (practices) definieren, mit deren Hilfe Konfusionen vermieden werden sollen, welche durch das repetive Anwenden des Nützlichkeitsprinzips entstehen. Man könnte in unserem Sinne von „Heilungsmethoden" sprechen, welche die Applikationsprobleme des Utilitaritätsprinzips oder anderer genereller Verhaltensmaximen mildern sollen. Aus dieser alternativen Konzeption ergeben sich, bezogen auf die oben angeführten Kritikpunkte eine Reihe neuer Aspekte:

1. Man muß jetzt davon ausgehen, daß die Regeln, die sich auf die Verfahrensweisen beziehen, logisch *vor* den Einzelfällen kommen, weil nur über diese Verfahrensweisen das Applikationsproblem (zumindest pragmatisch) „gelöst" werden kann[88].

2. Da hier ein logisch-begrifflicher Regelbegriff vorliegt, hätte es keinen Sinn, von der richtigen Anwendung einer Regel in einem speziellen Fall zu sprechen, weil die Handlung, welche vollzogen wird, selbst erst im Kontext der Verfahrensweise definiert wird[89].

3. Verfahrensregeln sind also nach Rawls keine direkten Entscheidungshilfen für die korrekte Anwendung irgendeines ethischen Prinzips, und sie können auch nicht als quasi-statistische Generalisierungen angesehen werden.

"A more or less general rule of a practice must be a rule which according to the structure of the practice applies to more or fewer of the kind of cases arising under it; or it must be a rule which is more or less basic

---

[88] "In the cases of actions specified by practices it is logically impossible to perform them outside the stage-setting provided by those practices, for unless there is the practice, and unless the requisite proprieties are fulfilled, whatever one does, whatever movements one makes, will fail to count as a form of action which the practice specifies. What one does will be described in some *other* way" (Rawls, J. 1955, S. 25).

[89] So können ja auch nicht beim Fußballspiel die *Spielregeln* irgendwelche Anleitung für den konkreten Torschuß geben, genausowenig, wie es Sinn hat, während des Spieles nach dem Sinn des Toreschießens zu fragen, weil dies nur beweisen würde, daß sich der Frager über die Situation und damit über die Regelebene, welche überhaupt noch zur Debatte stehen kann, nicht im klaren ist.

3. Rawls Argumentation gegen die utilitaristische Rechtstheorie 57

to the understanding of the practice. Again, particular case cannot be an exception of a rule of a practice. An exception is rather a qualification or a further specification of a rule[90]."

Man kann also erst, wenn man die *Art des Spieles*, und das heißt konkret: die in ihm konstitutiven Verfahrensweisen kennt, sagen, was eine bestimmte vorliegende Handlung eigentlich zu bedeuten hat. Nun darf man freilich nicht darauf verfallen, die beiden Regelkonzeptionen gegeneinander auszuspielen: denn beide Regeltypen sind sowohl logisch wie empirisch notwendig und müssen sogar reflexiv aufeinander bezogen werden. Zwar können utilitaristische „Faustregeln" nur auf dem Hintergrund schon bestehender Verfahrensweisen angewendet werden, aber die Verfahrensweisen ihrerseits sind durchaus einer utilitaristischen Begründung zugänglich. *Entscheidend ist nur, die beiden Regelebenen grundsätzlich zu unterscheiden.*

Wenn wir nun von unserem Ausgangsproblem, dem Applikationsproblem her[91] die vorangehenden Überlegungen zum Regelproblem resümieren sollten, so ließen sich jetzt die verschiedenen *Regeltypen* angeben, welche bei jedem „Heilungsversuch" unterstellt werden müssen:

1. *Verfahrensregeln,* welche die Situation grundsätzlich strukturieren. Diese sind nicht ganz mit dem Sprachspielbegriff gleichzusetzen, da Wittgenstein die von uns getroffene logische Unterscheidung nicht so präzisiert.
2. *Praktische „Faustregeln",* die sich auf das konkrete Realisieren von Interpretationen oder Handlungen innerhalb der vorstrukturierten Situation beziehen.
3. *„Sekundäre Faustregeln"* zur Beurteilung bzw. Veränderung von Verfahrensregeln. Diese sekundären Faustregeln werden wiederum durch Verfahrensregeln eingefaßt, welche ihrerseits einer Faustregelbegründung zugänglich sind usf.[92].

Trotz dieser inhaltlich noch nicht differenzierten Typifikation läßt sich doch schon sagen, daß eine behavioristisch-positivistische Sozial-

---

[90] *Rawls,* J. 1955, S. 27.
[91] Dasselbe bezeichnend spricht Hart vom Problem der „offenen Struktur" sozialer Situationen: „Unbestimmtheit an der Grenze ist der Preis, den man für die Verwendung allgemeiner klassifikatorischer Ausdrücke bei jeder Form der Kommunikation von Tatsachen zahlen muß" (*Hart,* H. L. A. 1973, S. 178).
[92] „Kein ‚Auslegungs-Kanon' kann diese Unbestimmtheit vermeiden (‚heilen' in meinem Sprachgebrauch; St.W), aber er kann sie mindern; denn ein solcher Kanon ist selbst eine allgemeine Regel für den Sprachgebrauch und benützt allgemeine Ausdrücke, die wiederum Auslegung verlangen. Er kann genausowenig, wie jede andere Regel seine eigene Auslegung leisten" (*Hart,* H. L. A. 1973, S. 176).

wissenschaft höchstens in der Lage wäre, Systematisierungen bezüglich des zweiten Regeltyps zu liefern, obwohl sie sich, was sie sich freilich methodologisch nicht zugestehen darf, zum Verständnis dieses Regeltyps impliziter Voraussetzungen bezüglich der Metaregeln bedienen muß. Nur das Begreifen der Dialektik zwischen den verschiedenen Regelebenen und der Situation würde es erlauben, zu inhaltlichen Aussagen über Handlungs- und Interpretationsprozesse zu kommen. Dieses Problem kann freilich von der sprachanalytischen Rechtstheorie nur theoretisch beschrieben, nicht aber empirisch aufgezeigt werden.

III. „Vertrauen" als notwendiges Konzept im Kontext des doppelten Regelbegriffs

1. „Vertrauen" und subjektive Entscheidung

Diese Diskussion des Regelbegriffs bezüglich des Applikationsproblems muß noch durch die Explikation eines weiteren Begriffes ergänzt werden: *Vertrauen*.

Ich gehe davon aus, daß eine, im Endeffekt immer dezisionistische „Heilung" der „offenen Struktur sozialer Situationen" (Hart) sozial und wahrscheinlich auch psychisch eine *sanktionierte Suspendierung von Zweifel* voraussetzt, sowohl was den „Heilenden" wie auch was seine Interaktionspartner betrifft. Dazu müssen aber die Verhaltens- bzw. Erwartungserwartungen der Beteiligten ein hohes Maß an Differenziertheit und Flexibilität erreicht haben.

Paradigmatisch möchte ich die Bedeutung des Vertrauensbegriffs am spieltheoretischen Modell des *„prisoner dilemma"* klarmachen und dabei die hoch entwickelten psychischen Voraussetzungen aufzuzeigen versuchen, welche zur Bewältigung solcher Entscheidungsprobleme (d. h. Applikationsprobleme) von den Mitspielern erwartet werden müssen. Dieses Modell eignet sich zur Illustration für unsere Problemlage besonders gut, weil es hier nicht nur um einseitige Vertrauensrelationen geht, sondern weil keiner der beiden Mitspieler über unmittelbare und vollständige Information verfügt und in der Entscheidungssituation dieses Informationsdefizits auch nicht beheben kann. Die Entscheidungen im Spiel hängen allesamt mit der Abschätzung der Vertrauenswürdigkeit des Handlungspartners sowie der Einschätzung seiner Situationsdefinition ab, welche ihrerseits ebenso auf einem gewissen Ausmaß an Vertrauen beruhen muß[93].

---

[93] Ralf Turner übersieht z. B. bei seiner wichtigen Darstellung des role-taking-Prozesses, deutlich auf dieses notwendige Vertrauensmoment hinzuweisen; s. *Turner*, Ralf: Role Taking: Process versus Conformities, in: Rose, A. M. (Hrsg.): Human Behavior and Social Process. An Interactionistic Approach, London 1962.

1. „Vertrauen" und subjektive Entscheidung

Das „prisoner dilemma" läßt sich an der Situation zweier Gefangener demonstrieren, die zusammen ein Verbrechen begangen haben und die von der Polizei getrennt voneinander verhört werden. Beide Mitspieler haben eine Entscheidung für ihr eigenes Handeln aufgrund unvollständigen Wissens zu fällen, da kein Mitspieler vom anderen weiß, wie dieser in der Verhörsituation seine Wahl zwischen den beiden Alternativen: gestehen oder nicht gestehen, treffen wird. Der „payoff" des einen Spielers hängt aber nun von der jeweiligen Reaktion des anderen ab und zwar in der Weise, daß wenn beide Spieler ihre Optimalstrategie wählen, jeder weniger bekommt als beide, wenn sie gleichzeitig eine nichtoptimale Strategie gewählt hätten. Das Vertrauensproblem besteht im Nichtwissen des Entscheidungsverhaltens alters bei gleichzeitiger völliger Klarheit der möglichen outputs. Am Beispiel der pay-off-Matrix zweier getrennt verhörter Gefangener a und b läßt sich diese Situation klarmachen:

	b 1 (schweigen)	b 2 (nicht-schweigen)
a 1 (schweigen)	(je 0 Jahre)	(a 5, b 0 Jahre)
a 2 (nicht-schweigen)	(a 0, b 5 Jahre)	(je 3 Jahre)

Wenn die beiden Verhörten schweigen, wäre der optimale Gewinn für jeden, nämlich Freilassung, möglich, was sich aber nur auf der Grundlage starken gegenseitigen Vertrauens realisieren ließe. Die sicherste Lösung stellt demgegenüber a2b2 dar, obwohl für jeden 3 Jahre Gefängnis dabei herausspringen.

Dieses Entscheidungsproblem kann nicht über reine Nützlichkeitserwägungen zu seiner rationalsten Lösung gebracht werden: Würde man nämlich nur seinem Interesse an der Maximalisierung von Gewinn und der Maximalisierung von Verlust folgen wollen, so hätte z. B. a, wenn er b vertrauen kann, a2 zu wählen. Da er aber daran denken wird, daß auch b frei ausgehen will und die Vertrauensunterstellung macht, ist es für beide in dieser Situation *vernünftig*, die zweite Alternative zu wählen, was aber im Endeffekt für jeden zu einem gewissen Verlust führen muß.

Insgesamt *beweist* dies zwar nicht die Unabdingbarkeit von Vertrauen in Sozialbeziehungen[94], wohl zeigt es aber die *Kosten* auf, welche man durch die Etablierung gegenseitigen Vertrauens einsparen könnte. Infolgedessen dürfte Vertrauen für die Durchführung kom-

---

[94] Für die Anwendung dieser Gedankengänge in der Theorie interpersonaler Beziehungen s. z. B. *Watzlawick, P. / Beavin, J. H. / Jackson, D. D.*: Menschliche Kommunikation, Bern—Stuttgart—Wien 1969. In der Theorie internationaler Beziehungen könnte man als Beispiel die Arbeit von *Deutsch, K. W.*: Politische Kybernetik, Freiburg 1969, nennen.

plexerer und damit auch risikoreicherer und kostspieligerer Interaktionen eine grundlegende Voraussetzung sein.

Entgegen einer rationalistischen Vorstellung vom menschlichen Entscheidungsverhalten ergaben empirische Studien

"that players overwhelmingly tended to choose their optimal but less well-paid strategy ... Furthermore, players become more rather than less addicted to this uncooperative response as the game progresses. The structure of prisoners dilemma makes it very difficult for equity-seeking motives to operate; they almost certainly lead to substantial and inequitable penalties unless they operate in both players in exactly the same time"[95].

Diese Einstellungen führen nun aber wie die kommunikationstheoretische Psychiatrie klar zeigen konnte[96], zu tendenziell pathologischen Beziehungssituationen, deren scheinbare Stabilität (Fall a2b2) nur ihren zwanghaften und belastenden Charakter kaschiert[97].

Mangelndes Vertrauen führt demnach zu individuellen und interpersonalen Störungen, ja sogar Paradoxien der Kommunikation, wenn zusätzlich zur mangelnden Vertrauensgrundlage eine Unfähigkeit vorliegt, sich über die „Spielregeln" und die Problematik ihrer Anwendung metakommunikativ auseinanderzusetzen[98].

Es scheinen hier deutliche Parallelen zur obigen Diskussion der Regelebenen auf, bei der ich zu zeigen versuchte, wie eine rein utilitaristisch gesteuerte Verhaltenspraxis sich selbst weder begreifen noch begründen kann und deshalb, wie sich hier erweist, auch für die Konstruktion sozialer Beziehungszusammenhänge keine tragfähige Basis bildet.

---

[95] *Edwards*, W.: Behavioral Decision Theory, in: Edwards, W. / Tversky, A. (Hrsg.): Decision Making, Harmondsworth 1967 b (original 1961), S. 88.

[96] Neben der schon erwähnten Arbeit von *Watzlawick*, P. et al. 1969 siehe als gute Zusammenfassungen *Bateson*, B. et al.: Schizophrenie und Familie, Frankfurt 1969; *Mandel*, A. / *Mandel*, K. H. / *Stadter*, E. / *Zimmer*, D.: Einübung in Partnerschaft, München 1971.

[97] „Es ist vielleicht die eleganteste Abstraktion eines Beziehungsproblems, das man in der Psychotherapie von Ehen oder anderen engen Beziehungen immer wieder antrifft. Ehepartner, die in stummer Enttäuschung dahinleben und einander fast nichts zu geben imstande sind, bevölkern seit langem die Wartezimmer der Psychotherapeuten. Meist wird der Grund für ihr Unglücklichsein in einer individuellen Pathologie des einen oder des anderen Partners gesucht, der als depressiv, passiv-aggressiv, selbstbestrafend, sadomasochistisch usw. diagnostiziert wird. Alle diese Diagnosen lassen die wechselseitige Natur ihrer Zwangslage unberücksichtigt, die ganz unabhängig von den Persönlichkeitsstrukturen der Partner bestehen und ausschließlich im Wesen ihres Beziehungsdilemmas liegen kann. Es ist, als ob sie sagten: ‚Vertrauen würde mich verletzbar machen, daher muß ich auf meine Sicherheit bedacht sein', und die darin enthaltene Voraussage ist: ‚Der andere würde mich sonst ausnützen'" (*Watzlawick*, P. et al. 1969, S. 211 f.).

[98] Dazu speziell siehe *Laing*, R. / *Phillipson*, H. / *Lee*, R. A.: Interpersonale Wahrnehmung, Frankfurt 1969.

1. „Vertrauen" und subjektive Entscheidung 61

Aufgrund ähnlicher Gedankengänge hat auch die *moderne Entscheidungstheorie* ihr traditionell rationalistisch-utilitaristisches Menschen- bzw. Entscheidungsmodell aufgeben müssen. Sie gelangt damit zu einer wesentlich differenzierteren Fassung der *subjektiven Nutzensfunktion*. Das Nutzensprinzip bezog sich zunächst auf Entscheidungen, bei denen vollständige Information über die Alternativen unterstellt wurde, d. h. daß sich das Applikationsproblem gar nicht stellte. Dieser Ansatz ging in der Methodik seines „Heilungsversuches" von 4 Grundvoraussetzungen aus: jener des *economic man*, jener der *komplett vorliegenden Information*, jener der *unbegrenzten Sensibilität* der Entscheider (Informationsverarbeitungskapazität), sowie dem *Begriff der Rationalität*, der sich am Prinzip der Nutzensmaximierung orientierte.

In diesem Modell fallen „objektiver" und „subjektiver", d. h. von der Person kognitiv realisierter Nutzen zusammen. Für Entscheidungen bei nicht vollständig bekannten Begleitumständen („decisions under uncertainty"), welche also ein Risiko implizieren („risky choice"), wurde der Ansatz nur probabilistisch uminterpretiert: man operierte mit dem Begriff der *Maximierung des erwarteten Nutzens* („expected utility maximization")[99].

Durch eine Reihe empirischer Untersuchungen[100] ließ sich nun aber die Unhaltbarkeit dieses Konzeptes sowohl auf empirischer als auch auf normativ-theoretischer Ebene nachweisen:

Es zeigte sich, daß von den Versuchspersonen unterschiedliche output-Wahrscheinlichkeiten in differenzierter Weise bewertet werden und sich auch unter den einzelnen Vpn unterschiedliches Entscheidungsverhalten beobachten läßt, was soweit geht, daß sich für die einzelnen Personen spezielle Präferenzmodelle für Risikoentscheidungen konstruieren lassen.

Aus diesen Befunden konstruierten Edwards und Savage[101] das *Modell des subjektiv-erwarteten Nutzens*, nach dem Entscheider nach der Maximierung des subjektiv erwarteten Nutzen streben, der sich definieren läßt als die Summe des objektiven Nutzens der verschiedensten Ergebnisse gewichtet mit ihrer subjektiv erwarteten Auftretenswahrscheinlichkeit.

---

[99] s. *Neumann*, J. v. / *Morgenstern*, O.: The Theory of Games and Economic Behavior, Princeton 1947.

[100] Referiert bei *Edwards*, W.: The Theory of Decision-Making, in: Edwards, W. / Tversky, A. (Hrsg.): Decision Making, Harmondsworth 1967 a (original 1954); s. auch *Edwards*, W. 1967 b.

[101] s. *Edwards*, W. 1967 a; *Savage*, L. J.: Historical and Critical Comments ference Task, in: Edwards, W. / Tversky, A. (Hrsg.): Decision Making, Harmondsworth 1967.

Wie bei Entscheidungsprozessen das subjektive Risikoverhalten mit den je hinzukommenden Informationen variiert und zwar mit einem wesentlich von der mathematischen Theorie abweichenden Ergebnis, haben Phillips und Edwards[102] schön aufzeigen können: Sie sprechen als Ergebnis ihrer experimentellen Untersuchung von dem *Konservatismus bei der Schätzung von Wahrscheinlichkeiten,* d. h., daß die Revidierungen der subjektiven Wahrscheinlichkeiten bei den Vpn generell zögernder und weniger ausgeprägt erfolgen als man dies bei einer rein mathematischen Rekonstruktion des Versuchsablaufes erwarten dürfte (etwa nach den Bayes-Theorem). Das Ausmaß des „Konservatismus" oder wie man auch sagen könnte, des Vertrauens in die gewohnten Verhaltens- bzw. Entscheidungsmaximen scheint mit der Komplexität der Entscheidungsaufgabe zuzunehmen.

Zusammenfassend läßt sich sagen: Das klassische Nutzensmodell geht wie alle „Heilungsversuche", die wir bisher analysiert haben, von zu starken Voraussetzungen aus. Das hier implizierte Rationalitätsmodell setzt unbegrenztes Gedächtnis und optimale Informationsverarbeitungskapazität sowie die Ausschaltung der Zeitdimension bei Entscheidungsprozessen voraus. Mit Recht fordert daher Herbert Simon:

"Broadly stated, the task is to replace the global rationality of economic man with a kind of rational behavior that is compatible with the access to information and the computational capacities that are actually possessed by organisms, including man, in the kind of environments in which such organisms exist[103]."

Simon möchte das „utility principle" in ein *„satisficing principle"* übergeführt wissen, bei dem explizit auf das jeweilige, d. h. raumzeitlich bestimmte Anspruchsniveau, auf die zeitlichen, sachlichen und sozialen Ressourcen des Entscheiders, um die Entscheidung oder auch die Nicht-entscheidung durchzuhalten, Rücksicht genommen werden müßte. Auch die *Entscheidungsgeschichte* wäre hierbei zu berücksichtigen. Ein solches „satisficing principle" hätte demnach immer auf den aktuellen Stand der Problemsituation bezugzunehmen und sich nicht bloß auf allgemeine Verhaltensregeln zu beschränken.

Der Entscheidungstheorie fiele so, ganz in unserem Sinne, die Aufgabe zu, die diversen „Heilungsmechanismen" nachzukonstruieren, aufgrund derer die subjektiven Entscheidungsprozesse funktionieren[104].

---

[102] *Phillips,* L. / *Edwards,* W.: Conservatism in a Simple Probability Inference Task, in: Edwards, W.)/ Tversky, A. (Hrsg.): Decision Making, Harmondsworth 1967.
[103] *Simon,* H. A.: Models of Man, Social and Rational. Mathematical Essays on Rational and Human Behavior in a Social Setting, New York 1957, S. 241.
[104] Daß auch von der Entscheidungstheorie die Problematik der „Heilungsversuche" zumindest nachkonstruiert werden könnte, zeigt sich an der Unterscheidung von *Algorithmen,* das sind Vorgehensweisen oder Regeln, deren Befolgung die Lösung eines gegebenen Problems garantiert, und *heuristi-*

Es bleibt hier festzuhalten, daß sich aus den Fortschritten der Entscheidungstheorie die Untragbarkeit einer rein utilitaristischen Konzeption der Verhaltenssteuerung und damit die Notwendigkeit ergibt, bei der Erklärung sozialen Verhaltens auf die Kontingenzen der Entscheidungssituation einzugehen. Diese Kontingenzen können aber durch die Anwendung irgendwelcher logischer bzw. normativer Prinzipien niemals ausgeräumt, sondern nur über die Anwendung situationen- bzw. personenspezifischer *Heuristiken* und *Faustregeln* für den jeweiligen praktischen Zweck befriedigend „geheilt" werden. Das „satisficing principle" verlangt zu seiner Ergänzung Annahmen über die individuellen Fähigkeiten sich mit mehr oder weniger befriedigenden, d. h. immer vorläufigen Lösungen bzw. Entscheidungen zufrieden zu geben. Sind solche Fähigkeiten, Vertrauen eigenen und fremden Entscheidungen entgegenzubringen, nicht vorhanden, kann es zu keinen Entscheidungen und damit auch zu keinen sozialen Interaktionen kommen. Die Fähigkeit, Vertrauen zu schenken, muß als ein grundlegender Bestandteil *sozialer Kompetenz* angesehen werden. Daher *kann Vertrauen als der grundlegende Mechanismus interpretiert werden, der es erlaubt, Ambivalenzen in Entscheidungssituationen auszuhalten.*

In der psychoanalytischen Entwicklungstheorie hat besonders Erik Erikson Vertrauen als einen solchen Grundstein der Entwicklung von Sozialkompetenz thematisiert. Er spricht vom „*Urvertrauen*" und stellt die These auf,

„daß die Herausbildung beständiger Muster, nach denen das Individuum ein Übergewicht seines Urvertrauens über sein Urmißtrauen erreicht, eine Hauptaufgabe der erwachsenen Persönlichkeit ist und daher auch bei der mütterlichen Pflege des Säuglings an die erste Stelle gehört"[105].

Nach psychoanalytischer Konzeption fallen diese Prozesse in die orale Phase, also in die erste Stufe der Identitätsbildung. Je nach den

---

schen Methoden, welche die Anwendung von Algorithmen steuern bzw. die als Hilfsmittel zur Unterstützung und Ausrichtung von Such- und Lösungsprozessen verwendet werden können. Meiner These nach, entgegen den grundsätzlichen Annahmen der kognitiven Informationsverarbeitungstheorie (*Dörner*, D.: Die kognitive Organisation bei Problemlösen, Bern 1974; *Klix*, F.: Information und Verhalten, Bern—Stuttgart-Wien 1971; *Newell*, A. / *Simon*, H. A.: Human Problem Solving, Englewood Cliffs, N. J., 1972; u. a.) können Algorithmen niemals als alleinige Richtlinien für empirische Problemlösungs- und Entscheidungsprozesse gelten, da in ihnen das Applikationsproblem ausgeklammert bleibt. Algorithmen eignen sich demnach nur zur Analyse rein logisch-mathematischer Probleme. Für uns interessanter wäre eine Darstellung möglicher heuristischer Techniken, wie sie auch schon in der kognitiven Denkpsychologie vorgenommen wurde (Vgl. *Bruner*, J. / *Olver*, R. R. / *Greenfield*, E. M. et al.: Studien zur kognitiven Entwicklung, Stuttgart 1971; sowie *Piaget*, J. 1974). Darauf werde ich im letzten Abschnitt der Arbeit näher einzugehen versuchen.

[105] *Erikson*, E. H.: Identität und Lebenszyklus, Frankfurt 1973 (original 1959), S. 72.

Erfahrungen des Kindes in dieser Phase kann man von verschiedenen Ausprägungen auf der Skala der Vertrauensbereitschaft bzw. „Oralität" sprechen:

> Sobald ein oraler Pessimismus dominant wird und andere Haltungen ausschließt, können infantile Ängste, wie die, „leergelassen" oder gar „verlassen" zu werden, aber auch die, in seinem Reizhunger ungestillt zu bleiben, in den depressiven Formen des „Leerseins" und „zu nichts gut Seins" diagnostiziert werden ... Es gibt jedoch auch einen optimistischen oralen Charakter, der gelernt hat, Geben und Nehmen zu wichtigsten Sachen im Leben zu machen; und schließlich bleibt die „Oralität" als eine normale Grundschicht, ein dauernder Niederschlag jener ersten Abhängigkeit von mächtigen Versorgern erhalten. Sie drückt sich normalerweise in unseren Abhängigkeitswünschen und Sehnsüchten aus, überhaupt in allen zu hoffnungsvollen und zu hoffnungslosen (bzw. vertrauensvollen und vertrauenslosen; St.W.) Zuständen. *Die Integration der oralen Phase mit allen folgenden Phasen führt beim Erwachsenen zu einer Kombination von Glauben und Realismus*[106].

Die Unfähigkeit, Vertrauen seinen eigenen Entscheidungen und denen seiner Interaktionspartner entgegen zu bringen, exemplifiziert sich in charakteristischen Symptomen, die von der traditionellen Psychiatrie vornehmlich dem Formenkreis der Schizophrenie, zum Teil auch der Depression, zugeordnet werden:

So sind etwa Schizophrene grundsätzlich[107] kaum oder gar nicht in ihrer Bewußtseinshelligkeit, ihrer Orientierung, in ihrer Intelligenz und in ihren Gedächtnisfunktionen, also den eher *formalen* Voraussetzungen für angepaßtes Sozialverhalten gestört. Ihr mangelndes Vertrauen zeigt sich aber besonders in ihrer kaum vorhandenen *Ambiguitätstoleranz* für informationelle Diskrepanzen (Zerfahrenheit, Gedankendrängen und Privatsprache als charakteristische Symptome), ihrer *mangelnden Fähigkeit zu kognitiver wie affektiver Kontinuität* (Ambivalenz), ihrer *Unfähigkeit, mit anderen in Kontakt zu kommen* (Autismus).

Wir beobachten also bei vertrauensunfähigen Personen eine Dialektik von extremer Umweltssensibilität (konkretistische Zerfahrenheit) und gleichzeitiger weitgehender Empfindungslosigkeit (am extremsten bei katatonen Formen der Schizophrenie), die anderen Menschen keine Interaktionen mit ihnen erlaubt. Das Entscheidungsverhalten wird von jeder internen Kontrolle abgekoppelt, da die hierzu notwendige Identitätsinstanz mangels Vertrauen gar nicht aufgebaut werden konnte. Das Verhalten orientiert sich damit zunehmend auf externe

---

[106] *Erikson, E.* 1973, S. 70 (Hervorh. St.W.).

[107] s. dazu die klassische Schilderung bei *Bleuler, E.*: Lehrbuch der Psychiatrie, 12. Auflage, Heidelberg—Berlin—New York 1972.

und unpersönliche Zwecke hin, welche in sich einen absoluten, d. h. situationsinsensitiven Charakter gewinnen[108].

Entwicklungspsychologisch lassen sich solche Systematiken über das kommunikationstheoretische Modell der „Doppelbindung" plausibel machen, das eine Familienkonstellation thematisiert, in der über die spezifische Phase der oralen Situation hinaus die Ausbildung von Vertrauen verunmöglicht wird. In solchen Situationen, auch „Beziehungsfallen" genannt, entsteht nun die Problematik interessanterweise dadurch, daß die von mir oben erwähnten Regelebenen von den Situationsteilnehmern entweder nicht realisiert werden können (das trifft meist für die noch nicht voll kompetenten Kinder zu) und/oder die Beteiligten sich trotz inkonsistenten Verhaltens auf eine Thematisierung der Regelebenen nicht einlassen wollen (besonders die Eltern, die so ihrer gegenseitigen Schwierigkeiten stabilisieren können). Der schwächere Partner — also meist das Kind — *kann* in einer solchen „Beziehungsfalle" den Mitspielern eigentlich nicht vertrauen, weil diese sich, was die beiden Regelebenen betrifft, widersprüchlich verhalten, *muß* das aber andererseits tun, weil ihm sonst die notwendige emotionale Zuwendung versagt werden würde. Damit wird dem Kind eine abstrakte Konformität aufgezwungen, so daß es bei wechselnden Situationen kaum in der Lage ist, immer wieder neu Vertrauen zu entwickeln, sondern in einer Art apathischer Trägheit verbleibt.

Nun muß freilich für eine soziologische Analyse des Vertrauens eine solche psychiatrische Interpretation noch zu kurz greifen, solange es ihr nicht gelingt, das Ausmaß und den Bereich sozial geforderten und akzeptierten Vertrauens noch einmal auf dem Hintergrund der historischen Ausprägungen von Interaktionssystemen zu hinterfragen und nicht nur vom Vertrauen *an sich* zu sprechen, was bestenfalls bezüglich des Eriksonschen „Unvertrauens" angemessen sein dürfte.

2. „Vertrauen" als soziologische Kategorie

Es geht mir hier nicht darum, Vertrauen als transzendentale Bedingung der Möglichkeit jeglicher Sozialbeziehung einzuführen, sondern nur als einen *spezifischen Mechanismus,* der personalen und sozialen Systemen zur Verfügung steht, um mit den Informationsproblemen fertig zu werden, die durch die tendentiellen Begrenzungen ihrer Möglichkeiten, Fähigkeiten und Ressourcen in zeitlicher, sachlicher und sozialer Hinsicht auftauchen[109].

---

[108] Für einen ähnlich gelagerten informationstheoretischen Erklärungsversuch psychischer Störungen s. *Harvey,* O. J. / *Hunt,* H. E. / *Schroder,* H. M.: Conceptual Systems and Personality Organization, New York—London 1961; *Wolff,* St.: Ansätze zu einer integrierten Theorie der Emotion, unveröffentlichte psychologische Diplomarbeit, München 1973.

Am Beginn einer soziologischen Analyse von Vertrauen kann daher von folgender These Luhmanns ausgegangen werden:

„Wo es Vertrauen gibt, gibt es mehr Möglichkeiten des Erlebens und Handelns, steigt die Komplexität des sozialen Systems, also die Zahl der Möglichkeiten, die es mit seiner Struktur vereinbaren kann, weil im Vertrauen eine wirksame Form der Reduktion von Komplexität zur Verfügung steht[110]."

Die funktionale Spezifität von Vertrauen zeigt sich auf allen drei von Luhmann explizierten Dimensionen von Komplexität:

a) Vertrauen und zeitliche Komplexität

In der Zeitdimension gestattet es Vertrauen, Zukünfte wie Gegenwarten zu behandeln und damit Zeit zu „überwinden". Wiewohl diese Überwindung immer nur eine kontrafaktische sein kann, stellt sie gleichwohl eine psychisch und sozial *wirksame* Fiktion dar. Vertrauen leistet Reduktion von situativer Komplexität, indem es gestattet, raumzeitlich gebundene *Ereignisse* zu *Beständen* zu machen. Vertrauen „vergegenwärtigt" Zukunft wie Vergangenheit und stabilisiert dadurch individuelle wie soziale Entscheidungssituationen[111].

Der psychische wie soziale Bedarf an Vertrauen steigt mit der Differenziertheit der Problemlagen und, was komplementär damit zusammenhängt, mit der Ausdifferenziertheit der personalen und sozialen Handlungssysteme. Die Differenziertheit von Problemlagen bedingt Koordinationsprobleme individueller *Zeitpläne* der beteiligten personalen und sozialen Systeme wie auch innerhalb dieser selbst. Ausdifferenzierung ermöglicht es Systemen in stärkerem Maße, Ungleichzeitigkeiten mit ihrer Umgebung auszuhalten, also *Vertrauen quasi in sich selbst zu setzen,* bedingt aber andererseits auch stärkere interne Koordinationsprobleme.

So muß in personalen Systemen, welche durch eine Vielzahl voneinander oft unabhängiger Rollenbezüge gekennzeichnet sind, die Identität durch hochabstrakte Generalisierungen wie „Lebensplan" oder „Karriere" konstituiert werden, die sich als Balancierungsversuche sozialer

---

[109] Es lassen sich in der Literatur auch Annahmen über funktionale Äquivalente für Vertrauen finden, etwa Hobbes These, daß nur die totale Übergabe der Souveränität an den absolutistischen Fürsten, nicht aber das für Hobbes notwendig immer enttäuschte Vertrauen eine tragfähige Grundlage für reibungslose soziale Beziehungen liefern könne.

[110] *Luhmann, N.:* Vertrauen. Ein Mechanismus der Reduktion sozialer Komplexität, 2. Auflage, Stuttgart 1973, S. 8.

[111] Beispiele wären auf der einen Seite das Vertrauen in die Stetigkeit der „Laufbahn" bei Beamten, sowie auf der anderen Seite die „Planung", in der zukünftige raum-zeitliche Randbedingungen als sicher erwartbar unterstellt und damit vergegenwärtigt werden.

1. „Vertrauen" als soziologische Kategorie

und personaler Identitätsbestandteile verstehen lassen[112]. Damit wird trotz ständig wechselnder Ereignisse eine Selbstkonzeptualisierung (Ich-Identität) ermöglicht, welche in problematischen Situationen einen grundsätzlichen Rückgriff auf gesicherte Bestände erlaubt. Um Zeit, d. h. Ereignisse bewältigen zu können, wird demnach *partiell* Zeit kontrafaktisch stillgestellt, Zeitlichkeit „geheilt".

Vertrauen, so kann man zusammenfassen, muß im Kontext des Prozesses der Sinnherstellung als ein besonderer Mechanismus begriffen werden[113]. Wie wir nun bezüglich der zeitlichen Komplexitätsdimension gesehen haben, spielt sich Erleben in einer Dialektik von generalisierten, d. h. vertrauensvoll stillgelegten Beständen und andererseits Ereignissen ab, die als Negation von Beständen bzw. durch die Negation ihrer Definition als Bestände (durch Negation der Negation) aus dem Hintergrund vertrauter Selbstverständlichkeiten heraus erst identifizierbar werden. Vertrauen bedeutet demnach *Stillstellung von Reflexivität*, oder wie ich oben sagte, von *Ambivalenz*.

Alltagsweltlich läßt sich beobachten, wie die Vagheit dieser Stillstellung durch mehr oder weniger ausgeprägte Sanktionen abgesichert wird. Das reicht von der verärgerten Reaktion: „Warte doch erst einmal ab!" auf eine vorschnelle Frage bis zu den im Wissenschaftssystem praktizierten Reputationsvorgaben. Harold Garfinkel, der eine Reihe von Experimenten durchgeführt hat, in denen solche in Interaktionen implizierten „Stillhalteabkommen" systematisch verletzt wur-

---

[112] s. *Goffman*, E. 1967; weiterhin *Krappman*, L.: Soziologische Dimensionen der Identität, Stuttgart 1971, sowie *Habermas*, J.: Stichworte zur Theorie der Sozialisation, in: ders.: Kultur und Kritik, Frankfurt 1973 c.

[113] Dieser Prozeß läßt sich nach Luhmann kennzeichnen als *differenziertes Negieren:* „Sinn ist kein selektives Ereignis, sondern eine selektive Beziehung zwischen System und Welt, aber auch damit nicht ausreichend charakterisiert. Vielmehr liegt das eigentlich Besondere sinnhafter Erlebnisverarbeitung darin, Reduktion *und* Erhaltung von Komplexität zugleich zu ermöglichen, nämlich eine Form von Selektion zu gewährleisten, die verhindert, daß die Welt im Akt der Determination des Erlebens nur auf einen Bewußtseinsinhalt zusammenschrumpft und darin verschwindet. Die Konstitution einer solchen, das Erleben beständig-gegenwärtig begleitenden Welt von im Augenblick unaktuellen Potentialitäten beruht auf der eigentümlich menschlichen Fähigkeit zur *Negation* ... Die spezifische Potenz des Negierens, die sich in der reinen Gegebenheit aktueller Eindrücke, in Wahrnehmung und Vorstellung nicht findet, beruht auf der ihr eigenen Kombination von *Reflexivität* und *Generalisierung.* Negation ist eine reflexive und zwar notwendig reflexive Prozeßform des Erlebens. Sie kann auf sich selbst angewandt werden, und diese Möglichkeit der Negation von Negation ist für Erleben, das überhaupt negieren kann, unverzichtbar. Das aber besagt, daß alle Negation in einer unaufhebbaren Vorläufigkeit verbleibt und den Zugang zum Negierten nicht ausschließt. Nur die Zeit, nicht die Negation eliminiert Möglichkeiten definitiv" (*Luhmann*, N.: Sinn als Grundbegriff der Soziologie, in: Habermas, J. / Luhmann, N.: Theorie der Gesellschaft oder Sozialtechnologie?, Frankfurt 1971, S. 35 f.).

den spricht von einer „*sanktionierten Vagheit*"[114]. Der Versuch, diese Vagheit bewußt zu machen, vergrößert demnach schlagartig die Komplexität der Situation und wird von den Interaktionspartnern gewöhnlich mit Erstaunen, Entzug von Solidarität und Zuneigung sowie manchmal direkt repressiven Aktionen (etwa bei politischen „happenings") beantwortet.

b) Vertrauen und sachliche Komplexität

Sachlich erscheint Sinn, der Luhmannschen Konzeption nach, im Anderssein, im Festhalten von Identischem und in der Negation anderer Möglichkeiten. Etwa dadurch, daß man Tische von Sitzgelegenheiten, Säugetiere von Reptilien, „seelisch Kranke" von „Normalen", also Typisierungen und Kategorisierungen voneinander unterscheidet. Bei diesen Beispielen wird deutlich, daß die jeweiligen Unterscheidungen durchaus auch hätten anders ausfallen können, wofür bezüglich des letzten Beispiels die historischen Wandlungen des Begriffs der psychischen Krankheit bzw. Gesundheit vielleicht das illustrativste Beispiel abgeben[115].

Die Handelnden begegnen Entscheidungssituationen mit einem bestimmten in sich systematischen Wissensbestand, dessen Funktion als die Erleichterung der Situationsdefinition angesehen werden kann und dessen notwendige Vagheit vertrauensmäßig zugedeckt und gegen Problematisierungen durch Sanktionen abgesichert wird. Charakteristischerweise werden Problematisierungen zunächst den Problematisierern und weniger den problematisierten Systematiken angelastet.

Nun kann aber sachlichen Komplexitätsreduktionen nicht *an sich* vertraut werden, sondern zunächst nur den Trägern des Komplexitätsreduktionsprozesses, seien es nun personale oder soziale Systeme. Luhmann hat die These vertreten, daß in hochkomplexen Sozialsystemen die Agenten der Reduktionsprozesse für die sozial Handelnden in einem solchen Maße „unsichtbar" werden, daß Vertrauen zum motivlosen Akzeptieren des Komplexitätsreduktionsprozesses als solchem gerinnt:

„All diese Überlegungen drängen zu dem Schluß, daß Systemvertrauen gewisse Funktionen und Züge der Vertrautheit in sich aufgenommen hat, also eigentlich jenseits von persönlich geleistetem Vertrauen oder Mißtrauen liegt ... Im Systemvertrauen schwingt die Bewußtheit mit, daß alle Leistungen *hergestellt*, alle Handlungen im Vergleich zu anderen Möglichkeiten *entschieden* worden sind. Das Systemvertrauen rechnet mit *ausdrücklichen* Prozessen der Reduktion von Komplexität, also mit Menschen, nicht mit Natur[116]."

---

[114] Vgl. *Garfinkel, H.* 1963.
[115] Dazu etwa *Foucault, M.*: Wahnsinn und Gesellschaft, Frankfurt 1973; *Keupp, H.*: Der Krankheitsmythos in der Psychotherapie, München 1972.
[116] *Luhmann, N.* 1973, S. 66.

2. „Vertrauen" als soziologische Kategorie

Sachliche Identifikationen sind also nur auf dem Hintergrund von vorliegenden Negationsleistungen, d. h. Sinnsetzungen auf der zeitlichen wie auf der sozialen Komplexitätsdimension denkbar.

c) Vertrauen und soziale Komplexität

Diese Entsprechungsbeziehungen gelten aber auch in anderer Richtung: Vertrauen setzt eine strukturierte Umwelt in der Weise voraus, daß personale und soziale Entscheidungsinstanzen, denen man Vertrauen schenken soll, als gegeben unterstellt werden können. Vertrauen kann demnach nur stabilisiert werden, wenn es an irgendwelche Individualitäten gebunden zu werden vermag, denen *grundsätzlich verwandte Perspektiven* bezüglich des Entscheidungsverhaltens unterstellt werden können. Inhalt einer solchen Unterstellung wäre sowohl die Idealisierung von Identität der Handelnden in der Zeit (d. h. die Annahme einer sich in den verschiedenen Handlungen durchhaltenden Persönlichkeit) sowie jene der sachlichen Identifizierbarkeit der Partner als miterlebende Subjekte (s. etwa die Grenzen zwischen Mensch-Tier, Kulturmensch-Barbar, pathologisch-normal usw.). Auf der Ebene der sozialen Komplexität liegt der Prozeß der Identifizierung von Subjekten, die als miterlebende Interaktionspartner sozial überhaupt ernst genommen werden sollen und müssen. Die Lösung dieses Problems erscheint durchaus kontingent, vergegenwärtigt man sich die verschiedenen geschichtlichen Definitionen von *sozialer Akzeptabilität*. Dies gilt ebenso, wenn man sich die differenzierten Definitionen des kompetenten Mitspielers bzw. Teilnehmers in unterschiedlichen Handlungszusammenhängen, wie etwa in der Wissenschaft, in der Religion, im Gerichtsverfahren, aber auch in der Familie vor Augen hält. Gemeinhin werden solche *„Subjektivitäts- bzw. Sozialitätsunterstellungen"* durch Institutionalisierung (etwa der „Gleichheit vor dem Gesetz") präzisiert und auf Dauer gestellt, so daß man hier durchaus eine späte, sehr voraussetzungsvolle Form der Selbstkonstitution des Menschen vor sich hat. Freilich läßt sich über solche Idealisierungen soziale Komplexität nicht „heilen", also vollständig reduzieren[117]. Der Gegenüber wird als eigenes Ich anerkannt, aber grundsätzlich (außer etwa in pathologischen Fällen von Schizophrenen, die an Ich-Diffusion leiden, als Nicht-Ich, d. h. als fremdes Ich mit eigenen Perspektiven und Erlebnissen akzeptiert.

Die gegenseitigen Perspektiven und Erlebnisse sind dann ihrerseits wiederum über Idealisierungen auswechselbar, welche in gleicher Weise der Dialektik von Reflexivität und Generalisierung ausgesetzt sind. Da

---

[117] Dies wird etwa in der transzendentalen Phänomenologie über die Konstruktion eines transzendentalen Subjektivismus (Husserl) versucht.

sich Sinn aber erst auf dem Hintergrund anderer Möglichkeiten konstituiert, ist Luhmann zuzustimmen, wenn er davon spricht, daß für den Prozeß einer intersubjektiven Konstitution der sinnhaft-gegenständlichen Welt die *Nichtidentität der erlebenden Subjekte* eine wesentliche Voraussetzung sei:

> „Sie erst ermöglicht die Distanzierung des unerlösbar in seinem Erleben lebenden Subjekts von seinen Erlebnisinhalten. Seine Gegenstände sind auch die der anderen Subjekte, haben ihre Selbständigkeit also in dem, was sie allen zugänglich macht — in ihrem Sinn. Dadurch kommt es zu einer perspektivischen Entzerrung der Welt und, als Folge davon, zur reflexiven Bewußtheit der eigenen Perspektive als einer unter anderen möglichen[118]."

Erst die Nicht-Identität der erlebenden Subjekte ermöglicht also, sich die Tatsache von „Heilungsversuchen" klarzumachen.

„Identität der Subjekte" existiert nur als kontrafaktische Unterstellung, in die man Vertrauen zu investieren hat, um sich in Umwelten zurechtzufinden, in denen persönlich zugerechnetes Vertrauen nicht mehr den Normalfall bildet. In diesen Fällen kann als funktionales Äquivalent für Vertrauen *Recht* eingesetzt werden, durch das die erwähnte Vagheit viel langfristiger und bestandssicherer sanktioniert werden kann und welches daher eine stabilere Entscheidungsgrundlage als Vertrauen darstellt.

Wenig differenzierte Gesellschaften und Gruppen zeichnen sich noch durch eine weitgehende Identität von Recht und Vertrauen aus, was an der Kurzfristigkeit der Erwartungshorizonte, der begrenzten Zahl der Beteiligten bzw. ihrer gegenseitigen „Sichtbarkeit", sowie wahrscheinlich von dem geringen Komplexitätsgrad der zur Problemdefinition und -entscheidung benötigten Idealisierungen abhängen dürfte. Zwar stimme ich Luhmann zu, wenn er unterstellt, daß in differenzierteren Gesellschaften Recht und Vertrauen immer mehr getrennt werden müßten[119]; andererseits wird man nicht soweit gehen können, mit Hilfe rechtlicher Normierungen das Vertrauensproblem für lösbar zu halten (und damit das Applikationsproblem).

Genau hier treffen wir uns wieder mit der Argumentation von Hart und Rawls, die ja pointiert auf die „offene Struktur" von Entscheidungssituationen sowie auf die unabdingbare Unterscheidung von Normierung und Normierungsnormierung hingewiesen haben. Wir

---

[118] *Luhmann, N.* 1971, S. 51 f.

[119] Dies, weil das Komplexitätspotential von Vertrauen zu gering sei und weil es für die Durchsetzung abstrakterer Entscheidungen, die in solchen Gesellschaften nötig werden, differenzierterer Motivationsgrundlagen bedürfe, als sie etwa durch Entzug persönlichen Vertrauens gegeben sind (etwa physische Gewalt; Pathologisierung).

2. „Vertrauen" als soziologische Kategorie

werden demnach von einem differenzierten Zusammenspiel von Vertrauen, Recht sowie als Ergänzung von rechtsförmig einklagbarem Vertrauensschutz auszugehen haben, das

„das Ergebnis einer langen Entwicklung (ist) und (...) den Blick (verdeckt) auf den Ursprung. In Wahrheit fundiert der Vertrauensgedanke das gesamte Recht, das gesamte Sicheinlassen auf andere Menschen, so wie umgekehrt Vertrauenserweise nur aufgrund einer Risikominderung durch das Recht zustandekommen können"[120].

Abschließend müssen wir noch auf die obige Behauptung Luhmanns eingehen, daß motivloses Systemvertrauen persönlich zurechenbares und legitimierbares Vertrauen ablösen könne, d. h. Legitimität in Form reiner Legalität[121] Anerkennung finden könnte. Bezüglich des Rechts formuliert Luhmann die provokante These, nach der *Beliebigkeit Institution werden könnte*.

Wenn wir nun ein unabdingbares Zusammenspiel von Vertrauen und Recht unterstellen müssen, dann würde die These Luhmanns eine totale Generalisierung von Vertrauen voraussetzen. Im Grunde wäre Vertrauen von einer, gegenüber der unbezwingbaren Umweltkomplexität resignierenden *Trägheit* nicht mehr zu unterscheiden. Luhmann behält somit zwar den Legitimationsbegriff bei, verdünnt ihn aber auf die *pure Funktion der Unsicherheitsabsorbtion*, deren Mechanismen kaum einer Reflexion mehr zugänglich sind[122].

Nun hat aber m. A. n. Luhmann selbst eine Unterscheidung geliefert, welche diese radikale Behauptung problematisiert. Er differenziert nämlich zwischen *normativen* Erwartungsstrukturen[123], welche auch wenn sich empirische Abweichungen ergeben festgehalten werden sowie *kognitiven* Erwartungsstrukturen, die im Enttäuschungsfalle der Wirklichkeit anzupassen versucht werden (s. Piagets parallele Unterscheidung zwischen *Assimilation* und *Akkomodation*). Diese beiden Strategien der Enttäuschungsbehandlung sind grundsätzlich funktional

---

[120] *Luhmann, N.* 1973, S. 37.

[121] *Luhmann, N.* 1970, S. 167 und 180.

[122] „Soziale Prozesse der Enttäuschungsbehandlung und des Lernens sind in aller Normierung von Verhaltenserwartungen vorausgesetzt, können jedoch im normierten Sinn nicht reflektiert werden. Sie sind vorausgesetzt, weil sollsicheres, kontrafaktisches Erwarten nur durchhaltbar ist, wenn die Zukunft so strukturiert ist, daß geklärt werden kann, wer seine Erwartungen festhalten kann und wer sie ändern muß und wann für diese Änderung mit Sicherheit Konsens beschafft werden kann. Die Geltung des Rechts hängt vom Funktionieren dieser legitimierenden Prozesse ab ... Im Erlebnishorizont des Erwartenden tauchen die faktisch legitimierenden Prozesse nicht auf" (*Luhmann, N.*: Legitimation durch Verfahren, Neuwied 1969 a, S. 240).

[123] Normen sind nach seiner Konzeption *kontrafaktisch stabilisierte Verhaltenserwartungen*.

äquivalent. Die jeweils spezifische Tönung der Erwartungsstruktur bestimmt sich aber nach den jeweiligen situativen Randbedingungen, also generell nach den zeitlichen, sozialen und sachlichen Bedingungen bzw. Ressourcen der Erwartenden, wie sie aufgrund des jeweiligen Organisationsgrades bzw. der Organisation der beteiligten personalen und sozialen Systeme gegeben sind.

Wir haben also auch im Sinne Luhmanns eine Dimension von abstrakt-generalisierten Erwartungs- und damit Vertrauensstrukturen zu mehr konkreten-motivreichen vor uns, und es scheint, als ob gerade in komplexeren Interaktionszusammenhängen beide Spielarten und zwar in vielfacher Verschachtelung vorkämen. Legalität kann demzufolge kaum je Legitimation, d. h. inhaltlich begründetes Vertrauen, vollständig ersetzen, da grundsätzlich die Möglichkeit, Geltungsansprüche zu problematisieren, bestehen bleibt. Ich möchte hier diese Kontroverse nicht weiter vertiefen, da ich hoffe, daß sich aus den folgenden Erörterungen einige Klärungen, in unserem Fall besonders bezüglich des alltagsweltlichen Vertrauens, ergeben werden.

Festzuhalten bleibt an dieser Analyse von Vertrauen, daß wegen der grundsätzlichen Wichtigkeit dieses Mechanismus für komplexe Entscheidungssituationen weder empirisch noch theoretisch von einem Rationalitätsmodell ausgegangen werden kann, welches die immer nur tentative Bewältigung situativer Kontingenzen nicht wesentlich berücksichtigt. *Rationalität* besteht demnach weniger darin, „objektiv richtige" Entscheidungen fällen zu können, sondern etwa darin:

— „Heilungsversuche" als solche anzuerkennen, sich aber ihrer grundsätzlichen Negierbarkeit (also der Möglichkeit der Negation der Negation) immer bewußt zu bleiben. „Rationalität" wäre demnach nicht als statische, sondern immer nur als *prozessuale* denkbar.

— Damit könnte der Rationalitätsbegriff in eine Theorie „sozialer Kompetenz" integriert werden. Gerade die Rücksichtnahme auf die Knappheit der zeitlichen, sachlichen und sozialen Ressourcen bei den Entscheidern wie auch ihren Partnern kann zu Anforderungen an rationales Verhalten führen, die dem „klassischen Rationalitätsbegriff" eindeutig widersprechen: etwa, daß es rational sein kann, offensichtliche „Irrationalitäten" wie „Heilungsversuche" über eine gewisse Zeit aufrechtzuerhalten, sie sogar zu Entscheidungsgrundlagen zu machen, um so z. B. den weiteren Fortgang einer Interaktion zu ermöglichen. Rationalität wäre demnach erst verwirklicht, wenn sich das Resultat des Entscheidungsverhaltens auf den jeweiligen „purpose at hand" (Alfred Schütz) beziehen ließe.

— Dieser Rationalitätsbegriff ist über das Vertrauenskonzept mit dem *Theorem der Ich-Identität* gekoppelt, das die Fähigkeit zur persönlichen

Stabilität trotz widersprüchlicher innerer und äußerer Umwelten thematisiert. Diese persönliche Stabilität besteht nicht nur im rigiden Festhalten an Ichstrukturen, was einen Mangel an Vertrauensfähigkeit implizieren würde, sondern in der Fähigkeit autonomer Strukturänderungen. Ich würde Habermas hier zustimmen, wenn er als die Grundqualifikationen des handelnden Subjekts ansetzt, ob der Handelnde:

„1. der Rollenambivalenz gewachsen ist (Frustrationstoleranz) ...

2. die Rollenambiguität durch ein angemessenes Verhältnis von Rollenübernahme und Rollenentwurf zu balancieren (kontrollierte Selbstdarstellung) versteht; ...

3. sich relativ autonom verhält und gut verinnerlichte Normen reflexiv anwendet (flexible Über-Ich-Formation)[124]."

— Freilich muß bedacht werden, daß dieser Begriff der Rationalität, wie jener der sozialen Kompetenz und der Ich-Identität (die ich in einen engen konzeptuellen Zusammenhang stelle) als Verhaltensweisen in einer an sich (s. meine These von der Unlösbarkeit des Applikationsproblems) und darüberhinaus auch historisch-systematisch widersprüchlichen Realität gesehen werden müssen. Dennoch und m. A. n. gerade deshalb kann Rationalität nicht in transzendentale Sprachspiele oder ähnliches theoretisch und noch viel weniger empirisch plaziert werden. Rationalität besteht demgegenüber, so die im Folgenden zu belegende These, vornehmlich in Bewußtsein und im Aushalten der grundsätzlichen „Irrationalität" von „Heilungsprozessen" und zwar in der permanenten Auseinandersetzung mit den jeweiligen historisch-systematischen Formen dieser „Heilungsversuche", nicht aber in den bloßen existentialistischen „dennoch!".

IV. Resümee des ersten Abschnitts

1. Ich gehe von dem von mir sogenannten *Vermittlungsproblem* zwischen allgemeinen Regeln und ihrer situativen Applikation aus. Einen ähnlichen Sachverhalt bezeichnen die Begriffe: „Induktionsproblem" (Hume), „Protokollsatz- bzw. Basisproblem" (Carnap bzw. Popper), „offene Struktur des Rechts" (Hart) sowie „Indexikalitätsproblem" (Garfinkel).

2. Da dieses Problem aus logischen Gründen *unlösbar* erscheint (Hume), müssen von den sozial Handelnden „Heilungsversuche" unternommen werden, welche in ihrer Funktion den sozial Handelnden meist nicht bewußt werden (s. den Abschnitt über den „Rückzug der

---

[124] *Habermas*, J.: Legitimationsprobleme im Spätkapitalismus, Frankfurt 1973 a, S. 128 f.

modernen Wissenschaftslehre", die Systematik des Experiments und die klassische Testtheorie).

3. Ansätze zu einer systematischen Analyse solcher „Heilungsversuche" finden m. M. n. zunächst in *Wittgensteins Spätphilosophie,* während seine frühe Tractatus-Philosophie mit ihrem *Abbildtheorem* vielleicht die extremste Form positivistischer „Heilungsversuche" darstellt. Im *Sprachspielbegriff* wird der *kontextuelle Charakter von Bedeutung* und gleichzeitig die *grundsätzliche Unschärfe* des Prozesses der Regelanwendung thematisiert.

4. Dieser Befund läßt sich durch Harts Unterscheidung zwischen *internem und externem Aspekt von Regeln* präzisieren, welche die Differenz der Beobachtungsregeln innerhalb und außerhalb eines Sprachspiels verdeutlicht. Es zeigt sich, daß eine, auf die Beobachtung von Regelmäßigkeiten sich stützende Kausalanalyse interner Regelsysteme des Sprachspiels nicht ausreicht.

5. Trotz der grundsätzlichen Richtigkeit des Sprachspielkonzeptes hinsichtlich der kontextuellen Fundierung von Bedeutung führt seine bloße *Soziologisierung* (bzw. die Philosophierung der Soziologie) bei Winch in Aporien, da sich hiermit nur die Unmöglichkeit einer jeden generalisierenden Wissenschaft belegen ließe. Das bedeutet in letzter Konsequenz: auch die Wittgensteinianische Spätphilosophie führt schließlich in die *Sprachlosigkeit,* gerade deshalb, weil sie in ihrer Radikalität nur die Alternative zwischen gelungenem „Heilungsversuch" und totaler Kontextualisierung übrigläßt.

6. An Hand von Rawls' Unterscheidung zwischen „justifying a practice" und „justifying an action falling under it" läßt sich der vielleicht prominenteste Vermittlungsversuch zwischen diesen Extremen, der *Utilitarismus,* widerlegen, der glaubt, mit demselben Nutzenprinzip beide Regelebenen umgreifen zu können. Beide Ebenen müssen demgegenüber durch *verschiedene Regeltypen* expliziert werden.

7. Die grundsätzliche „*Vagheit*" der „Heilungsversuche" verweist auf die analytisch bedeutende Kategorie von *Vertrauen,* das bestimmte „Heilungsversuche" gegenüber einer permanenten Problematisierung psychisch und sozial absichert. Vertrauen stellt einen wichtigen Bestandteil *sozialer Kompetenz* dar: sein Nichtvorhandensein führt zum Zusammenbruch sozialer Interaktionen sowie zur Verunmöglichung subjektiver Entscheidungsfindung.

Es gibt zwar in gewissen Grenzen *funktionale Äquivalente* für Vertrauen (wie Recht), welche aber Vertrauen niemals völlig ersetzen können, ja die zu ihrer Anwendung immer ein gewisses Vertrauenspotential voraussetzen. Vertrauen kann in spezifischen personalen und sozialen Systemen nicht an sich geschenkt werden, sondern muß in bestimmter Weise *rationalisierbar* sein: Man vertraut immer im Hinblick auf die *pragmatischen Bedürfnisse*, welche in einer bestimmten Situation gegeben sind, und kann andererseits nur vom Standpunkt des jeweiligen „purpose at hand" für seine „Heilungsversuche" mit gewisser Berechtigung Vertrauen erwarten.

9. Aus diesen Erörterungen ergibt sich eine Neufassung des Begriffs von *Rationalität*. Rationales Verhalten erweist sich nicht so sehr an einer, etwa mathematisch nachkonstruierbaren Entscheidungsfindung, sondern in der Berücksichtigung der situativen zeitlichen, sozialen und sachlichen Ressourcen sowie dem zeitweiligen Aushalten von „Irrationalitäten" („Heilungsversuchen"), welche das Anlaufen von sozialen Prozessen überhaupt erst ermöglichen. Rationalität wäre damit theoretisch eng mit dem Begriff der sozialen Kompetenz verbunden.

B. Soziologische Ansätze zur Methodik der Regelapplikation („Rhetorik des Heilungsversuches")

Im nun folgenden zweiten Hauptteil verfolge ich einen doppelten Zweck:

— zum einen will ich an bekannten soziologischen Theorien (Hobbes, Durkheim und Parsons) aufzeigen, mit Hilfe welcher methodischen „Tricks" es den Autoren gelungen bzw. mißlungen ist, das Applikationsproblem zu bewältigen. Der grundsätzliche Ansatz aller drei Konzepte wird hier mit dem von Jack D. Douglas übernommenen Begriff des „moralischen Absolutismus" überschrieben, d. h. die Autoren versuchen den geordneten Charakter sozialer Handlungen auf die allgemeine Befolgung bestimmter Normensysteme zurückzuführen. Bei unserer Diskussion werden wir auf dieselben „Heilungsverfahren" stoßen, die wir oben im Rahmen der philosophischen Diskussion des Regelkonzeptes schon angeführt haben.

— Zum anderen will ich auf Ansätze innerhalb der Soziologie eingehen, die zum ersten Mal das Applikationsproblem explizit gestellt und versucht haben, es theoretisch einzugrenzen („heilen" können auch sie es nicht!). Diese, wie ich zeigen werde, teilweise recht unterschiedlichen Konzeptionen, die sich seit Mitte der 60er Jahre in den USA herausgebildet haben, werden unter dem Sammelnamen „Ethnomethodologie" zusammengefaßt.

Eingeleitet wird dieses Kapitel mit dem Versuch, das Applikationsproblem weiter theoretisch und begrifflich einzugrenzen bzw. zu präzisieren. Dies geschieht einmal über die Explikation des von mir gebrauchten „Rhetorik"-Begriffes, mit dem ich den methodischen Charakter rationaler Aussagen und Handlungen zu bezeichnen beabsichtige. Weiter erscheint es mir nötig zu sein, das Applikationsproblem mit Hilfe des sprachtheoretischen Begriffs der „Indexikalität" und seiner theoretischen Implikationen zu verdeutlichen (ich werde dann im folgenden statt von Applikations- von Indexikalitätsproblemen sprechen, was auch dem Sprachgebrauch der Ethnomethodologie entspricht). Schließlich soll der Einleitungsabschnitt mit einigen vorläufigen Bemerkungen zum wissenschaftstheoretischen Status von Theorien abgeschlossen werden, die sich dem Indexikalitätsproblem explizit stellen.

1. Explikation des „Rhetorik"-Begriffs

I. Zur Spezifizierung des rhetorischen Charakters alltagsweltlicher und wissenschaftlicher Aussagen und Handlungen

1. Explikation des „Rhetorik"-Begriffs

Wie wir in der bisherigen Darstellung gesehen haben, vollzieht sich die Erfahrungskonstitution wie die Regelapplikation grundsätzlich im Rahmen von Interaktionsprozessen, die ein Überziehen von Sicherheit und Konsensus (Vertrauen) voraussetzen. Es war meine These, daß dieses Überziehen in sich methodisch und auf sozial anerkannte Weise abläuft, also als sozial akzeptierte Kompetenz betrachtet werden kann. Soziale Erfahrungen und Interaktionen beruhen demnach in gewissem Maße *notwendig* auf *Täuschungen*, welche aber im normalen Alltagshandeln kaum thematisiert werden, ja deren Problematisierung sozial negativ sanktioniert sein kann.

Geordnete soziale Interaktion, so wäre meine These, beruht gerade auf dem methodischen Charakter dieser Täuschungsprozesse wie auch ihrer Latenz.

In Analogie könnte man daher m. M. n. von einer *„Rhetorik der sozialen Ordnung"* sprechen. *„Rhetorik" nenne ich in diesem Zusammenhang jede systematisch, d. h. nach rekonstruierbaren Regeln sich vollziehende Interpretation von Erfahrung, wobei das immer implizierte Überziehen von Sicherheit grundsätzlich nichtintentional erfolgt, da die Struktur solcher Erfahrungen im Erfahrungsprozeß selbst immer nur partiell problematisiert werden kann.*

Die Kunst, eine solche Rhetorik zu beherrschen, ist eine wesentliche Voraussetzung sozialen Handelns und damit Bestandteil von Sozialkompetenz. Rhetorik verstehe ich hier nicht abwertend als bloße Sophisterei, als gezielte Irreführung durch geschickte Auswahl von Argumentationstechniken. Die gerade im deutschen Kulturraum oft thematisierte Alternative bestände in der „Eigentlichkeit", also einer vorgeblich „direkten" und „unmittelbaren" Erfahrung, welche aber, wie die oben diskutierten abstrakten Theorieprogramme, nur durch eine weitgehende Dekontextualisierung bzw. Enthistorisierung der betreffenden Aussagen erzielt werden kann[1]. Da diese Alternative sich also als unpraktikabel erweist, bleibt nur die Konsequenz, *Rhetorik als universales Phänomen* zunächst einmal hypothetisch anzunehmen. Dies dürfte, wenn man z. B. die Diskussion innerhalb der Sprechakttheorie über den Begriff der „Äußerung" betrachtet, naheliegen. John Austin[2] hat nämlich in diesem Zusammenhang zeigen

---

[1] Zu einer ideologiekritischen Deutung dieses Phänomens siehe *Adorno, Th. W.*: Jargon der Eigentlichkeit, Frankfurt 1965.

können, daß auch scheinbar nur *konstativen Sprechakten* (empirische Feststellungen z. B.) ein *performativer Charakter* zukommt, sie also immer auch *Handlungen* darstellen, die man nicht *beweisen*, sondern nur in bestimmter, in sich methodischer Weise *rechtfertigen* kann.

Wie sehr der Rhetorikbegriff schon historisch mit Sozialkompetenz verknüpft war, drückt Schlüter aus, wenn er *Quintilian*, einen großen Theoretiker der Rhetorik, referiert. Dieser

„definierte den Redner als einen ‚guten Menschen, der in der Redekunst erfahren ist' (vir bonus dicendi experitus). Auch Quintilian meinte mit ‚gut' nicht nur, daß der Redner nach besten Wissen und Gewissen um das Gemeinwohl besorgt sein muß. Um ‚gut' zu sein, muß ein Redner außerdem noch genügend staatsmännische Erfahrung und philosophische Weisheit besitzen, um das Rechte zu erkennen"[3].

Eine interessante Parallele zwischen meinem Rhetorikbegriff und der historischen Bedeutung der Rhetorik liegt darin, daß Rhetorik immer dann einen wesentlichen Stellenwert erhält, wenn die vorliegenden Situationen komplex und schwer zu interpretieren sind. Mit den rhetorischen Fähigkeiten werden zugleich also auch effiziente (bezüglich der zeitlichen, sachlichen und sozialen Ressourcen) Realitätsinterpretationsverfahren prämiert. Noch eine weitere Parallele drängt sich auf: Von den sprachlichen Regeln her gesehen „richtiges" Sprechen muß nicht automatisch auch *wirksames* Sprechen bedeuten, d. h. als *rational* sozial akzeptiert werden.

„Rhetorik wird, ..., als ‚Kunst *gut* zu reden' definiert. Dem ‚gut' (bene) wird in der antiken Theorie das ‚richtig' (recte) entgegengesetzt. Dahinter steht die Einsicht, daß man rhetorisch ‚gut', d. h. wirksam sprechen kann, ohne sich genau an die Regeln der Grammatik und der Stilkonventionen (Idiomatik) zu halten; daß umgekehrt ‚richtiges' Sprechen nicht immer auch wirksames Sprechen ist. Mehr noch: wenn man sich die rhetorischen Stilfiguren näher betrachtet, sieht man, daß sie sämtlich von Abweichungen von den Regeln der Grammatik und der Idiomatik gewonnen wurden. Mit anderen Worten: um wirksam zu werden, muß man offenbar von den Regeln des richtigen Sprechens abweichen[4]."

Dies korrespondiert deutlich mit den Schwierigkeiten, die man hat, wenn man als sozial Handelnder versucht, sich möglichst „normgerecht" zu verhalten: Exaktes Sprechen („druckreif"), das die Kontingenzen des jeweiligen Kontexts nicht einbezieht (etwa durch Anspielungen, Assoziationen, eingebaute Füllwörter wie „ah", „mhm" etc.), wird als „kalt", „irritierend", manchmal als „unpersönlich" ja „verlogen" empfunden. Auf jeden Fall schafft es in den meisten

---

[2] *Austin*, J. L.: Performative und konstatierende Äußerungen, in: Bubner, R. (Hrsg.): Sprache und Analysis, Göttingen 1968.
[3] *Schlüter*, H.: Grundkurs der Rhetorik, München 1974, S. 12.
[4] *Schlüter*, H. 1974, S. 24 f.

Kontexten Unsicherheit, ob sich der Sprecher überhaupt auf die Situation und seine Gesprächspartner einläßt.

Der sog. „Dienst nach Vorschrift" könnte auf einer anderen Ebene hier als Beispiel angeführt werden, da auch in diesem Fall ein rein an gesetzten Regeln orientiertes Verhalten zumindest versucht wird, was dann aber meist zum Zusammenbrechen des Betriebs führt. Im Grund wäre nämlich eine Person, welche sich *nur* normativ verhalten wollte, zu jeder Entscheidung bzw. Handlung unfähig, was sich zumindest in Ansätzen beim klinischen Bild von stark normativ orientierten *Zwangsneurotikern* nachweisen läßt.

Die hier angesprochenen rhetorischen Fähigkeiten beziehen sich also auch ganz explizit auf die Fähigkeit, überhaupt Entscheidungen zu fällen, die soziale Prozesse in Gang setzten oder aufrechterhalten (s. die obige Diskussion der Entscheidungstheorie).

Die grundsätzliche *Vagheit* solcher Entscheidungen, ihr tendenziell kontrafaktischer Charakter, verlangt aber nun nach „Hilfskriterien" zur Beurteilung der „Rationalität" solcher Rhetorik. Meine These wäre, daß das Einhalten bestimmter „rhetorischer Methodiken" für die sozial Interagierenden *zunächst einmal* als Rationalitätsausweis genügt. Damit meine ich: die Überprüfung der „Rationalität" von Aussagen oder Handlungen besteht meist nicht in dem Aufweis der faktischen *Richtigkeit* (auch solche „empirischen Nachweise" implizieren eine Rhetorik). Da es in sozialen Interaktionen meist nicht um den Aufweis der empirischen Gültigkeit einer Aussage, sondern um den Austausch und das wechselseitige Verständnis von Intentionen, Einschätzungen, Rechtfertigungen, Interpretationen usw. geht, für die es keinen eindeutigen empirischen „Beweis" geben kann, kommt der „korrekten Form" bzw. dem adäquaten Eingehen auf die Situation (rhetorische Fähigkeiten) eine wichtige Rolle bei der Beurteilung von Handlungen und Aussagen zu[5].

2. Zum Begriff der Indexikalität

Das Applikationsproblem wurde bisher eigentlich nur in der Philosophie, der Rechtswissenschaft und in der Linguistik (nur sehr ansatzweise in der Soziologie; s. u.) diskutiert. Im Rahmen der *Linguistik* befaßt sich vornehmlich die Unterdisziplin der *Pragmatik* damit. Für die Pragmatik präzisiert Dieter Wunderlich die theoretisch zu erfassende Problematik in folgenden, unseren obigen Ausführungen sehr ähnlichen Worten:

---

[5] Für eine differenziertere Betrachtung der Rechtfertigung bestimmter Arten von Sprechakten, siehe *Habermas*, J.: Wahrheitstheorien, in: Festschrift für W. Schulz, Pfullingen 1973 b.

„Die Beschreibung der sprachlichen Kompetenz von Sprechern einer Sprache kann sich nicht im Formulieren von syntaktischen und semantischen Wohlgeformtheitsbedingungen erfüllen, denen die Sätze oder zusammenhängenden Textstücke einer Sprache genügen müssen ... Die Theorie dieses umfassenden Gesamtbereichs, nämlich der Pragmatik, enthält außer Wohlgeformtheitsbedingungen für Ketten sprachlicher Signale auch gewisse Adäquatheitsbedingungen, denen die Hervorbringung solcher Signale in bestimmten Sprechsituationen genügen müssen, wenn sie tatsächlich Verständigung erreichen sollen[6]."

Diese Aussage Wunderlichs läßt sich unschwer auf die Ebene soziologischer Handlungstheorien transponieren: Die Beschreibung der sozialen Kompetenz von Handelnden im Rahmen eines sozialen Systems kann sich nicht im Formulieren und Erfüllen anerkannter Handlungsnormen erfüllen, denen soziales Handeln im Rahmen bestimmter Rollenbezüge genügen muß. Eine empirische Theorie sozialen Handelns enthält außer der Darstellung gesellschaftlich anerkannter Normensysteme auch bestimmte Annahmen über *interpretative Prozeduren,* welche von den Handelnden und ihren Interaktionspartnern angewendet werden müssen, wenn geordnete soziale Interaktionen und die *Herstellung situationaler Adäquatheit* erreicht werden sollen.

Da, wie ich meine, diese Parallelisierung argumentationstechnische Vorteile bietet, möchte ich mich im folgenden dem Vorschlag Jürgen Freses anschließen[7], und „*Sprechen als Metapher für Handeln*" verwenden. Ein Vergleich der Beschreibungen von Handlung und Satz liefert Frese eine Liste von Parallelbegriffen, wobei Parallelität ihre analoge Funktion im Beschreibungskontext meint. Frese nennt: Handeln — Sprechen, Schreiben; Handlung — Satz; Geschehenes — Gesprochenes, Geschriebenes; Situation — Textstelle; Situationstyp — Texttyp, Figur, Topos, Satzbauform; Interesse — Intention; Zweck — Sinn. Bezüglich unseres Problems gilt dann die Folgerung Freses:

„Man kann in metaphorischer Verwendung der das Sprechen charakterisierenden Begriffe jetzt z. B. von der Situation sagen, daß in ihren Begriff (...) die ihr vorausgehenden Handlungen konstitutiv mit eingehen, sowie das Wissen vom Gesprochenen die Textstelle determiniert. In dieser Weise ist das Bild des Geschehenen (d. h. ‚Geschichte') für das Verständnis des objektiven Sinnes jeder einzelnen Handlung mitkonstitutiv[8]."

Eine solche „textualistische" oder auch „kontextualistische" Handlungstheorie hätte den Vorteil, sich ziemlich unmittelbar, bruchlos, sozusagen „hautnah" an die jeweiligen sozialen Abläufe anzuschließen. Sie würde damit nicht *analytisch,* d. h. den jeweiligen Sachverhalt

---

[6] *Wunderlich,* D.: Pragmatik, Sprechsituation und Deixis, in: Zeitschrift für Literaturwissenschaft und Linguistik, 1, 1971, S. 153.

[7] *Freese,* J.: Sprechen als Metapher für Handeln, in: Schmidt, S. J. (Hrsg.): Pragmatik I, München 1974.

[8] *Freese,* J. 1974, S. 57 f.

2. Zum Begriff der Indexikalität

zergliedernd verfahren können, sondern sich eher in der Art einer phänomenologischen Beschreibung auf die Situation und die Situationsinterpretationen der Handelnden einzulassen haben.

In der Pragmatik spricht man bei Äußerungen, die sich explizit oder implizit auf den jeweiligen Kontext beziehen von „token-bound sentences", „deiktischen" oder auch „indexikalen" Ausdrücken, deren Wahrheitswert von den spezifischen Randbedingungen der Äußerung abhängt, also etwa dem Sprecher, dem Ort, der Zeit, der Betonung oder den diese Sprechhandlung begleitenden extraverbalen Signalen. Wie ich oben zu zeigen versuchte, geht es bei der Herstellung von Entscheidungen, Handlungen oder Wahrnehmung nicht um das bloße Ablesen von scheinbar objektiven Tatsachen, sondern die Alltäglichkeit und Geordnetheit solcher „Applikationen" muß systematisch über die methodische Hereinnahme solcher situativer Randbedingungen geleistet werden. So erscheint zwar die Zuordnung von Wahrheitswerten bei Sätzen wie „2 mal 2 ist vier", oder „Reptilien sind evolutionsgeschichtlich älter als Säuger" unproblematisch, während Sätze wie „Morgen komme ich zu dir", „heute ist Montag", „rechts von mir ist die Wüste" oder „Mama!" nur im Rahmen des spezifischen Äußerungskontextes zu verstehen sind, d. h. daß ihnen nur auf Grundlage der Kenntnis der Situation ein Wahrheitswert zugeordnet werden kann. Solche „indexikalen Ausdrücke" zeichnen sich durch das Vorkommen von *situationsabhängigen Referenzmitteln* aus, wie den Adverbialausdrücken des Ortes und der Zeit, Personal- und Possessivpronomina, Demonstrativpronomen etc., demnach nur zu verstehen sind, wenn Ort, Zeit, Personen und Personen-Personen- bzw. Personen-Objekt-Relationen bekannt sind, auf die sich diese Ausdrücke beziehen. Oft müssen auch extraverbale Kommunikationsbestandteile wie Geste, Körperhaltungen, Tonfall etc. in den Prozeß der Sinnidentifizierung einbezogen werden. Die Relevanz, welche diesen extraverbalen Signalen zukommt, beweist die Möglichkeit, daß durch sie der manifeste Rede- bzw. Handlungsinhalt „widerlegt" werden kann, was einerseits ein wichtiges Hilfsmittel von Falschspielern und Agenten sein kann, gewöhnlich aber im Rahmen alltäglichen Sozialverkehrs „paradoxe Kommunikation" mit all ihren pathologischen Implikationen zur Folge hat[9]. Da logisch-mathematische und naturwissenschaftliche Aussagen nur einen begrenzten Teil alltäglicher, aber auch wissenschaftlicher Kommunikationen ausmachen, dürfte es realistisch sein, wenn Bar-Hillel vermutet, daß der Prozentsatz indexikalischer Aussagen etwa 90 % unserer Aussagesatzäußerungen insgesamt ausmacht[10].

---

[9] Illustrative Beispiele hierzu in *Watzlawick* et al. 1969.
[10] Vgl. *Bar-Hillel*, Y. 1974, S. 174.

B.I. Zum rhetorischen Charakter von Aussagen und Handlungen

Wenn man unterstellt, daß die Äußerungssituationen und -möglichkeiten in einer Sprachgemeinschaft sehr verschieden und z. T. systematisch verschieden sind, dann kann eine *pragmatische Erklärung dieser indexikalen Ausdrücke bzw. ihres Verstandenwerdens* nicht auf dem gängigen linguistischen Idealisierungsniveau[11] geleistet werden. So ging etwa Chomsky von einer *Symmetrie der Kompetenz* der Sprecher-Hörer aus, welche 1. empirisch kaum gegeben und 2. selbst erst das Ergebnis eines sozialen Wahrnehmungs-, Entscheidungs- bzw. Definitionsprozesses, also eines in sich methodischen Herstellungsverfahrens ist. Der durch mögliche Kontextwandlungen sich ergebende Kompetenzwandel wäre damit auch nicht zu fassen.

Das bedeutet generell: „Sprechen" kann nicht mehr definiert werden als „Sätze in einer Sprache L produzieren", sondern „Sprechen" hieße: „sprachlich bzw. sozial in bestimmten Kontexten handeln"[12]. Wenn wir sprachliches Handeln unter den Bedingungen der Indexikalität systematisch beschreiben und erklären wollen, so müssen hierfür in erster Linie die Bedingungen der Möglichkeit von Sprechhandlungen, und zwar nicht im apriorischen Sinne wie etwa bei der Sprechakttheorie oder bei Habermas, sondern in ihrer historischen Systematik. Dies hat immer in Hinsicht auf das grundsätzlich unheilbare Applikationsproblem oder wie wir jetzt auch formaler sagen können: Indexikalitätsproblem zu geschehen. Mit Noam Chomsky könnten wir eine solche Theorie als *Performanztheorie* bezeichnen:

„Bei der Erforschung der aktuellen Sprachverwendung muß man die wechselseitige Beeinflussung einer Vielzahl von Faktoren in Betracht ziehen, von denen die zugrunde liegende Kompetenz des Sprecher-Hörers nur einen darstellt[13]."

---

[11] s. etwa *Chomsky*, N.: Syntactic Structures, The Hague 1957.

[12] Freilich darf nicht umgekehrt soziales Handeln mit sprachlichem Handeln gleichgesetzt werden, was sich etwa im kommunikationstheoretischen Ansatz von Habermas beobachten läßt: „... wenn plausibel gemacht werden kann, daß das soziokulturelle Entwicklungsniveau in erster Linie durch die Errungenschaft sprachlicher Kommunikation gekennzeichnet ist, dann müssen wir eine Theorie fordern, welche die allgemeinen formalen Eigenschaften sprachlich vermittelter Kommunikation nachkonstruiert" (*Habermas*, J.: Der kommunikationstheoretische Ansatz, unveröffentlichtes paper, vorgelegt auf dem deutschen Soziologentag in Kassel 1974, S. 4).
Ich kann diesen Einwand hier nicht weiter ausführen (vgl. *Luhmann*, N. 1971), möchte aber unten am Fall der Sozialisation tauber Individuen zeigen, daß die Theorie der Basiskompetenz der situativen Sinnherstellung sprachlichen und nichtsprachlichen Interpretationsprozessen in gleicher Weise entsprechen müßte. s. dazu *Cicourel*, A. V.: Cognitive Sociology, Harmondsworth 1973 a; *Cicourel*, A. V. / *Boese*, R.: Sign Language Acquisition and the Teaching of Deaf Children, in: Hymes, D. / Cazden, C. / John, V. (Hrsg.): The Function of Language: An Anthropological and Psychological Approach, New York 1972.

[13] *Chomsky*, N.: Aspekte der Syntax-Theorie, Frankfurt 1969, S. 14.

2. Zum Begriff der Indexikalität

Gerade diese Verschränkungen situativer mit kognitiven Faktoren gilt es im folgenden zu erläutern. Einen begrifflichen Ansatz könnte uns wiederum Chomsky mit seinem Konzept der *Akzeptabilität* einer Äußerung geben. Dabei geht er selbst schon von der Forderung nach der reinen *Grammatikalität* einer Äußerung ab, d. h. diese gilt nicht als ein Kriterium für die soziale Akzeptabiltät. Dies implizert gleichzeitig, daß *richtiges* soziales bzw. sprachliches Handeln als Ergebnis eines *Bewertungsprozesses* sozial „hergestellt" wird (s. die obige Explikation des Rhetorik-Begriffs), also immer das Resultat eines sozialen Prozesses darstellt, welcher seinerseits nur im Rahmen einer Situation und zwischen einer Mehrzahl von Personen stattfinden kann. Freilich können die Bedingungen dieses Akzeptierungsprozesses den Beteiligten mehr oder weniger klar sein, d. h. konkret, die Rechtfertigungsmöglichkeiten für eigenes Handeln und eigene Handlungsinterpretationen dürften meist nicht kognitiv verfügbar sein bzw. müssen etwa über „Alltagspsychologien" nachkonstruiert werden.

Im Extremfall der totalen Uneinsichtigkeit, aber auch nur in diesem idealtypischen Zustand, könnte man vom *bloßen Sich-Verhalten* sprechen, was theoretisch in kurzgeschlossenen S-R-Verbindungen zu erklären wäre. Wir haben ja oben gesehen, mit welch großen experimentellen Schwierigkeiten Validierungsversuche solcher *nicht-reflexiver* Theorien verbunden sind. Da aus meinem Ansatz aber grundsätzlich folgt, daß nichtinterpretationsbedürftige Situationen sozial schwerlich vorstellbar sind, scheidet dieser Fall an sich schon aus[14]

Gerade für diese verdinglichte Sprach- und Handlungspraxis, welche ihre eigene Systematik der Kontexteliminierung bzw. ihre „Rhetorik" nicht mehr in den Blick bekommt, bietet die traditionale Linguistik keine Erklärungsschemata mehr an. Eine zu entwickelnde soziolinguistische Theorie kommunikativer Praxis müßte demgegenüber eine Vielzahl von Elementen aus unterschiedlichen Theoriekontexten in sich aufnehmen:

— Die *Sprechakttheorie* (Searle, Austin), in der die spezifischen Bedingungen für eine Vielzahl von verschiedenen Sprechhandlungstypen

---

[14] Mit dieser Einschränkung würde ich den Feststellungen von Maas zustimmen können, wenn er schreibt: „Der fundamentale Begriff bei diesen Erklärungen ist der der *Arbeit*. Die Arbeit kann sich ihre eigenen Bedingungen schaffen; das gilt für die Produktionsmittel wie für die Sprache. Eine Tätigkeit, die über ihre eigenen Bedingungen verfügt, dadurch, daß sie diese geschaffen hat, wollen wir *Handeln* nennen. Dem Verfügen über Bedingungen entspricht, daß ein Handelnder die Verantwortung für seine Handlung trägt ... Handeln ist so an eine mögliche Rechtfertigung und damit an die Möglichkeit zu sprechen gebunden ... (es) sei nur um ein Mißverständnis zu vermeiden angemerkt, daß die Sprache sich wie alle anderen Leistungen gesellschaftlicher Arbeit verselbständigen kann" (Maas, U.: Grammatik und Handlungstheorie, in: Maas, U. / Wunderlich, D.: Pragmatik und sprachliches Handeln, Frankfurt 1972, S. 192).

angegeben werden (etwa: Befehlen, Argumentieren, Fragen), d. h. die Frage im Mittelpunkt steht, *unter welchen Umständen Sprechhandlungen ge- oder mißlingen.*

— Eine *Theorie der Systematik sozialer Situationen,* in der die Struktur von klassen-, schichten- und generationsbedingten Erfahrungszusammenhängen erläutert wird, sowie die möglichen Einwirkungen auf Erfahrungskonstitution und soziale Handlungsmuster theoretisch wie empirisch angegangen werden[15].

— Eine *Theorie der sozialen Verteilung von Kommunikations- und Situationsdefinitionschancen* im Kontext einer je gegebenen sozioökonomischen Struktur. Dazu wären auf der einen Seite Arbeiten wie Bachrach / Baratz und Brandt et al.[16], welche die Selektivität sozialer Strukturen betonen, heranziehen, andererseits etwa Studien zum Arbeiterbewußtsein wie von Kern / Schumann[17], die dann den subjektiven Niederschlag dieser Strukturen thematisieren.

— Eine *Theorie der formalen Mechanismen in Interpretationsprozessen* sowie ihrer Entwicklungslogik bzw. ihren Sozialisationsbedingungen. Im folgenden kann ich nur auf bestimmte Ansätze des letzten Theoriekomplexes eingehen, wenn auch gelegentliche Verweise auf die anderen Konzeptualisierungsebenen notwendig erscheinen.

Die erforderliche Komplexität einer solchen Theorie kommunikativer Praxis ließe sich an der Skizze von Wunderlich ermessen, in der er die pragmatische Theorie indexikaler Ausdrücke nach Bar-Hillel zu korrigieren bzw. zu erweitern versucht[18].

Obwohl Wunderlich noch nicht in der Lage ist, eine Theorie kommunikativer Praxis in der hierfür notwendigen Komplexität zu entwerfen, so deutet doch schon seine Beschreibung der Sprech-

---

[15] Erste Ansätze in der „Umweltpsychologie"; s. *Ittelson,* H. W. (Hrsg.): Environment and Cognition, Englewood Cliffs, N. J, 1971.
[16] *Bachrach,* P. / *Baratz,* M. S.: Two Faces of Power, in: American Science Review, 1962; sowie *dies.:* Power and Poverty, Theory and Practice, New York 1970. *Brandt,* G. / *Bergmann,* J. / *Körber,* K. / *Mohl,* E. T. / *Offe,* C.: Herrschaft, Klassenverhältnis und Schichtung, in: Adorno, Th. W. (Hrsg.): Spätkapitalismus oder Industriegesellschaft?, Stuttgart 1969.
[17] *Kern,* H. / *Schuhmann,* M.: Industriearbeit und Arbeiterbewußtsein, Frankfurt 1970.
[18] Bar-Hillel hatte vorgeschlagen, Referenz und Wahrheit nur „Satzvorkommen-in-einem-bestimmten-Kontext" zuzusprechen, d. h. dem geordneten Paar, welches aus dem Satzvorkommen und seinem Kontext besteht (Satz, Kontext). Wunderlich argumentiert m. A. n. richtig, wenn er Bar-Hillel vorwirft, nur eine fiktive Grenze gezogen zu haben zwischen Semantik (Satz) und Pragmatik (Kontext). Damit könne er nicht die Vielzahl der Abhängigkeitsbeziehungen zwischen den verschiedenen Termen der Satzbeschreibung mit den Termen der Kontextbeschreibungen berücksichtigen. Vgl. *Wunderlich,* D. 1971.

situation an, eine welch große Anzahl von Variablen berücksichtigt werden müssen. Er trennt analytisch neun Elemente, beschreibt demnach die Sprechsituation als 9-tupel, bestehend aus: dem *Sprecher*, dem *Angesprochenen*, der *Sprechzeit der Äußerung*, dem *Ort und Wahrnehmungsraum des Sprechers*, der *phonologisch-syntaktischen Eigenschaften der Äußerung*, dem *kognitiven Inhalt* der Äußerung, den mit der Äußerung notwendig verbundenen *Voraussetzungen des Sprechers* in mindestens 5 Teilkomponenten: seinem Wissen und seinen Fähigkeiten, seinen Annahmen über Wissen und Fähigkeiten des Hörers, den Annahmen über den Wahrnehmungsraum des Hörers, die soziale Beziehung zwischen Sprecher und Angesprochenem, sein Verständnis der vorangegangenen Äußerung. Hinzu kommt die mit der Äußerung verbundene *Intention des Sprechers* und die damit etablierte *Interrelation von Sprecher und Angesprochenem*[19].

Die von mir avisierte Theorie der formalen Strukturen von Interpretationsprozessen oder wie man auch sagen könnte von „subjektiven Übersetzungsmechanismen" wird jene Methoden zu spezifizieren haben, mit Hilfe derer die Handelnden die Vermittlungsprozesse zwischen den angeführten Variablen in konkreten sozialen Entscheidungssituationen zu bewältigen versuchen. Diese Methoden, so meine in der Arbeit verfolgte These, müssen selber nicht universalistisch, sondern je historisch-gesellschaftlich vermittelt begriffen werden.

Resümierend ließe sich feststellen, daß für die Soziologen wie für alle anderen Wissenschaften die indexikalen Ausdrücke ein *permanentes Ärgernis* darstellen, da die in der Wissenschaft geforderten generalisierenden, „objektiven" Aussagen von jedem Kontextbezug gereinigt werden sollen. Für die Wissenschaft ist es demnach unerläßlich *zwischen objektiven und indexikalen Aussagen zu unterscheiden*. Die Erfolge der *exakten Wissenschaften*, also Logik, Mathematik und den Naturwissenschaften beruhen wesentlich auf der strengen Durchführung dieser Unterscheidung und dem bevorzugten Gebrauch objektiver Aussagen. In diesen Forschungsbereichen wird die Gültigkeit generalisierender Aussagen und Erkenntnisse allerdings auch nicht durch „indexical constraints" eingeschränkt, d. h. die jeweiligen Wahrheitswerte können situationsunabhängig zugeschrieben werden.

Demgegenüber stehen die „unexakten" Wissenschaften vor dem permanenten Problem der „Heilung" indexikaler Ausdrücke. Diese „Heilungsversuche" stellen den Gegenstand der jeweiligen wissenschafts- bzw. theoriespezifischen Methodologien dar:

---

[19] Nach *Wunderlich*, D. 1971, S. 177 f.

"Features of indexical expressions have motivated among professionals endless methodological studies directed to their remedy. Indeed, the work by practitioners to rid the practices of *a* science, of *any* science, of these nuisances, because in the ways such work occurs in all sciences, furnishes each science its distinctive character of preoccupation and productivity with methodological issues[20]."

Wie ich oben mich zu zeigen bemüht habe, werden bei der Aufstellung alltagsweltlicher wie wissenschaftlicher Aussagen über soziale Abläufe solche methodologischen bzw. „rhetorischen" Übersetzungsarbeiten unerläßlich, aber andererseits auch niemals vollständig abschließbar. Daher sind keine *endgültigen* Festsetzungen von Sinn in situativen Kontexten denkbar; Sinn repräsentiert demnach eine *permanente Ordnungsleistung*. Die momentane Sicherheit über die Bedeutung einer Situation, die uns als Hintergrundstruktur subjektiv erst situationales Handeln erlaubt, beruht demnach auf der *permanenten Herstellung eines Gefühls sozialer Geordnetheit bzw. dessen Aufrechterhaltung*. Um überhaupt handeln zu können, haben die sozialen Akteure in dieses Gefühl „Vertrauen" zu investieren, also u. U. auch Geordnetheit in zeitweise unklaren Situationen zu unterstellen. Die hier angesprochenen soziologischen Konzeptionen betrachten „Alltag" bzw. „Alltäglichkeit" nicht als Objektbereich[21], sondern ganz im Gegenteil als ein in komplizierten Interpretationsprozessen hergestelltes Phänomen. Deshalb wäre es unsinnig, diese Ansätze unter dem Oberbegriff einer „Soziologie des Alltagslebens" subsummieren zu wollen und ihnen einen mehr oder weniger marginalen Bereich im Rahmen der konventionellen Soziologie zuzuweisen. Gerade das Erscheinen des Indexikalitätsproblems ermöglicht die Hinterfragung sowohl von Alltags- wie von wissenschaftlichen Theorien und ihre Relationierung bezüglich der verwendeten „Heilungsmethoden".

3. Einige vorläufige wissenschaftstheoretische Folgerungen

Thomas Wilson[22] umschreibt jene Theorien, die sich explizit dem Indexikalitätsproblem stellen mit der anspruchsvollen Bezeichnung des *„interpretativen Paradigmas"*. Damit wird eine weitgehende Eigenständigkeit dieses Ansatzes gegenüber einer traditionellen Auffassung sozialwissenschaftlicher Theorien signalisiert.

---

[20] *Garfinkel*, H. / *Sacks*, H.: On Formal Structures of Practical Actions, in: McKinney, J. C. / Tiryakian, E. (Hrsg.): Theoretical Sociology: Perspectives and Developements, New York 1970, S. 349.

[21] s. etwa den Sammelband von *Truzzi*, M. (Hrsg): Sociology and Everyday Life, Englewood Cliffs, N. J., 1968.

[22] *Wilson*, Th. P.: Theorien der Interaktion und Modell soziologischer Erklärung, in? Arbeitsgruppe Bielefelder Soziologen (Hrsg.): Alltagswissen, Interaktion und gesellschaftliche Wirklichkeit, Reinbek bei Hamburg 1973.

3. Einige vorläufige wissenschaftstheoretische Folgerungen 87

Diese Theorien werden gemeinhin[23] als deduktiv-nomologische Satzsysteme verstanden. Die Erklärung vollzieht sich analog dem Schema von Hempel und Oppenheim in der Weise, daß aus einem oder mehreren Gesetzen G zusammen mit den Randbedingungen R, die zusammen als das *Explanans* bezeichnet werden, Sätze sich ableiten, d. h. prognostizieren lassen. Da sich die Wahrheit des *Explanandums* logisch aus der Wahrheit von G und R ergeben muß, kann bei der empirischen Widerlegung einer aus der Theorie ableitbaren Voraussage die Falschheit zumindest einer der Explanans-Komponenten unterstellt werden, der Erklärungsansatz demnach verworfen werden. Der „rhetorische" Charakter einer solchen Vorgehensweise läßt sich leicht aufzeigen: Das Indexikalitäts- bzw. Applikationsproblem stellt sich nämlich an zwei entscheidenden Punkten: bei der Beschreibung der Randbedingungen und jener des Explanandums. In beiden Fällen müssen bestimmte Vorkommnisse in der Realität verbal in wissenschaftlich relevante Tatsachen „übersetzt" bzw. aus der Umgangssprache heraus neuformuliert werden. Dies widerspricht aber in der Konsequenz der Popperschen Forderung, nach der die Bedeutung einer aus der Theorie abgeleiteten Behauptung unabhängig von dem Kontext ihrer Äußerung sein müßte. Nur unter der Voraussetzung kann man nämlich für die Bestätigung einer Theorie die Forderung nach Validierung von aus der Theorie abgeleiteten Sätzen in Testwiederholungen stellen.

Wie wir aber gesehen haben, lassen sich Sachverhalte nur als Konstruktionen bzw. Interpretationen über einer spezifischen raumzeitlich bestimmten Situation verstehen. Sinn kann demnach nicht oder zumindest doch nicht allein über dem Individuum externe Variablen der Situation hergestellt werden[24].

Zur Erklärung von Handlungen muß die Systematik dieses Definitionsprozesses zuerst einmal entschlüsselt, d. h. beschreibend nachkonstruiert werden[25].

---

[23] Vgl. hierzu den klassischen Text von *Hempel, C. G. / Oppenheim, P.*: The Logic of Explanation, in: Philosophy of Science, 15, 1948, sowie *Hempel, C. G.* 1965.

[24] „Die Fähigkeit des Menschen, sich selbst etwas anzuzeigen, verleiht seinem Handeln einen spezifischen Charakter. Sie hat zur Folge, daß das menschliche Individuum einer Welt gegenübersteht, die es, will es handeln, interpretieren muß, und nicht einer Umgebung, auf die es vermöge seiner Organisation reagiert. Es muß mit Situationen fertig werden, in denen es gezwungen ist zu handeln, indem es sich der Bedeutung der Handlungen anderer versichert und seinen eigenen Handlungsplan im Hinblick auf eine derartige Interpretation entwirft" (*Blumer, H.*: Der methodologische Standort des Symbolischen Interaktionismus, in: Arbeitsgruppe Bielefelder Soziologen (Hrsg.): Alltagswissen, Interaktion und gesellschaftliche Wirklichkeit, Reinbek bei Hamburg 1973, 94 f.).

[25] Dieser Beschreibungs- bzw. Nachkonstruktionsprozeß kann nicht bloß behavioristisch ablaufen, da es zum Wesen der Indexikalität gehört, daß

B.I. Zum rhetorischen Charakter von Aussagen und Handlungen

Ich möchte im folgenden einige vorläufige Hinweise auf die Systematik der Mechanismen der Sinnkonstitution anschließen, mit deren Hilfe Situationsbestandteile und generelle Regeln relationiert werden.

Ich gehe hierbei aus von der Mannheimschen Analyse der „*dokumentarischen Interpretation*" in seinem Aufsatz „Beiträge zu einer Theorie der Weltanschauungsinterpretation"[26], in dem Mannheim in ähnlicher Weise das Problem des Auffindens übergreifender Muster und Regeln in situativen Kontexten thematisiert. Mannheims Ausgangsfrage lautet:

„... was für eine Aufgabe steckt dahinter, wenn der kulturwissenschaftliche *Geschichtsforscher* (Kunstgeschichtler, Religionsgeschichtler oder auch der Soziologe usw.) sich das Problem stellt, die Weltanschauung eines Zeitalters zu bestimmen oder partielle Erscheinungen seines Gebietes aus dieser Totalität zu erklären[27]."

Damit spezifiziert Mannheim auf die Weltanschauungsforschung unser generelles Problem, welches er gelegentlich auch mit dem Terminus „Ringen um Synthese" bezeichnet. Auch er konstatiert, daß der Gegenstand einer Wissenschaft durch die ihr spezifische Methode gleichsam selbst konstituiert wird. Darüber hinaus fixiert Mannheim den spezifischen Unterschied zwischen Kultur- und Naturwissenschaften hinsichtlich der Beziehung wissenschaftlicher Begriffe zu den jeweils dazugehörigen empirisch rezipierten Gegenständen:

„Während der vorwissenschaftliche Gegenstand für den logischen Gegenstand der Physik absolut nicht mehr in Betracht kommt, da alle physikalischen Gesetze ohne Herbeiziehung jener vorwissenschaftlichen *Totalität* erklärlich sind und es niemals Aufgabe der Physik sein wird jene durch methodische Abstraktion verlassene ‚Wirklichkeit' noch einmal innerhalb ihres Gebietes zu rekonstruieren, hört jene vorwissenschaftliche Totalität, die im Falle des Kunstwerks durch atheoretische Erfahrung in originärer Einstellung gegeben ist, niemals auf, eine Aufgabe für die Kulturwissenschaft zu sein[28]."

Die Kulturwissenschaften zeichnen sich nach Mannheim durch die Notwendigkeit eines deutenden, „synthetisierenden" Vorgehens aus, da eine vollständige Kenntnis eines Gegenstandes nur auf dem Hintergrund des „Ganzen" der Sinnbezüge möglich ist, in welche jener eingebettet ist.

---

etwa in einer Sprechhandlung viel mehr ausgedrückt und verstanden wird, als was „wörtlich" auftaucht. Ein extremes Beispiel ist der sog. „Telegraphische Sprechstil" kleiner Kinder („Mama!", „Mama?!", „Diddi" etc.) bei dem Sprechhandlungen nur aus einzelnen Wörtern bestehen, welche aber von den primären Bezugspersonen aufgrund der Verschiedenartigkeit der Intonation und des jeweiligen Äußerungskontextes in ganz unterschiedlicher Weise interpretiert werden können. s. auch die Experimente von Garfinkel über den impliziten Charakter von Kommunikationen; in: *Garfinkel, H.*: Studies in Ethnomethodology, Englewood Cliffs, N. J., 1967.

[26] *Mannheim, K.*: Wissenssoziologie, Neuwied und Berlin 1964, S. 91 - 154.
[27] *Mannheim, K.* 1964, S. 91.
[28] *Mannheim, K.* 1964, S. 93 f.

3. Einige vorläufige wissenschaftstheoretische Folgerungen 89

Interessanterweise formuliert Mannheim in diesem Zusammenhang das Applikationsproblem, indem er es als Aufgabe der theoretischen Arbeit bezeichnet, eine „*Übersetzungsarbeit*" zu leisten, nämlich von einer vortheoretisch-alltäglichen Erfahrung hin zu theoretischen Konzepten und umgekehrt. Er kennzeichnet auch hier schon die systematische Widersprüchlichkeit, die Dialektik dieses Prozesses, wenn er davon spricht, daß man der Übersetzung ins Theoretische immer wieder entgehen möchte, da man stets das Gefühl habe, daß hier durch eine grundsätzlich inadäquate Kategorisierung „das in originärer Einstellung Gegebene verfälscht" würde. Mannheim erkennt, daß auch die vorwissenschaftliche Erfahrung als eine theoretisch durchsetzte angesehen werden muß, daß also die Weltanschauungseinheit und Totalität den notwendigen Hintergrund nicht nur für jedes Theoretisieren in der Wissenschaft darstellt, sondern jedwede „*Kulturobjektivation*", demnach auch für Objektivationen im alltäglichen Bereich. *Objektivationen können folglich immer nur als bruchstückhaft, als über sich auf den zugehörigen Hintergrund hinausweisende verstanden werden.*

Die Vermitteltheit einer Objektivation drückt sich nach Mannheim in deren Charakter als *Ausdruck* oder aber als *Dokument* aus[29]. Jede Objektivation muß, um voll verstanden werden zu können, in dreifacher Weise sinnhaft erfaßt sein:

1. muß sie als „sie selbst", unabhängig von ihrer Mittlerrolle erfaßt werden *(objektiver Sinn);*

2. muß sie auf die Intention, die hinter dieser Form steht, bezogen werden *(intendierter Ausdruckssinn);*

3. muß sie als Dokument eines zugrunde liegenden Musters verstanden werden *(Dokumentsinn).*

Alle drei Sinnschichten müssen in jedem Verstehensprozeß notwendig realisiert werden: So kann man zwar einen Gegenstand als „ihn selbst" aus seinem Kontext abstrahieren, etwa als Transkript einer Äußerung, wird aber ohne Berücksichtigung der dahinterliegenden Intention und den Beziehungsmustern zwischen den Sprechern, den hier spezifisch gemeinten Sinn nicht erfassen können. Auch die Intention alleine kann ohne die Berücksichtigung der anderen beiden Ebenen zum adäquaten Verständnis einer Äußerung in einem je gegebenen Kontext nicht ausreichen. Dasselbe gilt für den Dokumentsinn.

---

[29] Als dritte Vermitteltheitsform erwähnt Mannheim das *Abbild*, bezüglich dessen die Vermittlung aber in derselben Sphäre abläuft: so wird Akustisches etwa durch Transponierung durch Akustisches abgebildet. Bei Kulturobjektivationen geht es aber immer um symbolische Vermitteltheiten.

Alle drei Ebenen stehen demnach in einem dialektischen Zusammenhang, welcher sich durch eine „vermittelte Widersprüchlichkeit" auszeichnet. Wenn die tendentielle Widersprüchlichkeit einmal nicht vermittelt werden kann, wenn also die Art und der Inhalt einer Äußerung, die dahinterstehenden Intentionen und der systematische Hintergrund der Situation völlig auseinanderfallen, wird Verständnis unmöglich bzw. bleibt rein der Interpretationswillkür des Beobachters überlassen. Die positivistische Wissenschaft beschränkt sich zumindest explizit auf den Objektsinn, löst damit das von ihr hergestellte wissenschaftliche Produkt von den ihm zugrunde liegenden personalen wie situationsbezogenen Produktionsbedingungen. Damit wird eine scheinhafte Objektivität mit der Unvermitteltheit des Vermittlungsschrittes eingetauscht. Da die empirische Validierung solcher „objektiver" Aussagensysteme die Kontingenz der jeweiligen Kontexte ausblenden muß, entsteht die Notwendigkeit, *konstruktivistisch* zu verfahren, wie ich das im ersten Kapitel nachzuweisen versuchte. Ethnomethodologen sprechen denn auch bei ihrer Kennzeichnung positivistischer „Heilungsversuche" des Indexikalitätsproblems zutreffend von *„constructive analysis"*.

Dorothy Smith[30] hat darauf aufmerksam gemacht, daß schon Karl Marx in der „Deutschen Ideologie" die Grundprinzipien dieser „konstruktiven Analyse", in seinem Falle, die der idealistischen Geschichtsschreibung enthüllt habe: Marx beschreibt hier drei „Kunststücke", welche von den idealistischen Geschichtsschreibern angewendet werden, um „in der Geschichte die Oberherrlichkeit des Geistes nachzuweisen", wobei er sich vornehmlich auf Stirner bezieht:

„1. Man muß die Gedanken der aus empirischen Gründen, unter empirischen Bedingungen und als materielle Individuen Herrschenden von diesen Herrschenden trennen und somit die Herrschaft von Gedanken oder Illusionen in der Geschichte anerkennen.

2. Man muß in diese Gedankenherrschaft eine Ordnung bringen, einen mystischen Zusammenhang unter den aufeinanderfolgenden herrschenden Gedanken nachweisen, was dadurch zustande gebracht wird, daß man sie als ‚Selbstbestimmungen des Begriffs' faßt (dies ist deshalb möglich, weil diese Gedanken vermittels ihrer empirischen Grundlage wirklich miteinander zusammenhängen und weil sie als *bloße* Gedanken gefaßt, zu Selbstunterscheidungen, vom Denker gemachten Unterschieden werden.

3. Um das mystische Aussehen dieses ‚sich selbst bestimmenden Begriffes' zu beseitigen, verwandelt man ihn in eine Person — ‚das Selbstbewußtsein' — oder um recht materialistisch zu erscheinen, in eine Reihe von Personen, die den ‚Begriff' in der Geschichte repräsentieren, in ‚die Denkenden', die ‚Philosophen', die ‚Ideologen', die nun wieder als die Fabrikanten der Ge-

---

[30] *Smith*, D.: Theorizing as Ideology, in: Turner, Roy (Hrsg.): Ethnomethodology, Harmondsworth 1974.

3. Einige vorläufige wissenschaftstheoretische Folgerungen 91

schichte, als der ‚Rat der Wächter', als die Herrschenden gefaßt werden. Hiermit hat man sämtliche materialistischen Elemente aus der Geschichte beseitigt und kann nun seinem spekulativen Roß ruhig die Zügel schießen lassen[31]."

Entlang der aufgeführten drei „Kunststücke" läßt sich, wie Smith zeigt, auf einer anderen Ebene nun der empirische Forschungsprozeß in seiner konstruktivistischen Eigenart rekonstruieren:

1. Zunächst werden etwa bezüglich eines vorher aufgestellten, abstrakten Problems Vpn z. B. in einem Interview befragt.

2. Ihre Antworten werden von der je spezifischen Befragungssituation abstrahiert und in Daten überführt (Kunststück 1).

3. Dann folgt mittels bestimmter statistischer Verfahren, etwa der Skalierung, die Verrechnung der Daten. Die Resultate werden mit Hilfe z. B. der Likertskalierung oder der Faktorenanalyse bestimmten Dimensionen zugeordnet und schließlich zueinander korrelations- bzw. regressionsanalytisch in einen bestimmten Zusammenhang gebracht (Kunststück 2).

4. Diese konstruierten Daten relationiert man ihrerseits wiederum mit bestimmten Personenaggregaten (Schichten, Gruppen), so daß diese Ergebnisse von nun an als deren Normen, Einstellungen oder Rollenerwartungen gelten können. Aus diesen Zuordnungen können dann handlungsrelevante Kausalfaktoren (Prädikatoren und Moderatorvariable) abgeleitet werden (Kunststück 3).

Der methodische Charakter idealistischer Ideologieherstellung, also die Systematik ihrer „Rhetorik" weist demnach offensichtlich mit dem Vorgehen in der positivistischen empirischen Sozialwissenschaft weitgehende Übereinstimmungen auf. Meine Argumentation geht nicht dahin, daß solche Verzerrungen überhaupt zu vermeiden seien (das sind sie nach meiner Analyse sicher nicht!). Die kritische Frage hat sich darauf zu richten, ob die jeweiligen Theoretiker die Methodik ihrer Vorgehensweise, ihr „Sprachspiel" bzw. das „System ihrer rhetorischen Aussagen" reflexiv noch einzuholen in der Lage sind. Nur daß *dies* nicht geschieht, ließe sich den positivistischen Soziologen vorwerfen[32].

---

[31] *MEW*, Band 3, S. 49.

[32] "Most discussions of theory proceed as if the term could be isolated from the analytic tradition (language) in which it normally functions. When Homans, Levy and Merton inform us to what a theory *is*, they are generally talking from within a linguistic framework whose deep structure they have already assimilated into their definition and which they assume without question as the necessary condition(s) of an adequate response. The question in this sense is not whether they are correct or incorrect but whether we want to speak their languages, whether we want to live sociologically in the terms they create for us" (*Blum*, A. F.: Theorizing, in: Douglas, J. D. (Hrsg.): Understanding Everyday Life, London 1971, S. 302).

Wir können nun den Einwand gegen eine positivistische Auffassung von Wissenschaft bzw. von wissenschaftlichen Erfahrungs- und Schlußprozessen dahingehend formulieren, daß hier die Mechanismen der Sinnkonstitution einfach als *gegeben* unterstellt werden, d. h. als *Ressource* alltagsweltlichen wie wissenschaftlichen Vorgehens und nicht selber, etwa in bezug auf ihre mögliche Kontingenz zum Thema (Topos) wissenschaftlicher Erörterungen gemacht werden[33]. Im Anschluß an Zimmermann und Pollner soll dieser Vorwurf präzisiert werden:

1. Die gegenwärtige Soziologie, die alltägliches soziales Handeln zu ihrem Gegenstand hat, setzt ebensolche alltäglichen Handlungs- und Interpretationsweisen in ihrem eigenen Vorgehen immer schon voraus. Sie vermengt damit den Gegenstand (Topos) mit den Ressourcen zur methodischen Lösung dieser Probleme, die ihrerseits eine Klärung der Strukturen des Topos immer schon voraussetzen.

2. Wenn aber soziale Strukturen und Prozesse als Gegebenheiten unterstellt werden und nicht selber als immer schon hergestellte, dann übernimmt man nur jene Perspektiven, die vom alltagsweltlich Fragenden diesen „Tatbeständen" gegenüber auch schon eingenommen werden. Damit wurde die Soziologie in einem pointierten Sinne zu einer *„folk sociology"*. Demgegenüber besteht für eine Theorie, welche sich explizit dem Indexikalitätsproblem stellt, der Topos ihrer Fragestellung

"... not in the social order as ordinarily conceived, but rather in the ways in which members assemble particular scenes so as to provide for one another evidences of a social order as-ordinarily-conceived ... instead of treating statistical rates as representations of trends, processes, and factual states of the society, one would ask how members manage to assemble those statistics, and how they use, read, and rely on those statistics as indicators of the states of affairs they are taken to depict"[34].

Die bisherigen Ressourcen müssen also selbst in bezug auf die Prozeduren ihrer Herstellung zum Gegenstand der Forschung gemacht werden.

3. Diese Problematisierung orientiert sich am Schützschen Konzept der „attitude of everyday life", welche durch Interessen bestimmt wird, die in der jeweiligen Situation gerade gegeben sind („purposes at hand") und welche auf die *Biographie* der Akteure sowie die Relevanz der Situation für eben diese Biographie verweisen. In dieser Einstellung versuchen nach Schütz die Handelnden die Welt mit Hilfe

---

[33] Die Gegenüberstellung von Topos und Ressource stellt eine typische Denkfigur der Ethnomethodologie dar; vgl. *Garfinkel*, H. 1967; *Sacks*, H.: Sociological Description, in: Berkeley Journal of Sociology, 8, 1963; *Zimmerman*, D. / *Pollner*, M.: The Everyday World as a Phenomenon, in: Douglas, J. D. (Hrsg.): Understanding Everyday Life, London 1971 a.

[34] *Zimmerman*, D. / *Pollner*, M. 1971 a, S. 83.

3. Einige vorläufige wissenschaftstheoretische Folgerungen

von *Typifikationen* zu ordnen, deren Komplexität und Genauigkeit ebenfalls von dem jeweiligen „purpose at hand" abhängen. Mit Hilfe des je aktuellen Relevanzsystems und der zuhandenen Typifikationen läßt sich für die sozial Handelnden die Welt bis zu einem gewissen Grade stabilisieren. Dadurch kann eine „natürliche Konzeption der Welt" bzw. ein „Gefühl der sozialen Geordnetheit" aufkommen[35], welches zwar noch an manchen Stellen für die Handelnden als kontingent erscheinen kann, im Großen und Ganzen aber festgefügt und „selbstverständlich" ist. Die Welt präsentiert sich dem Handelnden kontrafaktisch als geordnet, ein Eindruck, der nur aufgrund der Anwendung einer Reihe von *Idealisierungen* entstehen kann (z. B. die „Reziprozität der Perspektiven").

Die eingespielten und nicht mehr problematisierten Grundlagen des Alltagshandelns und -verstehens werden dann bewußt, wenn man etwa als Fremder in eine fremde Gesellschaft mit anders eingespieltem Hintergrundwissen eintritt[36] oder aber wenn sich durch gezielte Erschütterungsversuche der prekäre Charakter solcher „Selbstverständlichkeiten" offenbart.

Die unter der „natürlichen Einstellung" als gegeben erscheinenden Eigenschaften von Welt müssen also zum Gegenstand gemacht werden, und zwar im Hinblick auf die *methodische Empfehlung* von Harvey Sacks, daß sich die Beschreibung von Elementen und Vorkommnissen alltagsweltlicher wie wissenschaftlicher Handlungssituationen auf den Aspekt der methodischen Herstellung dieser Phänomene zu beziehen habe:

"The ethnomethodologist continually asks the *technical* question, 'How is that social activity done?'. Harvey Sacks keeps this question in front of him by using the verb 'to do' in thinking about social activities. He refers to arguing as *doing* arguing; being embarrassed as *doing* embarrassment; exclaiming as *doing* exclaiming; questioning as *doing* questioning, etc. In this way he tries to keep focused on the methodological ways in which social activities are produced by members of the culture[37]."

4. Nun steht diese Auffassung, wie sie in extremer Weise (s. u. meine ausführliche Darstellung) von Zimmerman und Pollner vertreten wird, freilich in Gefahr, zirkelhaft zu argumentieren: Wissenschaftliche wie alltags-weltliche Verstehensprozesse müssen immer auf bestimmte, im Verstehensprozeß selbst stabil bleibende Strukturen zurückgreifen, da

---

[35] Dazu *Cicourel*, A. V. 1973; sowie für eine stärkere Bezugnahme auf die traditionelle phänomenologische Soziologie die Arbeit von *Heeren*, J.: Alfred Schutz and the Sociology of Common-sense Knowledge, in: Douglas, J. D. (Hrsg.): Understanding Everyday Life, London 1971.
[36] *Schütz*, A.: Der Fremde, in ders.: Gesammelte Aufsätze, Band 2, 1972.
[37] *Churchill*, L.: Ethnomethodology and Measurement, in: Social Forces 50, 1971, S. 183.

sonst jede Aussage bzw. Entscheidung verunmöglicht würde. Man kann bei Entscheidungsprozessen, und als solche müssen Verstehensprozesse immer auch gesehen werden, niemals alle Latenzen *gleichzeitig* aufheben, weil man damit auch gleichzeitig seiner Entscheidungsprämissen verlustig gehen würde. Diese Aussage gilt natürlich auch für die Ethnomethodologen selber: auch sie können die von ihnen geforderte Reflexivität immer nur approximativ erreichen; auch sie können nicht gleichzeitig alle Ressourcen zu Topoi machen. Von den verschiedenen Spielarten der Ethnomethodologie wird dieses Problem wie wir sehen werden auf recht unterschiedliche Weise „gelöst" (s. Abschnitt B III).

5. Ungeachtet dieses noch ungeklärten Relativismus und des damit im Endeffekt zurückbleibenden *Solipsismus-Verdachtes* kann aber die genuin neue Qualität dieses soziologischen Ansatzes festgehalten werden: Es ist durch diese Theorie keine Erweiterung des gängigen Begriffs- und Methodenkanons intendiert, wie dies z. B. für den Symbolischen Interaktionismus zutrifft, der zu den normativistischen Erklärungsstrategien etwa der funktionalistischen Rollentheorie nur eine zusätzliche Interpretationsdimension hinzufügt, sonst aber in dem alten Paradigma verbleibt[38].

Der qualitativ neue Schritt dürfte demgegenüber die Suche nach gewissen *invarianten Strukturen* bei solchen Interpretationsprozessen sein, die man jedweder Handlungsinterpretation, Wahrnehmung, jedem Denk- und Entscheidungsprozeß als formale Bedingung der Möglichkeit unterstellt.

"Ethnomethodologists are *not* trying to study probability features of aggregates to be expressed as statistical regularities. Nor do they intend to find absolute regularities which are true only for limited populations ... Ethnomethodological invariance applies to all people in all settings. It has consequently a 100 % reproduceability in all aggregates[39]."

6. Eine soziologische Theorie, welche sich dem Indexikalitätsproblem unmittelbar stellt (wie zumindest einige Ethnomethodologen) kann demnach schwerlich wissenschaftstheoretisch nach dem Muster einer

---

[38] Aus diesem Grund wird auch die scharfe Ablehnung interaktionistischer „Umarmungsversuche" (z. B. *Denzin*, N. K.: Symbolic Interactionism and Ethnomethodology: A Proposed Synthesis, in: Douglas, J. D. (Hrsg.): Understanding Everyday Life, London 1971) durch enthnomethodologische Forscher verständlich (s. *Zimmerman*, D. / *Pollner*, M.: Ethnomethodology and the Problem of Order: Comment on Denzin, in Douglas, J. D. (Hrsg.): Understanding Everyday Life, London 1971). s. auch die scharfsinnige H. S. Becker-Kritik, welche Melvin Pollner vorgelegt hat und wo er zeigt, wie sehr die interaktionistische „Labeling-Theorie" dem traditionellen soziologischen Paradigma verhaftet bleibt: *Pollner*, M.: Sociological and Common-sense Models of the Labeling Process, in: Turner, Roy (Hrsg.): Ethnomethodology, Harmondsworth 1974.

[39] *Attewell*, P.: Ethnomethodology since Garfinkel, in: Theory and Society, 1, 1974, S. 208.

3. Einige vorläufige wissenschaftstheoretische Folgerungen 95

deduktiv-nomologischen Theorie aufgebaut sein. Sie versteht sich zunächst eher deskriptiv oder besser *rekonstruktiv*. Es kann nämlich nicht allein um eine, im Endeffekt doch wieder positivistische Beschreibung dessen gehen, was die Handelnden in ihren alltäglichen Verstehens- und Handlungsprozessen immer schon wissen; nicht also um eine bloße Uniformierung der Ethnographie in „Methodographie", welche letztendlich genau dem behavioristischen Programm entspräche. Eine solche rekonstruktive Theorie hätte, was ich hier nur andeuten will, den Prinzipien der *Piagetschen genetischen Erkenntnistheorie* zu folgen, welche in der BRD auch von Jürgen Habermas zur Grundlage oder zu einer der Grundlagen seines kommunikationstheoretischen Ansatzes gemacht wurden.

Die genetische Erkenntnistheorie geht wie die Ethnomethodologie und andere „interpretative" Soziologien von der Ablehnung des behavioristischen S-R-Schemas aus und betont ihrerseits die Dialektik von *Situationsdeutung und Situationswiderstand,* oder wie es bei Piaget heißt, von *Assimilation* (Integration der Situation in schon bestehende kognitive Strukturen) und *Akkomodation* (Veränderung der bestehenden kognitiven Strukturen aufgrund von Umwelteinflüssen). *Diese Dialektik* kann von der Ethnomethodologie wegen ihres idealistisch-solipsistischen „bias" nicht einbezogen werden[40]. Bei Piaget findet sich aber auch eine Bezugnahme auf die *andere Dialektik,* welche von der Ethnomethodologie sehr wohl thematisiert wird: jene, die im methodischen Vollzug der Wirklichkeitsherstellung impliziert ist. Piaget spricht davon, daß die Dialektik der Erfassung von Realität auf bestimmte *Verhaltensschemata* oder *Transformationssysteme* verweise. Damit thematisiert er die *aktive Natur* von Erkenntnis.

„*Verhaltensschemata* nennen wir das an einem Verhaltensakt, was sich ... von einer Situation zur folgenden transponieren, generalisieren oder differenzieren läßt, oder, anders ausgedrückt, das, was verschiedene Wiederholungen oder Anwendungen des gleichen Verhaltensaktes gemeinsam haben[41]."

Diesen formalen Verhaltensschemata eignet eine gewisse Stabilität, d. h. sie werden in ähnlicher Weise in verschiedenen Situationen angewandt, stellen damit *Invarianten* der Situationsdefinition und -bewältigung dar. Dennoch sind sie nach Piaget nicht apriorisch, in dem Sinne, daß ein Individuum, wollte es überhaupt erkennen und verstehen, sich ihrer immer schon bedienen müßte. Die genetische Erkenntnistheorie, die sich übrigens auch als empirische Erkenntnispsychologie versteht, favorisiert demgegenüber die Hypothese,

---

[40] Dies wird auch das wesentliche Argument in der unten zu entfaltenden Ethnomethodologie-Kritik sein; vgl. Abschnitt C.
[41] *Piaget,* J. 1974, S. 7 f.

daß zwischen dem Fortschritt der logischen und rationalen Organisation der Erkenntnis und den entsprechenden psychologischen Formationsprozessen ein Parallelismus besteht[42].

Die Untersuchung menschlicher Realitätserfahrung kann demnach über die *Rekonstruktion der Verhaltensschemata in der Ontogenese erfolgen*[43]. Eine solche Auffassung würde es ermöglichen, alltägliches wie wissenschaftliches Denken, Verstehen und Handeln als Prozeß der kontinuierlichen Konstruktion und Reorganisation von Realitätsinterpretationen zu begreifen. Dies könnte, wie wir unten noch zu diskutieren haben, u. U. den Weg für eine historische Analyse menschlicher Erkenntnistätigkeit ebnen, und zwar über die bisherigen evolutionalistischen Ansätze hinaus.

II. Die soziologische Tradition des „Moralischen Absolutismus" als die in der soziologischen Theorie gebräuchliche Form der Lösung des Problems sozialer Ordnung

1. Das traditionelle Problem sozialer Ordnung und die Lösungsform des „Moralischen Absolutismus"

Nachdem ich die allgemeine Grundstruktur von Theorien aufzuzeigen versucht habe, welche sich dem Indexikalitätsproblem nicht grundsätzlich stellen, sollen diese Thesen an Hand der Schilderung einiger prominenter soziologischer Theorien illustriert werden, bevor ich daran gehe, konkrete Alternativen für die soziologische Behandlung der hier implizierten Probleme vorzuschlagen.

Wie erinnerlich, geht es bei den traditionellen sozialwissenschaftlichen „Heilungsversuchen" der Indexikalität darum, indexikale in generalisierende bzw. „objektive" Ausdrücke umzuwandeln, sie von den „indexical constraints" (Cicourel) zu befreien, um sie dann ihrerseits wiederum auf den vorliegenden partikularen Fall anzuwenden:

"Thus methodological studies, wheresoever they occur, lay and professional, have been concerned virtually without exception, with remedying indexical expressions while insistently holding as aims of their studies a programmatically relevant distinction between objective and indexical expressions. In these programmatic studies of the formal properties of natural language and practical reasoning, the properties of indexicals, while furnishing investigators with motivating occasions of remedial actions, remain unavoidable and irremediable[44]."

---

[42] *Piaget*, J.: Einführung in die genetische Erkenntnistheorie, Frankfurt 1973, S. 20 f.

[43] Auch eine evolutionstheoretische Deutung wäre möglich; siehe die oben schon erwähnten Arbeiten von *Habermas*, J. 1971. 1973 a und c; sowie *Kohlberg*, L. 1969; 1971.

[44] *Garfinkel*, H. / *Sacks*, H. 1970, S. 349.

1. Das traditionelle Ordnungsproblem und seine Lösungsform 97

Die Indexikalität stellt nicht nur für den abstrahierenden Wissenschaftler ein Problem dar, sondern grundsätzlich für jede Vorstellung von sozial regelmäßig ablaufenden Handlungsvollzügen.

Wenn man sich die Eigenarten indexikaler Ausdrücke noch einmal vergegenwärtigt, so wird man denn auch eine bemerkenswerte Parallele zum von Talcott Parsons formulierten soziologischen *Grundproblem sozialer Ordnung*, dem der *doppelten Kontingenz* konstatieren[45]. Ihre Bedeutung kann nicht ohne Kenntnis der Biographie und der Handlungsabsichten des Sprechers, der Umstände der Äußerung, des bisherigen Verlaufs der Kommunikation, der spezifischen Interrelation zwischen Sprecher und Hörer erschlossen werden. Der bloß *„wörtliche"* Inhalt des verbalen oder averbalen Verhaltens kann in einer anderen Situation eine durchaus unterschiedliche Bedeutung annehmen, d. h., daß indexikale Ausdrücke nicht ohne weiteres in andere Kontexte übertragbar sind. Die unreflektierte Eliminierung dieses Problems aus den Überlegungen der traditionellen Soziologie leitet sich m. E. von ihren spezifischen Denkschemata her: sie kann soziale Verständigung und Geordnetheit von Interaktionen nur auf dem Hintergrund transsituationaler und von allen Handelnden geteilter invarianter Symbolsysteme denken; Ordnung ist im übergreifenden Symbolsystem immer schon repräsentiert und muß nicht erst im Prozeß der Interaktion „hergestellt", wenn nicht gar „fingiert" werden, wie das Goffman in seinen Untersuchungen geschildert hat[46].

Der Begriff der „doppelten Kontingenz" mag, wenn er nur auf soziale Interaktionen angewandt wird, ein wenig irreführen, da auch der Erlebnishorizont der bloßen Objektwahrnehmung nicht einfach von meinen eigenen kontingenten Erlebnisverarbeitungsmechanismen (*Assimilation* nach Piaget) abhängt, sondern ebenso von der spezifischen Inhaltlichkeit und „Sperrigkeit" von Welt, welche ich in einem permanenten Prozeß an meine Verhaltensschemata bzw. logischen Operationen einzupassen versuche. Dennoch will ich mich hier dem Parsonsschen Sprachgebrauch anschließen:

"... in social interaction alter's possible 'reactions' may cover a considerable range, selection within which is contingent on ego's actions. Thus for the interaction process to become structured, the meaning of a sign must be further *abstracted from the particularity of the situation*. Its

---

[45] Vgl. *Parsons*, T.: The Social System, New York 1952, S. 10 ff.

[46] Vom Standpunkt der traditionellen Auffassung sozialer Ordnung leitet sich demnach zwingend der Einwand gegen die Ethnomethodologie ab, daß, träfen ihre Diagnosen zu, Verständigung überhaupt unmöglich würde. Auch der Vorwurf der Unverständlichkeit der Ethnomethodologie selber dürfte sich zumindest *auch* von dieser Denkschwierigkeit herleiten. Als paradigmatisches Mißverständnis s. *Coleman*, J.: The Review Symposium on „Studies in Ethnomethodology", in: American Sociological Review, 33, 1968.

meaning, that is, must be stable through a much wider range of 'ifs', which covers the contingent alternatives not only of ego's action, but of alter's and the possible permutations and combinations of the relation between them[47]."

Mit der „Partikularität der Situation" ist offensichtlich das Indexikalitätsproblem deutlich angesprochen. Parsons „überwindet" diese Problematik bekanntlich durch die Einführung eines, von allen kompetenten Handelnden geteilten Sinnsystems (s. u.).

Diese Lösungsart scheint mir nun paradigmatisch für die traditionelle Soziologie zu sein, nämlich das Bemühen, durch die Hypostasierung universaler Sinnsysteme situative Kontingenzen analytisch stillzustellen. Gegenüber den Kontingenzproblemen im Falle der Wahrnehmung, denen man mit stabilisierten Erwartungsstrukturen oder wie man im Anschluß an Schütz sagen könnte: Normalformtypisierungen begegnet, sind hier, wie Luhmann[48] betont, sehr viel kompliziertere und voraussetzungsvoller gebaute Erwartungsstrukturen erforderlich, nämlich *Erwartungserwartungen,* welche sich an dem oben erwähnten gemeinsamen Sinnsystem orientieren.

Dieser Grundsatz traditioneller Soziologie impliziert notwendig eine Reihe von *Idealisierungen,* was Jack D. Douglas dazu veranlaßte, von der „*Annahme des moralischen Absolutismus*" zu sprechen, welche alle diese Ordnungstheorien auszeichne.

Douglas hat sich vornehmlich im Rahmen der Selbstmord- und Abweichungsforschung[49] mit diesen theoretischen Positionen auseinandergesetzt. Dabei gelingt es ihm, quasi negativ konstrastierend den *common-sense-Begriff sozialer Ordnung* zu explizieren, wie er sowohl der gesellschaftlichen Behandlung sog. „Abweichler" (durch Polizei, Rechtsprechung und Öffentlichkeit) wie den soziologischen Ordnungs- bzw. Abweichungstheorien zugrundeliegt: Dieser Ordnungsbegriff war und ist eng mit dem Konzept sozialer Regeln und Normen verknüpft: Mehr oder weniger formalisierte, zu internalisierende Verhaltensimperative und -erwartungen sollen die transsituationale Erwartungs- bzw. Erwartungserwartungsstabilität gewährleisten und so die situative Kon-

---

[47] *Parsons,* T. 1952, S. 11 (Hervorh. St.W.).
[48] *Luhmann,* N.: Rechtssoziologie, Reinbek bei Hamburg 1972 a.
[49] *Douglas,* J. D.: The Social Meanings of Suicide, Princeton 1967; *ders.:* Deviance and Order in a Pluralistic Society, in: McKinney, J. C. / Tiryakian, E. (Hrsg.): Theoretical Sociology: Perspectives and Developements, New York 1970 a; *ders.:* The Rhetoric of Science and the Origins of Statistical Social Thought, in: Tiryakian, E. (Hrsg.): The Sociological Phenomenon, New York 1970 b; *ders.:* American Social Order, London 1971 b; *ders.:* (Hrsg.): Deviance and Respectability: The Social Construction of Moral Meanings, New York und London 1972.

1. Das traditionelle Ordnungsproblem und seine Lösungsform

tingenz und damit die „indexical constraints" sozialer Handlungs- und Verstehensprozesse eliminieren.

Douglas illustriert die Problematik dieses „Heilungsversuches" an Hand der *Dialektik zwischen „absoluter" und situativer Moral*"[50]:

Bei der Beurteilung des Verhaltens anderer muß nach der Auffassung Douglas' dieses jeweils situativ gebundene Verhalten auf generelle Typisierungen von Verhalten („Normalformtypisierungen") abgebildet, d. h. hinsichtlich dieser Typisierungen „indexikalisiert" werden. Für den alltäglich Handelnden besteht nun nach Garfinkel eine *„unbezweifelte Übereinstimmung"* zwischen dem situativ gebundenen Ereignis und den typisierenden Kategorien der „absoluten Moral". Ein bestimmtes Verhalten kann demnach unproblematisch als Indiz für generalisierende Beschreibungskategorien gelten: so kann aufgrund situativer Verhaltensweisen jemandem „Mut", „Nervosität", „kriminelle Tendenz", „Schizophrenie", „böser Wille" usw. unterstellt werden.

Dieser Entindexikalisierungsprozeß selbst und seine interne Methodik geht seinerseits nicht in die Realitätsinterpretation der Handelnden ein, so daß man mit Douglas folgern kann, daß die Handelnden zwar permanent situationsbezogene Interpretationen von generalisierten Moralvorstellungen herstellen, andererseits sich selbst und ihren Handlungspartnern gegenüber so tun müssen, als ob dem nicht so sei. Der Verzicht auf solche Typisierungsleistung und die Beschränkung auf situativ-pragmatische Moralen, die dem jeweiligen Handlungsverlauf „hautnäher" angepaßt werden können, kann zwar in hochdifferenzierten Sozialzusammenhängen funktional werden, in denen eine durchgehende Normierung kaum mehr möglich wird. Andererseits machen sie die Konstatierung, Einhaltung und Überwachung sozialer Ordnung schwieriger, weil sie den Interpretationsspielraum für Entscheidungen erweitern. Absolute und situative Moral, Stabilität bzw. Ordnung bzw. Realitätsnähe stehen demnach in einem unaufhebbaren dialektischen, d. h. in sich systematisch widersprüchlichen Verhältnis.

Traditionelle soziologische Theorien, welche den Herstellungsaspekt sozialer Ordnung übergehen, haben keine Kategorien für diese grundlegende Dialektik anzubieten, da sie das Verhältnis von absoluter und situativer Moral nur in den Kategorien von „sozialer Ordnung" versus „Abweichung" zu fassen in der Lage sind.

Douglas hat versucht, in 6 Punkten diesen „Heilungsversuch" zu systematisieren und ihn mit dem zugebenermaßen ein wenig drastischen, aber gleichzeitig doch zutreffenden Begriff des „moralischen Absolutismus" überschrieben:

---

[50] Diese Argumentation findet sich speziell in *Douglas, J. D.* 1970 a.

"These *absolute rules*, which have most commonly been called *moral rules* or moral principles in Western societies, have a number of essential properties that make them *object-like* or thing-like and that, therefore, make them necessarily independent of individual free choices:

1. They are necessary or they necessarily apply to and are necessarily applied by all individuals.
2. Their meanings for any situation are always certain, or unproblematic.
3. They suppose to provide a *complete ordering* among all potential situations and actions.
4. They are universal or do not vary in their applications with any situations.
5. They are timeless (eternal) and unchanging, and
6. they are imposed or sanctioned from outside the individual members of society, or are a part of Being (reality) itself[51]."

Ich will nun im folgenden an Hand von drei Konzeptualisierungsversuchen des Problems der sozialen Ordnung zum einen den darin enthaltenen „moralischen Absolutismus" aufzeigen und zum anderen einige Erklärungskonsequenzen, welche sich hieraus für diese Theorien ergeben.

2. Thomas Hobbes

Gerade Hobbes sieht das Problem der situationalen Beliebigkeit der Handlungsorientierung und das daraus abgeleitete der moralischen Steuerung sehr deutlich. Der Zusammenhang zu unserer Fragestellung wird durch die folgende Passage aus der Arbeit von Hartmut Neuendorff klargemacht:

„Die Ausgangssituation ist objektiv dadurch bestimmt, daß die isolierten Einzelnen — jeder für sich — entsprechend ihrem Streben die Relation zwischen dem Selbst und den begehrten Gegenständen der Situation definieren. Überschneiden sich nun die subjektiven Situationsdefinitionen in Elemente, die Gegenstände der objektiven Realität repräsentieren, so entsteht Streit zwischen den Einzelnen, da ihre Handlungen sich wechselseitig an der Verwirklichung hindern. Da die Elemente in einer subjektiven Situationsdefinition in unbekannt vielen anderen subjektiven Situationsdefinitionen enthalten sein können, impliziert die Subjektivität aller Situationsdefinitionen Instabilität der objektiven Situation in bezug auf die Wahrscheinlichkeit, das Begehrte zu erlangen. Jeder muß versuchen, die anderen durch Beherrschung zu kontrollieren, um seine eigene subjektive Situationsdefinition gegen die Zufälle fremder Intervention abzuschirmen. Das Streben nach Macht wird so Bedingung der Möglichkeit, die durch die Zufälligkeit subjektiver Situationsdefinition bedingte objektive Instabilität der Situation zumindest partikular für die Verwirklichung eigenen Strebens aufzuheben[52]."

---

[51] *Douglas*, J. D. 1972, S. 192.

[52] *Neuendorff*, H.: Der Begriff des Interesses. Eine Studie zu den Gesellschaftstheorien von Hobbes, Smith und Marx. Frankfurt 1973, S. 56 f.

2. Thomas Hobbes

Hobbes thematisiert unser Problem auf dem Hintergrund seiner Vorstellung vom *chaotischen Naturzustand* menschlicher Interaktion als total aggressiver Konkurrenz der Individuen untereinander. Dabei stellt offensichtlich die Konzeption des Naturzustandes eine logische und keine historische Hypothese[53] dar, wenngleich Hobbes darauf hinweist, daß dieser Naturzustand bei einigen Eingeborenenstämmen Amerikas noch gegeben sei.

Macpherson hat mit Recht darauf verwiesen, daß der Begriff des „Naturzustandes" nicht so sehr die Verhältnisse *vor* der Errichtung des Staates und der Aufzeichnung der Gesetze bezeichnet, als jene Situation, die eintreten würde, wenn man eben diese Ordnungsfaktoren abschaffte[54].

Der Naturzustand, d. h. in unserem Verständnis jetzt, die unheilbare Indexikalität sozialer Kommunikationsbeziehungen, bezeichnet für Hobbes also recht eindeutig die bloße Negation des Gesellschaftszustandes. Hobbes war damit der erste politische Denker, der seine Erklärungen gesellschaftlicher Institutionen aus den diesseitig-irdischen Bedingungen und damit auch Aporien der zwischenmenschlichen Beziehungen ableitet. Bei ihm wird zum ersten Mal in der bürgerlichen Sozialphilosophie die Einheit sozialer Handlungszusammenhänge aus den selbstbezogenen Handlungsorientierungen isolierter Individuen abgeleitet[55].

Andererseits argumentiert Hobbes keineswegs aprioristisch, da „Naturzustand" sich nicht auf Natur an sich, sondern auf jene unliebsamen Vorkommnisse bezieht, die bei der Abschaffung der bürgerlichen Gesellschaftsform auftreten würden, wobei als konkretes Beispiel ihm der englische Bürgerkrieg von 1649 vor Augen steht. Wenn wird den oben zitierten Hinweis Macphersons noch einmal aufgreifen,

---

[53] Für eine Schilderung der „resolutiv-kompositiven" Methode von Hobbes, s. *Habermas, J.*: Theorie und Praxis. Sozialphilosophische Studien, Neuwied und Berlin 1963, S. 41 f., Anm.; sowie *Neuendorff, H.* 1973, S. 32 ff.

[54] „Sein Naturzustand ist eine Feststellung über das Betragen, das Menschen, wie sie jetzt sind, Menschen, die in zivilisierten Gesellschaften leben und die Bedürfnisse zivilisierter Wesen haben, an den Tag legen würden, wenn niemand mehr die Einhaltung von Gesetz und Vertrag ... erzwingen würde. Um zum Naturzustand zu gelangen, schob Hobbes das Gesetz beiseite, jedoch nicht die gesellschaftlich erworbenen Verhaltensweisen und die Begierden der Menschen" (*Macpherson, C. B.*: Theorie des Besitzindividualismus, Frankfurt 1973, S. 34 f.).

[55] Hierzu notiert Neuendorff: „Indem Hobbes die souveräne Gewalt aus dem atomistischen Handeln der Einzelnen hervorgehen läßt, formuliert er das abstrakte, die bürgerliche Gesellschaft charakterisierende Prinzip des Übergangs aus der Unmittelbarkeit der Handlungen isolierter Einzelner in die sich entfremdende Vermitteltheit eines Systemzusammenhanges als Bedingung der Möglichkeit des Atomismus der Unmittelbarkeit" (*Neuendorff, H.* 1973, S. 68).

daß Hobbes zwar einerseits von den Gesetzen abstrahiert habe, nicht aber von den historisch erworbenen Verhaltensweisen und Begierden seiner Zeitgenossen, so haben wir die Schädlichkeit der „Wolfsnatur" des Menschen konkret auf die von ihr ausgehenden Störungen des geregelten bürgerlichen Warenverkehrs zu beziehen.

Hobbes behandelt also nicht das Indexikalitätsproblem „an sich", sondern in der Weise, wie es sich unter den Bedingungen des Frühkapitalismus ergibt.

Ein wenig weiter ausholend, will ich diesbezüglich noch einmal daran erinnern, daß die fundamentale Differenz von situativer und absoluter in gewisser Weise kontingent gelöst werden muß, d. h., daß die Abbildung der Situation auf bestimmte Typisierungsmuster der „*autonomen Kontrolle*" (Garfinkel) der Handelnden anheimgegeben ist. Diese autonome Kontrolle bezieht sich auf einen Bestandteil der sozialen Basiskompetenz, eine Unterstellung dahingehend machen zu können,

"that some characteristic disparity exists between the 'image' of himself that he attributes to the other person as that person's knowledge of him, and the knowledge that he has of himself in the 'eyes' of the other person. He assumes too that alterations of this characteristic disparity remain within his autonomous control"[56].

Diese charakteristische Disparität bedingt, daß *jede* Typisierungsleistung eines Individuums immer auch auf jenes „unpubliziertes Wissen" rekurrieren muß, über das man nur wechselnde Annahmen machen kann. Es bleibt aber stets ein Rest an „privater Bedeutung". Wenn nun eine Person in der Lage ist, die autonome Kontrolle über diese charakteristische Disparität zu wahren, so ermöglicht ihr das, ziemlich genau zwischen dem zu unterscheiden, was in der jeweiligen Situation an gemeinsamen Relevanzsystemen, Interessen und Situationsdefinitionen unterstellt werden kann und dem Bereich seiner eigenen „privaten" Bedeutung, welcher nicht in die „offizielle" Situationsdefinition mit eingeht.

Diese generalisierte Fähigkeit zur autonomen Kontrolle bringt, wie Ralf Bohnsack bemerkt, eine Reihe von interaktionstechnischen Vorteilen mit sich[57]:

1. ermöglicht dies eine konfliktlose Situationsdefinition;
2. kann der jeweilige Handelnde auf unterschiedliche Interaktionssituationen bzw. Interaktionspartner in seiner Situationsdefinition adäquat eingehen bzw. eine reziproke Situationsdefinition bewerkstelligen;

---

[56] *Garfinkel*, H. 1967, S. 275.
[57] Nach *Bohnsack*, R.: Handlungskompetenz und Jugendkriminalität, Neuwied und Berlin 1973, S. 39.

2. Thomas Hobbes

3. wird er in seinem Handeln von ganz spezifischen Situationen, etwa der Familiensituation als Interaktionsparadigma, unabhängiger.

Wie sich zeigt, ist die Fähigkeit zur autonomen Kontrolle eine durchaus variable, von spezifischen Sozialisationsbedingungen abhängige Kompetenz. Damit deutet sich zugleich an, daß der Generalisationsgrad nach Maßgabe von bestimmten historischen oder sozialen Variablen unterschiedlich ausfallen kann. So dürfte etwa für traditionale Gesellschaften es für die Mehrheit der Bevölkerung unproblematisch gewesen sein, alle Interaktionssituationen nach den Schemata der Familienbeziehungen zu verstehen und sich demgemäß zu verhalten.

Die „Natur" des Menschen, wie sie historisch sich Hobbes darstellte, und die unterstellte Fähigkeit zur autonomen Kontrolle der charakteristischen Disparität waren nun recht eindeutig von den gegebenen Bedingungen und Erfordernissen frühkapitalistischer Marktbedingungen geprägt.

Analytisch entscheidend scheint mir in diesem Zusammenhang der *Begriff der „Abstraktion"* zu sein, den ich vornehmlich auf die konkreten Attribute interagierender Individuen beziehe sowie derjenigen Situationen, in welchen sie interagieren. „Abstraktion" ließe sich nun generell mit „Entindexikalisierung" gleichsetzen, da es beide Male um die Elimination raum-zeitlicher Bedingungen mit dem Ziel geht, zu „objektiven", generalisierenden Aussagen zu gelangen. Bei der Analyse der zur Zeit Hobbes' im Frühkapitalismus vorherrschenden ökonomischen Struktur wird einem klar, daß es hier nicht nur um „Denkabstraktionen", sondern auch um „Wertabstraktionen" bzw. „Warenabstraktionen" geht.

Entwickelte Tauschgesellschaften bedingen ein spezifisches Verhältnis der Interagierenden untereinander, sowie eine spezifische Form dessen, was sie im Interaktionsprozeß austauschen. Dabei kann die Abstraktion, wie sie Marx für den *„Doppelcharakter von Ware und Arbeit"* beschrieben hat, analog für Denkprodukte bzw. Situationsinterpretationen gelten.

Die *Warenabstraktion* wird von Marx auf die in den Waren verkörperte Arbeit bezogen, welche ihrerseits die *Wertgröße* bestimmt. Abstrahiert wird hierbei von der spezifischen qualitativen Dimension der Ware, ihrem je situations- und individuumspezifischen *Gebrauchswert*. An der Oberfläche erscheint zunächst der *Tauschwert*

„als das quantitative Verhältnis, die Proportion, worin sich Gebrauchswerte einer Art gegen Gebrauchswerte anderer Art austauschen, ein Verhältnis, das beständig mit Zeit und Ort wechselt. Der Tauschwert scheint daher etwas Zufälliges und rein Relatives, ein der Ware innerlich immanenter Tauschwert (valeur intrinsèque) also eine contradictio in adjecto"[58].

Marx zeigt nun, daß das Gemeinsame der Waren, welches überhaupt ihre universelle Austauschbarkeit fundiert, die in ihnen verausgabte menschliche Arbeitskraft und gesellschaftliche Arbeitszeit ist. Damit wäre natürlich endgültig von den unmittelbaren Gebrauchswerteigenschaften der Ware abstrahiert.

Der Doppelcharakter der Waren leitet sich seinerseits ab aus dem *Doppelcharakter der in den Waren verkörperten Arbeit.* Arbeit in ihrer abstrakten Bestimmung bezieht sich wie Tauschwert auf den rein quantitativen Aspekt, d. h. auf die bloße Verausgabung menschlicher Arbeitskraft. Abstrahiert wird dabei von der Tatsache, daß *alle Arbeit immer auch zweckbestimmte Verausgabung menschlicher Arbeitskraft aufgrund spezifischer Interessen in einer gegebenen Situation* darstellt. In dieser Eigenschaft produziert sie Gebrauchswerte. In einer warenproduzierenden Gesellschaft bleibt der Austausch der Waren abstrakt, und die Gebrauchswerteigenschaften der Waren können erst nach dem Tauschakt bzw. *außerhalb* des Marktes realisiert werden. Der Zusammenhang zwischen Produktion und Konsumption ist gebrochen[59].

Man kann demnach tendentiell für die kapitalistische Tauschgesellschaft konstatieren, daß die Interaktion zwischen den Individuen *abstrakt* abläuft, daß die Akteure aber ihre Handlungen und Interpretationen in Gebrauchswertkategorien erleben, d. h. in meiner Terminologie „indexikal". Damit wird in einer Gesellschaft, welche durch den geschilderten Doppelcharakter von Ware und Arbeit gekennzeichnet werden kann, die *Fähigkeit zur autonomen Kontrolle der charakteristischen Disparität ein zwar notwendiger, aber nurmehr unbewußt ablaufender Mechanismus einer basalen Handlungskompetenz.* Dieses dialektische Verhältnis von Tausch- und Gebrauchswerteigenschaften von Waren (dazu zählen auch Menschen: Ware Arbeitskraft) macht trotz der vorherrschend abstrakten Beziehungen der Handelnden zueinander als Tauschpartner die konkrete Bezugnahme auf den anderen als autonome Identität zumindest *möglich.* Dieses Bezugnehmen wird freilich tendenziell in den Privatbereich abgedrängt, wo man etwa dann Geschäftspartner auf einmal „von einer ganz neuen Seite" kennenlernen kann.

---

[58] *MEW,* Band 23, S. 50 f.

[59] „Die Praxis des Gebrauchs ist aus der öffentlichen Sphäre des Marktes verbannt und gehört ausschließlich in den Privatbereich der Warenbesitzer. Im Markt bleibt der Gebrauch der Dinge für die Interessenten bloße ‚Vorstellung'. Mit der Herausbildung des Marktwesens trennt sich die Imagination vom Tun des Menschen und individualisiert sich nach und nach zu ihrem Privatbewußtsein. Dies Phänomen nimmt seinen Ursprung gerade nicht von der privaten Sphäre des ‚Gebrauchs', sondern von der öffentlichen des Marktes" (*Sohn-Rethel,* A.: Geistige und körperliche Arbeit, Frankfurt 1972, S. 48 f.).

2. Thomas Hobbes

Die hier angedeutete Dialektik wird bei Hobbes zumindest implizit deutlich, wenn er[60] davon spricht, daß die Geltung oder der Wert eines Menschen ähnlich wie bei allen anderen Dingen der *Preis* sei, den man für den Gebrauch seiner Macht (bzw. seiner Arbeitskraft) zu investieren bereit sei. Man könnte folgerichtig von einem „Modell des Machtmarktes" sprechen: der Wert eines Menschen realisiert sich im Tauschprozeß und manifestiert sich dann als jene, ihm von anderen Menschen bezeugte Ehre. „Ehre" bezieht sich für Hobbes aber nicht auf eine persönliche Ehrerbietung, sondern eher auf eine bestimmte „Ehrerbietungsrate", die sich aus der Wertschätzung seiner Macht ergibt, wie sie im gesellschaftlichen Durchschnitt einem eben solchen Machtpotential zugebilligt wird:

„Wenn wir jemand um Hilfe anrufen, so erweisen wir ihm *Ehre:* wir bezeugen, daß wir glauben, er habe die Macht, Hilfe zu leisten. Je schwieriger die erbetene Hilfe ist, desto größere Ehre erweisen wir ihm[61]."

Diesen Drang nach Ehre und Macht unterstellt Hobbes bei allen Menschen, sei er nun angeboren[62], oder bei manchen auch noch gelernt[63]. Macpherson diagnostiziert bei Hobbes ein implizites Gesellschaftsmodell, das der *Eigentumsmarktgesellschaft*[64]. Eine solche „Eigentumsmarktgesellschaft" wie sie im Frühkapitalismus entsteht, unterscheidet sich von der „Marktgesellschaft" vor allem dadurch, daß die Produktionsmittel und Ressourcen wie Boden und Kapital in der Gesellschaft ungleich verteilt sind und wesentlicher, daß ein Teil der Menschen *nur mehr ihre Arbeitskraft* auf den Markt bringen kann. Im Unterschied zu den Arbeits- und Abhängigkeitsbeziehungen in traditionalen Gesellschaften (wie etwa dem Feudalismus) bezieht sich der Zwang in einer Eigentumsmarktgesellschaft auf die Gesetze, Verträge usw., vermittels derer Leben und Eigentum, aber auch die Fiktion des gleichen und gerechten Tausches geschützt werden sollen. Da die Unabhängigkeit und Souveränität der einzelnen Warenverkäufer (ob sie

---

[60] *Hobbes,* Th.: Leviathan oder Wesen, Form und Gewalt des kirchlichen und bürgerlichen Staates, Reinbek bei Hamburg 1965, S. 65 ff.

[61] *Hobbes,* Th. 1965, S. 69.

[62] So die Interpretation von *Strauss,* L.: Hobbes' politische Wissenschaft, Neuwied und Berlin 1965.

[63] Worauf *Macpherson,* C. B. 1973, mehr abhebt.

[64] „Unter Eigentumsmarktgesellschaft verstehe ich eine solche, die im Gegensatz zu einer solchen auf Tradition und ständischer Ordnung beruhenden Gesellschaft keine autoritative Verteilung von Arbeit und Belohnung kennt, und in der es im Gegensatz zu einer Gesellschaft unabhängiger Produzenten, die nur ihre Produkte auf den Markt bringen, sowohl einen Markt für Erzeugnisse als auch einen Markt für Arbeit gibt ... Auch impliziert der Begriff Eigentums*marktgesellschaft,* daß dort, wo Arbeit zur Marktware wurde, die Marktbeziehungen alle gesellschaftlichen Beziehungen so formen und durchdringen, daß der Ausdruck Marktgesellschaft sehr viel besser am Platz ist als nur Marktwirtschaft" (*Macpherson,* C. B. 1973, S. 62 f.).

nun sich selbst oder eine stoffliche Ware verkaufen) am Markt anerkannt wird, was für eine differenzierte und sich expandierende kapitalistische Produktion unabdingbare Notwendigkeit darstellt, bedarf es zur *Aufrechterhaltung geordneter Marktbeziehungen* gewisser, von außen reglementierender Einschränkungen, wodurch das Problem der sozialen Ordnung zum ersten Mal auf der Grundlage des „*Besitzindividualismus*" gestellt wird.

Hobbes hat demnach folgenden *Widerspruch* theoretisch zu bewältigen: einmal verlangt die Eigentumsmarktgesellschaft die Anerkennung der Unabhängigkeit der am Tauschprozeß beteiligten Handelnden. Das erhöht zwar einerseits die Kontingenz der jeweiligen Beziehungsstrukturen, steigert andererseits aber die Komplexität der Produktivkräfte. Zum anderen bedeutet für ihn diese Kontingenz (jeder folgt nur seinen eigenen Interessen und Situationsinterpretationen), welche historisch im Kapitalismus im Vergleich zu traditionalen Gesellschaften enorm gesteigert wurde, das eigentliche Problem („Wolfsnatur des Menschen"). Für sich zieht er daraus die radikale Folgerung:

„Zur Erhaltung des Friedens und zu ihrer eigenen Verteidigung sollen alle Menschen — sofern es ihre Mitmenschen auch sind — bereit sein, ihrem Recht auf alles zu entsagen, und sich mit dem Maß an Freiheit begnügen, das sie bei ihren Mitmenschen dulden[65]."

Es müssen bestimmte, weniger moralisch als technisch ableitbare Verpflichtungen allgemein und absolut anerkannt sein. Da nun hinter den problematischen Kontingenzen bestimmte selbstbezogene Begierden und Strebungen von Einzelindividuen stehen, muß die vertragliche Sicherung dieser Verpflichtungen von einer Instanz überwacht werden, welche ganz allein die Macht hat, die Realität definierend zu strukturieren[66].

Das von den Individuen aufgegebene Recht zur, wie ich sagen würde, individuellen Indexikalitätsbewältigung, wird nun insoweit dem Souverän als Sachwalter übertragen, als diesem die Möglichkeit gegeben wird, generalisierende Handlungsanweisungen und Situationsdefinitionen aufzustellen und ggf. durchzusetzen. Wenn aber auf diese Weise der „Leviathan", also der Staat, erst einmal konstituiert wurde, so sind gemäß dem Herrschaftsvertrag die Bürger absolute und auch „gleiche" Untertanen[67].

---

[65] *Hobbes*, Th. 1965, S. 103.
[66] s. dazu *Schmitt*, C.: Der Leviathan in der Staatslehre des Thomas Hobbes, Hamburg 1938.
[67] „Von einem *konstitutionellen Staat* spricht man, wenn *viele Menschen* beschließen und *durch Vertrag eines jeden mit allen* bestimmen, daß *irgend jemand* oder eine *Gruppe von Menschen* nach allgemeiner Abstimmung das *Recht* übertragen werde, alle Vertragspartner zu *vertreten* (also ihr *Reprä-*

Zwischen dem chaotischen Naturzustand und der Etablierung einer „absoluten Moral" durch den Staat gibt es für Hobbes konsequenterweise keine Zwischenlösung. Aus seinem Herrschaftsvertragsmodell folgt die Identität von Recht und dem Willen des Souveräns, ja mehr noch: eine Handlung des Herrschers seinen Untertanen gegenüber kann auch niemals Unrecht sein, denn „durch die Staatsgründung ist jeder der Urheber aller herrscherlichen Taten und Beschlüsse"[68]. Sich den Imperativen des Souveräns zu beugen kann demnach nicht auf bloß willkürlichen Zwang zurückgeführt werden, sondern stellt eine „moralische Verpflichtung" oder besser: eine *erfahrungswissenschaftlich als fundiert ausgewiesene Notwendigkeit*[69] dar, die sich stringent aus der Analyse der prekären Menschennatur ableitet.

Hobbes schließt damit logisch von Seinsaussagen auf Sollensaussagen, genauer von seiner mechanistisch-physikalischen Auffassung vom Menschen auf die Notwendigkeit der Etablierung eines absoluten Staates:

„Anstatt Rechte und Pflichten nur in einer jenseitigen Gewalt aufzufinden, ging er davon aus, daß sie in dem Drang eines jeden menschlichen Mechanismus zur Aufrechterhaltung seiner Bewegung enthalten seien. Und da jeder menschliche Mechanismus, der sich bewegen will, seinen eigenen Anforderungen unterliegt, konnte ihm gar nicht ein Wertsystem von außen oder von oben aufoktriert werden. Die Frage nach einer Hierarchie der Bedürfnisse, der Rechte und Pflichten wurde gegenstandslos. Sie mußten als für jeden gleich angenommen werden[70]."

Dieser Materialismus bedeutet für die Philosophie der politischen Moral eine Revolution, da sich „Moral" nun quasi erfahrungswissen-

---

sentant zu sein). Ein jeder — ganz gleich ob er *dafür gestimmt* hatte oder *dagegen* — ermächtigt jenen Repräsentanten zu allen Handlungen und Befehlen, so daß sie als seine eigenen anzusehen sind, mit dem Ziel, mit seinen Mitmenschen in Frieden zu leben und vor Feinden geschützt zu sein" (*Hobbes*, Th. 1965, S. 138).

[68] Vgl. *Hobbes*, Th. 1965, S. 140.

[69] So resümiert Helmut Klages: „Kurz gesagt war in diesem System nämlich der Übergang von einer rechtsphilosophischen zu einer erfahrungswissenschaftlichen Gesellschafts- und Staatslehre vollzogen worden, die den modernsten Entwicklungen in den zeitgenössischen Naturwissenschaften nicht nachstand. Hobbes Analyse des naturwüchsigen Zustandes der Menschengattung vor aller Gesellschaft ist überhaupt nicht ethisch, sondern physikalisch: sie hat es mit dem Sinnesapparat, den Triebreaktionen, animalischen Bewegungen von Lebewesen zu tun; mit der physischen Ausstattung der Menschen und ihren kausal bestimmten Reaktionsweisen. Die Ethik des Naturrechts wird hier von einer ‚modernen Physik der menschlichen Natur' abgelöst, die am Ende auch noch die Normen des vertragsgebundenen Zustands einschließt. Seine Lehre liefert eine Mechanik der gesellschaftlichen Beziehungen, wie Galilei eine der natürlichen Bewegungen geliefert hat" (*Klages*, H.: Geschichte der Soziologie, München 1969, S. 28. s. dazu auch *Habermas*, J. 1963, S. 35).

[70] *Macpherson*, C. B. 1973, S. 94.

schaftlich dadurch bestimmen läßt, was den Ablauf der gesellschaftlichen Maschinerie am wenigsten stört.

Diese Maschinerie bestimmt sich zusätzlich, und das macht auch ihre Brisanz aus, durch den Marktmechanismus, welcher, weil hier eine Vielzahl selbstbezogener Interessen vorliegen, notwendig die Gefahr von Kollisionen impliziert. Daraus leitet sich eine wesentliche Änderung der Staatsauffassung gegenüber der aristotelischen Tradition ab. Man könnte dies als eine „Fundamentalisierung" der grundsätzlichen sozialphilosophischen Fragestellung bezeichnen. Das „τελος" des Staates wird vom „guten Leben" („εὐ ζῆν") auf das Problem des bloßen Miteinanderlebens bzw. -auskommens reduziert; die Bestandserhaltungs- bzw. grundsätzliche Stabilisierungsfunktion des Staates rückt an die erste Stelle. Die Grundlage der Ordnung des sozialen Systems bezieht sich nicht mehr auf die Verwirklichung der „ἀρετή", sondern allein auf das Bestreben, den in den Grundbedingungen des menschlichen Zusammenlebens involvierten Konflikttendenzen entgegenzuarbeiten, und zwar spezifischer jenen Konfliktpotentialen, die sich aus dem Marktmechanismus ergeben.

Wie erwähnt, ist Hobbes' Konzeption der „absoluten Moral" nicht auf die Totalität der gesellschaftlichen Existenz der Menschen bezogen. Die Aufrichtung einer absoluten Moral leitete sich ja von dem Zweck her, die Freiheit der Summe der wirtschaftenden Einzelindividuen im Medium eines ungehinderten Tauschverkehrs zu gewährleisten. Man muß demnach eine absolute politische Moral mit den *situativ ausgehandelten Moralen*, Übereinkünften und Handlungsinterpretationen der Wirtschaftssubjekte kontrastieren, also um in Rollen zu sprechen, zwischen Politiker und Privatmann zu differenzieren.

Der einzelne, der bei Aristoteles noch in totaler Bindung an den politischen Bereich konzipiert war, wird jetzt in private Freiheitsräume entlassen, wenigstens was die ökonomische Sphäre betrifft, in der „unpolitisch" gehandelt werden kann. Durch diese Trennung der politischen von der privaten Sphäre wird für Hobbes die Legitimation des Staates, das Verhältnis von Politik, von absoluten und situativen Moralen zum Problem, welches er, wie gezeigt, durch den Hinweis auf den „Naturzustand", also einen naturalistischen Schluß von Sein auf Sollen zu lösen versucht. Legitimationsanforderungen können demnach durch einen recht pauschalen *Rekurs auf die Bestandsfrage* der gesamten Gesellschaft beantwortet werden. Daher benötigt er in seiner Theorie auch keine Mechanismen der Legitimationskontrolle, zumal die Bürger nach Hobbes nur vor die binäre Wahlmöglichkeit gestellt sind, entweder Chaos oder absolute Herrschaft zu akzeptieren.

2. Thomas Hobbes

Auch wäre in diesem System eine situativ bezogene Interpretation von Moralen sowie eine Auseinandersetzung über die Richtigkeit der jeweiligen Anwendung, wie auch die Frage nach den Ableitungsbeziehungen in der Hierarchie niedrigstehender von umgreifenden Handlungsorientierungen unmöglich und auch unnötig, da Hobbes eine vernünftige kommunikative Auseinandersetzung wegen der widerstreitenden egoistischen Bedürfnisse und Strebungen der Bürger undurchführbar erscheint, und zwar prinzipiell[71]. Dadurch gelangt Hobbes zu der paradoxen Konsequenz, daß er, wie Adorno bemerkt, die *Selbsterhaltung ohne die Erhaltung des Selbst* theoretisch zu lösen versucht[72].

Resümierend können wir feststellen, daß im Vertragsmodell von Hobbes alle Kriterien des „moralischen Absolutismus" sich wiederfinden lassen, wie sie Douglas expliziert hat:

1. Sind die gesellschaftlichen Regeln (Gesetze) notwendig und werden notwendigerweise von allen Bürgern angewandt, da im anderen Falle der Bestand des sozialen Systems gefährdet würde.

2. Zwar macht sich Hobbes keine Gedanken über den Sozialisationsprozeß in dem die Regeln vermittelt werden, aber wegen der absoluten Souveränität *einer* Realitätsinterpretationsinstanz dürfte der Sinn der Regeln immer eindeutig und unproblematisch gedacht sein. Dies gilt freilich nur für den politischen Bereich.

3. Die rationalen Gesetzesentscheidungen des Souveräns führen zu einer eindeutigen Hierarchisierung von Handlungssituationen und Handlungsalternativen, so daß die einzelnen Handelnden nicht mehr vor Entscheidungssituationen gestellt sind.

4. Da über die Regeln und ihre Legitimation nicht diskutiert zu werden braucht und auch wegen der antagonistischen Begierden nicht diskutiert werden kann, gelten die Regeln universell und sind zu

---

[71] „Wo der Mensch die ‚Freiheit' begehre, da tue er das in idealistischer Verkennung der wahren Gründe, die zur Errichtung der Herrschaftsinstitutionen führten. Wo dieses sein Begehren erfolgreich sei, da trete Anarchie und mit ihr der ursprüngliche bellum omnium contra omnes wieder in Erscheinung" (*Klages, H.* 1969, S. 27 f.). s. auch *Habermas, J.* 1963, S. 46.

[72] „... Hobbes, der vom Zwang und der Moral des Marktes ausging, drang bis zum Kern des Problems der Pflichten in den modernen Eigentumsgesellschaften vor. Das Paradox des Hobbes'schen Individualismus, der mit gleichen rationalen Individuen beginnt, ist kein Widerspruch seines Denkgebäudes, sondern einer der Marktgesellschaft. Der Markt macht die Menschen frei; damit er wirksam operieren kann, müssen alle Menschen frei und vernünftig sein; doch gerade ihre unabhängigen rationalen Entscheidungen bringen in jedem Augenblick eine Kräftekonstellation hervor, die jedem zwanghaft gegenübertritt. Die Entscheidungen aller Menschen bestimmen den Markt, die jedes einzelnen wird von ihm bestimmt. Hobbes erfaßt sowohl die Freiheit wie den Zwangscharakter der Eigentumsmarktgesellschaft" (*Macpherson, C. B.* 1973, S. 125).

110   B.II. Moralischer Absolutismus in der soziologischen Theorie

keiner situativen Modifikation (außer von Seiten des Souveräns) fähig. Außerdem ist diese Universalität der Regeln von der notwendigen Abstraktion, wie sie bei kapitalistischen Tauschprozessen zu konstatieren ist, abzuleiten.

5. Daraus folgt zudem, daß die Regeln zeitlos und unwandelbar sind. Sie werden zumindest von den Handelnden nicht als wandelbar aufgrund eigener intentionaler Akte erlebt.

6. Die Begründung sozialer Regeln erfolgt durch einen naturalistischen Schluß von der reinen Faktizität der „Menschennatur" auf politisch notwendige Limitationen derselben. Politische Moral leitet sich so von der Notwendigkeit der Realitätszwänge ab.

3. Emile Durkheim

Durkheim entwickelt seinen Lösungsversuch des Problems sozialer Ordnung in Abgrenzung zu den psychologischen, individualistischen und biologischen Interpretationen sozial regelhaft ablaufender Vorgänge. Er wendet sich damit auch gegen jede utilitaristische Konzeption von *Gesellschaftsvertrag* (Hobbes, Spencer), also gegen das Marktmodell sozialer Ordnung.

Am deutlichsten zeigt sich seine Grundposition an seinem Konzept der *sozialen Tatsache:*

„Das Zeichensystem, dessen ich mich bediene, um meine Gedanken auszudrücken, das Münzsystem, in dem ich meine Schulden zahle, die Kreditpapiere, die ich bei meinen geschäftlichen Beziehungen benütze, die Sitten meines Berufes führen ein von dem Gebrauche, den ich von ihnen mache, unabhängiges Leben. Das eben Gesagte kann für jeden einzelnen Aspekt gesellschaftlichen Lebens wiederholt werden. Wir finden also besondere Arten des Handelns, Denkens, Fühlens, deren wesentliche Eigentümlichkeit darin besteht, daß sie außerhalb des individuellen Bewußtseins existieren[73]."

Ein Großteil des Durkheimschen Werkes beschäftigt sich mit der Explikation der präzisen Form dieser zeitlosen, zwangsausübenden sozialen Tatsachen.

Durkheims „moralischer Absolutismus" läßt sich entlang zweier Argumentationslinien nachweisen: einmal seiner Lösung des Problems sozialer Ordnung und zum anderen der Frage, wie denn Soziologie als eine autonome, positive Wissenschaft möglich sei.

Durkheims generelle Problemsicht zur ersten Frage wird durch das folgende Zitat aus seinem Werk über die Arbeitsteilung gekennzeichnet:

"Human passions stop only before a moral power they respect. If all authority of this kind is wanting, the law of the strongest prevails, and

---
[73] *Durkheim,* E.: Regeln der soziologischen Methode, Neuwied 1961, S. 105 f.

latent or active, the state of war is necessarily chronic ... But what brings about the exceptional gravity of this state, nowadays particularly, is the heretofore unknown development that economic functions have experienced for about two centuries. Whereas formerly they played only a secondary role, they are now of the first importance ... In the face of the economic, the administrative, military, and religious functions become steadily less important. Only the scientific functions seem to dispute their place, and even science has scarcely any prestige save to the extent that it can serve practical occupations, which are largely economic. That is why it can be said, with some justice, that society is, or tends to be, essentially industrial. A form of activity which has assumed such a place in social life evidently cannott remain in this unruly state without resulting in the most profound disasters. It is a notable source of general demoralization[74]."

Aus diesem Zitat wird vielerlei deutlich: einmal, daß Durkheim von den Problemen ausgeht, wie sie sich durch die Entwicklung der Industriegesellschaft ergeben haben. Er perzeptiert den Kapitalismus seiner Zeit ähnlich wie Marx als einen anarchistisch-naturwüchsigen Zustand, dem kein ethisches System zugrunde liegt, der also nur von den jeweiligen kontingenten Bedürfnissen der Beteiligten strukturiert wird. Durch die zunehmende Industrialisierung geraten die Bedürfnisdispositionen und Normen in einen gefährlichen Gegensatz, d. h. der gesellschaftliche *Konsensus* ist tendenziell gefährdet. Die Wiederherstellung und Sicherung dieses Konsensus soll nun ähnlich wie bei Hobbes (wenn auch mit charakteristischen Unterschieden, s. u.) über die Etablierung einer moralischen Autorität erfolgen.

Nach R. B. Nisbet[75] lassen sich fünf konservative Grundgedanken explizieren, mit deren Hilfe Durkheim dieses Problem theoretisch in den Griff zu bekommen versucht:

1. Er interpretiert das Verhältnis Individuum-Gesellschaft soziologistisch, d. h. Gesellschaft konstituiert sich nicht aufgrund sozialer Tendenzen der Handelnden, sondern die Menschen sind ganz eindeutig „Produkt" dieser Gesellschaft. Er sieht also nicht wie Marx eine dialektische Vermitteltheit, sondern eindeutige Ableitungsbeziehungen[76].

Aus diesen Gründen kann Gesellschaft nicht oder nur begrenzt in der aufklärerischen Tradition auf dem Hintergrund eines *Vertragsmodelles* interpretiert werden.

[74] *Durkheim*, E.: Division of Labor in Society?, Glencoe, Ill., 1960, S. 3 f.
[75] *Nisbet*, R. B.: Emile Durkheim: With Selected Essays, Englewood Cliffs, N. J., 1968.
[76] „Das Individuum und die Gesellschaft sind eben zwei Wesen verschiedener Natur. Aber weit entfernt, daß es zwischen beiden irgendwelchen Antagonismus gibt, weit entfernt, daß das Individuum sich der Gesellschaft nicht ohne eine vollständige oder teilweise Abdankung seiner eigenen Natur anschließen kann, ist es erst wahrhaft es selbst und kann es seine Natur erst unter der Bedingung voll erfüllen, daß es sich ihr anschließt" (*Durkheim*, E.: Erziehung, Moral und Gesellschaft, Neuwied 1973, S. 118).

Durkheim abstrahiert also von den konkreten sozialen Interaktionen und etabliert Gesellschaft als eine Totalität, die ein Mehr darstellt gegenüber der Summe ihrer Teile.

2. Er konzipiert das Individuum zumindest bezüglich des Problems der sozialen Ordnung „programmatisch" als abhängig von gesellschaftlichen Moralvorstellungen und nicht als eines, welches unabhängig und autonom seine Handlungen reguliert. Mit „programmatisch" meine ich in diesem Zusammenhang, daß Durkheim den Individualismus zwar als potentielle Realität akzeptiert, ihn aber in bezug auf die Möglichkeit gesellschaftlichen Konsensus nur negativ, nämlich als Gefährdung zu sehen imstande ist.

3. Es deutet sich schon im obigen Zitat an, daß er aus der Tatsache der menschlichen Leidenschaften die Notwendigkeit einer moralischen Autorität deduziert. Gemäß seinem Menschenbild[77], das den Menschen als „Bündel von Trieben" interpretiert, akzentuiert er Autorität, die sich für den Pädagogen Durkheim auf die Anerkennung von Disziplin bezieht. Disziplin wurde hierbei [78] nicht nur funktional, sondern als Ziel an sich interpretiert. Dabei meint Disziplin, wie König zurecht betont, nicht bloße Unterwerfung unter Zwang, sondern unter moralische Verpflichtungen, *Obligationen,* welche Teile des inneren Systems der Verhaltenssteuerung sind[79].

4. und 5. Die anderen beiden konservativen Grundgedanken Durkheims, d. h. seine Analyse der Religion, in der sich die Gesellschaft quasi selber anbetet[80], sowie seine organizistische Interpretation der Industriegesellschaft[81], sind hier nur von peripherem Interesse.

Der Schlüsselbegriff seiner Gesellschaftsanalyse, den wir nun auf dem Hintergrund der angeführten Grundsätze besser verstehen können, ist *Anomie,* welche ihm als ein Zustand der Regel- und Normlosigkeit gilt, welcher sich als Folge der wachsenden Industrialisierung und daraus abgeleitet sozialen Arbeitsteilung einstellt. Für die Erklärung von anomischen Zuständen läßt Durkheim, wie ich eingangs erwähnte,

---

[77] Vgl. *König,* R.: Einleitung, in: Durkheim, R.: Regeln der soziologischen Methode, Neuwied 1961, S. 56 f.
[78] Besonders deutlich wird dies in *Durkheim,* E. 1973.
[79] „Grundsätzlich kann gesagt werden, daß nur jene Obligationen im strengen Sinne soziologisch vollgültig relevant sind, die die Chance der Internalisierung haben, während Zwänge, die nur von außen wirken, ohne jemals zum Motiv des Handelns werden zu können, als ‚Gewalt' (violence) bezeichnet werden müssen" (König, R. 1961, S. 58).
[80] s. die ausgezeichnete Analyse von *Aron,* R.: Hauptströmungen des soziologischen Denkens, Köln 1971, S. 42 - 56.
[81] Vgl. *Ritsert,* J.: Substratbegriffe in der Theorie sozialen Handelns, in: Soziale Welt, 19, 1968.

weder psychologische, individualistische noch biologische Interpretationen zu. In seiner paradigmatischen Studie über den *Selbstmord* versucht er zu zeigen, daß Anomie als eine direkte Folge der Lockerung der Bande zwischen den Individuen und der Gesellschaft betrachtet werden muß. Als diese Bande wird man nicht einfach die Gesetze bzw. die gemeinsamen ökonomischen, sozialen, kulturellen oder historischen Bedingungen interpretieren dürfen. Durkheim geht es zusätzlich um den Nachweis eines *„nicht-kontraktuellen Elementes im Kontrakt"*, und zwar im direkten Gegensatz zu den Utilitaristen wie Spencer[82].

Neben den Gesetzen wird damit der Konsensus und der moralische Zusammenhalt der Gesellschaft von der elementarsten Schicht der sozialen Wirklichkeit, dem *„Kollektivbewußtsein"* bestimmt[83]. Das Kollektivbewußtsein wird quasi statistisch als dasjenige definiert, was allen Mitgliedern einer Gesellschaft als moralischer Grundrahmen (Vorstellung, Gefühle, Situationsdefinitionen, allgemeine Verhaltensvorstellungen) zu eigen ist. Das empirische Substrat dieses Kollektivbewußtseins kann demnach auch kein Einzelindividuum oder eine Anzahl von ihnen sein.

Die Stärke des Kollektivbewußtseins unterscheidet sich je nach den verschiedenen Stufen sozialer Differenzierung. Bei seinem Vorgehen verkürzt Durkheim die historische Analyse auf die idealtypische Gegenüberstellung zweier *Gesellschaftstypen,* welche sich durch unterschiedliche Art und Ausmaß *sozialer Integration* auszeichnen.

In Gesellschaften mit kaum vorhandener Arbeitsteilung, also bloß segmentaler Differenzierung, bestimmt sich der Konsensus, oder wie Durkheim sagt, die „Solidarität" der Gesellschaftsmitglieder über ihre *Ähnlichkeit* (solidarite par similitude). Die Gesellschaftsmitglieder unterscheiden sich kaum in ihren Arbeitsfunktionen wie auch in ihrem

---

[82] "It is quite true that contractual relations, which originally were rare or completely absent, multiply as social labor becomes divided. But what Spencer seems to have failed to see is that non-contractual relations develop at the same time" (*Durkheim,* E. 1960, S. 206).

[83] „Kraft dieses Prinzipes ist die Gesellschaft nicht bloß eine Summe von Individuen, sondern das durch deren Verbindung gebildete System stellt eine spezifische Realität dar, die einen eigenen Charakter hat. Zweifellos kann keine kollektive Erscheinung entstehen, wenn kein Einzelbewußtsein vorhanden ist; doch ist diese notwendige Bedingung allein nicht ausreichend. Den einzelnen Psychen müssen noch assoziiert, kombiniert und in einer bestimmten Art kombiniert sein; das soziale Leben resultiert also aus dieser Kombination und kann nur aus ihr erklärt werden. Indem sie zusammentreten, sich durchdringen und verschmelzen, bringen die individuellen Psychen ein neues, wenn man will psychisches Wesen hervor, das jedoch eine psychische Qualität neuer Art darstellt. In der Natur dieser Individualität, nicht in jener, der sie zusammensetzenden Einheiten müssen also die nächsten und bestimmten Ursachen der Phänomene, die sich dort abspielen, gesucht werden. Die Gruppe denkt, fühlt und handelt ganz anders, als es ihre Glieder tun würden, wären sie isoliert" (*Durkheim,* E. 1961, S. 187 f.).

moralischen Bewußtsein. Das Kollektivbewußtsein erfährt daher eine besonders starke Ausprägung, d. h. die Gleichartigkeit der Situationsdefinitionen dürfte in breitem Maße gewährleistet sein. Durkheim spricht hier von *mechanischer Solidarität*, da die Konformität quasi mechanisch durch starken gesellschaftlichen Druck garantiert wird. Daraus folgt auch eine bestimmte Form der juristischen Reaktion auf Abweichung, nämlich das *Repressionsrecht,* also die bloß negative Sanktionierung.

Bei erhöhter Produktivität, Bevölkerungsvermehrung und einer daraus folgenden stärkeren funktionalen Ausdifferenzierung der Gesellschaft, leidet natürlich die einfache Handhabbarkeit kollektiver Vorstellungen. Während in einer idealtypischen Gesellschaft ohne jede soziale Differenzierung das Einzelbewußtsein mit dem Kollektivbewußtsein zusammenfällt, reduziert sich in differenzierteren der Bestand an kollektiven Bewußtseinsinhalten immer mehr, d. h. es werden zunehmend „individualistischere" Situationsinterpretationen und Handlungsentwürfe denkbar. In einem solchen Fall resultiert der Konsensus aus der von der Differenzierung ableitbaren Notwendigkeit eines organischen Zusammenwirkens der einzelnen Teile des gesellschaftlichen Körpers, weshalb Durkheim auch von *organischer Solidarität* spricht. Abweichungen sind im Rahmen von Gesellschaften mit organischer Solidarität auf den mehr oder weniger labilen Gleichgewichtszustand dieser Gesellschaft zu beziehen. Das Recht erhält die Funktion, diesen Gleichgewichtszustand wenn möglich wieder herzustellen; es wird zum *Restitutions- bzw. Kooperationsrecht,* d. h. durch die Strafe wird versucht, den Kooperationszusammenhang zwischen dem Abweichler und seiner Gesellschaft wiederherzustellen.

So etwas, wie das, was ich Indexikalitätsproblem genannt habe, darf bei einem funktionierenden, d. h. weit verbreiteten Kollektivbewußtsein also gar nicht auftreten. Es wird durch die Festlegung der moralischen Regeln absolut eliminiert. Freilich erkennt auch Durkheim[84] die individuelle Kontingenz bzw. den Individualismus als reale Problematik an, wenngleich als Anomie und nicht als permanentes, niemals zu eliminierendes Moment.

Durkheim interpretiert das soziale Problem seiner Zeit nicht als ökonomisches, wiewohl er die Wichtigkeit der ökonomischen Funktionen betont, sondern allgemein als die Herstellung und Aufrechterhaltung von Konsensus. Etwaige gesellschaftliche Spannungen müssen durch effektivere Sozialisationsprozesse, nicht durch Umstrukturierung der Organisationsformen etwa des ökonomischen Bereichs gelöst

---

[84] In: *Durkheim* 1960, S. 202 ff.

3. Émile Durkheim

werden. Man kann demnach von einem spezifischen „Sozialismus" der Durkheimschen Position sprechen:

„Der Sozialismus Durkheims ist im wesentlichen der ‚Sozialismus' Auguste Comtes, der sich in den beiden Schlüsselbegriffen *Organisation* und *Modernisierung* ausdrückte. Der Sozialismus ist eine bessere, d. h. bewußtere, Organisation des kollektiven Lebens mit dem Ziel, die Individuen in soziale Bereiche oder in Gemeinschaften zu integrieren, die mit moralischer Autorität ausgestattet und dadurch in der Lage sind, eine Erziehungsaufgabe zu übernehmen[85]."

Die soziale Frage des Endes des 19. Jahrhunderts war damit als eine moralische oder besser, eine Frage der Effektivierung der moralischen Sozialisation interpretiert. Quasi als Stützungsmaßnahme schlägt Durkheim zusätzlich eine Reorganisation der ökonomischen Funktionen vor, nämlich die Organisation von Berufsgruppen in Kooperationen (Genossenschaften), welche ihrerseits mit genügender moralischer Autorität ausgestattet wären, um das notwendige Maß an gemeinsamer moralischer Orientierung zu gewährleisten[86]. Man könnte mit König bei Durkheim von einer Mischung aus Hobbes und Kant sprechen. Einerseits betont Durkheim wie Hobbes den Menschen als System ungezügelter Begierden, während andererseits sein Weg zur sozialen Ordnung über pädagogische Indoktrination sehr in die Nähe der Vorstellungen Kants führt.

An Durkheim läßt sich meiner Ansicht nach plausibel machen, daß die Art und Weise des Herangehens an einen wissenschaftlichen Gegenstand bestimmte Ergebnisse, hier den „moralischen Absolutismus" notwendig hervorbringt.

Durkheims Intention war es ja bekanntlich, Soziologie als positive, empirische und unabhängige Wissenschaft zu begründen. Soziologie sollte zur *objektiven Phase* fortschreiten[87]. Seine „Regeln der soziologischen Methode" stellen den Versuch dar, eben jene Objektivität der Darstellung und Erklärung sozialer Phänomene zu gewährleisten, wie sie etwa auch in den Naturwissenschaften zum anerkannten Methodenkanon gehören. Dabei übernimmt er explizit das positivistische Programm:

---

[85] *Aron*, R. 1971, S. 69.

[86] Seine konservative Grundhaltung, sowie den ganzen Zynismus seines Heilungsversuches könnte man etwa an folgendem Zitat demonstrieren, das ich in der Übersetzung von Raymond Aron wiedergebe: „Wenn die soziale Ordnung herrschen soll, müssen alle Menschen mit ihrem Schicksal zufrieden sein. Sie dürfen sich aber nicht damit zufrieden geben, daß sie mehr oder weniger besitzen, sondern sie müssen davon überzeugt sein, daß sie keinen Anspruch auf mehr haben. Aus diesem Grunde muß unbedingt eine Autorität vorhanden sein, deren Überlegenheit sie anerkennen und die Recht spricht. Denn das allein dem Druck seiner Bedürfnisse ausgelieferte Individuum wird niemals zugeben, daß es am äußersten Ende seiner Rechte angelangt ist" (*Durkheim*, E., zit. nach *Aron*, R. 1971, S. 75).

[87] Vgl. *Durkheim*, E. 1961, S. 127.

B.II. Moralischer Absolutismus in der soziologischen Theorie

„Da uns das Äußere der Dinge nur durch die Wahrnehmung vermittelt wird, läßt sich zusammenfassend sagen: die Wissenschaft soll, um objektiv zu sein, nicht von Begriffen ausgehen, die ohne ihr Zutun gebildet werden, sondern die Elemente ihrer grundlegenden Definitionen unmittelbar dem sinnlich Gegebenen entleihen[88]."

Soziale Erscheinungen müssen demnach als Dinge der Außenwelt betrachtet werden können, genauer als „Daten"[89], wobei ihm der Produktionsprozeß dieser Daten nicht zum Thema wird.

Soziale „Dinge" bzw. soziale „Tatbestände" sind nach dieser Position nicht mit den Inhalten individuellen Wollens und Denkens zu verwechseln. Die „Entindexikalisierung" von Tatbeständen macht Durkheim geradezu zum Motto seiner Vorgehensweise:

„Sobald also der Soziologe die Erforschung soziologischer Tatbestände in Angriff nimmt, muß er sich bestreben, sie an einem Punkte zu betrachten, wo sie sich von ihren individuellen Manifestationen losgelöst zeigen[90]."

Der wirkliche Sinn soziologischer Tatbestände ergibt sich durch die Kenntnis ihrer objektiven „Pression" auf das Verhalten der Menschen. In diesem Sinne könne sie als „Naturfaktoren" betrachtet und untersucht werden, die einen äußeren Einfluß bzw. Zwang auf das Verhalten und Denken der Menschen ausüben[91]. Unter diese Definition fallen Modeerscheinungen, Selbstmord, Ehescheidungsraten etc.

Die Frage bleibt: wie sind diese sozialen Tatbestände adäquat empirisch zu erfassen? Hier verweist Durkheim auf die gesellschaftlichen Objektivationen wie Statistiken, Gesetzesbücher etc. Daß diese Objektivationen, von denen er vor allem und vielleicht als erster in solchem Umfang Statistiken heranzieht, wirklich „objektiv" sind, beweise ihre in der Zeit kontinuierliche Ausprägung.

Ich will Durkheims Vorgehensweise, weil sie in gewisser Weise das *methodologische Paradigma des „moralischen Absolutismus"* repräsentiert[92], für den Zusammenhang von Religiosität und Selbstmord kurz zusammenfassen:

1. Er postuliert, daß das Kollektivbewußtsein bzw. die sozialen Sinnbezüge und ihre Verteilung bei den einzelnen Individuen die entscheidenden Erklärungsvariablen für abweichendes Verhalten seien.

---
[88] *Durkheim*, E. 1961, S. 138.
[89] *Durkheim*, E. 1961, S. 125.
[90] *Durkheim*, E. 1961, S. 139.
[91] Durkheim gibt folgende Definition: „Ein soziologischer Tatbestand ist jede mehr oder minder festgelegte Art des Handelns, die die Fähigkeit besitzt, auf den Einzelnen einen Zwang auszuüben; oder auch die im Bereich einer gegebenen Gesellschaft allgemein auftritt, wobei sie ein von ihren individuellen Äußerungen unabhängiges Eigenleben besitzt" (*Durkheim*, E. 1961, S. 114).
[92] *Douglas*, J. D. 1967; 1970 a; 1971 b.

3. Emile Durkheim

2. Für ihn steht Kollektivbewußtsein in Beziehung mit der „Religiosität" d. h. fehlende „Religiosität" („Religiosität" hat bei Durkheim eine weitere Bedeutung; ähnlich dem „value system" bei Parsons) bringt die Gefahr des Absinkens des Integrationsgrads in sozialen Zusammenhängen mit sich, wobei als zusätzliche Faktoren Alter, Familienstand, ökonomischer Standard usw. genannt werden können, welche aber *allein* zur Erklärung von Selbstmordhandlungen nicht ausreichen.

3. Man kann die verschiedenen Religionen nach dem in ihnen implizierten Individualismus voneinander unterscheiden. In Religionen mit größerer Tendenz zum Individualismus wächst die Gefahr der Anomie, was für den Protestantismus im Vergleich zum Katholizismus zuträfe.

4. Selbstmord, wie jedes andere abweichende Verhalten, kann Resultat mangelnder Integration sein („egoistischer Selbstmord").

5. Wenn man nun den Zusammenhang zwischen Protestantismus und Individualismus als gegeben unterstellt, läßt sich das häufigere Vorkommen des egoistischen Selbstmords bei Protestanten prognostizieren.

6. Die offiziellen Selbstmordstatistiken bestätigen dieses Resultat. Die Zahl der Selbstmorde für das ganze Kollektiv, sowie für die nach Religionen differenzierten Untergruppen bleibt über die Zeit ziemlich stabil, woraus Durkheim folgert, daß wir hier einen sozialen Tatbestand vor uns haben, der unabhängig vom Einzelwillen analysiert werden kann und auch muß.

Man sieht, der Nachweis der Selbstmordrate als soziologischer Tatbestand wird sowohl als Kriterium für die Richtigkeit der betreffenden Statistik, ähnlich wie bei manchen auch heute gebräuchlichen Reliabilitätsüberprüfungsprozeduren, als auch für den *soziologischen* Charakter der Theorie überhaupt herangezogen.

Sehen wir aber uns einmal die Voraussetzungen an, welche als gegeben unterstellt werden müßten, damit die statistischen Maßzahlen diese Funktion erfüllen könnten: Hierbei will ich mich auf Jack D. Douglas berufen[93], der in 4 Punkten die neueren empirischen Untersuchungen über die *Praxis der offiziellen Feststellung von Selbstmord* zusammenfaßt. Dabei wird deutlich werden, daß die Annahmen des „moralischen Absolutismus" in bezug auf das für Durkheim strategische Beispiel des Selbstmordes bzw. der Selbstmordrate unhaltbar sind, d. h. von zu weitgehenden, empirisch nicht bestätigbaren Idealisierungen ausgehen, welche sich freilich aufgrund des undurchschauten „Heilungsversuches" theoretisch aufdrängen:

1. Nach Douglas' Ergebnissen erscheint es offensichtlich, daß die gesetzlichen Definitionen von Selbstmord zu kompliziert, zu abstrakt

---
[93] *Douglas,* J. D. 1971 b, S. 82 ff.

und zu weit von der alltäglichen Praxis entfernt formuliert sind, als daß sie wirklich entscheidenden Einfluß auf diese haben könnten. Meist sind bei den am „Herstellungsprozeß von Selbstmord" Beteiligten die den Selbstmord definierenden Gesetze überhaupt nicht bekannt. Bezeichnend ist für den „moralischen Absolutismus" — auch und gerade der alltäglichen Praxis —, daß die Frage nach den Kriterien bzw. Operationalisierungsmöglichkeiten einer solchen offiziellen Definition oft sogar als Zumutung empfunden wird. Man unterstellt einfach Klarheit, d. h. man vertraut auf die doch „offensichtlichen" common-sense-Vorstellungen vom Selbstmord, seinen Verursachungsfaktoren und seinen Erscheinungsweisen.

2. Die Aufgabe, einen Selbstmord als Todesursache zu klassifizieren, wird von den Beteiligten vornehmlich als *praktische Tätigkeit* angesehen, die innerhalb bestimmter Beschränkungen abläuft, wie Zeit, Raum, Geduld von Beteiligten und offiziellen Stellen, Aufwand, Zartgefühl etc., also in einem ganz bestimmten situativen Kontext. Als solche Kontextvariablen könnte man auch die gesetzlichen Bestimmungen ansprechen, welche für den tatsächlichen Entscheidungsprozeß insofern von nur geringer Bedeutung sind, als man deren Einhaltung und Übertretung kaum kontrollieren kann.

Wenn man sich auf statistische Daten stützen will, so darf dies auf jeden Fall nicht mit dem Argument geschehen, daß diese Daten ja auf einem gesetzlich genau vorgeschriebenen Weg zustande kämen.

3. Gesetze sind, wie die Hypothesen der Wissenschaft, abstrakte Sätze, d. h. sie müssen im aktuellen Fall mit Hilfe der Angabe der konkreten Randbedingungen auf das zu untersuchende Phänomen bezogen werden. Grundsätzlich würde das heißen, daß ebensoviele Interpretationen vorliegen, wie Interpretationsversuche unternommen werden, wenn man nicht annehmen will, daß sich zwei Beurteiler in zwei Situationen genau derselben Interpretationsmechanismen bedienen. Dazu müßte man von der Identität der Beurteiler wie der Situationen ausgehen. Bei solchen Definitionsanalysen wird man demnach auch die Mechanismen der Herstellung von „zufriedenstellenden" Definitionen bzw. des Einigungsprozesses über dessen Adäquatheit zu explizieren haben.

4. Es scheinen sich bei allen, an solchen Definitionsprozessen Beteiligten gewisse allgemeine Typifikationen und Theorien über „normale Selbstmorde"[94] eingebürgert zu haben, sowie darüber, was für sie speziell nun Selbstmord heißt und welche Kriterien zu seiner

---

[94] Vgl. dazu die Parallelen, die sich bei der Untersuchung von *Sudnow, D.*: Normal Crimes: Sociological Features of a Penal Code in a Public Offender's Office, in: Social Problems, 12, 1965, ergeben.

Feststellung herangezogen werden müssen. Die jeweilige „Definitionsmacht"[95] entscheidet dann über die endgültige Diagnose.

Für die Typifikationen kann man eine Vielzahl von Beeinflussungsinstanzen annehmen: Polizeiberichte, wissenschaftliche Artikel, Filme, TV etc., welche für die verschiedenen „Definierer" von unterschiedlicher Relevanz sein können[96].

Wie man sieht, ist es keinesfalls möglich, Selbstmordraten unabhängig von sozialen Handlungsprozessen als „objective facts" zu beschreiben, welche auf die einzelnen Zwang ausüben. Soziale Tatsachen müssen demnach immer als produzierte, und zwar als methodisch produzierte verstanden werden.

4. Talcott Parsons

Ähnlich Durkheim war es auch Parsons' Ziel, eine integrierte Theorie der Verhaltens- und Sozialwissenschaften zu schaffen. Darüber hinaus versuchte er das alte Problem der sozialen Ordnung auf der Grundlage der erkenntnistheoretischen Position des *analytischen Realismus* Whiteheads zu lösen[97]. Nach seiner Meinung gibt es wenigstens einige allgemeine Begriffe in der Wissenschaft, die nicht bloß nominalistisch-fiktiv sind, sondern adäquat bestimmte Aspekte der objektiven äußeren Realität abbilden. Dies soll für die wesentlichen analytischen Begriffe seiner Theorie gelten, so daß er von seiner Position behaupten kann, sie sei im erkenntnistheoretischen Sinne realistisch. Es geht ihm also darum, gewisse quasi-transzendentale Prämissen von Handlungen überhaupt und spezieller von Handeln als konfliktfreiem Verhalten aufzufinden.

Zunächst möchte ich im Anschluß an die vorzügliche Darstellung von Enno Schwanenberg[98] Parsons' Position gegenüber den traditionellen Lösungen des Problems der sozialen Ordnung skizzieren: Am *Hobbesschen Utilitarismus* kritisiert Parsons zum einen die ausgesprochen atomistische Position, welche ihren analytischen Ausgangspunkt alleine von einem durch Leidenschaften beeinflußten Einzelindividuum nimmt. Parsons vermag dabei nicht einzusehen, wie man

---

[95] Zu diesem Begriff s. *Feest, J.*: Die Situation des Verdachts, in Feest, J./Lautmann, R. (Hrsg.): Die Polizei, Opladen 1971.
[96] Vgl. dazu, was *Atkinson, J. M.*: Societal Reactions to Suicide: The Role of Coroners' Definitions, in: Cohen, St. (Hrsg.): Images of Deviance, Harmondsworth 1971, über eine Untersuchung von Motto (1969) berichtet, der zeigen konnte, wie sich nach einem 9monatigen Zeitungsstreik in einer amerikanischen Stadt signifikante Veränderungen sowohl in der Selbstmordrate insgesamt wie in den einzelnen Untergruppen ergaben.
[97] s. dazu *Parsons, T.*: The Structure of Social Action, New York 1937, S. 730.
[98] *Schwanenberg, E.*: Soziales Handeln — Die Theorie und ihr Problem, Bern—Stuttgart—Wien 1970, S. 88 ff.

sich den theoretischen wie empirischen Übergang von den aufeinanderprallenden Leidenschaften zur Vernunft des Gesellschaftsvertrages vorstellen kann. Die Systematik dieses Übergangs könne ihrerseits nur über systematisierende Konzeptionen, in seiner Konzeption über *Wertsysteme*, welche diesen Übergangsprozeß selber kontrollieren, praktisch wie theoretisch plausibel gemacht werden.

Wie Durkheim glaubt er nicht daran, daß eine rein auf Repression gegründete Herrschaft, die nicht durch zusätzliche internalisierte Normen und Werte abgesichert wird, über längere Zeit bestehen kann.

Aber auch die *Lockesche Version des Utilitarismus*, die von der technologischen Rationalität der Einzelhandlung („rational norm of efficiency") ausgeht, kann Parsons nicht zustimmen:

„Hobbes hatte ‚theoretisch recht', wenn er aus der angenommenen Individualität auf die Möglichkeit des Kampfes aller gegen alle schloß; er war jedoch empirisch im Unrecht, da Ordnung auch ohne Souverän anzutreffen ist. Locke und die klassische Nationalökonomie behaupteten gerade ‚faktisch' richtig eine Ordnung ohne absoluten Souverän, gaben jedoch die falschen Gründe: die Überbetonung der Rationalität in der Vorstellung der spezifischen Verbindung von disparaten individuellen Zwecken mit der Vernunft im ‚aufgeklärten Selbstinteresse' war ‚theoretisch' falsch[99]."

Ein weiterer Punkt, den Parsons am Utilitarismus auszusetzen hatte, war die Zufälligkeit gesellschaftlicher Zwecksetzungen, welche sich immer nur aus einer je gegebenen Aggregation von Einzelinteressen herleiten würden („randomness of ends").

Aber auch der aus den Inkonsistenzen des utilitaristischen Ansatzes abgeleitete *positivistische Rationalitätsbegriff* verfällt dem Parsonsschen Verdikt, da hier auf eine übergreifende Rationalitätskonzeption überhaupt verzichtet wird und rationales Handeln nur mehr als optimal an die Situation angepaßtes Verhalten verstanden werden kann, wofür der Behaviorismus die extremste Position darstellt. Damit sind von Parsons alle Versuche abgelehnt worden, das Problem der situativen Kontingenz (später „doppelte Kontingenz") über die Einführung einer absoluten Autorität, sei es nun eines Souveräns oder der „Vernunft", zu „heilen". In gewisser Weise könnte man sogar meinen, Parsons vertrete *gerade nicht* das von mir ihm unterstellte theoretische Modell des „moralischen Absolutismus".

Offen für die *Problematik der Situation* führt er als seine Zielprojektion eine „*voluntaristische Theorie des Handelns*" an, auf die hin ihm bestimmte Teile der soziologischen Tradition wie die Werke von Marshall, Pareto, Durkheim und Weber, zu konvergieren scheinen. Wie wir gesehen haben, waren die Fragen nach der Rationalität und

---

[99] *Schwanenberg*, E. 1970, S. 93.

jene nach den Zwecken des Handelns die Kristallisationspunkte seiner Kritik an den utilitaristischen und positivistischen Theorien gewesen. Bei den vier erwähnten Autoren sieht er nun den Hinweis, daß eine Theorie der sozialen Ordnung zumindest *auch* von der Tatsache der *Subjektivität* des Handelns auszugehen hätte. Dieses quasi indexikale Element jedes aktuellen Handlungsvollzuges wird durch die spezifischen *konditionalen* bzw. *motivationalen Strukturen* der Individuen gebildet. Man kann demnach, wie Schwanenberg ausführt, einerseits von einem „rationalen" Element jeder Handlung sprechen, das sich auf ihre Entsprechung mit den normativen Strukturen einer Gesellschaft bezieht; „Rationalität" bei Parsons käme folglich der „Wertrationalität" Webers nahe. Andererseits gäbe es auch *nicht-rationale* (nicht ir-rationale!) Aspekte einer Handlung, etwa analog den Residuen und Derivationen bei Pareto. Die Orientierung an einer Situation kann demnach entweder *motivational* oder unter dem Aspekt der *Wertorientierung* erfolgen[100].

Daß Parsons trotz dieser Differenzierung zum „moralischen Absolutisten" wird, leitet sich aus seinem Verständnis der Aufeinanderbezogenheit dieser beiden Orientierungsaspekte sozialen Handelns her: er begreift sie nicht als in einem komplizierten und teilweise widersprüchlichen Wechselspiel aufeinander bezogen[101], um dann nach bestimmten Vermittlungsmechanismen zu suchen, sondern er geht das Problem sozialer Ordnung immer über die Frage der normativen Bestimmung individueller Zwecksetzungen an: soziale Ordnung realisiert sich danach auf der Grundlage einer gesellschaftlich gleichmäßigen Internalisierung normativer Muster.

Der Parsonsianische „Heilungsversuch" ließe sich etwa in folgender Weise skizzieren:

Gemäß einem analytisch-realistischen Vorgehen entwirft Parsons einen allgemeinen Interpretationsrahmen für soziales Handeln, also nicht nur nominalistisch für eine Theorie sozialen Handelns. So postuliert er einen engen Zusammenhang zwischen seinem „theoretischen" und dem „empirischen" System:

„Ein theoretisches System, sowie es hier verstanden wird, ist eine Gesamtheit von logisch interdepententen allgemeinen Begriffen mit empirischem Bezug. Ein solches System ist auf ‚logische Geschlossenheit' angelegt: im idealen Fall erreicht es einen solchen Grad logischer Integration, daß jede logische Implikation aus einer beliebigen Kombination von Sätzen des Systems in einem anderen Satz des gleichen Systems ausdrücklich festgestellt wird[102]."

---

[100] s. dazu genauer *Parsons*, T. / *Shils*, A. (Hrsg.): Toward a General Theory of Action, Cambridge, Mass., 1951.

[101] Vgl. hierzu meine obigen Ausführungen zu Wittgenstein, Rawls und Hart.

B.II. Moralischer Absolutismus in der soziologischen Theorie

Ausgehend von seiner realistischen Position unterstellt er nun, daß es bestimmte interdependente Beziehungen zwischen empirischen Phänomenen gibt, die sich in Theorien abbilden lassen. Demnach ist die Existenz von solchen *empirischen Systemen* Bedingung der Möglichkeit seines Theoretisierens.

"An empirical system, then, is a body of presumptively interdependent phenomena to which a given abstract scheme is presumptively relevant. ... An empirical system is a theoretically defined field of relevant phenomena, with reference to which certain problem-statements have been abstracted[103]."

Als „Elementareinheit" seines theoretischen Systems sozialen Handelns definiert er den *unit-act*, welcher logisch die folgenden Elemente impliziert: den handelnden *Akteur*, die *Zwecke*, als die von diesem verfolgten Handlungsziele, die *Normen*, welche die zulässigen Mittel zur Zielerreichung eingrenzen, die *Situation*, welche in dem Akteur zuhandene (Mittel) und nicht-zuhandene Elemente (Bedingungen) unterteilt werden kann. Zusätzlich wird das Element der „Intentionalität" im Begriff des „effort", also der willentlichen Anstrengung fixiert. In dieser Phase formuliert Parsons seine Theorie als voluntaristische Handlungstheorie noch vom Standpunkt des handelnden Subjekts aus, spezifiziert freilich durch Kategorisierungen analytisch die Bestandteile der konkreten Situation und versucht die strukturellen Charakteristika dieser Bestandteile wie auch der Beziehungen zwischen diesen Bestandteilen systematisch zu erfassen.

Ist eine solche Systematisierung gelungen, so wird dies von Parsons als Hinweis auf einen möglichen objektiven Standpunkt gewertet: Objektivität bemißt sich an der Möglichkeit, Strukturen auszumachen. Demnach optiert Parsons eindeutig für den apriori strukturierten Charakter sozialer Realität[104].

---

[102] *Parsons*, T.: Beiträge zur soziologischen Theorie, Herausg. u. eingeleitet v. D. Rüschemeyer, Neuwied—Berlin 1964, S. 31 f.

[103] *Parsons*, T. / *Shils*, A. (Hrsg.) 1951, S. 32.

[104] „Die formale Konzeption vom stabilen empirischen System wird zum materialen Prinzip der Theorie: die plausible Erkenntnis, daß Verhalten nicht vom Zufall gelenkt wird, und daß es daher Verhaltensregeln geben muß, führt zu dem Schluß, daß soziale Normen die Struktur von sozialen Systemen bilden und daß ihre Stabilität im Konsensus der Beteiligten besteht. Parsons hat damit die Hobbes'sche Frage entschieden, nicht gelöst: gesellschaftliche Ordnung besteht und sie erhält sich aufrecht vermittels des Wertkonsensus, des allgemeinen und von allen als verbindlich angesehenen Normen- und Wertesysteme. Anders als Hobbes' eigene Lösung der Frage berührt jedoch die von Parsons nicht das Problem, warum es gesellschaftliche Ordnung überhaupt gibt, warum sie notwendig ist" (*Bergmann*, J. E.: Die Theorie des sozialen Systems von Talcott Parsons, Frankfurt 1967, S. 35 f.).
Auch *Schwanenberg*, E. 1970, S. 108, charakterisiert Parsons dahingehend, daß dieser die Frage nach den Bedingungen der Möglichkeit seines Theorie-

In seiner zweiten Entwicklungsphase, welche man in seinem 1951 mit anderen Autoren verfaßten Werk „Toward a General Theory of Action" repräsentiert sehen könnte, läßt sich eine *Entsubjektivierung* des Bezugsrahmens und auch eine Veränderung in der Diktion feststellen, die vor allem auf seine Auseinandersetzung mit der behavioristischen Psychologie Edward Tolmans hinweisen: so wird soziales Handeln zum bloßen *Verhalten*[105].

Es erscheint mir wesentlich, daß die analytische Elementareinheit nicht mehr vom unit-act, sondern von der *Einheit Aktor-Situation* gebildet wird. Damit wird das explizite Hereinnehmen der Orientierung am sozialen Gegenüber in die Theorie ermöglicht, welche entweder kognitiv, kathektisch oder evaluativ erfolgen kann. Die Handlungstheorie entfernt sich damit in gewisser Weise vom „point of view of the actor" und erhält so einen neuen Abstraktionsgrad, der zunehmend durch die *interne Logik* des analytischen Begriffsrahmens sich bestimmt und damit auch weniger von der alltäglichen Erfahrung eingeholt werden kann.

Ein Kennzeichen dieses neuen Abstraktionsstandes dürfte der Bedeutungsgewinn des *Funktionsbegriffs* sein, der Strukturen und Prozesse des Handelns auf den analytischen Bezugspunkt der Geordnetheit der jeweiligen sozialen Ordnungseinheit vermittelt. Damit ist vom analytischen Aufbau der Theorie her der Ansatzpunkt für den moralischen Absolutismus bei Parsons gelegt, der durch die folgenden theoretischen Entwicklungen noch verstärkt wird.

„Der Funktionsbegriff schlägt somit die realistische Brücke von der logischen Kohärenz des Begriffssystems — wo seine Rolle aus der logischen Tendenz zur Schlüssigkeit und Ordnung zu verstehen wäre — zum System empirischer Beziehungen oder Interdependenzen — auf dessen Aufrechterhaltung als empirisch-organischer Ordnung er in biologisch-medizinischer Analogie bezogen ist. Diese Selbsterhaltung als *Selbstordnung* ist für das empirische System *nicht* (mechanistisch wie bei Hobbes; St.W.) durch zeitlosen Zusammenhang der Teile definiert, sondern als zusätzliche empirische Dimension tritt Zeitlichkeit als (kontinuierlicher) Systemprozeß hinzu und gibt der Systemordnung das Wesen des Equilibriums[106]."

---

rahmens mit der Frage nach den Bedingungen der Möglichkeit empirischer Systeme identifiziere. Niklas Luhmann hat diese Ontologisierung des Strukturgedankens kritisiert und darauf aufmerksam gemacht, daß es bei Parsons eine Frage nach der Funktion von Struktur bzw. allgemeiner von System nicht geben könne, da dieser funktionale Methode und strukturelle Theorie unzulässigerweise vermische (s. *Luhmann*, N. 1970, S. 19 ff.).

[105] s. dazu etwa folgendes Zitat: "There are four points to be noted in this conceptualization of behavior: 1. Behavior is oriented to the attainment of end or goals or other anticipated states of affairs. — 2. It takes place in situations. — 3. It is normatively regulated. — 4. It involves expenditure of energy or effort or motivation" (*Parsons*, T. / *Shils*, A. [Hrsg.] 1951, S. 53).

[106] *Schwanenberg*, E. 1970, S. 121.

Der Prozeßcharakter sozialer Systeme wird auf der einen Seite anerkannt, was grundsätzlich, wegen der notwendigen Berücksichtigung der Variable Zeit, die Einbeziehung von Indexikalität zur Folge hätte, im selben Atemzug aber auch schon wieder zurückgenommen, wenn Zeitlichkeit nur als das kontinuierliche Auspendeln von gleichgewichtsbedrohenden und -restituierenden Systemprozessen verstanden werden soll.

Für die begrifflich bzw. theoretische Fassung dieser kybernetischen Auslegungsregelungsprozesse bietet freilich die Parsonssche Theorie in ihrer begrifflichen Statik kaum Möglichkeiten. Dafür müßte diese Theorie (ähnlich wie dies in der Bio- oder technischen Kybernetik geschieht) in Systemen von Differential- bzw. Integralgleichungen konzipiert werden können, je nach der empirischen Struktur der Ausregelungsprozesse und der Bedeutung der jeweiligen Störgrößen. Aber auch hierbei wäre, schon wegen des Datenproblems nur eine kleine Teilmenge der real ablaufenden sozialen Handlungsvollzüge zu beschreiben.

Die im Gefolge der stärkeren Betonung des Funktionsbegriffs auftretende logische Systematisierung und d. h. vor allem: stärkere Betonung der Normativität sozialen Handelns läßt sich an Parsons' Konzeption des sozialen Systems deutlich machen. Dabei geht er vom Problem der doppelten Kontingenz aus und folgert dann:

„Mithin muß, damit der Interaktionsprozeß strukturiert wird, die Bedeutung eines Zeichens weiter von der Partikularität der Situation abgezogen sein. d. h. seine Bedeutung muß durch einen viel umfassenderen Bereich von ‚wenns' hindurch stabil sein, der die kontingenten Alternativen nicht nur der Aktion von ego umfaßt, sondern auch diejenigen von alter und die möglichen Permutationen und Kombinationen zwischen ihnen ... Die wichtigste einzelne Implikation dieser Verallgemeinerung ist vielleicht die Möglichkeit von Kommunikation, weil die Situationen zweier Akteure *niemals* (!) identisch sind und ohne die Fähigkeit, Sinn von äußerst partikularen Situationen zu abstrahieren, Kommunikation unmöglich wäre ... Ein derartiges gemeinsames symbolisches System, das in der Interaktion wirksam wird, wird hier als die *kulturelle Tradition* bezeichnet[107]."

Die Bedingung der Möglichkeit sozialer Interaktion und Kommunikation trotz ihrer situativen Eingebundenheit sieht Parsons in einem gemeinsamen Wert- und Symbolsystem gegeben, womit er seiner schon 1937[108] fixierten Definition von Soziologie treu bleibt, nach der Soziologie jene Wissenschaft sei, die versuche, eine analytische Theorie von Systemen sozialen Handelns zu entwickeln, wobei als charakte-

---

[107] *Parsons*, T. 1952, S. 11, hier zitiert nach der deutschen Übersetzung aus ders.: Die Konstitution sozialer Systeme, in: Tjaden, K. H. (Hrsg.): Soziale Systeme, Neuwied und Berlin 1971, S. 154 f.
[108] *Parsons*, T. 1937, S. 768.

ristische Eigenschaft von Systemen ihre interne Integration über gemeinsame Werte gelten könne.

„Werte" spielen in diesem Zusammenhang eine ähnliche Rolle wie die „nicht-kontraktuellen Elemente des Vertrages" bei Durkheim. Um Mitglied eines gesellschaftlichen Kollektivs zu werden, müssen deshalb neben den Normen bestimmte Meta-Normen, eben die Werte internalisiert worden sein, welche die konkrete Normenimplementation ermöglichen und steuern.

"It is only by virtue of internalization of institutionalized values that a genuine motivational integration of behavior in the social structure takes place, that the 'deeper' layers of motivation become harnessed to the fulfillment of role-expectation. It is only when this has taken place to a high degree that it is possible to say that a social system is highly integrated, and that the interests of the collectivity and the private interests of its constituent members can be said to approach coincidence[109]."

Damit befindet sich Parsons ganz in der Nähe des in Teil A explizierten *doppelten Regelbegriffes*. Dennoch verbleibt Parsons, wie wir sehen werden, im „moralischen Absolutismus".

Für das soziale System realisiert sich der gemeinsame Symbolbestand in den Definitionen von *Rollen*, dem eigentlichen Schlüsselbegriff der strukturell-funktionalen Theorie, der nun tendenziell die strategische Stellung des früheren Aktorbegriffes einnimmt bzw. diesen ersetzt. Der Akteur erscheint zunehmend als Bündel von Rollen, nach der These von Ralf Dahrendorf als „homo sociologicus". Für die soziologische Theorie wird (trotz des doppelten Regelbegriffs) nur mehr jener „Bestandteil" des Aktors interessant, welcher sich über den Rollenbegriff theoretisch fassen läßt[110]. Ähnlich wie später Luhmann, vertritt Parsons die These, daß nicht die konkreten Akteure Einheiten sozialer Systeme seien, sondern eher die „Mitgliedschaftsrollen" bzw. Komplexe von Status-Rollen, welche freilich von individuellen Trägern „gespielt" werden.

Der Gegensatz von wertmäßiger, normativer und konditionaler Orientierung wird in einer noch weiter fortgeschrittenen Version der Theorie[111] als eine kybernetische Steuerungshierarchie beschrieben, wodurch nun aber die Theoriebildung völlig abstrakt der internen Logik des Ansatzes, d. h. der Ordnungs- bzw. Integrationsunterstellung, anheimgegeben wird.

---

[109] *Parsons*, T. 1952, S. 42.
[110] s. etwa *Parsons*, T. 1952, S. 38 f.
[111] Dies findet sich ausgearbeitet in: *Parsons*, T.: Die jüngsten Entwicklungen in der strukturell-funktionalen Theorie, in: Kölner Zeitschrift für Soziologie und Sozialpsychologie, 16, 1964; sowie in: *ders.:* Societies, Evolutionary and Comparative Perspectives, Englewood Cliffs, N. J., 1966.

Parsons differenziert nun zwischen 4 Systemeinheiten, die zusammengenommen das analytische System ausmachen:

1. Dem *Sozialsystem*, das aus in Situationen interagierenden Akteuren besteht, die grundsätzlich im Sinne der Tendenz zur Gratifikationsmaximierung motiviert sind und deren Beziehung zu sozialen Situationen einschließlich sich selbst durch ein System kulturell strukturierter und gemeinsamer Symbole definiert und vermittelt wird[112]. Da das Sozialsystem wie jedes andere System die vier grundlegenden Funktionen der Zielverwirklichung (G), der Anpassung an seine Umwelt (A), der systematischen Integration (I) sowie jene der Erhaltung der grundlegenden Wertstruktur (L) zu erfüllen hat, bezieht sich die grundlegende analytische Frage auf die Organisation der zur Bewältigung dieser Funktionen benötigten Status-Rollen bzw. auf die zur Garantie ihrer Einhaltung verfügbaren Sanktionen.

2. Das *Persönlichkeitssystem*, unter dem das durch Lernen organisierte System der individuellen Orientierungen und Bedürfnisdispositionen verstanden werden kann, wie sie im Prozeß der Sozialisation herausgebildet worden sind.

3. Das *kulturelle System* der ideellen Gehalte, in dem möglichst logisch konsistent Werte, Normen, abstrakte Deutungen etc. zusammengefaßt sind, welche dann über die Institutionalisierung ins soziale und über die Internalisierung ins Persönlichkeitssystem eingebracht werden.

4. Das *Organismussystem*, womit sich Parsons auf das rein natürliche Körpersubstrat der Handelnden bezieht.

Diese vier Systemeinheiten stehen untereinander in der Form einer kybernetischen Kontrollhierarchie vom Organismus-, über das Persönlichkeits-, das soziale bis hin zur obersten Kontrollstufe des Kultursystems. Die Kontrolle, welche ein höheres auf ein niedrigeres System ausübt, bezieht sich einmal auf dessen *innere* Struktur: so bestimmt das Kultursystem die Inhalte der Rollenerwartungen und deren Beziehungsstruktur; das soziale System die in Persönlichkeitssystemen durch Sozialisation zu realisierenden Bedürfnisdispositionen. Zum anderen laufen auch *Austauschprozesse* von unten nach oben, da die niederen Systeme Energie und Kapazitäten („facilities") für die höheren bereitstellen. Diese Austauschprozesse lassen sich in bezug auf das *gesamte analytische System* wiederum mit Hilfe des AGIL-Schemas ausdrücken, wodurch die Bedingungen eines Gleichgewichtssystems sich im ganzen systematisieren lassen[113].

---

[112] *Parsons*, T. 1952, S. 32.

[113] „Versucht man nun alle vier Elemente — die zwei der Kontrollbedingungshierarchie (Motivation und Norm; St.W.) ebenso wie die der System-Umwelt-Achse — in die Ebene des Equilibriumsystem zu stellen, wie es

Die Kontrolle und Stabilisierung sozialer Ordnung wird demnach eindeutig vom normativ-wertmäßigen Überbau eines Gesellschaftssystems bestimmt, während die konditionalen Faktoren wie die Motivation sowie die strukturellen Bedingungen der objektiven Umwelt nur eine darauf bezogene sekundäre Bedeutung haben: Motivation wird bestimmt durch Lernprozesse, die vom Sozialsystem gesteuert werden und bei denen Parsons annimmt, die lernenden Individuen orientierten sich nach dem Prinzip der Gratifikationsoptimierung. Individuelle situative Kontingenz kann er nur als „primäre Abweichung" begreifen, da er grundsätzlich von einer logischen Konsistenz des Normen- und Wertesystems und einem funktionierenden Zusammenspiel von Sozialisations- und Kontrollprozessen ausgeht. Abweichung reduziert sich somit zu einer leeren und abstrakten Negation gesellschaftlicher Ordnung und Integration. Damit wird Abweichung in ihrer Entstehung nur im Zusammenhang von *Motiven* gesehen und findet daher ihre Erklärung immer auf dem Hintergrund individueller Lerngeschichten, psychischer Defekte usw., wodurch die verschiedensten Abweichungsformen einfach parallelisiert werden können[114].

Eine etwaige Inkonsistenz, Widersprüchlichkeit oder Unvollständigkeit des Normen- und Wertesystems bleibt wegen seiner Gleichgewichtsunterstellung als Abweichungsauslöser unberücksichtigt. Die Schwierigkeiten der situativen Applikation von Normen bzw. Rollenvorschriften werden somit psychologisiert anstatt sie im Kontext eines in sich widersprüchlichen und konfliktreichen Zusammenspiels der verschiedenen Systemebenen zu analysieren. Deswegen wird für Parsons soziale Ordnung nicht zum *Ergebnis* eines permanenten Entindexikalisierungsprozesses, sondern zur abstrakten *Voraussetzung* equilibrierter Systeme. Deshalb würde ich Joachim Bergmann zustimmen, wenn er ausführt:

„Als ... Resultat ergibt sich ein Begriff von Gesellschaft, die ihren Zweck einzig in der Erhaltung ihrer eigenen (als vorgegeben unterstellten; St.W.) Stabilität hat. Es rächt sich darin der Ansatz der Handlungstheorie, der naiv als Substrat von empirischen Systemen ausgibt, was stabil und unveränderlich notwendig erscheint: Regeln des Verhaltens. Jedoch — soziale Normen sind im Fluß der gesellschaftlichen Dynamik *erstarrte Formen von Vergesellschaftung*, nicht diese selbst; internalisierte Dispositionen des Verhaltens

---

die Spannungslösung verlangt, so ist L der Systemort für die kulturellen Werte. G. die Stelle der Gratifikationen am Verbrauchsobjekt, d. h. des Motivationsinputs. A die Symbolisierung der Bedingungen und Mittel in der Umwelt, I Sitz der systemischen Ordnung. Das funktionale ‚layout' von Kontrollhierarchie und Equilibriumsordnung in der Systemebene soll jedoch nicht verstellen, daß an das Gesamtverhältnis der vier Funktionen wieder eine hierarchische Vorstellung von Kontrolle herangetragen wird. Die L-Funktion kontrolliert die I-Funktion, die I-Funktion die G-Funktion, die G-Funktion die A-Funktion" (*Schwanenberg, E.* 1970, S. 166 f.).
[114] *Parsons, T.* 1952, S. 293 ff.

sind im Verlauf des Sozialisationsprozesses sedimentierte Anpassungsschemata der Psychodynamik des einzelnen Individuums, nicht aber diese selbst[115]."

Durch diese Vermischung von *Topos* und *Ressource*[116] verbleibt Parsons zur Begründung sozialer Ordnung kein analytisches Mittel als seine quasi-ontologische Geordnetheitsunterstellung. Soziale Ordnung wird immer schon als hergestellte vorausgesetzt (Ressource), nicht aber in der Systematik ihrer Herstellung zum Gegenstand (Topos) gemacht.

Aus dieser unzulässigen Vermischung resultieren auch die Schwierigkeiten, die sich Parsons bei der Behandlung sozialer Prozesse in der *Zeitdimension* entgegenstellen. Zeit als theoretische Variable taucht nur als *Ausregelzeit* struktureller Störungen auf, nicht aber als indexikale Randbedingung der Strukturherstellung bzw. -erhaltung. Dadurch wird die Zeitlichkeit als permanentes Problem sozial geordneter Handlungsvollzüge wie auch als Element soziologischer Theoriebildung eliminiert bzw. „geheilt". Aus diesem eher formalen Argument folgt auch die Unmöglichkeit der Berücksichtigung der *historischen Zeitdimension*, der sich Parsons notwendig zu stellen hätte, wenn er einmal die analytisch unterstellte soziale Ordnung selbst zum Gegenstand machen würde.

So verbleibt denn auch Parsons im Rahmen des „moralischen Absolutismus", obwohl seine Theorie einige darüber hinausweisende Elemente enthält, die freilich auch schon Durkheim in die soziologische Theoriebildung eingeführt hat, wie die nicht-kontraktuellen Elemente des Kontraktes, welche sich hier als „value system" wiederfinden, der zumindest anfänglich gemachte Versuch der Hereinnahme der Situation in den Theorierahmen, die Einbeziehung der Zeitdimension, die sich bei Parsons freilich nur auf einen bestimmten Bereich sozialer Prozesse, nicht auf den Herstellungsprozeß sozialer Ordnung selbst bezieht.

Wenn wir uns abschließend an die sechs Douglasschen Kriterien des „moralischen Absolutismus" erinnern, so kann festgestellt werden, daß in der Parsonsschen Theorie moralische Regeln bzw. Normen die entscheidenden Erklärungsvariablen für soziale Ordnung darstellen; daß ihre Sinnbestimmung in konkreten Situationen als unproblematisch und sicher vorgestellt wird; daß Normen und Werte in sich konsistent, widerspruchsfrei und vollständig sind und zwar für alle möglichen Situationen und Handlungen; daß sie deshalb universell sind und in immer gleicher Weise auf die verschiedenen Situationen angewandt werden können; daß sie im Grunde zeitlos und aus *internen Bedin-*

---

[115] *Bergmann*, J. E. 1967, S. 54.

[116] s. dazu meine obigen Erörterungen der Argumentation von *Zimmermann*, D. / *Pollner*, M. 1971 a.

gungen (nur durch Abweichung pathologischer Persönlichkeitssysteme) unwandelbar konzipiert sind und schließlich daß ihre Sanktionierung und Einhaltung Ergebnis einer überindividuellen gesellschaftlichen Dynamik ist.

III. Ethnomethodologie als mögliches Paradigma einer nicht-absolutistischen Soziologie?

1. Zusammenfassung der von einer solchen Theorie zu vermeidenden „Fehler"

Jack D. Douglas, von dem ich den Begriff des „moralischen Absolutismus" als Kennzeichnung für die herrschende normativistische Soziologie übernommen hatte, grenzt von dieser Position anhand einiger Grundprinzipien eine Soziologie ab, welche sich als zentralen Bezugspunkt das „Understanding of Everyday Life" gesetzt hat. Eine Soziologie, welche vom Verständnis „alltagsweltlicher" d. h. indexikal bestimmter Interaktionen und Interpretationsprozesse ihren analytischen Ausgangspunkt nimmt und sich mit den Mechanismen zur Herstellung von „Alltäglichkeit" befaßt, darf demzufolge in den folgenden fünf Punkten nicht auf den fehlerhaften Ansatz des „moralischen Absolutismus" verfallen:

1. Es geht nicht an, Soziologie nach Art einer „Armstuhlwissenschaft", d. h. abstrahiert von den tatsächlich ablaufenden sozialen Prozessen zu betreiben[117].

Diese präsumptive „Allwissenheit" von Soziologen moniert Douglas etwa bei Weber bezüglich dessen Konstruktion von *historischen Idealtypen*, die vornehmlich *Wesentliches* über die soziale Realität aussagen sollen, ihrerseits aber doch nur über in ihrer Methodik kaum durchschaute Rekonstruktionsprozesse zustande gekommen sind[118].

Eine so verfahrende Soziologie bringt unvermittelt ihre *eigenen* Situationsverständnisse in die Theoriebildung und empirische Überprüfung mit ein und gibt sich darüber hinaus, wie bei Parsons deutlich wird, der Logik der eigenen Rekonstruktionsversuche anheim. Es ließen sich hierfür eine ganze Reihe von Parallelen in der Abweichungs-, Bürokratie- und Sozialisationsforschung, aber auch im Vorgehen der empirischen Sozialforschung aufweisen.

---

[117] "At the same time that sociologists assumed the moral meanings of society to be absolute, or unproblematic for the members of society, they assumed that the moral meanings of the members of society could be determined unproblematically by the sociologist" (*Douglas, J. D.* 1971 a, S. 32).

[118] Auf Parsons und seine erkenntnistheoretische Position des analytischen Realismus, der genau solche Rekonstruktionsprozesse erkenntnistheoretisch legitimiert, bin ich in Abschnitt B II, 4 ausführlich eingegangen.

Für eine nicht-absolutistische Soziologie käme es demnach darauf an, zumindest *auch* die Situationsinterpretations- und Verstehensprozesse der an dem untersuchten Objektbereich beteiligten Handelnden wie auch der untersuchenden Wissenschaftler verstehen zu lernen[119].

2. Es müßte das naive Ausgehen von statistischen Raten bzw. Indizes vermieden werden, d. h. das Vertrauen darauf, daß soziale Sinnbezüge sich mehr oder weniger unproblematisch skalieren lassen und daß solche Skalierungen methodisch zwar schwierig sein können, soziologisch-theoretisch aber kein Problem darstellen. Ich möchte dabei nicht für eine bloß qualitativ verfahrende Soziologie plädieren, was zweifellos ein Rückschritt wäre, sondern nur darauf hinweisen, daß die Quantifizierung selber als methodisch ablaufender Prozeß verstanden werden muß, Daten also nicht unbesehen als „soziale Tatsachen" ausgegeben werden dürfen. Wird dieser „Produktionsaspekt" vergessen oder verschwiegen, so gerät eine Wissenschaft, die auf der Grundlage solcher Daten argumentiert, zur bloßen „Rhetorik"[120].

Die Relevanz dieser These, in welcher „Rhetorik" in einem weiten, wertfreien Sinne gebraucht wird, zeigt sich unmittelbar etwa bei der Beobachtung konkreter Behörden, die mit der gesellschaftlichen Herstellung verbindlicher sozialer Daten bzw. Datenbündeln, wie sozialen Indikatoren, ökonomischen Kennwerten etc., befaßt sind, sowie dann, wenn man nach der Funktion solcher Daten in konkreten gesellschaftspolitischen Auseinandersetzungen forscht[121].

Da ich unten in einem eigenen Punkt hierauf eingehen werde, hier nur soviel: die Operationalisierung von zu erhebenden Problembereichen, wie die anschließende Datenerfassung und Verarbeitung implizieren eine Vielzahl voneinander mehr oder weniger unabhängiger, in sich von unterschiedlichen Relevanzgesichtspunkten gesteuerte *Entscheidungsprozesse*, die nur aufgrund der sozialstrukturellen, historischen, biographischen Randbedingungen der erhebenden sozialen Systeme bzw. Individuen begriffen werden können. Eine nicht-absolutistische Soziologie hätte die Logik dieser Randbedingungen sowie die Dialektik von Randbedingungen und Entscheidungsverhalten zu be-

---

[119] s. für einen Versuch in dieser Richtung *Glaser*, B. / *Strauss*, A.: The Discovery of Grounded Theory, London 1967.

[120] „... it is also apparent that science, especially the mathematical forms of scientific method, presented one with an immensely powerful *rhetoric*, a means of *convincing* others of the absolute truth of one's ideas regardless of the sincerity of one's motives" (Douglas, J. D. 1971 b, S. 62).

[121] Vgl. *Black*, D. J.: Production of Crime Rates, in: American Sociological Review, 35, 1970; *Cicourel*, A. V.: The Organization of Juvenile Justice, New York 1968; *Zimmerman*, D.: Tasks and Troubles: the Practical Bases of Work Activities in a Public Assistance Organization, in: Hansen, D. A. (Hrsg.): Explorations in Sociology and Counselling, Boston 1969.

schreiben und zu erklären, wodurch sich freilich der Bestätigungsprozeß von Theorien ziemlich verkomplizieren würde. Außerdem müßte sie das abstrakte Ausspielen von Alltagsinterpretationen gegen „objektive Tatsachen" im Rahmen wissenschaftlicher „Rhetorik" vermeiden.

3. Die Unterschätzung bzw. Nichtbeachtung des Prozeßcharakters gesellschaftlich oder sozialwissenschaftlich hergestellter Daten muß auch auf die Problematik der internen soziologischen Datenerhebungsverfahren bezogen werden. Auch in diese Verfahren, besonders deutlich in die Fragebogenforschung, geht eine Vielzahl unkontrollierter alltagsweltlicher Verstehensprozesse ein. Freilich kann es keine befriedigende Lösung sein, die sozialen Realitätsbezüge soweit durch Standardisierung zu entfremden, daß die Zahl der wirksamen Variablen auf ein Minimum reduziert und dadurch in einem schlechten Sinne „kontrollierbar" gemacht wird, sondern man wird sich die strukturellen Bedingungen solcher Forschungssituationen genauer ansehen müssen.

4. Den vierten Differenzpunkt, den Douglas angibt, könnte man, wenn man nur vom phänomenologischen Grundverständnis Douglas' ausgeht, für sehr problematisch halten. Er polemisiert nämlich gegen die Annahme, daß es „higher levels of order in social phenomena" gäbe:

"They (die Makroanalytiker) use this argument to justify their going directly to an analysis of the society as a whole or the institutional groups as a whole, rather than starting with an analysis of the lower-level orderings found in everyday life and proceeding to an analysis of higher levels of social ordering only when they have solved the problems of the lower levels[122]."

Den „absolutistischen" Charakter eines solchen „soziologischen Realismus" kann man sicherlich nur in dem Fall unterstellen, da eine vollständige, nicht bloß logisch-analytische Unabhängigkeit sozialstruktureller Ordnungsbeziehungen und konkret ablaufender Interaktionsprozesse behauptet würde, wie dies etwa bei Durkheim in seiner paradigmatischen Konzeption der „sozialen Tatsache" deutlich geworden war.

Douglas' Polemik dagegen erscheint mir ebenso berechtigt wie seine Skepsis gegenüber den sogenannten *Mehrsprachenansätzen*[123], die von einer bloß analytischen Differenzierung in *Problemsprachenebenen* ausgehen, über deren interne Beziehungen sie keine Aussagen machen bzw. machen können.

---

[122] *Douglas, J. D.* 1971 a, S. 8.

[123] Vgl. paradigmatisch die Ausführungen zum Leib-Seele-Problem von *Feigl, H.*: The „Mental" and the „Physical", in: *Feigl, H. / Scriven, M. / Maxwell, G.* (Hrsg.): Minnesota Studies in the Philosophy of Science, Vol. II, Minneapolis 1958.

Andererseits kann soziale Ordnung bzw. deren soziologische Erklärung sich nicht nur auf die deskriptive Schilderung interaktiver Kommunikationsprozesse beziehen, da ein solcher quasi-positivistischer Konkretismus es unmöglich machen würde, irgendeine Qualifizierung der jeweiligen Realitätsinterpretationen oder der auftretenden Verstehensprozesse zu leisten. Außerdem erscheint mir die Hypothese plausibel, daß interpretative alltägliche Prozesse durch bestimmte, in sich systematische situative Restriktionen (Erfahrungssituation, Lerngeschichte, augenblickliche Interessen etc.) verunmöglicht bzw. erschwert werden können. Die nur unter diesen Voraussetzungen verständlichen Phänomene wie „falsches Bewußtsein", „irrige Realitätssicht", „Ideologie" dürften meiner Ansicht nach nicht bloß relativistisch auf die schiere Tatsache einer *auch so möglichen* Realitätsinterpretation reduziert werden, da, wie ich mich unten zu zeigen bemühen werde, ein solcher Relativismus die Bedingung seiner eigenen Möglichkeit aufhebt.

„Nichtabsolutistische" Ansätze hätten demnach die Aporien eines soziologischen Realismus ebenso zu meiden, wie jene eines bloßen Interaktionssubjektivismus, welcher letzen Endes doch nur in einem solipsistischen Relativismus enden könnte.

5. Der vierte Einwand erscheint Douglas besonders auch auf historische Untersuchungen anwendbar:

"All historical analyses are, of course, ultimately based on the primary source material, which consists entirely of member accounts. These accounts, like all member accounts, presuppose an adequate understanding of everyday life by the intended readers. Historical accounts, then, can be looked at as coded messages that can be adequately decoded only by one who already understands the code — the understandings of everyday life presumed by the coder[124]."

Solch ein Einwand scheint zunächst jede Art von historischen Untersuchungen zu verunmöglichen, zumal ein solch adäquates Verständnis kaum in irgendeiner Weise validierbar sein dürfte, da ja gemäß eines Ansatzes, welcher vom Alltagsverständnis ausgeht, transsituationale Generalisierungen tendentiell unzulässig sind.

Weil ich auch diesen Einwand unten eingehender behandeln werde, soll nur soviel als richtig am Douglasschen Argument festgehalten werden: gerade historische Untersuchungen stehen besonders in der Gefahr, die alltäglichen Interpretationsprozesse der Forscher selbst über jene zu stellen, welche tatsächlich den betreffenden sozialen Objektbereich charakterisieren. Ob eine „nicht-absolutistische" Soziologie gleich Douglas' radikale Konsequenz ziehen müßte, nach der der

---

[124] *Douglas, J. D.* 1971 a, S. 10.

einzig valide und reliable Weg sozialwissenschaftlicher Erkenntnis über eine systematische Beobachtung und Analyse des Alltagslebens zu laufen habe, wird freilich noch zu diskutieren sein. Auch Douglas räumt bei seiner Diskussion der verschiedenen Versuche einer nicht absolutistischen Soziologie (bei Mead und Goffman) die Gefahr eines bloß abbildenden, *naturalistischen* Vorgehens ein, welche das Objektivitätsproblem nicht adäquat lösen könne[125].

Ich will mich in dieser Arbeit nur mit der wahrscheinlich entwickelsten Stufe der Theorie „alltäglicher" Verstehensprozesse (nicht: Verstehensprozesse im Alltag!), der sog. *Ethnomethodologie*[126] auseinandersetzen, da ihre Protagonisten ganz explizit den Anspruch gestellt haben, wenn schon nicht mit dem Indexikalitätsproblem „heilend" fertig zu werden, so doch „pragmatische Lösungen" anbieten zu können.

Da auch diese theoretische Richtung in sich keineswegs homogen ist, sollen im folgenden fünf differenzierbare Richtungen innerhalb dieses Theorierahmens diskutiert werden, die trotz der grundsätzlichen Homogenisierungstendenz dieser Schule zunehmend sich herauskristallisieren.

Bei dieser analytischen Ausdifferenzierung gehe ich zunächst von Douglas' grober Unterscheidung zwischen linguistischen und situationalen Ethnomethodologen aus[127], die dann von Attewell[128] weiter spezifiziert wurde. Seine Herausarbeitung von fünf hauptsächlichen Autorengruppen erfahren in den wissenschaftssoziologischen Darstellungen von Mullins und Mullins[129] ihre Bestätigung. Da sich die verschiedenen Strömungen der Ethnomethodologie nicht auf die einfache Formel „linguistisch vs. situational" bringen lassen, erscheint mir folgende Differenzierung nach Autorengruppen funktionaler:

1. Zunächst *Harold Garfinkel,* der eigentliche „Vater" der Ethnomethodologie, welcher eher dem „situationalen Flügel" zugeordnet werden kann, aber wie sich in seiner Schrift mit Sacks zeigt, auch linguistische Determinanten von Verstehensprozessen einbezieht.

2. *Harvey Sacks* (zusammen mit Emanuel Schegloff, David Sudnow, Roy Turner u.a.), der hauptsächlich versucht, Sinnherstellungsprozesse aufgrund linguistischer Kategorien zu objektivieren.

---

[125] Für eine grundsätzliche methodologische Kritik des soziologischen Naturalismus s. neuerdings *Heritage, J.:* Assessing People, in: Arminstead, N. (Hrsg.): Reconstructing Social Psychology, Harmondsworth 1974.
[126] Zum Begriff s. *Garfinkel, H.:* Diskussionsbeiträge, in: Hill, R. J. / Crittenden, K. St. (Hrsg.): Proceedings of the Purdue Symposium on Ethnomethodology, Layfayete, Ind., 1968.
[127] *Douglas, J. D.* 1971 a, S. 32 ff.
[128] *Attewell,* P. 1974.
[129] *Mullins, N. C. / Mullins, C. J.:* Theories and Theory Groups in Contemporary American Sociology, New York 1973.

134 B.III. Ethnomethodologie: Paradigma nicht-absolutistischer Soziologie?

3. *Don Zimmerman* und *Lawrence Wieder*, zusammen mit *Melvin Pollner*.
4. *Aaron Cicourel*
5. die *Analysis-Gruppe* um *Alan Blum* und *Peter McHugh*, welche alle auf dieser Skala mehr oder weniger Mittelpositionen einnehmen, und wie in Anklängen bei Cicourel und ganz explizit der der Analysis-Gruppe sich von der frühen Ethnomethodologie Garfinkels distanzieren. Später (im Abschnitt C II, 3, 2) möchte ich dann auch noch die spezifisch *deutsche Rezeption* der Ethnomethodologie einer Analyse unterziehen, wie sie sich aus den Erläuterungen der *Bielefelder Arbeitsgruppe* zu ihren beiden Readern, sowie der Abhandlung über Jugendkriminalität von *Ralf Bohnsack*, der ebenfalls zum Bielefelder Kreis gehört, ablesen läßt[130].

2. Darstellung der verschiedenen Richtungen innerhalb der Ethnomethodologie

a) Harold Garfinkel

Garfinkel kann man als den eigentlichen „Vater" der Ethnomethodologie (in Zukunft abgekürzt ETH) bezeichnen, taucht doch in seinem Werk der Titel „ethnomethodology" zum ersten Male explizit und programmatisch auf, obwohl auch schon vorher von ihm und anderen Autoren wie Aaron Cicourel, Egon Bittner ethnomethodologische Analysen vorgetragen wurden[131].

Garfinkels Vorgehensweise und damit die der sog. „frühen ETH"[132] macht man sich am besten an deren quasi-experimenteller Vorgehensweise klar:

So untersuchte z. B. Garfinkel die Frage, nach welchen Kriterien denn bestimmte Patienten in psychiatrischen Kliniken für die diversen Behandlungsmethoden ausgewählt werden. Zu diesem Zweck sollten an Hand von Baumdiagrammen die „Karriere-Pfade" von Patienten in einer Klinik untersucht werden, wobei unter „Karriere-Pfad" jener Weg verstanden wird, den ein Patient von der Aufnahme, über das Aufnahmeinterview, die Tests und die Anamnese bis hin zur

---

[130] *Arbeitsgruppe Bielefelder Soziologen* (Hrsg.): Alltagswissen, Interaktion und gesellschaftliche Wirklichkeit, Reinbek bei Hamburg 1973; *Bohnsack, R.*: Handlungskompetenz und Jugendkriminalität, Neuwied und Berlin 1973.
[131] *Cicourel, A. V.*: Methode und Messung in der Soziologie, Frankfurt 1970 (zuerst erschienen 1964); *Bittner, E.*: Radicalism and the Organization of Radical Movements, in: American Sociological Review, 28, 1963; *ders.*: The Police on the Skid Row, in: American Sociological Review, 32, 1967.
[132] Vgl. zu dieser Differenzierung: *Attewell, P.* 1974.

2. Darstellung: Harold Garfinkel

schließlichen Zuweisung einer bestimmten Behandlungsmethode durchläuft. In diesem Zusammenhang interessierten Garfinkel zunächst die unabhängigen Variablen der Patienten, des Klinikpersonals und der an der jeweiligen Klinik vorliegenden „Karriere-Pfade", die er an Hand von offiziellen Fallaufzeichnungen überprüfen wollte.

Er ließ etwa 1500 solcher Fallaufzeichnungen von zwei graduierten Soziologen vercoden und die Reliabilität auf konventionelle Weise überprüfen. Aus der Logik der traditionellen Testtheorie läßt sich bekanntlich zweierlei aus einem hohen Reliabilitätskoeffizienten, der als grundlegendes Maß für die Schätzung der Zuverlässigkeit von Messungen verwandt wird, ableiten:

— Hohe Reliabilität spricht für die Standardisierung der Coder, der Vercodungssituation und für die Eindeutigkeit der zu vercodenden Information.

— Hohe Reliabilität läßt zumindest einen tendentiellen Schluß auf die mögliche *Validität* der Information selber zu, da mit steigender Reliabilität sich auch die *mögliche* Validität erhöht.

Garfinkel polemisiert nun aber gerade gegen die Art und Weise, auf welche solch hohe Reliabilitätskoeffizienten möglich werden bzw. besser: gegen die Vorstellungen über das Zustandekommen solcher Übereinstimmungen, wie sie in der Forschung anzutreffen sind:

"The 'reliability' of coded results was addressed by asking how the coders had actually brought folder contents under the jurisdiction of the Coding Sheet's item. Via what practices had actual folder contents been assigned the status of answers to the researcher's questions? What actual activities made up those coder's practices called 'following coding instruction'?[133]."

Garfinkel greift damit ganz explizit das oben erwähnte Applikationsproblem auf: er bezieht sich also nicht auf die traditionelle Reliabilitätsfragestellung, bei der es nur um die Feststellung möglicher Fehlervarianzen geht, welche sich auf die „ungezügelte" Subjektivität der Vercoder sowie die Kompliziertheit der Situation rückbeziehen ließe, sondern er fragt sich, wie es angehen könne, daß auf eine solch komplexe Interpretationsfragestellung so relativ gleichlautende Antworten gegeben werden können.

Garfinkel ging bei der Klärung dieser Frage von der Unterstellung aus, „that *whatever* they did could be counted correct procedure in *some* coding game"[134]. Seine *strategische Frage* lautet also, was denn das für implizite Spielregeln seien, die eine Vercodung zu einer

---

[133] *Garfinkel*, H. 1967, S. 20.
[134] Ebenda.

„Vercodung" machen und sie in den Augen sozial kompetenter Handelnder als eine solche erscheinen lassen.

Sich dem Spielbegriff des späten Wittgenstein (s. Abschnitt A II, 1) anschließend versucht er, diesen Vercodungsprozeß als regelhaftes Verfahrensgeschehen zu begreifen. Da, wie von mir oben dargestellt, die Regel- bzw. Kategorienapplikation niemals völlig eindeutig und unproblematisch, d. h. ohne Belastung der zeitlichen, sachlichen und sozialen Ressourcen, zu Ende gebracht werden kann, wird für Garfinkel die Frage nach dem „Wie" des hier augenscheinlich unvermeidlichen „Kompromisses" von strategischer Bedeutung:

"Processes of choosing among alternatives in common-sense situations of choice consist of social activities that go on in real time and in socially organized settings. They deal with the necessities for temporal scheduling and are pressed to answer the demand, 'what to do next?'. They are made up of the chooser's practical *methods* for assembling, testing, and verifying the factual character of his information, his *methods* for assessing, producing, recognizing, insuring, enforcing consistency, planning, and other rational properties of individual and concerted patterns of action[135]."

Bei seinen Untersuchungen gelang es nun Garfinkel, einige Prozeduren oder „*Methoden*" zu beschreiben, welche den Codern zur „Heilung" dieser eigentlich unlösbaren Aufgabe dienten: er spricht bei diesem Prozeß der *Indexikalisierung*, d. h. der Anpassung allgemeiner Muster (Fragebogenkategorien) an konkrete, situativ-bezogene Informationen (Falldarstellungen), von den Methoden des sog. *ad hocing*.

Solche ad-hocing-Prozeduren beschränken sich freiwillig nicht auf Vercodungsprozesse, sondern stellen tendentiell universell einsetzbare Mechanismen zur situativen Sinnverstellung dar. Garfinkel führt vier Beispiele an:

— Die *et-cetera-Annahme* erlaubt es dem Coder oder irgendjemand, der vor einer Kategorisierungsaufgabe steht, die Entscheidung, ob ein item in eine bestimmte Kategorie fällt, aufzuschieben bis zusätzliche Informationen vorliegen.

So wird man z. B. einen Freund, der auf einmal unverständliche Verhaltensweisen zeigt, nicht sofort in die Kategorie „abweichend" oder „psychisch krank" überführen, sondern zunächst abwarten, was der Situationsverlauf an weiteren Informationen bringt.

Eine solche Annahme wird, wie Garfinkel bei anderen Demonstrationsexperimenten zeigen konnte, in Kommunikationssituationen in der Weise quasi normativ unterstellt, daß es etwa als unschicklich

---

[135] *Garfinkel*, H. / *Churchill*, L.: Some Features of Decision Making in Common Sense Situations of Choice, unveröffentlichtes paper, Departement of Sociology, University of California at Los Angeles 1964, S. 8 (Hervorh. St.W.).

und unpassend gilt, komplexe Argumente nicht als ganze zu betrachten und nach dem ersten nicht ganz verständlichen Satz sofort nach dessen Bedeutung zu fragen.

— Die *unless-Annahme*, welche der ersten ziemlich verwandt ist. Man verfährt hier nach der Parole:

"Read the rule so as to incude, as part of what it is talking about, any and all considerations of *unless*, considerations which any member knows need not and cannot be cited before they are needed, though no member is at a loss when the need is clear. That is, you presumably can recognize circumstances and cases to which no one in their right (professional) mind would take the rule as applying, though not stated[136]."

— Die *factum-valet-Annahme* erlaubt es, Handlungen oder items, welche eigentlich von einer Regel verboten wären, einmal als korrekt zu behandeln und nicht sofort die Regel zu verwerfen, wodurch die Hereinnahme von Inkonsistenz ermöglicht wird.

Die Anzahl und die spezifische Qualität solcher Regeln schätzt Garfinkel grundsätzlich beliebig ein, klar ist nur, daß immer *irgendwelche* Regeln bei einem solchen „Heilungsversuch" zur Anwendung kommen müssen. Nur der Gebrauch solcher Regeln macht es den alltagsweltlichen und wissenschaftlichen Vercodern überhaupt möglich, Daten zu indexikalisieren, d. h. auf die Situation ihrer Herstellung, in diesem Fall auf die verschiedenen Stufen der Klinikkarriere des Patienten, rückzubeziehen. Mit ihrer Hilfe erst gelingt es Vercodern, Klinikaufzeichnungen als „Dokumente" (vgl. Mannheims „dokumentarische Methode") realer Klinikaktivitäten zu lesen, also Aussagen auf alltägliche Interaktionseinheiten, welche ja auch den Codern bekannt sind, zu beziehen[137].

Die generellen Folgen, die Garfinkel aus diesen und ähnlichen Beobachtungen zieht, entsprechen weitgehend den von mir oben aufgezeigten Folgeproblemen der Indexikalität:

— Einmal die Beobachtung, daß Daten, in diesem Falle Vercodungen, nicht objektive Beschreibungen („desinterested descriptions") von situativ gebundenen Handlungsvollzügen seien und daß ihre methodische Herstellung von den Verordnungsregeln nicht völlig abgedeckt wird. Daten müssen als methodisch hergestellte Interpretationen („persuasive versions") über einen gegebenen Objektbereich verstanden werden. Der geordnete Charakter des Datenmaterials wäre folglich zumindest teilweise, aus der geordneten Weise darüber zu spre-

---

[136] *Garfinkel, H.*: Remarks on Ethnomethodology, in: Gumperz, J. / Hymes, D. (Hrsg.): Directions in Sociolinguistics: The Ethnography of Communication, New York 1972, S. 312, Anmerkung.
[137] *Garfinkel, H.* 1967, S. 23.

chen bzw. es unter bestimmte Klassenbezeichnungen zu subsummieren, zu begreifen. Geordnetheit hätte somit z. T. einen *retrospektiven*, d. h. in der alltagsweltlichen bzw. wissenschaftlichen Betrachtung erst nachträglich hergestellten Charakter.

— Zum anderen verfällt die traditionelle sozialwissenschaftliche Vorgehensweise dem Irrtum, daß wissenschaftliche Beschreibungen von Verhaltensabläufen in dem *worüber* sie sprechen

"(are) independent of the interests of the members that are being served by using it. *Coding instructions ought to be read instead as consisting of a grammar of rhetoric; of furnishing a 'social science' way of talking to persuade consensus and action within the practical circumstances of the* clinic's organized daily activities, a grasp of which members are expected to have as a matter of course"[138].

Es geht Garfinkel nicht etwa um Ideologiekritik, d. h. nachzuweisen, in welcher Weise die Interessen der Handelnden in deren soziales Verhalten eingehen, sondern um die Frage nach der Systematik der grundlegenden Mechanismen der Realitätsinterpretation, die überhaupt erst so etwas wie einen geordneten Charakter sozialer Handlungsvollzüge zustande kommen lassen, also pointiert: um die *Rhetorik sozialer Ordnung*.

Garfinkel versucht nicht nur, der etablierten Soziologie, oder wie er sagt, der „constructive analysis", die Ambiguität und Willkürlichkeit ihrer Konzepte vorzuwerfen und vielleicht phänomenologisch zu überlegen, wie man denn solche Reifikationen umgehen und zum „Eigentlichen" des Sozialen vorstoßen könnte.

Ähnlich wie Dorothy Smith, die ich oben erwähnte (Abschnitt B I, 3), sieht Garfinkel in jeder Ersetzung indexikaler durch „objektive" Ausdrücke (dem Grundmuster aller Typisierung und damit Reifikation) bestimmte Methoden am Werk, deren systematischen Charakter zu entschlüsseln die Spezifität seines Ansatzes ausmacht. Dabei geht er, die Ergebnisse ethnomethodologischer Studien resümierend, von zwei grundlegenden Thesen aus:

"Their (der ethnomethodologischen Autoren) studies have shown in demonstrable specifics (1) that the properties of indexical expressions are ordered properties and (2) *that* they are ordered properties is an ongoing accomplishment of every actual occasion of commonplace speech and conduct[139]."

Garfinkel unterstellt gewisse fundamentale interpretative Prozeduren („rational properties of everyday reasoning"), welche in jeder Art von Verstehensprozessen angewandt werden bzw. angewandt werden kön-

---

[138] *Garfinkel*, H. 1967, S. 24 (Hervorh. St.W.).
[139] *Garfinkel*, H. / *Sacks*, H. 1970, S. 339.

nen. „Methodologie", also die Untersuchung dieser in sich systematischen Prozeduren bekommt hiermit einen wesentlich weiteren Sinn, der sich nicht nur auf die Art und Weise bezieht, wie man eine wissenschaftliche Untersuchung „ordnungsgemäß" durchführt, sondern „Methodologie" ist auch ein Teil dessen, was überhaupt Gegenstand einer jeden Untersuchung sein kann. Für die ETH Garfinkels erscheinen die Handelnden ob im Alltag oder in der Wissenschaft allesamt als „practical methodologists", welche mit Hilfe kunstreicher Techniken ihre soziale Umwelt als *geordnete* in einem permanenten Prozeß herzustellen versuchen. Der Methodenbegriff wird damit ent-szientifiziert, so daß „Methodozität" kein Unterscheidungskriterium von Wissenschafts- und Alltagserkenntnis mehr sein kann, sondern im Gegenteil als Hinweis auf die grundlegenden Gemeinsamkeiten beider Bereiche gewertet werden muß.

So kann denn Garfinkel die Zielrichtung der ETH wie folgt umreißen:

"Their study is directed to the task of learning how members' actual, ordinary activities consist of methods to make practical actions, practical circumstances, commonsense knowledge of social structures, and practical sociological reasoning analysable ...[140]."

Da hier nicht der Ort ist, Garfinkels Theorie oder ihre ideen- bzw. soziologiegeschichtlichen Hintergründe zur Gänze auszubreiten[141], möchte ich mich auf die Darstellung der grundsätzlichen Forschungsstrategie Garfinkels beschränken, welche in folgenden fünf Punkten umrissen werden könnte:

1. Jeder alltagsweltliche wie wissenschaftliche Situationsinterpretationsprozeß, jeder Verstehensprozeß, generell: die wechselseitige Aufrechterhaltung geordneter Interaktion wird unter der Perspektive betrachtet, daß sie das Ergebnis kunstvoller, sozial organisierter und sanktionierter Praktiken sind, welche von kompetenten Handelnden („member") angewendet werden, um „Sinn", „Objektivität", „Ursache-Wirkungs-Zusammenhänge", „Faktizität" u. ä. herzustellen. Solche Interpretationsprozesse (bzw. Applikationsversuche) können grundsätz-

---

[140] *Garfinkel*, H. 1967, S. vii f. In ähnlicher Weise formuliert Sudnow: "The program of ethnomethodology, at least as I see it, is to demonstrate that the member has elegant knowledge in the workings of social structure, describably elegant knowledge. The whole enterprise stands or falls on its ability to show the methodical character of the activities of members" (Sudnow, O., in: Hill, R. / Crittenden, K. St. 1968, S. 51).

[141] Neben den nur mit erheblichen Einwänden zu empfehlenden Referaten über die theoretischen Hintergründe der ETH bei der Arbeitsgruppe Bielefelder Soziologen 1973 und in Douglas 1971 a, möchte ich vor allem auf die vorzügliche Arbeit von *Bergmann*, J. R.: Der Beitrag Harold Garfinkels zur Begründung des ethnomethodologischen Forschungsansatzes, unveröffentlichte psychologische Diplomarbeit, München 1974, verweisen, der ich im übrigen eine Reihe von Anregungen für diesen Teil der Arbeit verdanke.

lich wie *Entscheidungsprozesse* verstanden werden, welche unter Zuhilfenahme bestimmter „Faustregeln" und unter Berücksichtigung des jeweiligen „purpose at hand" (Schütz) durchgeführt werden.

Da man unterstellen kann, daß die Indexikalität ein universelles Phänomen repräsentiert, werden solche Entscheidungsprozesse Kennzeichen aller alltäglichen und wissenschaftlichen Handlungsvollzüge sein. *ETH wird damit zur Basiswissenschaft für jegliche Verstehensprozesse*, von denen sie keinen als qualitativ von anderen unterschieden heraushebt, weder was deren Genauigkeit, Adäquatheit, ihren Wert, noch ihren Erfolg betrifft.

Eine solche Haltung bezeichnet Garfinkel als „*ethnomethodologische Indifferenz*", welche aber nicht mit „Objektivität", „Wertfreiheit" oder ähnlichen Begriffen traditioneller Methodologie und Wissenschaftstheorie verwechselt werden darf. „Objektivität" und „Wertfreiheit" sind nämlich selbst methodisch hergestellte Tatbestände, welche die Beherrschung sozialer Basiskompetenz voraussetzen („mastery of natural language", wie sich Garfinkel ausdrückt).

So kann er denn auch zusammenfassen:

"Procedures and results of water witching, divination, mathematics, sociology — whether done by lay personals or professionals — are addressed according to the policy that every feature of sense, of fact, of method for every practical case of inquiry without exception is the managed accomplishment of organized settings for practical actions, and that particular determinations in member's practices of consistency, planfullness, relevance, or reproductibility of their practices and results — from witchcraft to topology — are aquired and assured only through particular, located organizations of artful practices[142]."

2. Der zweiten Grundannahme Garfinkels zufolge sind die sozial kompetenten Handelnden immer und überall bemüht (und müssen, um soziale Ordnung herzustellen, bemüht sein), die Rationalität von sozialen Situationen[143], d. h. ihre Vergleichbarkeit, Sinnhaftigkeit, Abgewogenheit, ihre strategische Folgerichtigkeit, Zeitgemäßheit, Voraussehbarkeit, das dabei erfolgte Einhalten oder Nichteinhalten bestimmter Regeln („cartesianische" oder „tribal") etc. zu rekonstruieren, d. h. über den Geordnetheitscharakter zu entscheiden. Rationalität von Handlungsvollzügen wird somit nur auf dem Hintergrund einer „rhetorischen Analyse" verständlich[144]. Die in aktuellen Situationen

---

[142] *Garfinkel*, H. 1967, S. 32.

[143] Im Anschluß an Alfred Schütz expliziert Garfinkel diese Rationalitätskriterien in seinem Aufsatz „The Rational Properties of Scientific and Common Sense Activities". In *Garfinkel*, H. 1967, S. 262 - 283.

[144] *Elliot*, H. C.: Similarities and Differences between Science and Common Sense, in *Turner*, Roy (Hrsg.): Ethnomethodology, Harmondsworth 1974, hat eindringlich auf den „rhetorischen" Charakter von „Genauigkeit" auch im Kontext naturwissenschaftlicher Forschung hingewiesen.

2. Darstellung: Harold Garfinkel 141

vorliegenden Daten müssen von den Beteiligten unter Berücksichtigung des jeweiligen „purpose at hand" als „rationale" erst hergestellt werden. Rationalität wäre damit keine invariante Eigenschaft von Daten bzw. sozialen Handlungsabläufen, sondern das Resultat alltagsweltlicher und wissenschaftlicher Heilungsversuche, die unter spezifischen situativen Bedingungen, d. h. auf dem Hintergrund begrenzter zeitlicher, sachlicher und sozialer Ressourcen, ablaufen müssen. Garfinkel spricht deshalb auch von „rational-for-all-practical-purposes" bzw. von „true-for-all-practical-purposes"[145].

Daraus läßt sich für das Problem der sozialen Ordnung die noch weiter gehende generelle Forschungsregel ableiten, daß man jeden *Bedingungsfaktor* einer Handlung als einen Bedingungsfaktor für ihre soziale Geordnetheit und Rationalität betrachten sollte. Soziale Ordnung realisiert sich in der methodischen Herstellung von Rationalitäten in aktuellen Handlungsvollzügen. ETH hat folglich das zum Gegenstand, was man mit Sacks[146] „practical theorizing" nennen könnte, bei dem es um die Herstellung von „Situationswahrheiten"[147] geht.

In der Forschungsperspektive der ETH werden zu Selbstverständlichkeiten gewordene Handlungsvollzüge als aktive Handlungs- und Herstellungsprozesse dechiffriert und damit „entverselbständigt". Es geht also um die Aufhebung von Selbstverständlichkeiten durch den Aufweis ihrer Produziertheit[148].

3. Damit ist auch schon angedeutet, daß irgendwelche logischen oder methodologischen Auszeichnungen von Alltagshandlungen nicht *Ressourcen* sind, deren man sich bei der Beurteilung praktischer Handlungsvollzüge unproblematisch bedienen kann, sondern daß sie selbst zum *Topos* von Untersuchungen gemacht werden müssen. Alltagswelt-

---

[145] "It is not satisfactory to say that members invoke some rule with to define the coherent or consistent or planful, i. e. rational, character of their actual activities. Nor it is satisfactory to propose that the rational properties of members inquiries are produced by members' compliance to rules of inquiry. Instead, 'adequate demonstration', 'adequate reporting', 'sufficient evidence', 'plain talk', 'making too much of the record', 'necessary inference', 'frame of restricted alternatives', in short every topic of 'logic' and 'methodology', including these two titles as well, are glosses of organizational phenomena" (*Garfinkel*, H. 1967, S. 33).
[146] s. *Sacks*, H. 1963, S. 3; 8.
[147] Zu diesem Begriff *Husserl*, E.: Die Krisis der europäischen Wissenschaften und die transzendentale Phänomenologie, Den Haag 1962, S. 135.
[148] "The ethnomethodologist continually asks the *technical question*, 'How is that social activity done?'. Harvey Sacks keeps this question in front of him by using the verb 'to do' in thinking about social activities. He refers to arguing as *doing* arguing; beeing embarrassed as *doing* embarrassment; exclaiming as *doing* exclaiming; questioning as *doing* questioning, etc. In this way he tried to keep focused on the methodical ways in which social activities are produced by members of the culture" (Churchill, L. 1971, S. 183).

liche Geordnetheit sozialer Handlungsvollzüge wird damit zum wissenschaftlichen Phänomen und bleibt nicht mehr in der Selbstverständlichkeit der „natürlichen Einstellung" (A. Schütz) des Alltags, welche ihre Erwartungsstrukturen und ihr Hintergrundwissen nicht mehr problematisiert und so in der Lage ist, *routinemäßig* zu handeln. Gerade diese Routine als komplexen und voraussetzungsvollen Prozeß zu entschlüsseln, wenn auch nicht zu erklären, bestimmt Garfinkel zur Aufgabe der ETH[149].

4. Dieser Herstellungsprozeß sozialer Sinnbezüge bzw. der „Vernünftigkeit" („rationality") sozialer Handlungen wird von Garfinkel bezüglich der verbalen Darstellungen bzw. Erklärungen („accounts") untersucht, wie sie von den Teilnehmern einer als geordnet empfundenen sozialen Interaktion geäußert werden. Die Methoden der *Sinnherstellung* setzt er demnach mit den Methoden der *Sinndarstellung* gleich[150].

Die Geordnetheit sozialer Beziehungen wird somit zu einer Funktion ihrer *Darstellbarkeit* („accountability"), welche ihrerseits als ein prozeßhafter Interpretationsvorgang in einer bestimmten Situation („setting") verstanden wird. So formuliert Garfinkel als die zentrale Forschungsempfehlung, welche sich aus seinen Untersuchungen ergibt

---

[149] Jörg Bergmann entwickelt hierzu folgende anschauliche Analogie: „Wenn wir als unmittelbar Beteiligte oder als Zuschauer am alltäglichen Sozialverkehr partizipieren und entweder selbst argumentieren, fragen, erklären etc. oder wahrnehmen, daß andere argumentieren, fragen, erklären etc., dann bedienen wir uns dieser Kommunikationsmodalitäten in der gleichen unproblematischen Weise, wie wir im Zahlungsverkehr Münzen und Geldscheine verwenden. Wir haben zwar manchmal Probleme, weil uns Argumente (resp. Geldscheine) fehlen, oder weil sich Fragen (resp. Münzen im Geldbeutel) angesammelt haben, doch der Umgang mit Fragen und Argumenten (resp. Geldscheinen und Münzen) selbst bereitet uns keinerlei Probleme ... Und so, wie wir uns nicht um die spezifische Legierung, den genauen Durchmesser und die besondere Prägetechnik von Münzen kümmern, ... so kümmern wir uns auch nicht um die — hier von der ETH unterstellte — ‚Produktionsgeschichte' von Argumenten, Fragen, Erklärungen etc., aus denen unsere alltäglichen Gespräche mit Freunden und Fremden bestehen. Wenn wir allerdings den begründeten Verdacht auf Falschgeld hegen bzw. mit der besonderen haptischen Qualität oder den eigenwilligen Größenproportionen der Zahlungsmittel einer fremden Währung zu kämpfen haben, wird unser Augenmerk auf deren im automatisierten Gebrauch eskamotierte Herstellungsgeschichte selbst gelenkt. Nach diesem Muster müßte also die ETH — in ihrem Bemühen den in der Alltagswelt unsichtbar bleibenden methodisch organisierten Entstehungsprozeß von Fragen, Argumenten, Erklärungen etc. sichtbar zu machen — gleichsam ‚soziales Falschgeld' herstellen und zu experimentellen Zwecken in Umlauf bringen ..." (Bergmann, J. 1974, S. 37 f.).

[150] *Attewell*, P. 1974, S. 182, betont richtig die Parallele zu Goffman, der, freilich mit einer anderen Akzentuierung, den „darstellerischen Charakter" sozialer Ordnung herausstellt. Den Unterschied seiner Position zu der Goffmans arbeitet Garfinkel in 1967, S. 166 f. und 174 f., heraus.

2. Darstellung: Harold Garfinkel

"that the activities whereby members produce and manage settings of organized everyday affairs are identical with members' procedures of making those settings 'accountable'. The 'reflexive' or 'incarnate' character of accounting processes and accounts makes up the crux of that recommendation"[151].

Es geht also um die Frage, wie kompetente sozial Handelnde eine Situation und die in ihr ablaufenden Handlungsvollzüge als geordnete, erkennbare etc. in ihren Darstellungen *herstellen* können.

Dies hat keineswegs etwas mit „Abbildung" zu tun, weil das Abzubildende erst in diesem Konstruktionsprozeß konstituiert werden muß. Garfinkels, übrigens, wie wir sehen werden, nicht von allen Ethnomethodologen geteilte These ist es nun, daß die „Rationalität" bzw. „Vernünftigkeit" sozialer Interaktionen von ihrer sprachlichen Darstellbarkeit abhängt, daß also eine Darstellung bzw. Erklärung eines settings („account") sowohl einen Selbstverständigungsprozeß des Handelnden wie einen Erklärungsversuch den anderen Handlungspartnern gegenüber darstellt[152]. Garfinkels These ließe sich in der Weise zusammenfassen, daß die Aktivitäten, mit Hilfe derer wir settings als sozial geordnete erzeugen, *identisch* sind mit den Verfahren, deren wir uns bedienen, um eben diese settings „praktisch erklärbar" („accountable") zu machen. Zu handeln und die sozialen Zusammenhänge, in denen wir interagieren, zu erklären, sind demnach nicht zwei voneinander methodisch unterscheidbare Prozesse. Daher müssen einerseits alltägliche Handlungsvollzüge als selbstexplikativ in dem Sinne aufgefaßt werden, daß sie beständig den von ihnen selbst hervorgebrachten und getragenen Situationen ihren intelligiblen Charakter verleihen, und können andererseits die Praktiken des Erklärbarmachen, der Intelligibilisierung nur als konstitutive Elemente jenes sozialen Zusammenhangs begriffen werden, auf dessen sinnhafte Strukturierung sie ausgerichtet sind[153].

Garfinkel hat damit gleichzeitig eine sehr weitgehende Feststellung getroffen, denn er muß davon ausgehen, daß *jede* Art der Realisierung

---

[151] *Garfinkel,* H. 1967, S. 1.

[152] Nach *Attewell,* P. 1974, S. 183, macht sich hier Garfinkel die Doppelbedeutung von „account" im Englischen zunutze: "Garfinkel uses the nuances of English to express this equivalence between making sense of something and explain that sense. The word 'account' carries this equivalence; to account for something is both to make understandable and to express that understanding."

[153] Mit Garfinkels Worten: "In exactly the ways that a setting is organized, it *consists* of members' methods for making evident that settings' ways as clear, coherent, planful, consistent, chosen, knowable, uniform, reproducible connections — i. e. rational connections ... In exactly the ways in which a setting is organized, it *consists* of methods whereby its members are provided with accounts of the setting as countable, storyable, proverbial, comparable, picturable, representable — *i. e.,* accountable events" (Garfinkel, H. 1967, S. 34).

einer sinnvollen Situation (also auch der Wahrnehmung) von ihrer grundsätzlich linguistischen Darstellbarkeit abhängt. Wahrnehmung müßte demnach immer schon als „Erklärung" von settings aufgefaßt werden.

5. Diese linguistischen Prozeduren müssen dann inhaltlich den sozial Handelnden befähigen, unvollständige Sätze, Ironien, Sprichwörter, eliptische Formulierungen etc. als sinnvoll in der jeweiligen Situation darzustellen bzw. zu erkennen. So kann z. B. die Frage, warum Kinder aus den unvollständigen Sätzen Erwachsener das System sprachlicher Regeln lernen können, nicht allein behavioristisch, d. h. von den beobachtbaren bzw. hörbaren Ausdrücken her beurteilt werden, sondern man muß hierfür auf zusätzliche Mechanismen rekurrieren, die für die Kinder wie für die Eltern erst die Handhabung indexikaler und unvollständiger Information erlauben.

Zur Dialektik von Form und Inhalt

Man kann das Vorhergehende in der Weise zusammenfassen, daß Garfinkel gezeigt hat, inwiefern die traditionellerweise als „formale Strukturen sozialer Interaktionen" betrachteten Regeln und Normen weder allein ausreichen, um sinnvolle Interaktionszusammenhänge zu erklären, noch daß sie etwa durch behavioristische Beobachtung aus tatsächlich ablaufenden Interaktionen analytisch extrahiert werden können.

Solche „formalen Regeln" erhalten ihren Sinn einzig und allein in einem je gegebenen Kontext und aufgrund bestimmter Methoden, die dann als die eigentlichen „formalen Regeln" bezeichnet werden. Diese sind demnach nur „analysable in context", was notwendigerweise einen Standpunkt „from within actual settings" impliziert, der sich aber in keiner Weise auf das reduzieren läßt, was etwa Parsons unter „point of view of the actor" versteht. Alle Darstellungen sozial geordneter Handlungsvollzüge („accounts") zeichnen sich demnach durch *Reflexivität* bezüglich ihres Entstehungskontextes aus. Damit bezieht sich Reflexivität auch auf die methodischen Regeln von Wissenschaft und spezieller, auch auf die der ETH.

Diese Reflexivität bleibt im alltäglichen Handlungs- und Interpretationsvollzug normalerweise unexpliziert, man interessiert sich nicht dafür („uninteresting essential reflexivity of accounts"). „Interessant" sind für die Handelnden in solchen Situationen nur die jeweiligen praktischen Zwecksetzungen und Belange („practical purposes at hand"), aufgrund derer Situationen für die Beteiligten relevant werden. Garfinkel argumentiert nun, daß sich diese Relevanzbezüge nur über die Sinnherstellungsmethoden realisieren, d. h in „accounts" einbringen lassen.

2. Darstellung: Harold Garfinkel

Garfinkel und Sacks haben den Zusammenhang von Darstellbarkeit und Reflexivität am Zusammenhang von Modell und den Zuständen, welche es abbilden soll, erläutert. In einem solchen Fall werden immer einige Aspekte zutreffen, andere nicht:

„Es gehört zum Wissensbestand der Handelnden — ohne daß dies aber Gegenstand ihrer theoretischen Reflexion sein müßte — daß die Typisierung (hier: das Modell; St.W.) einige wesentliche Elemente einer Situation richtig, andere wesentliche Teile aber falsch prognostiziert. Da die Fehlerhaftigkeit der Prognose immer mitgedacht und schließlich als geradezu konstituierend für die Beziehung Situation/Typisierung angesehen wird, entwickelt der Handelnde ein Kontrollwissen über die Methode, die Art und Weise, in der die Typisierung falsche Prognosen stellt. Entscheidungen über Adäquanz und korrekte Anwendbarkeit werden ausschließlich aufgrund der Eignung zur Bewältigung von aktuellen Situationen gefällt. Sobald eine Typisierung ein Merkmal einer Situation falsch prognostiziert, wendet der Handelnde seine ganze Aufmerksamkeit der Bewältigung dieser Situation zu, so daß er nicht motiviert ist, die Typisierung zu modifizieren oder zu differenzieren[154]."

Damit ist noch einmal die oben erwähnte „Uninteressiertheit" an der grundsätzlichen Reflexivität von Darstellungen angesprochen.

Es könnte sich die Frage aufdrängen, wie denn Garfinkel zu den Prozeduren kommt, mit denen die Indexikalität bewältigt werden kann, zumindest für die jeweils gegebenen situationalen Zwecksetzungen. Oder genauer: wie kann man von verbalen Aussagen, also „accounts", auf die *Methode* ihrer Herstellung schließen?

Garfinkel führt hier die Webersche Unterscheidung von *Begreifen* und *Verstehen* ein und parallelisiert sie mit jener zwischen „*product*" und „*process*":

"As 'product', a common understanding consists of a shared aggreement on substantive matters; as 'process', it consists of various methods whereby something that a persons says or does is recognized in accord with a rule[155]."

Unter *Verstehen* soll die Tatsache des kognitiven Erkennens eines Tatbestandes, unter *Begreifen* der prozessuale Ablauf eines solchen Erkenntnisvorganges gefaßt werden. Garfinkel läßt nur *Begreifen* als adäquate Darstellung zu, während er bestreitet, daß es so etwas wie unmittelbare, d. h. nicht durch bestimmte Vermittlungsmethoden hergestellte Erfahrung gibt:

"... understanding is *begreifen alone*. He (Garfinkel) radicalizes begreifen, understanding as process, and totally eradicates ... understanding as a pre-existing mental state[156]."

---
[154] *Bohnsack*, R. 1973, S. 29 f.
[155] *Garfinkel*, H. 1972, S. 315.
[156] *Attewell*, P. 1974, S. 202.

Attewell spricht in diesem Zusammenhang richtig davon, daß das *Prozeßmodell* eine paradigmatische Grundannahme für alle Ethnomethodologen darstellt. Tendentiell wird damit der Versuch gemacht, *Reifikation* jeder Art zu vermeiden, wenngleich gleichzeitig die grundsätzliche Unmöglichkeit dieses „Heilungsversuches" deutlich wird, da er offensichtlich an bestimmten, in der Situation gegebenen begrenzten Ressourcen, vor allem zeitlichen, scheitern muß.

Eine solche Konzeption verunmöglicht auch jede Vorstellung vom Abbildcharakter sprachlicher Aussagen. Garfinkel hat diesen Tatbestand an einem seiner Demonstrationsexperimente verdeutlicht: Er stellte Studenten die Aufgabe, Gespräche, welche sie mit ihren Ehepartnern hatten, zum einen wörtlich aufzuschreiben und zusätzlich neben der jeweiligen Äußerung anzumerken, was denn alles in der jeweiligen Situation verstanden wurde bzw. verstanden werden sollte. Dabei stellte sich heraus, daß, auch wenn solche Beschreibungen auf den Wunsch Garfinkels hin immer genauer und ausführlicher wurden, diese niemals so präzise gelangen, als daß die jeweiligen Versuchspersonen das, was sie wirklich meinten, in dem Geschriebenen repräsentiert fanden. Wörtliche Beschreibung, d. h. die direkte Relationierung von Zeichen und Bezeichnetem erwies sich somit als undurchführbar; die Beziehung von dem, was gesagt wurde und dem, über das gesprochen wurde, blieb von einer unheilbaren Ambiguität:

"What the *parties* (die Ehepartner; St.W.) *said* would be treated as a scetchy, partial, incomplete, masked, elliptical, concealed, ambiguous, or misleading version of *what the parties talked about*. The task would consist of filling out the sketchiness of what is said[157]."

Die Informationen darüber, wie diese Verkürztheit bewältigt werden kann, müssen ihrerseits aus der Situation und der Art, wie geredet wurde, erschlossen werden. Für solche Begreifensprozesse ist es daher *unmöglich zwischen Form und Inhalt einer Äußerung zu unterscheiden.* Dieses *ethnomethodologische Identitätstheorem* kann als die soziologische Version der phänomenologischen These von der durchgehenden Typisiertheit der Wahl im Rahmen der „natürlichen Einstellung" angesehen werden[158].

Wollten sich die Beteiligten an sozialen Interaktionen auf den wörtlichen Inhalt einer Äußerung beschränken, würde dies als Pedanterie, Unverschämtheit bzw. allgemeiner, als sozial unangebrachtes und unverständliches Verhalten von den Interaktionsteilnehmern empfunden werden. Die Gemeinsamkeit zwischen zwei sich verstehenden Partnern liegt demnach nicht in der übereinstimmenden Anerkennung bestimm-

---

[157] *Garfinkel*, H. 1967, S. 27.
[158] Vgl. *Husserl*, E.: Erfahrung und Urteil, Hamburg 1948, S. 83; *Schütz*, A. 1971 a, S. 99.

ter linguistischer oder sozialer Zeichen (etwa Rolleninhalte), sondern in der gemeinsamen methodischen Herstellung der Sprech- und Handlungssituation.

"To see the 'sense' of what is said is to accord to what was said its character 'as a rule'. 'Shared agreement' refers to various social methods for accomplishment the members' *recognition* that something was said according to a rule and not the demonstrable matching of substantive matters. The appropriate image of a common understanding is, therefore, an operation rather than a common intersection of overlapping sets[159]."

„Verstehen" ließe sich demnach als kurzfristige Übereinkunft („momentary agreement"), als kontrafaktische Stillstellung eines Begreifensprozesses interpretieren. Die Rationalität, Geordnetheit und damit auch die *Wirklichkeit* sozialer Prozesse stellt sich, so ließe sich Garfinkels Position zusammenfassen, in dem permanenten Vollzug (accomplishment) praktischer Erklärungen bzw. Interpretationen her. Realität wird zur „*Vollzugswirklichkeit*"[160].

b) *Harvey Sacks*

Harvey Sacks ist lange Zeit nur einem kleinen Kreis ethnomethodologischer „insiders" bekannt gewesen, wiewohl er seit 1963 in Berkely vielbeachtete Seminare abgehalten hat. Die meisten seiner Vorlesungen liegen nur in mimeographierten Vervielfältigungen vor. Zu veröffentlichen begann Sacks mit einer Ausnahme erst in den 70er Jahren[161]. Dennoch hat Sacks nach übereinstimmenden Aussagen von Douglas, Attewell und Mullins und Mullins[162] einen recht weitgehenden Einfluß auf eine Reihe von eher linguistisch interessierten Soziologen gehabt[163].

Es läßt sich schon in seiner ersten, eher programmatisch gehaltenen Veröffentlichung „Sociological Description" (1963) ablesen, wie eng er sich an Garfinkel orientiert, wenn er etwa den Unterschied zwischen Wissenschaft und commonsense in der unterschiedlichen Behandlung des *et-cetera-Problems* festmacht[164].

---

[159] *Garfinkel,* H. 1967, S. 30.
[160] Dieser Begriff stammt von *Bergmann,* J. R. 1974.
[161] s. *Sacks,* H. 1963; *Garfinkel,* H. / *Sacks,* H. 1970; *Sacks,* H.: On the Analysability of Stories by Children, in: Turner, Roy (Hrsg.): Ethnomethodology. Harmondsworth 1974 (original 1972); *Schegloff,* E. / *Sacks,* H.: Opening up Closings, in: Turner, Roy (Hrsg.): Ethnomethodology, Harmondsworth 1974.
[162] s. *Douglas,* J. D. 1971 a; *Attewell,* P. 1974; *Mullins,* N. C. / *Mullins,* C. J. 1973.
[163] Zu nenen wären Speier, Moerman, Schegloff, Sudnow und Schenkein.
[164] "How is the scientific requirement of literal description to be achieved in face of the fact, widely recognized by researchers, that a description even of a particular 'concrete object' can never be complete? That is, how is a

Obwohl hier Sacks von einer ähnlichen Sicht des Indexikalitätsproblems wie Garfinkel ausgeht, wählt er doch einen spezifisch von Garfinkel unterschiedenen Lösungsweg, wobei klar werden wird, daß es sich hier eher um eine andere Pointierung denn um eine wirkliche Alternative handelt. Auch er ist wie Garfinkel vor allem an über linguistische Kommunikationsprozesse vermittelten Ordnungszusammenhängen interessiert, betont aber nicht so sehr wie dieser die These, nach der soziale Ordnung nur über die methodische Produktion von „accounts" hergestellt werden könnte.

Ihn und seine Mitarbeiter interessiert vielmehr

"to explore the possibility of achieving a naturalistic observational discipline that could deal with the details of social action(s) rigorously, empirically, and formally. ... our attention has focused on conversational material; suffice it to say, this is not because of a special interest in language, or any theoretical primacy we accord conversation. Nonetheless, the character of our materials as conversational has attracted our attention to the study of conversation as an activity in its own right, and thereby to the ways in which any actions accomplished in conversation require reference to the properties and organization of conversation for their understanding and analysis, both by participants and by professional investigators"[165].

Es geht Sacks demnach um die Frage nach der *Möglichkeit einer rigoros naturalistischen, d. h. für ihn soziologischen Beschreibung sozialer Handlungen bzw. Tatbestände.*

Dabei ist es seine methodische Maxime, objektivierende soziale Prozesse wie Sprache, Messung, Wertung etc. explizit als *Tätigkeiten* aufzufassen, also danach zu forschen, wie etwas getan werden muß, um als Sprechen, Messen, Werten sozial erkannt bzw. anerkannt zu werden.

Der soziologische Forscher verhält sich nach Sacks wie ein Konversationsteilnehmer, welcher aus der Oberfläche des Konversationsmaterials zusammen mit dem jeweiligen Kontext die Geordnetheit und damit den Sinn einer solchen Redehandlung zu erschließen versucht. Sacks betont im Gegensatz zu den mehr „situational" orientierten Ethnomethodologen, hauptsächlich an der *Oberfläche* der Konversation bzw. allgemeiner, der Handlung anzusetzen und damit paradoxerweise das Indexikalitätsproblem auf naturalistisch-positivistische Weise zu „lösen". Im Unterschied etwa zu einer behavioristischen Bedeutungstheorie interessieren ihn nicht der semantische Inhalt von Konversationen, sondern nur die *Regularitäten,* wie sie sich formal in jedem

---

description to be warranted when, however long or intensive it be, it may nonetheless be indefinitely extended? We call this 'etcetera problem' to note: To any description of a concrete object (or event, or course of action, or etc.) however long, the researcher must add an etcetera clause to permit the description to be brought to a close" (Sacks, H. 1963, S. 10).

[165] *Schegloff, E. / Sacks, H.* 1974, S. 233 f.

Gespräch ergeben. An in einer Gesprächssituation wirksamen Variablen werden demnach weder das raum-zeitliche setting noch die jeweiligen Intentionen bzw. Situationsdefinitionen der Beteiligten berücksichtigt, sondern nur jene „objektiven" Bedingungen, aus denen jeder Beteiligte, auch ohne den spezifischen Kontext zu kennen, konversationsrelevante Schlüsse ziehen kann[166].

Bevor ich die erkenntnistheoretischen Implikationen eines solchen Vorgehens genauer diskutiere, soll an Hand von Sacks' Aufsatz „On the Analysability of Stories by Children"[167] sein Vorgehen exemplarisch aufgezeigt werden.

Er geht aus von der Frage, wie denn eine *soziologische Beschreibung* möglich sei, spezieller, wie denn das „doing describing" und korrelativ dazu das Erkennen einer Äußerung als einer Beschreibung alltagsweltlich wie wissenschaftlich abläuft.

Sein Untersuchungsgegenstand sind Kindergeschichten, genauer, zwei Sätze aus einer solchen: "The baby cried, the mommy picked it up." Aus der schieren Beobachtung des Transskripts dieser Äußerung ergeben sich für Sacks eine Reihe von „objektiven" Interpretationen bzw. Interpretationstendenzen:

1. Abstrahiert von jedem spezifischen Kontext liegt es nahe, daß die im zweiten Satz angesprochene Mutter, die des Babys aus dem ersten Satz ist.
2. Dieser Schluß erscheint nicht nur mir offensichtlich, sondern auch allen anderen sozial kompetenten Beobachtern.
3. Wenn zwei Sätze hintereinander zwei Tatbestände ausdrücken, so geht man normalerweise davon aus, daß auch die beiden Tatbestände hintereinander ablaufen.
4. Es besteht weiter die Tendenz, einen Kausal-Zusammenhang in Richtung vom ersten auf den zweiten Satz bzw. den damit umschriebenen Tatbeständen anzunehmen.
5. Alle diese Schlüsse können ohne jede Kenntnis der jeweiligen Umstände bzw. hier des spezifisch gemeinten Babys oder der angesprochenen Mutter gefällt werden:
   "... what we've essentially been saying so far is that the pair of sentences seems to satisfy what a member might require of some pair of sentences

---

[166] "... by analyzing the piece of talk, as a thing in itself, Sacks has avoided the issue of its indexical bound to the context in which it was produced. Probably this is thought to be acceptable because the structural properties Sacks finds are not indexically tied to the situation or context in which the talk was produced ... Such properties are presumed to be 'transsituational', objective features of 'talk'" (Attewell, P. 1974, S. 188).
[167] *Sacks,* H. 1974.

for them to be recognizable as 'a possible description'. They 'sound like a description', and some form of words can, apparently, sound like a description. To recognize that some form of words is a possible description does not require that one must first inspect the circumstance it may be characterizing[168]."

Natürlich sind solche naturalistischen Beobachtungen erst der Anfang einer Analyse, nicht diese selber. Sacks setzt sich die Aufgabe, den „*Apparat*" zu rekonstruieren, mit Hilfe dessen die obigen Beobachtungen erklärt bzw. von dem her sie plausibel gemacht werden können. Er reduziert damit seine Fragestellung auf eine noch basalere Ebene wie das Garfinkel versuchte, nämlich auf die Frage, wie eine Beschreibung allein aus der formalen Struktur ihrer Erscheinung heraus als eine möglich erkannt werden kann. Garfinkels Analyse der methodischen Herstellung von Sinnbezügen setzt demgegenüber schon auf der semantisch-pragmatischen Ebene von Äußerungen an.

Die Konstruktion des „Apparats" läßt sich in folgender Art auf die obigen Beobachtungen beziehen:

Die *Beobachtungen 1 und 2* werden bei Zugrundelegung eines sog. „*membership categorization device*" wie von „*category-bound activities*" verständlich. Solche Kategorisierungspläne beziehen sich auf

"any collection of membership categories, containing at least a category, which may be applied to some population containing at least a member, so as to provide, by the use of some rules of application, for the pairing of at least a population member and a categorization device member. A device is then a collection plus rules of application"[169].

So gehören „Baby" und „Mammi" zur Kategorie „Familie", zu der noch „Vati", „Omi" etc., aber sicher nicht Elemente wie „Bahnhofsvorsteher", „Türschloß" usw. zählen.

Sacks führt noch eine Reihe von zusätzlichen *Anwendungsregeln* an, wie die „*economy rule*", auch „*reference-satisfactoriness-rule*" genannt, derzufolge man sich auf eine Kategorie solch eines Kategorisierungsplanes beschränken kann. Hinzu kommt weiter die sog. „*consistency rule*", nach der, wenn in Satzfolgen eine vorkommende Person einer bestimmten Kategorie zugeschrieben worden war, man weiter auftauchende Personen oder Gegenstände tendenziell derselben Kategorie zuordnet.

Nach Sacks Meinung verbietet die Konsistenzregel zu wenig, d. h. kein Kategorisierungsplan wird ausgeschlossen. Deshalb formuliert er als zusätzliche Hilfsregel die „*hearer's maxim*":

---

[168] *Sacks*, H. 1974, S. 217.
[169] *Sacks*, H. 1974, S. 218 f.

"if two or more categories are used to categorize two or more members of some population, and those categories can be heard as categories from the same collection, then: hear them in that way[170]."

Damit sollen die Möglichkeiten zur Generalisierung über bestimmte semantische zusammenhängende Kategoriengruppen ausgenützt werden, wobei sich Sacks übrigens ganz in der Nähe der transformationellen Semantiktheorie[171] begibt.

Andererseits wird es an diesem Punkt für den Hörer möglich, Ambiguität zu realisieren, die nur im Rückgriff auf weitere formale Eigenschaften bzw. auf die je gegebenen Randbedingungen geklärt werden können.

Nach Sacks reichen in unserem gegebenen Beispiel die angeführten Regeln aus, zumal er noch eine weitere Spezifizierung seines Kategorienplanbegriffs einführt, welche Ambiguitäten, wie die Frage ausräumt, ob „baby" nicht auch ein Kosewort für einen Erwachsenen sein könnte. Bestimmte Populationen können demnach nicht nur als Ansammlung einzelner Mitglieder, sondern als geordnete Einheiten behandelt werden, wie das etwa für Familie, Organisation, Körper etc. zutrifft.

Sacks spricht hier von einer *„duplicative organization"*, für die folgende „Hörermaxime" gilt:

"If some population has been categorized by use of categories from some device whose collection has the 'duplicative organization' property, and a member is presented with a categorized population which *can be heard* as 'coincumbents' of a case of that device's unit, then: Hear it that way[172]."

Alle diese Regeln stellen Versuche dar, eine Rede bzw. ihr Transskript als eine „mögliche Beschreibung" zu verstehen.

Ein weiteres Hilfsmittel in diesem Verstehensprozeß ist, wie oben schon erwähnt, die Annahme bestimmter, an spezifische Kategorien gebundene Aktivitäten („category-bound activities"). Im Sacks' Beispiel konkretisiert sich die Bedeutung von „baby" dadurch, daß die Aktivität des Schreiens eher für ein Mitglied der Kategorie bestimmt ist, welche sich auf bestimmte Lebensalterstadien bezieht. So werden Babys eher weinen als Jugendliche oder Erwachsene, die man unter bestimmten Umständen auch mit „baby" ansprechen könnte.

Sacks bemüht sich, über die linguistische Analyse hinausgehend, zu zeigen, *daß ähnliche Faustregeln auch bei der Beurteilung von Ver-*

---
[170] *Sacks*, H. 1974, S. 219 f.
[171] s. etwa *Katz*, J.: Philosophie der Sprache, Frankfurt 1969; *McCawley*, J. D.: The Role of Semantics in Grammar, in: Bach, E. / Harms, R. T. (Hrsg.): Universals in Linguistic Theory, New York 1968.
[172] *Sacks*, H. 1974, S. 221.

haltenssequenzen *von sozial kompetenten Handelnden herangezogen werden.* Auch hier können kategorien-gebundene Tätigkeiten zur Identifikation der Beteiligten herangezogen werden und so den Verhaltensablauf sozial verstehbar machen. Auch finden sich Parallelen bezüglich der „duplicative organization" in der Weise, daß zwei aufeinanderfolgende Tätigkeiten dann zusammengesehen werden, wenn sie normativ (nach dem Wissen des Beobachters) aufeinander beziehbar sind. Durch eine solche Normunterstellung werden überhaupt erst Verhaltenssequenzen als sozial geordnete Vorgänge erlebbar, wobei zur Geordnetheit auch die zeitliche Folgebeziehung gehört. Über solche Mechanismen läßt sich, ähnlich wie bei der Beurteilung von Konversationen, eine „mögliche, korrekte Beobachtung" erst herstellen:

"In short: 'Correctness' is recognizable, and there are some exceedingly nice ties between recognizably correct description and recognizably correct observations. ... A string of sentences which may be heard, via the hearer's maxims, as having been produced by use of the viewer's maxims, will be heard as a 'recognizably correct possible description'[173]."

Sacks und seine Schüler haben noch eine Reihe weiterer formaler Charakteristika von Konversationen herausgearbeitet, vor allem was die *Folgebeziehungen von Konversationsbestandteilen,* aber auch was solche Phänomene wie den *adäquaten Abschluß bzw. Beginn einer Konversationsszene* betrifft.

Bezüglich des letzteren geht er davon aus, daß sich nur ganz bestimmte Ausdrücke bzw. Ausdruckskombinationen dafür eignen, eine Rede zu beginnen oder zu beenden. Innerhalb einer Konversation angewendet, können solche Ausdrücke manchmal eine ganz andere oder aber auch gar keine Bedeutung haben.

Außerdem scheint es auch bestimmte Aktivitäten zu geben, die nur als Folge oder Einleitung einer bestimmten anderen Aktivität einen Sinn haben, so z. B. das Antwortgeben. Sacks spricht hier von der mehr oder weniger kontingenten Beziehung zwischen „passenden Stellen" („slots") und Aktivitäten („items"). Wie streng solche Beziehungen in einer Konversation eingehalten werden, läßt Rückschlüsse sowohl auf die gegenseitige Position der Kommunizierenden wie vielleicht auch auf deren soziale Kompetenz zu, da es etwa Kindern schwerfallen dürfte, ein „*proper closing*" bei allen Geschichten zu bewerkstelligen, zumal sie auch bestimmten entwicklungsbedingten Restriktionen bezüglich der Art ihres Sprechens ausgesetzt sind.

Ein „*proper talk*" wird, zumindest annäherungsweise, folgende Regeln über Folgebeziehungen einzuhalten haben:

---

[173] *Sacks,* H. 1974, S. 226.

1. Auf eine Frage, die als solche erkennbar ist, folgt eine Antwort, zumindest generell, also „for all practical purposes".
2. Eine Person, die eine Frage gestellt hat, besitzt auch nach der Antwort ein Recht weiterzusprechen und vor allem ein sozial mehr oder weniger eingeschränktes Recht, weiterzufragen[174].

Ich möchte hier die inhaltliche Schilderung des Vorgehens und der Ergebnisse der Gruppe um Sacks abschließen, da sich sein methodologischer Ansatz schon deutlich abzeichnen dürfte.

Sacks sieht zwar wie Garfinkel als das theoretische Grundproblem das der Indexikalität an, pointiert aber als Lösungsmöglichkeit sowohl für den Alltagsmenschen wie für den Wissenschaftler nicht die methodische Bewältigung der Dialektik zwischen Situation und den jeweiligen „Heilungsversuchen" (Indexikalität versus Reflexivität), sondern transsituationale und objektive Bestandteile von Rede überhaupt. Er konstatiert phänomenologisch-deskriptiv die Fähigkeit sozial kompetenter Handelnder, sich an formalen Eigenschaften von Kommunikationsprozessen zu orientieren und bemüht sich darüber hinausgehend den dazugehörigen „Apparat" bzw. das jeweilige „Kompetenzinventar" zu rekonstruieren. Da er, wie sich aus seiner unhistorischen Darstellungsweise ableiten läßt, es auf die Explikation von *„Kommunikationsuniversalien"* abgesehen hat, die auch seine eigene ethnomethodologische Wissenschaftssprache kennzeichnen, *kann er immer nur zu deskriptiven, niemals zu explikativen Aussagen über diese formalen Variablen kommen.*

Andernfalls würde man nämlich, so Sacks Argument, nicht den Topos der Untersuchung von den Ressourcen, die einem Forschungsprozeß zur Verfügung stehen, differenzieren können. Die Wissenschaftssprache ist demgegenüber immer schon Teil des soziologischen Gegenstandes.

Dieses dialektische Problem der Reflexivität von Aussagen und Handlungen wird aber von Sacks im Gegensatz zu Garfinkel nicht offengehalten, sondern phänomenologisch-reduktiv stillgelegt, indem er zu unwandelbaren, nicht mehr sprachlich hinterfragbaren Universalien seine Zuflucht sucht. Wie Attewell[175] richtig bemerkt, begegnet uns hier das Husserlsche phänomenologische Programm der transzendentalen Intersubjektivität, die sich angeblich hinter dem verbirgt, was naive Alltagsmenschen bzw. Wissenschaftler als empirische Realität bzw. als valide Aussagen hierüber verstehen. Ähnlich wie Sacks gegenüber

---
[174] "I call this rule the 'chaining rule', and in combination with the first rule it provides for the occurence of an indefinitely long conversation of the form Q-A-Q-A-Q-A- ..." (*Sacks*, H. 1974, S. 230).
[175] s. *Attewell*, P. 1974, S. 189.

den soziologischen Positivisten wendet Husserl gegen jegliche nominalistische Theoriebildung ein, daß eine abstrahierende psychologische Betrachtung von Bewußtseinsphänomenen dann immer schon ihren Gegenstand verfehlen müßte, wenn sie nicht auf einer vorgängigen deskriptiven Analyse beruhe, innerhalb derer mit Hilfe der Reduktionsmethode das *Allgemeine* dieser Phänomene erst zum Vorschein gebracht werden könnte.

Husserl geht es also um die *Konstitution,* d. h. um die Geltung und nicht um die raum-zeitliche Existenz. In gewisser Weise schließt Husserl und in seiner Nachfolge auch Sacks an Kant an, wenngleich Husserl den Weg zu den transzendentalen Bedingungen der Möglichkeit von Erfahrung nicht über unmittelbare bzw. mittelbare Evidenzerlebnisse vorgezeichnet sieht, sondern die Notwendigkeit einer spezifischen Reduktionsmethode betont, mit Hilfe derer man erst zu Wesenserkenntnissen kommen könne. Husserl intendiert dabei wie Sacks keine neue Variante von Beschreibungen der empirischen Realität, also gleichsam eine alternative Theorie, obwohl auch er von den intentionalen Erlebnissen empirischer Individuen ausgeht. Nach ihm muß man diese Welt der „natürlichen Einstellung" mit ihren Kontingenzen überwinden, um zu abstrakten Wesenheiten vorzustoßen. Dies geschieht, und auch hier folgt Sacks Husserl, dadurch, daß die spezifische Erlebnissituation „eingeklammert" wird, d. h. es wird zunehmend von den situativen Indizes abstrahiert („epoché"). Nach dieser durch die phänomenologische Reduktion bewirkten gedanklichen „Weltvernichtung" (d. h. Entindexikalisierung) bleibt nur noch das Abstraktum des reinen Ich und des reinen Bewußtseins übrig, das keine Bestandteile raum-zeitlich fixierbarer Realität in sich trägt. Ähnlich wie Husserl langt Sacks mit seiner Methode der Konstruktion des „Apparates" in der Sphäre der Voraussetzungslosigkeit an, in der nur mehr *aufgezeigt,* nicht aber *erklärt* werden kann. Auf dieser transzendentalen Ebene stellt sich dann die Intersubjektivität über die *gemeinsame Teilhabe* an Universalien her, nicht in permanenten dialektischen Vermittlungsprozessen. Weder Husserls Programm noch der „Apparat" von Sacks können daher weitreichende Interpretationen empirischer Ereignisabläufe bieten. Charakteristischerweise gelingt es den Phänomenologen nicht zu

"... return from the reduced sphere (whether properties of the transcendental ego, or a knowledge of language) to the sociologically relevant sphere. ... questioned ethnomethodology's (implicit) first reduction or bracketing, namely the decision that one had to 'bracket' interaction from its context of institutions, ideas, power, etc., and to study it as a level of its own. But even this reduction leads one to suspect that a study of the syntactic structures of interaction will not allow one to usefully examine real interaction which exhibits these contextual social properties"[176].

---
[176] Ebenda.

Sacks begibt sich aber gegenüber Husserl, welcher ja von Erlebnisakten ausgegangen war, noch in einen weiteren Zirkel, der damit zusammenhängt, daß er bei den sprachlichen Ressourcen zur Herstellung sozialer Ordnung ansetzt. Jede Analyse einer Beschreibung bewegt sich in einem sprachlichen Medium, das sie selbst nicht mehr transzendieren kann, was logischerweise dazu führt, daß eine sprachliche Auseinandersetzung über seine grundlegenden „Ein-sichten" verunmöglicht wird. Wissenschaft bekommt hier den Charakter von Evidenzerlebnissen, die vielleicht *demonstrierbar* sind, selber aber keiner analytischen Klärung mehr zugänglich gemacht werden können. Auch Sacks muß daher im Endeffekt Topos und Ressourcen permanent durcheinanderbringen, wenn es nicht eine Welt gibt, ähnlich der, auf die sich Carnap bei seinem „Logischen Aufbau der Welt" bzw. Wittgenstein bei seinem „Tractatus" bezogen hat. Da sich aber aus logischen Gründen keine Sprache konstruieren läßt, welche die Relationen empirischer Tatbestände adäquat abbildet, werden die Grenzen von Sacks' Ansatz deutlich:

"The best that can be hoped for in language is the construction of a system in which the position of any constituent word can be strictly related to as many other words at possible. As a language of scientific discourse evolves, it binds its terms into ever more inflexible unambiguous 'filled-in' identities[177]."

c) *Don Zimmerman, Melvin Pollner und Lawrence Wieder*

Diese Gruppe von Ethnomethodologen ist durch eine Reihe theoretischer und empirischer Untersuchungen hervorgetreten[178], welche im wesentlichen der Vorgehensweise von Garfinkel und auch Cicourel (s. u.) entsprechen. Obwohl ihre Problemsicht auf den ersten Blick sehr den anderen erwähnten Autoren gleicht, zeigen doch ihre theoretischen Aussagen eine bemerkenswerte Akzentuierung ethnomethodologischer Argumentation, was ihre gesonderte Besprechung rechtfertigt. Ich beziehe mich hier vor allem auf den von Zimmerman und Pollner gemeinsam verfaßten Artikel „The Everyday World as a Phenomenon"[179].

Zunächst finden sich hier wieder dieselben Argumente gegen eine positivistische Wissenschaft, die sich kennzeichnen ließe „by a confounding of topic and resource" (S. 81), die zur „folk discipline" degeneriert sei, insoweit sie soziale Strukturen als Gegebenheiten akzeptiere und damit sich die Perspektive des reifizierenden Laien zu

---
[177] *Attewell*, P. 1974, S. 190.
[178] *Zimmerman*, D. / *Pollner*, M. 1971 a, b; *Zimmerman*, D. 1969; *Wieder*, L. D.: On Meaning by a Rule, in: Douglas, J. D. (Hrsg.): Understanding Everyday Life, London 1971; ders.: Telling the Code, in: Turner, Roy (Hrsg.): Ethnomethodology, Harmondsworth 1974.
[179] *Zimmerman*, D. / *Pollner*, M. 1971 a.

eigen mache (S. 82), die ihre eigenen Methoden „for analyzing, accounting, fact-finding, and so on, which *produce* for sociology its field of data" (S. 83) verkenne.

Der Topos wird wie bei Garfinkel und Sacks nicht in der Untersuchung sozialer Ordnung gesehen wie sie erscheint, etwa in statistischen Maßzahlen, „but rather in the ways in which members assemble particular scenes so as to provide for one another evidences of a social order as-ordinarily-conceived" (S. 83). Auch Zimmerman und Pollner erheben den Vorwurf, die positivistische Soziologie mache sich die „natural attitude of everyday life" zu eigen, in der die soziale Umwelt immer schon als „faktische", objektive auf dem Hintergrund der Unterstellung von Intersubjektivität wahrgenommen würde, wobei sich diese Realitätssicht an bestimmten, in der Situation gegebenen pragmatischen Interessen in ihren Relevanzgesichtspunkten bemißt. Soweit so gut. Auch die Beobachtung, daß „the act — that members are able to do formulation — to describe in recognizable orderly ways — is an uninvestigated resource" (S. 91) findet sich origineller bei Harvey Sacks, ebenso wie die Aussage, daß es der ETH nicht um die Heilung von „troubles" einer, die Indexikalität nicht beachtenden Wissenschaft gehen könne, also um eine bessere Methodologie, sondern um „to turn troubles into phenomena", sich bei Garfinkel schon findet.

Ihr spezifisch neuer Beitrag zur ETH besteht demgegenüber in ihrer *Radikalisierung des Indexikalitätskonzeptes*, so daß man hier von „radical situationists" sprechen kann[180].

Ihrer Konzeption nach wird diese erwähnte situativ bezogene Leistung von jedem Individuum in spezifischer Weise und auch in jeder Situation neu, d. h. unter neuen Voraussetzungen bewerkstelligt. Sinnherstellung und -erkennung betrachten diese Autoren somit vom Standpunkt der *individuellen Erkenntnisleistung* aus. Diese wird somit, wie wir auch noch bei Cicourel sehen werden, tendenziell zu einem wahrnehmungspsychologischen bzw. wahrnehmungssoziologischen Problem. Die Möglichkeiten, welche in einem solchen Ansatz lägen, nämlich Wahrnehmung als *soziale* Erkenntnis zu fassen, werden aber, wie wir sehen werden, von den Autoren dieser Gruppe vertan.

Ihr entscheidend neues Konzept ist jenes des *„occasioned corpus of setting features"*, mit dem die sozial Handelnden neuen Situationen begegnen. Dieser „corpus" wird nun freilich nicht, wie etwa bei den

---

[180] "Under the jurisdiction of the alternative conception to be recommended below, each social setting and every one of its recognized features is construed as an accomplishment of the situated work of displaying and detecting those features at the time they are made visible" (*Zimmerman*, D. / *Pollner*, M. 1971 a, S. 94).

2. Darstellung: Don Zimmerman et al.

normativistischen Soziologien als intersubjektiver Bestand konzipiert, sondern als spezifisches Ergebnis individueller Interpretationsleistungen:

"By use of the term *occasioned* corpus, we wish to emphazise that the features of socially organized activities are particular, contingent accomplishments of the production and recognition work of parties to the activity. We underscore the occasioned character of the corpus in contrast to a corpus of members' knowledge, skill, and belief standing prior to and independent of any actual occasion in which such knowledge, skill, and belief is displayed or recognized. The latter conception is usually refered to by the term culture[181]."

Hier zeigt sich wiederum, daß sie keine Verfeinerung normativistischer Ansätze anstreben, etwa durch Hinzuziehung eines „subjektiven Faktors", wie die Autoren dies den symbolischen Interaktionisten, speziell Norman Denzin vorwerfen[182]. Es geht also nicht darum, Normen als grundlegende Erklärungsfiguren für soziale Ordnung, demnach als Ressource zu übernehmen, sondern diese selbst zum Topos zu machen.

Für diesen Umdenkungsprozeß geben Zimmerman und Pollner drei methodische Schritte an, die gleichzeitig ihre theoretischen Grundpostulate repräsentieren:

1. Zuerst habe man sich von der Vorstellung frei zu machen, daß soziales Handeln normengeleitetes Handeln sei bzw. sich auf dem Hintergrund eines allen Teilnehmern gemeinsamen Symbolsystems entwickele.
2. Man müsse sich klarmachen, daß die Kohärenz und Regularität sozialer Handlungsvollzüge von Laien und Sozialwissenschaftlern mit recht ähnlichen Begriffen beschrieben und erklärt würden.
3. Schließlich drittens wären diese beschriebenen und erklärten Erscheinungen als *produzierte* Phänomene zu betrachten. Soziale Ordnung wäre damit weniger das theoretische Problem des Analytikers, sondern eher als alltägliches praktisches Problem zu thematisieren.

In einer solchen Umformulierung des traditionellen „social order"-Problems würde die eigentliche Interessenrichtung der ETH deutlich, sowie ihre spezifische Bezugnahme auf Regeln, Normen, Definitionen und Sinnbezüge:

"The ethnomethodologist is *not* concerned with providing causal explanations of observably regular, patterned, repetive actions by some kind of analysis of the actor's point of view. He *is* concerned with how members

---

[181] Ebenda.
[182] In *Zimmerman, D. / Pollner, M.* 1971 b; *Denzin, N. K.* 1971.

of society go about the task of *seeing, describing,* and *explaining* order in the world in which they live[183]."

Dieser „occasioned corpus of setting features", was man vielleicht mit situativen Typisierungsleistungen umschreiben könnte, realisiert sich etwa in situativ unterstellten Normen, zugeschriebenen Status[184], in Feststellungen über historische Kontinuität etc., wie sie die einzelnen Handelnden in jeder sozialen Situation aufs neue immer wieder herstellen.

Für den alltagsweltlich Handelnden haben sie freilich den Charakter *transsituationaler Faktizität;* der Prozeß, dessen Resultat, oder besser, *der sie selbst sind* (als „soziale Existenz"), kommt den Handelnden nicht mehr zum Bewußtsein. Ihn aufzudecken wird zur Aufgabe des Ethnomethodologen.

Dabei interessieren nicht so sehr die *Inhalte,* also die spezifische Ausformung des jeweiligen Interpretationsproduktes, sondern die *„family of practices* employed by members to assemble, recognize, and realize the *corpus-as-a-product"*[185]. Die „Lösung" des Indexikalitätsproblems wird damit ganz auf die Ebene letzter Basismechanismen zurückgeführt. Irgendwelche sozial geteilten Interpretationsmuster spielen im Gegensatz zu Garfinkel, Sacks und dann vor allem Cicourel (s. u.) überhaupt keine Rolle mehr. Jede neu auftauchende Situation muß von den Beteiligten mit Hilfe der „family of practices" in einem „occasioned corpus of setting features" typisiert, d. h. erfahrbar gemacht werden.

Verstehensprozesse wären demnach immer an die *ganz spezifische* Situation und an den ganz spezifisch sich entwickelnden „occasioned corpus" gebunden:

"The understanding process becomes, therefore, a dialectical relationship between contextual data and a uniquely organized 'corpus' of elements set up by some (presumably invariant) family of practices[186]."

Diese radikale Maxime von der Einmaligkeit jedes einzelnen Verstehensprozesses bedeutet freilich konsequent zuende gedacht für die Wissenschaft, auf jede Generalisierung verzichten zu müssen, wie auch andererseits den totalen Relativismus, da der jeweilige „corpus" von Typisierungsleistungen angeblich so spezifisch ist, daß er mit anderen Typisierungen, welche in unterschiedlichen Situationen hergestellt worden waren *prinzipiell* unvergleichbar ist. Dieser radikale Situationismus führt zu Aussagen, welche implizit jede in irgendeiner Weise

---
[183] *Zimmerman,* D. / *Pollner,* M. 1971 b, S. 289.
[184] s. dazu die empirische Untersuchung von *Zimmerman,* D. 1969.
[185] *Zimmerman,* D. / *Pollner,* M. 1971 a, S. 95.
[186] *Attewell,* P. 1974, S. 187.

generalisierende wissenschaftliche Aussage verunmöglichen und zwar „am Puls" der sozialen Situation bleiben, aber zu keinen sozial relevanten Aussagen gelangen können[187]. Soziologie würde sich in dieser Konzeption auf die Untersuchung „individueller Situationsinterpretation beschränken, während paradoxerweise für „Situationisten" der soziale Kontext, in dem die betreffende Person steht, tendentiell irrelevant wird.

Wie die Autoren selber betonen, beziehen sie sich auf den Husserlschen Reduktionsbegriff, der bei jedem die Konstitution einer transzendentalen Intersubjektivität erlauben sollte:

"The chief purpose of the notion of the occasioned corpus is to 'reduce' the features of everyday social settings to a family of practices and their properties[188]."

Intersubjektivität stellt sich damit auf dem Hintergrund eines Bündels formaler Interpretationsprozeduren („family of practices") her, welche ihrerseits nicht mehr zum sozialen Kontext rückbezogen werden können. So ist Attewell recht zu geben, wenn er bemerkt, daß in dieser Konzeption nur von einem *monadischen Bewußtsein* die Rede sein könne, das sich solipsistisch seine eigene Weltinterpretation zurechtlege.

d) *Aaron Cicourel*

Aaron V. Cicourel ist vielleicht der publizistisch produktivste Ethnomethologe. Wie Mullins und Mullins[189] berichten, scheint er auch organisatorisch vieles dazu beigetragen zu haben, daß und wie sich die Ethnomethodologie zu einer eigenen „Schule" herausgebildet hat. Theorie- bzw. wissenschaftsgeschichtlich besonders bedeutsam dürfte sein 1964 erschienenes Buch „Method and Measurement"[190] gewesen zu sein, da es das erste längere, in sich auch offensiv auf bestimmte im allgemeinen soziologischen Interesse stehenden theoretischen Fragen beziehende Buch der „ethnomethodologischen Bewegung" darstellt, wenn auch der Terminus „ethnomethodology" hier noch nicht auftaucht. Das Buch hatte im Selbstverständnis der jungen Ethnomethodologen bis 1970 einen programmatischen Stellenwert. Obwohl Cicourel sich noch in dieser Arbeit sehr ausführlich und zustimmend auf Garfinkel bezieht,

---

[187] "Because a setting's features are viewed as the accomplishment of members' practices for making them observable, the elements of the occasioned corpus are treated as unique to the particular setting in which it is assembled. These elements may not be generalized *by the analyst* to other settings" (Zimmerman, D. / Pollner, M. 1971 a, S. 97).
[188] Zimmerman, D. / Pollner, M. 1971 a, S. 98.
[189] Mullins, N. C. / Mullins, C. J. 1973.
[190] Zitiert hier nach der deutschen Ausgabe 1970.

160 B.III. Ethnomethodologie: Paradigma nicht-absolutistischer Soziologie?

hat er doch zumindest in seinen späteren Schriften einen deutlich von Garfinkel unterschiedenen Ansatz entwickelt[191].

Manifestiert hat sich diese objektive Absetzbewegung Cicourels in seinem neuesten Werk auch schon terminologisch, so daß er jetzt nicht mehr von „ethnomethodology", sondern von „cognitive sociology"[192] spricht und damit, wie wir unten noch sehen werden, einen wesentlich umfassenderen theoretischen Anspruch als Garfinkel stellt.

Um sich die Spezifik seines Ansatzes klarzumachen, erscheint es mir wegen der differenzierten Entwicklungsgeschichte seiner Konzeption vorteilhaft, Cicourels theoretischen Entwicklungsprozeß aus der Logik der *historischen Abfolge seiner Fragestellung* deutlich zu machen.

In „Methode und Messung in der Soziologie", so der deutsche Titel seines Erstlingswerkes, findet sich die uns jetzt schon hinlänglich bekannte „Demaskierungsthese" auf das Gebiet der empirischen Sozialforschung und auf die jener zugrunde liegenden Meßtheorie angewendet. Ausgangspunkt seiner Erörterungen ist die Fragestellung:

„Das Problem der Messung ist zum einen ein Problem impliziter Theorie mit unbestimmten Eigenschaften und Vorgängen, die in unbekannter Weise mit den Messungsverfahren verknüpft sind, welche zum anderen explizite quantitative Eigenschaften haben, in denen die erlaubten Verfahren prägnant bestimmt werden können[193]."

Diesen theoretischen Hintergrund von Daten und Datenerhebungstechniken gedenkt Cicourel über eine „Theorie der Instrumentation" sowie über eine komplementäre „Theorie der Daten" zu leisten. Er spricht ein wenig irreführend davon, daß es ihm hauptsächlich um die Rolle der Sprache in der Sozialforschung gehe. Treffender könnte man bei ihm von der *Betonung des „Sprachspielcharakters" sozialwissenschaftlicher Methodologien sprechen, welche sich selbst ihrer eigenen impliziten Vorannahmen reflexiv nicht mehr versichern können.*

Hinsichtlich der *Meßtheorie* argumentiert Cicourel, daß die Mathematik durchaus ein eigenes Sprachspiel darstelle, dessen unvermittelte Anwendung auf Sprachspiele im sozialwissenschaftlichen Objektbereich durchaus nicht als Selbstverständlichkeit anzusprechen sei. Cicourel thematisiert dies unter dem Hinweis auf die *Äußerlichkeit* der mathematischen Verfahren den alltagsweltlichen und sozialwissenschaftlichen Beschreibungen beobachteter sozialer Objektbereiche gegenüber, auf-

---

[191] Freilich macht er diese Differenz inhaltlich nicht deutlich; wie überhaupt unter den Ethnomethodologen, wahrscheinlich durch die Notwendigkeit der internen Konsolisierung angesichts der etablierten Soziologie bestimmt, kaum sich einer je in Aufsätzen zur Andeutung von Divergenzen hinreißen ließ.
[192] *Cicourel*, A. V.: Cognitive Sociology, Harmondsworth 1973 a.
[193] *Cicourel*, A. V. 1970, S. 7.

2. Darstellung: Aaron Cicourel

grund derer es schwer sein dürfte, zwischen diesen Beschreibungen und Begriffen und etwa Meßskalen theoretische Ableitungszusammenhänge herzustellen. Die empirische Forschung geht zumindest im allgemeinen über diese Äußerlichkeitsproblematik hinweg bzw. verabschiedet sie mit Hilfe von commonsense-Plausibilisierungen oder von forschungspragmatischen Argumenten. Dagegen versucht Cicourel Forschungstechniken und Meßskalen auf dem Hintergrund einer wissenssoziologischen Fragestellung auf ihren unexpliziten theoretischen Charakter hin zu untersuchen.

Da die Sozialforscher seiner Meinung nach vor der Schwierigkeit stehen, nicht genau die Adäquatheitsbedingungen angeben zu können, welche zwischen den Meßinstrumenten und den durch implizite Theorien gekennzeichneten Daten bestehen, stellt Cicourel die Forderung nach einer *Theorie der Bedeutungszuschreibung* in alltäglichen Handlungsprozessen auf (also bezüglich der Datenebene), einer „*Theorie der Kultur*", wie er ein wenig bombastisch formuliert. Eine solche Theorie hätte die angesprochenen Adäquatheitsbedingungen auf folgenden drei Vermittlungsebenen zu klären:

1. zwischen alltagsweltlich relevanten Kategorisierungen bzw. Indikatoren und den in den Sozialwissenschaften verwandten;

2. zwischen den sprachlichen und begrifflichen Vorgehensweisen mit denen alltagsweltlich Handelnde wie Forscher — je von ihrem spezifischen Standpunkt aus — Beobachtungen und Erfahrungen für sich realisieren bzw. unter allgemeine Muster subsummieren;

3. zwischen den im Alltagsleben verwandten allgemeinen Mustern und Regeln, unter welche die sozial Handelnden ihre Erfahrungen zu subsummieren trachten und den theoretischen und methodologischen Regeln, durch welche der Forscher über Wahrnehmung und Interpretation die gleiche Objektwelt für sich herstellt[194].

Cicourel hat in seinen empirischen Studien[195] jene Vermittlungsprozesse aufzeigen können, wie sie bei der administrativen Herstellung von Daten zu beobachten sind und die dann später bei ihrer Übernahme durch die Sozialforscher von den in sie eingegangenen Theorien getrennt werden müßten[196].

---

[194] Nach *Cicourel*, A. V. 1970, S. 36 f.

[195] Vor allem in *Cicourel*, A. V. 1968, wo der die „Herstellung" und „Verarbeitung" von Jugendkriminalität im Kontext von Polizeibehörden beschreibt.

[196] Bei diesen Untersuchungen ließ sich auch zeigen, wie in solchen Institutionen Machtunterschiede bzw. bestimmte eingespielte administrative Routinen solche Vermittlungsprozesse in ganz spezifische Richtungen laufen lassen, wenn es z. B. darum ging, aus den Tatsachenschilderungen der verschiedenen Beteiligten (Polizei, Zeugen, Festgenommener, Eltern etc.) „Fälle"

Das Grundproblem sowohl für die Herstellung institutioneller wie für jene sozialwissenschaftlicher „Daten" besteht in der Art und Weise, wie Berichte, Konversationen (Interviews) etc. in „Dokumente", in diesem Fall in Maßzahlen bzw. strafrechtliche relevante „Tatbestände" überführt werden. Das alltagsweltliche „Rohmaterial" muß hierfür in einen sinnvollen Bezug bzw. eine sinnvolle „Geschichte" integriert werden, um überhaupt zu einem relevanten Datum werden zu können[197].

Soziologische Vorgehensweisen, welche sich diesen Produktionsprozeß übernommener institutioneller bzw. selbst hergestellter Daten nicht bewußt machen, wie etwa die struktur-funktionalistische und speziell die Durkheimsche Anomietheorie, reproduzieren vorliegende Produkte solcher Herstellungsprozesse oder verlassen sich bei der eigenen Datenherstellung auf den intuitiven Interpretationshintergrund ihrer commonsense-Kenntnisse über das, was Cicourel einen „sense of social structure" nennt, das es ihnen erlaubt,

"to transform an environment of objects into recognizable and intelligent displays making up everyday social organization"[198].

Hierauf werde ich unten noch genauer eingehen[199].

---

herzustellen. Cicourel spricht hier auch von „Objektivationen": "I use the term objectivation to denote the observer's *and* the actor's attempts to convince the reader (or listener) of the credibility of the properties of elements being attended and labeled 'data' for purposes of making inferences and taking further action. To objectify some event or object or 'mood', therefore, is to convince someone that sufficient grounds exist or existed for making specifiable inferences about 'what happened'" (Cicourel, A. V. 1968, S. 2).

[197] Cicourel formuliert dies für den Fall der polizeilichen „Herstellung" eines delinquenten Jugendlichen: "The 'delinquent' is an emergent product, transformed over time according to a sequence of encounters, oral or written reports, prospective readings, retrospective readings of 'what happened', and the practical circumstances of 'setting' matters in everyday agency business" (Cicourel, A. V. 1968, S. 333).

[198] *Cicourel,* A. V. 1968, S. 328.

[199] In ähnlicher Weise argumentiert Cicourel gegen die Vorgehensweise in der traditionellen *Meßtechnik,* deren Problematik sich an ihren zwei grundlegenden logischen Voraussetzungen darstellen ließe, die beide nur unter Vernachlässigung des Indexikalitätsproblems aufrechterhalten werden könnten:
— einmal, daß es für den *Wahrheitswert* einer zusammengesetzten Aussage nicht notwendig sei, daß alle darin zusammengefaßten Einzelaussagen wahr sind, und
— davon abgeleitet, daß sich unproblematisch *Äquivalenzklassen* von Objekten der sozialen Umwelt bilden ließen, etwa entlang den Kalkülen der Mengenlehre.

Diese beiden logischen Voraussetzungen des Klassifizierungsvorganges sind nur dann zulässig, wenn die tatsächlich im sozialen Alltagsleben ablaufenden Prozesse sich durch die drei Eigenschaften, die logische Äquivalenz definieren (Reflexivität, Symmetrie, Transitivität), abbilden lassen.

Cicourel zieht aus seiner Diskussion von sozialwissenschaftlicher Messung und Methode den Schluß, daß man eine *allgemeine Theorie sozialer Sinnzuschreibung* zu entwickeln habe, welche die soziale Herstellung, die Interpretation wie die Perzeption von Verhaltensregeln, Normen, sozialen Typisierungen etc. zu erklären habe. Er betont demnach schon 1964 in einem gewissen Gegensatz zu Garfinkel und Sacks, noch deutlicher gegenüber der Gruppe um Zimmerman, Pollner und Wieder *die alltagsweltliche und analytische Wichtigkeit von Normen:*

„... soziales Handeln muß durch Normen, Werte oder Ideologien erklärt werden, die die Mitglieder einer Gruppe verpflichten und die jeden einzelnen Handelnden, als psychologische Entität genommen, übersteigen[200]."

Damit deutet Cicourel an, daß die soziologische Theorie angesichts des Indexikalitätsproblems nicht in einem subjektivistischen Relativismus enden muß, sondern daß trotz aller Vorbehalte gegen die Regelerklärung sozialen Handelns nur auf eine solche Weise sozialwissenschaftliche Generalisierungen möglich werden. Gleichwohl hat sich ja oben gezeigt, wie Cicourel durchaus den Abstraktions- bzw. Objektivationscharakter von Normen in die Analyse einbezieht. Er spricht ihnen aber dennoch, etwa als kollektivem Wissensbestand, Realitätscharakter zu und löst sie nicht völlig, wie z. B. Zimmerman und Pollner, in den betreffenden Herstellungsprozessen auf:

Dies widerspricht aber der grundlegenden Tatsache der situativen Eingebundenheit sozialer Verhaltensweisen sowie derem Herstellungscharakter: 1. Hängt der Wahrheitswert einer Aussage, sofern sie als indexikale Aussage bezeichnet werden kann, was für jede normale Alltagskommunikation zutrifft, von den spezifischen Elementen der jeweiligen Situation ab und kann sich damit auch ändern, so daß wahre Aussagen in anderen Kontexten zu falschen werden können. 2. Es wird vor allem bei administrativen, scheinbar allgemeinen Kategorien wie Scheidung, Selbstmord, Verbrechen, Eheschließungen, Krankheitsraten etc. deutlich, daß sie *zusammengesetzte Aussagen* repräsentieren „in dem Sinne, daß nicht alle Elemente in ihrer zusammengesetzten Form identisch sind, d. h. den gleichen Wahrheitswert haben. ... Es ist eine Tatsache, daß wir jede Eheschließung, Scheidung und einige Verbrechen unter begrenzten Bedingungen als äquivalent behandeln können, wenn auch viele den theoretischen und substantiellen Nutzen bestimmter Kombinationen oder Gruppierungen infragestellen würden" (Cicourel, A. V. 1970, S. 47).

Cicourel spielt hier auf die *Begrenztheit der zweiwertigen Logik* an (vgl. *Bühl, W.:* Das Ende der zweiwertigen Soziologie, in: Soziale Welt, 20, 1969), welcher die gängige Sozialforschung durch immer trennschärfere Kategorisierungen zu begegnen trachtet, um so wenigstens einigermaßen der Differenziertheit sozialer Abläufe zu entsprechen. Dies geschieht aber unter grundsätzliche Beibehaltung der mathematischen Sprache der Messung, die uns auf dem gegenwärtigen Stand der empirischen Sozialforschung nach Cicourels Meinung dazu verleitet, die „reconstructed logic" der Messung mit der „logic in use" der alltäglich ablaufenden Sozialprozesse zu verwechseln (s. *Kaplan, A.:* The Conduct of Inquiry, San Francisco 1964, der diese Unterscheidung als erster eingeführt hat). Cicourel bezeichnet eine solche Vorgehensweise als „measurement by fiat" (s. *Torgerson, W. S.:* Theory and Methods of Scaling, New York 1958).

[200] *Cicourel,* A. V. 1970, S. 276.

"Formale legale ‚Regeln', ‚Regeln' der Etikette und jene, die Arbeitshandlungen steuern, liefern Grenzbedingungen für die Struktur sozialen Handelns, aber es sind die informellen und unausgesprochenen Bedingungen des Vertrages, um Durkheims Gedanken zu wiederholen, die den verpflichtenden Charakter solcher Regeln ausmachen[201]."

Das analytische Arbeitsmodell, welches Cicourel davon ausgehend nun entwickelt, ähnelt sehr den von mir oben explizierten Regelkonzepten der analytischen Rechtsphilosophie eines Hart oder Rawls mit ihrer Unterscheidung *konstitutiver* von *präferentiellen* bzw. *primärer* von *sekundären* Regeln, wobei die konstitutiven Regeln für den Handelnden das vermitteln, was Cicourel den „sense of social structure" genannt hat[202].

Cicourels folgende Arbeiten stellen die konsequente Weiterführung seiner Grundfragestellung dar: so befaßt er sich in einem zuerst 1970[203] erschienenen Aufsatz mit dem Zusammenhang normativer zu jenen „konstitutiven" Regeln, durch welche überhaupt erst die Folie der Geordnetheit für die an Interaktionen Beteiligten hergestellt wird, die es ihnen dann ermöglicht, sich aufeinander sinnhaft zu beziehen.

Er untersucht dies hinsichtlich der zentralen Begriffe einer normativistisch verfahrenden Interaktionstheorie, nämlich *Status* und *Rolle*, wobei seine generelle Fragestellung lautet:

„wie Antwortende und wissenschaftliche Beobachter sich im Verlauf sozialer Interaktion mit verschiedenen Typen von ‚anderen' verhalten und ob derartiges Verhalten von Konzeptionen, die mit Begriffen wie ‚Status' und ‚Rolle' übereinstimmen, gesteuert wird[204]."

Ich will mich hier, da Cicourels Argumentation in beiden Fällen strukturell ähnlich verläuft, auf einige Andeutungen zu seiner Behandlung des *Rollenkonzeptes* beschränken.

Er bemängelt an den gängigen Rollenkonzeptionen bis in den Symbolischen Interaktionismus hinein deren Unfähigkeit, zu zeigen, wie die

---

[201] *Cicourel*, A. V. 1970, S. 287.

[202] Garfinkel hat in seinen Erschütterungsexperimenten systematisch den Versuch unternommen, durch Labilisierung der Experimentalsituation die konstitutiven Erwartungen der Vpn. bezüglich der Geordnetheit der bestehenden sozialen Bedingungen aufzuheben und damit den Vpn. eine sinnvolle Definition der Situation zu verunmöglichen. Die Reaktion auf die Enttäuschung des „Vertrauens" in die grundsätzliche Geordnetheit sozialer Beziehungen war Panik, Aggression, Unverständnis oder im günstigsten Falle Bemühungen, in irgendeiner Weise die Situation wieder zu „normalisieren", alles Handlungsweisen, die auf die Unverzichtbarkeit eines solchen „sense of social structure" für jede gelingende Interaktion hinweisen. s. *Garfinkel*, H. 1963.

[203] *Cicourel*, A. V.: Basisregeln und normative Regeln im Prozeß des Aushandelns von Status und Rolle, in: Arbeitsgruppe Bielefelder Soziologen (Hrsg.): Alltagswissen, Interaktion und gesellschaftliche Wirklichkeit, Reinbek bei Hamburg 1973 b.

[204] *Cicourel*, A. V. 1973 b, S. 149.

2. Darstellung: Aaron Cicourel

Handelnden Situationen und Reize als bedeutsame perzipieren und dann über das analytische Hilfsmittel etwa der Rolle für sich durch Interpretation sozial verständlich machen. Er spricht explizit das an, was ich „Applikationsproblem" genannt habe, also die Frage, wie es dem Handelnden gelingt, Situationen durch Subsumption unter allgemeine Regeln als soziale überhaupt erst zu konstituieren:

> „Der Handelnde muß mit Mechanismen oder Basisregeln ausgestattet sein, die es ihm erlauben, Situationshintergründe zu identifizieren, die zu einer ‚angemessenen' Bezugnahme auf Normen führen würden; *die Normen wären dann Oberflächenregeln und nicht grundlegend dafür, wie der Handelnde Folgerungen trifft über role-taking oder role-making.* Die Basisregeln oder interpretativen Verfahren sind gewissermaßen tiefenstrukturelle grammatische Regeln; sie befähigen den Handelnden angemessene (im allgemeinen innovative) Antworten in wechselnden Situationszusammenhängen hervorzubringen. Die interpretativen Verfahren ermöglichen dem Handelnden einen *Sinn von sozialer Struktur* im Verlauf wechselnder sozialer Situationszusammenhänge aufrechtzuerhalten, wohingegen Oberflächenregeln oder Normen eine allgemeinere institutionelle oder historische Gültigkeit für die Bedeutung der Handlung bereitstellen, wie sie abläuft vom Standpunkt der bewußten Reflexion[205, 206]."

Als theoretisch bedeutsam bleibt Cicourels Insistieren auf der Notwendigkeit einer *Verbindung* der traditionellen normativistischen Theorien sozialer Ordnung mit ethnomethodologischen Konzeptionen festzuhalten bzw., um in theoretischen Begriffen zu reden, von normativen *Oberflächenregeln* („surface rules") mit den *interpretativen Prozeduren* oder *Basisregeln* („basic rules").

Zum Verhältnis beider Regelsysteme stellt Cicourel folgende grundsätzliche *Thesen* auf:

1. Ein wesentlicher Teil dessen, was von den Teilnehmern sozialer Interaktionen verstanden und damit zur Grundlage von Situationsdefinitionen und Handlungsentwürfen werden kann, besteht aus Informationen, die über das explizit Ausgesprochene etwa in der Form von Intonation, Gesten, bestimmten situativen Bedingungen etc. hinausgehen.

2. Aus ihrer Kenntnis bzw. der permanenten Rekonstruktion des Interaktionsablaufes heraus, sind die Beteiligten in der Lage, Äußerungen

---

[205] *Cicourel*, A. V. 1973 b, S. 167.

[206] Interessanterweise entwickelt Cicourel ab etwa 1970 sein *Modell des Handelnden* in Analogie zu Konzeptionen der generativen Grammatik, vor allem Noam Chomskys, während er früher (s. *Cicourel*, A. V. 1970, S. 288 bis 295) das Verhältnis von Oberflächen- und Basisregeln ähnlich wie Garfinkel am Modell des Schachspiels aufzeigte. Wichtig wird diese neue Theorie für Cicourel deshalb, weil in ihr zu zeigen versucht wird, auf welche Weise die *Intentionen* der Handelnden von ihren Partnern verstanden werden, was von den „Sprecher-Hörern" durch die Rückführung des Gesprochenen auf eine Basisstruktur geleistet wird (s. *Katz*, J. 1969).

166 B.III. Ethnomethodologie: Paradigma nicht-absolutistischer Soziologie?

mit Sinn „aufzufüllen", die für den außenstehenden Beobachter bzw. aufgrund einer bloßen „*literal description*" unsinnig bzw. unverständlich bleiben. Wie Cicourel in seinen empirischen Untersuchungen nachweisen konnte, wird dieser „Sinnüberschuß" unter Bezugnahme auf interpretative Verfahren hergestellt.

3. Die im Handlungsablauf implizit bleibende Bezugnahme auf interpretative Verfahren wird von den Interaktionsteilnehmern als „normal" unterstellt und erwartet[207].

4. Mit Hilfe der Basisregeln stellen die Handelnden eine grundsätzliche Übereinkunft über das Bestehen geordneter Sozialbeziehungen her, auf dessen Hintergrund kleinere Inkonsistenzen ausgehalten und bis zur endgültigen Klärung hintangestellt werden können[208].

5. Die Basisregeln gestatten die Subsumtion von Situationsbestandteilen unter allgemeine Regeln und ermöglichen den Interaktionsteilnehmern eine gemeinsame Bezugnahme auf einen intersubjektiv geteilten Wissensbestand.

6. Durch den Gebrauch der Basisregeln wird ein „*Gefühl für die Systematik sozialer Zusammenhänge*" vermittelt, welches dann der Herstellung bzw. Interpretation von Verhaltensdarstellungen zugrundeliegt. Basisregeln sind damit Grundbedingungen der Bezugnahme auf Rollen und Normen[209].

Mit einer solchermaßen veränderten Konzeption von Verhaltenssteuerung bzw. -interpretation, d. h. nicht mehr nur über Normen und Werte, sondern auch über Basisregeln, müssen sich natürlich auch die soziologischen Theorien über den Erwerb solcher Interaktions- bzw. Kommunikationskompetenzen, also die Sozialisationstheorien ändern bzw. ausdifferenzieren. Sie haben nun zusätzlich plausibel zu machen, in welcher Systematik und aufgrund welcher Bedingungen die „*Aquisi-*

---

[207] s. *Garfinkel*, H. 1963.

[208] Diese Beobachtung hätte für die einstellungstheoretischen Dissonanz- bzw. Konsistenztheorien einschneidende Konsequenzen, da auch sozial verständliche, d. h. nicht chaotische Dissonanz bzw. Konsistenz auf eine Hintergrundübereinkunft angewiesen ist, auch wenn diese nur aus einer kontrafaktischen Unterstellung oder einen „Gefühl" von sozialer Geordnetheit beruht.

[209] „Begriffe wie Status, Rolle und Norm, können deshalb nicht geklärt werden, solange das Modell des Forschers nicht explizit Merkmale berücksichtigt, die es dem Handelnden überhaupt erst erlauben, ‚angemessene' Verhaltensdarstellungen als solche zu erkennen und hervorzubringen. Des weiteren können wir nicht die Fähigkeiten des Beobachters, zu erkennen, ob Verhaltensdarstellungen unter solche Regeln fallen, erklären, wenn wir nicht ein Interaktionsmodell haben, das Basis- oder interpretative Regeln und ihre Interaktion mit normativen- oder Oberflächenregeln berücksichtigt" (Cicourel, A. V. 1973 b, S. 185).

tion of social structure"[210] oder genauer: der Erwerb eines *Gefühls* für soziale Geordnetheit sich im Laufe der Sozialisation herstellt.

In dem erwähnten Aufsatz findet sich zunächst eine für ihn theoretisch bedeutsame Absetzung von den früher stärker betonten transformationsgrammatischen Modellvorstellungen, etwa der Parallelisierung von auf der einen Seite interpretativen Prozeduren und Normen mit auf der anderen Seite Tiefenstrukturen und Oberflächenstrukturen. An Chomsky und Katz, auf die er sich als Linguisten vornehmlich bezieht, kritisiert Cicourel nun deren Konzeption einer „*akzeptablen Äußerung*", die jene aus dem Modell eines idealisierten Sprecher-Hörers und dessen Kompetenz entwickelt hatten. Demgegenüber verweist Cicourel auf die *permanente situationsbezogene Rekonstruktion einer solchen Kompetenz,* die sowohl für die Teilnehmer an alltäglichen Interaktionen wie für wissenschaftliche Analytiker zur Voraussetzung sinnvollen sozialen Handelns wird. Man könnte von der interaktionslogischen Notwendigkeit von „Kompetenzidealisierungen" sprechen[211].

Daß man in diesem Zusammenhang von einem *Entwicklungsprozeß* interpretativer Prozeduren auszugehen hat, offenbart sich angesichts der systematischen Schwierigkeiten, welche Kinder in den verschiedenen Altersstufen haben, hinter dem Gesprochenen so etwas wie Anspielungen, Witze und ähnliche metasprachliche Bestimmungen des Gesagten zu erkennen bzw. selbst systematisch einzusetzen. In der Kinderpsychologie spricht man auch von einem spezifischen „Konkretismus" im Denk-, Sprach- und sozialen Verhalten von Kindern[212]. Auch eine andere Beobachtung verweist auf diesen Entwicklungs-

---

[210] So der Titel des einschlägigen Aufsatzes von Cicourel, abgedruckt in *Cicourel, A. V.* 1973 a.

[211] Folglich kann man sich weder empirisch noch theoretisch mit idealtypischen Konstruktionen idealer Äußerungen oder wie Cicourel sich ausdrückt, von „normal form social behavior" begnügen: "Chomsky's statement that generative grammar seeks to specify 'what the speaker actually knows' suggests a strong theory about everyday common knowledge. Yet such a notion remains vague and ambiguous in work on generative grammar, and is almost totally divorced from the socially organized settings of communication. The critical issue for the sociologist would be what everyday speaker-hearers assume 'everyone knows'. Thus members' tacit knowledge about 'what everyone knows' is integral to normal-form behavior" (Cicourel, A. V. 1973 a, S. 44).

Semantische Theorien könnten daher auch nicht durch die Kombination von Grammatiktheorien, Lexikontheorien und Annahmen über verschiedene Transformationsprozeduren konstruiert werden, die über situationsunabhängige idealtypische Modelle, die weder in der Lage sind, die situative „implementation" solcher formaler Kompetenzen von ihrem Ansatz her zum Thema zu machen, geschweige denn sie einer theoretischen und empirischen Beantwortung näher zu bringen.

[212] Vgl. zu dieser These *Werner, H.:* Einführung in die Entwicklungspsychologie, München 1959.

gedanken: Erwachsene können sich in gewisser Weise an die Kindersprache und deren Fähigkeiten anpassen[213].

Diese Erweiterungen bzw. ihre Möglichkeit weisen darauf hin, daß trotz der mangelnden performativen Fähigkeiten des Kindes der „sense of social structure" möglicherweise schon weiter ausgebildet ist, etwa soweit, wie dies die Erweiterungen der Erwachsenen vermuten lassen. Mit Hilfe dieser Erweiterungen versuchen die Erwachsenen sich die „*Weltsicht*", wie Cicourel sich ausdrückt, aus dem vorliegenden Sprechmaterial in Verbindung mit den für das Kind vermutlich relevanten Situationsmerkmalen zu rekonstruieren[214].

Umgekehrt bemühen sich die Erwachsenen in ihrer Kommunikation mit Kindern die Komplexität ihrer Sprache soweit zu reduzieren und parallel dazu die extraverbalen Hinweisreize auf die situative Bedeutung ihrer Aussagen in der Weise zu produzieren, daß die Kinder den gemeinten Sinn mit Hilfe der ihnen bereits zur Verfügung stehenden interpretativen Prozeduren bewältigen können.

Cicourel versucht nun nicht, ein Lernmodell bzw. spezifische Erklärungen für die ontologische Herausbildung solcher interpretativen Prozeduren anzugeben, sondern bedient sich eines sog. „*praxiologischen*" *Ansatzes*[215], um zu klären, was denn die Eigenschaften der interpretativen Prozeduren, wie was die Spezifik ihrer Beziehung zu den Oberflächenregeln ausmachen muß,

"in order to programme subjects' actions (in field and experimental settings) so that such behavior can be recognized as 'normal' or routine (or unusual or bizarre) social activity by members"[216].

---

[213] "Quite often adults repeat the speech of small children and, in so doing, change the children's sentences into the nearest well-formed adult equivalent ... It is a kind of imitation in reverse, in which the parent echoes the child and, at the same time, supplies features that are missing from the child's sentence" (*McNeill, D.*: Developemental Psycholinguistics, in: Smith, F. / Miller, G. A. (Hrsg.): The Genesis of Language, Cambridge, Mass., and London 1966, S. 73).

[214] Man denke z. B. an den Fall, wo eine Mutter aus dem Ruf „Mama!" entweder eine Aufforderung zum Trockenlegen, als auch eine Signalisierung von Hunger wie von Alleinsein herauslesen könnte, in der Situation aber dann die nötige Spezifizierung meist sehr sicher vornehmen kann.

[215] T. Kotarbinski definiert „Praxiologie" als die "science of efficient action. Consequently, the task of praxeology are to formulate und to prove recommendations concerning what must be done: what is advisable to do under definite circumstances in order to attain the intended results in the most efficient way" (*Kotarbinski, T.*: Praxeological Sentences and how they are Proved, in: Nagel, E. / Suppes, P. / Tarski, A. (Hrsg.): Logic, Methodology, and Philosophy of Science, Stanford 1962, S. 211). Wie auch *Hiz, H.*: Discussion: Kotarbinskis Praxeology, in Philosophy and Phenomenological Research, 15, 1965, S. 238, ausführt, geht es der Praxeologie um die Erforschung *formaler Methoden*, die in verschiedenen Kontexten und angesichts verschiedenartiger Problemlagen als Hilfsmittel zur Zielerreichung angewendet werden können. In dieser Weise verstanden, wären die interpretativen Regeln praxeologische Methoden.

2. Darstellung: Aaron Cicourel

Diesen Anspruch[217] glaubt Cicourel bei Zugrundelegung folgender sechs Kennzeichnungen interpretativer Prozeduren einlösen zu können:

1. Als *praxeologische Voraussetzung* jeder Interaktion muß von den Teilnehmern sinnvoll unterstellt werden können, daß die jeweilige Bezugnahme auf die Situation gleich oder zumindest „for all practical purposes" genügend ähnlich ist. Im Anschluß an Schütz spricht Cicourel bei dieser grundlegenden interpretativen Prozedur von der „*Reziprozität der Perspektiven*". Nach Schütz läßt sich diese kontrafaktische Unterstellung („Sozialitätsidealisierung") ausdifferenzieren in die Idealisierung der „*Austauschbarkeit der individuellen Standpunkte*" sowie in die *Abstraktion von irgendwelchen ideosynkratischen Formen der Bedeutungszuschreibung*.

Diese letztere Differenzierung wird deshalb unumgänglich, weil sich ja die Intention, d. h. was ein Sprecher bzw. Handelnder mit seiner Äußerung oder Handlung bezweckt, von dem unterscheidet, was an der Oberfläche erscheint und weil sich daher der Hörer oder Interaktionspartner *zusätzlicher* Interpretationen bedienen muß, deren Systematik bei *beiden* Beteiligten als nachvollziehbar unterstellt werden muß.

2. Den zweiten Typus interpretativer Verfahren haben wir schon oben bei den Codierungsuntersuchungen Garfinkels in den sog. „adhocing-Prozeduren" kennengelernt: die sog. *et-cetera-Annahme*. Sie erlaubt, ein bestimmtes „item", Datum oder eine bestimmte Handlung als ein Element eines übergreifenden Bedeutungszusammenhanges zu betrachten, den der Interaktionspartner mit seiner Handlung in der betreffenden Situation „gemeint" hat. Diese Interpretation wird beim Verstehensprozeß von Oberflächenphänomenen kontrafaktisch zugrundegelegt, d. h. auch nicht bei jedem widersprechenden, neuhinzukommenden Informationsitem fallengelassen. Auf ähnliche Phänomene habe ich oben unter dem Oberbegriff des „Konservatismus" in alltäglichen Entscheidungsprozessen hingewiesen.

Diese Unterstellung grundsätzlicher Sinnhaftigkeit kann nur unter bestimmten Umständen über längere Zeit hin aufrechterhalten werden: etwa wenn sich die äußere Situation des Interaktionszusammenhanges nicht schwerwiegend ändert; auf die Beteiligten keine spezifischen neuen Variablen wirken (etwa ein zunehmender Alkoholisierungsgrad). Zusätzlich dürfte eine solche Stabilität voraussetzen, daß sich die Handelnden durch bestimmte paralinguistische (wie z. B. Gesten, Intonationen etc.) und linguistische (z. B. „aha", „meinst du nicht auch?",

---

[216] *Cicourel*, A. V. 1973 a, S. 52.
[217] Interessanterweise macht Garfinkel den Vorschlag (s. *Garfinkel*, H. 1968, S. 12), den mißverständlichen Titel „ethnomethodology" durch „neopraxeology" zu ersetzen.

"wie ich vorhin sagte", etc.) Mittel immer wieder auf die bestehende Situation als eine, über einen gewissen Zeitraum kontinuierliche beziehen[218, 219].

3. Die ersten beiden interpretativen Prozeduren erscheinen weitgehend formal und bedürfen deshalb bestimmter inhaltlicher Kristallisationskerne, an denen sie sich erst fest machen lassen. Cicourel spricht wiederum in Anlehnung an Alfred Schütz von „normal forms" oder Typisierungen gängiger Art[220].

Etwaige Zweifel bezüglich der erwähnten Sozialisationsunterstellungen können demnach unter Bezugnahme auf solche Normalformtypisierungen geklärt werden, welche ihrerseits einen Bestand an allgemeinem öffentlichen Wissen repräsentieren, von dem angenommen werden kann, daß er von allen Beteiligten geteilt wird. Im Gegensatz zu Sacks, der sich hier nur auf linguistische Normalformen als allgemein geteiltem Wissensbestand bezieht, meint Cicourel damit gängige Vorstellungen bezüglich aller möglicher kognitiver und sozialer Bereiche.

In gewisser Hinsicht kann man die Normalformtypisierungen als ein Mittelding zwischen den formalen interpretativen Verfahren und den handlungsregulierenden Normen ansprechen. Sie erlauben dem Handelnden eine kurzfristige Deutung der ablaufenden Ereignisse als „sozial akzeptable" oder nicht („typisches Gespräch", „normaler Pfarrer", „geregelter Arbeitstag", usw.). Freilich enthalten sie keine näheren Handlungsanweisungen, sondern nur generelle Hinweise auf „Normalität", und zwar in einem Allgemeinheitsgrad, dessen Kenntnis allen sozial kompetenten Handelnden unterstellt werden kann. Sie sind damit Vorbedingungen für spezifische Subsumptionsversuche der Situationsbestandteile unter bestimmte Regeln[221].

[218] Garfinkel und Sacks sprechen hier von „glossing practices", was gemäß der englischen Doppelbedeutung von „to gloss" sowohl Erklärungen wie Bemäntelungen von Erklärungen sein können.

[219] Hieran schließt Cicourel eine höchst wichtige Bemerkung hinsichtlich des Status und der Notwendigkeit von Consensus-Unterstellungen für die Erklärung sozial geordneten Verhaltens an: "But notice that neither the reciprocity of perspectives nor the etcetera assumption imply that consensus exists or is necessary; rather, they indicate that a presumed 'agreement' to begin, sustain, and terminate interaction will occur despite the lack of conventional notions about the existence of substantive consensus to explain concerted action" (Cicourel, A. V. 1973 a, S. 53).

[220] „Unser Wissen im Alltagsleben ist nicht ohne Hypothesen, Induktionen und Vorhersagen, aber sie alle haben den Charakter des Ungefähren und Typischen. Das Ideal des Alltagswissens ist nicht die Gewißheit ... Dieses System des Wissens wird nicht durch *Naturgesetze* zusammengehalten, sondern durch *typische* Folgen und Beziehungen. Ich möchte dieses Wissen und seine Organisation ‚Kochbuchwissen' nennen" (Schütz, A. 1972, S. 32 f.).

[221] So muß z. B. das Gerichtsverfahren als „normales" überhaupt erst einmal perzipiert worden sein, damit man eine Verhandlung durchführen kann. Von großer Bedeutung werden hier bestimmte äußere rituelle Randbedingungen, die eng mit den Normalformtypisierungen von einem Gerichts-

4. Es kann für die situative Zuschreibung von Sinn eine besondere Erleichterung bedeuten, wenn sich die Ereignisse im Rahmen einer *„Geschichte"* einbauen und damit systematisieren lassen („retrospective-prospective sense of occurrence"). Im Zusammenhang mit solchen übergreifenden Sinnbezügen bekommen oft einzelne Daten einen ganz neuen, nicht mit den unmittelbar „offensichtlichen" übereinstimmenden Sinn.

Zu diesem interpretativen Verfahren gehört auch, daß man etwaige situative Vagheiten „aushält" und sich auf eine prospektive Klärung vertröstet, die u. U. eine sinnvolle Reinterpretation von jetzt noch unklaren Informationen erlauben wird (Garfinkel spricht von „wait-and-see"). Damit wird die Unterstellung der Geordnetheit der Situation (der „sense of social structure") auch in noch undurchschauten bzw. undurchschaubaren Handlungszusammenhängen aufrechterhalten, wobei sich die Dauer einer solchen kontrafaktischen Idealisierung nach den jeweils vorhandenen sachlichen (dazu gehören auch Sinnressourcen), zeitlichen und sozialen Ressourcen bemessen dürfte[222]. Solche interpretativen Verfahren erlauben die permanente reflexive Bezugnahme von Situation und Oberflächenregeln ohne ganz in dem Relativismus einer bloß situationsbezogenen Interpretation stecken zu bleiben. Sie erlauben damit auch, das „sense of social structure" aufrechtzuerhalten,

— wenn man allein ist[223]

— wenn die anderen zwar da sind, aber keine direkte Interaktion mit ihnen besteht[224]

---

verfahren assoziiert sind. s. dafür die illustrativen Bemerkungen bei *Luhmann, L.*: Legitimation durch Verfahren, Neuwied 1969 a.

[222] Die begrenzten Möglichkeiten sich auf Geschichten verlassen zu können zeigen sich besonders bei Extremberufen wie dem des Agenten, für den einerseits Vertrauen eine ungemein knappe Ressource ist, der aber sich andererseits oft nur auf die Geschichte seiner Erfahrungen mit seinen Partnern verlassen kann, da eine klärende Personalisierung der jeweiligen Beziehungen meist unmöglich sein dürfte. Für ihn sind deshalb besonders die retrospektiven Generalisierungen von Bedeutung.

[223] Dies trifft beispielsweise bei Gefängnisinsassen zu, bei denen deutlich wird, daß die Fähigkeit zu solcher Reflexivität sich mit der Zeit einengen kann. Daher ist es „langgedienten" Gefangenen oft nicht mehr möglich, über die Komplexität der Sozialbeziehungen in der Freiheit „einen Überblick zu gewinnen". Sie reagieren daher meist zu situationsbezogen, d. h. inkonsistent, was, wie sich zeigen ließe (s. Bohnsack, R. 1973), die Rückfallwahrscheinlichkeit sowie ihre generelle Auffälligkeit erhöht. Dies erscheint mir ein besonders deutliches Beispiel dafür zu sein, wie sich mangelnde Handlungskompetenz im Verlust der Fähigkeit, interpretative Verfahren anzuwenden, äußert.

[224] So etwa beim Spazierengehen. Vgl. dazu den illustrativen Aufsatz von *Ryave, A. L. / Schenkein, J. N.*: Notes on the Art of Walking, in: Turner, Roy (Hrsg.): Ethnomethodology, Harmondsworth 1974, aber auch was Goffman über das „Individuum im öffentlichen Austausch" zu bemerken hat. s. *Goffman, E.*: Das Individuum im öffentlichen Austausch, Frankfurt 1974.

— wenn der Interaktionspartner nur auf begrenzten Erfahrungsebenen präsent ist[225].

5. Als fünfte praxeologische Methodengruppe nennt Cicourel Mechanismen, die im Gespräch selber eingebaut sind und die die Gesprächsteilnehmer immer wieder reflexiv auf die Geordnetheit des Zusammenhanges Bezug nehmen lassen:

"I am not referring to the content of talk but simply its presence during speech and the expectation that particular forms of speech will give a setting the appearance of something recognizable and intelligible. The timing of speech (as opposed to deliberate or random hesitation and alterations of normal-form intonational contours) and the timing of periods of silence or such occasional reminders of normal speech like the 'uh huh', 'I see', 'ah', 'oh' reflexively guide both speaker and hearer throughout exchanges[226]."

Oft ist allein schon die Tatsache, daß weiter gesprochen wird, ein Zeichen, daß „all is well" (Garfinkel). Dies kann in prekären Interaktionssituationen so ausgenutzt werden, daß trotz extremer Unsicherheit weitergesprochen wird, wobei nicht so sehr der Inhalt als die bloße Tatsache des Sprechens die Szene im Gleichgewicht erhält[227].

6. Indexikalität kann, wie wir gesehen haben, nicht durch die totale Bezugnahme auf die je aktuelle Situation bewältigt werden, sondern immer nur durch bestimmte Idealisierungen oder die „rhetorische" Bezugnahme auf Bestände allgemein geteilten Wissens. Auch die bei der Beschreibung situativer Daten verwendeten *Terminologien* oder *Vokabulare* können Möglichkeiten darstellen, Erfahrungen für andere faßbar und damit nachvollziehbar zu machen.

Dies impliziert, daß es einen typischen Gebrauch bestimmter indexikaler Ausdrücke für spezifische Erfahrungszusammenhänge gibt, wofür die oben erwähnten „Ausweitungen" von Kinderäußerungen durch die Erwachsenen illustrativ sind, da gerade die Begrenztheit der kindlichen Terminologien und Vokabulare oft die situative Identifikation in wenig komplexen sozialen Umwelten erleichtern können. Für die komplexen Umwelten von Erwachsenen gilt eher das Gegenteil.

Cicourel betont die strukturelle Ähnlichkeit des Erwerbs linguistischer Kompetenz und jener zur Anwendung interpretativer Verfahren. In

---

[225] Dies wäre z. B. beim Telephonieren, beim Gespräch mit Schwerhörigen und Stummen der Fall, aber auch, wenn man sich durchs Fenster verständigen will oder wenn einer oder beide Gesprächsteilnehmer sich der Zeichensprache bedienen. Vgl. hierzu exemplarisch *Cicourel*, A. V. / *Boese*, R.: Sign Language Acquisition and the Teaching of Deaf Children, in: Hymes, D. / Cazden, C. / John, V. (Hrsg.): The Function of Language: An Anthropological and Psychological Approach, New York 1972.

[226] *Cicourel*, A. V. 1973 a, S. 55.

[227] In gruppendynamischen „settings" findet sich dies als häufig angewendeter Mechanismus, um mit der anfänglichen Irritation im Gespräch fertig zu werden, der dann später genau auf diese Funktion hin befragt wird.

2. Darstellung: Aaron Cicourel

beiden Fällen könne das Kind nicht auf ein fertiges Modell zurückgreifen, das es nach dem Alles-oder-Nichts-Prinzip nachzuahmen habe, sondern es müsse sich auf die innovativen Elemente schon bestehender Interpretationsstrukturen beziehen[228].

Für die Kinder kommt es in der Sozialisation darauf an, sich sowohl die *Oberflächenregeln,* d. h. die Normen kind- und geschlecht-spezifischen Verhaltens anzueignen, als auch über den *Erwerb bzw. die Generalisierung der interpretativen Prozeduren* sich die zunehmende Fähigkeit zur Herstellung und zum Erkennen komplizierter und voraussetzungsreicher Sozialbeziehungen zu verschaffen. Die Fähigkeit, sich an sozialen Regelsystemen wie Familie, Freundes- oder Spielgruppen zu beteiligen, erschöpft sich nicht in der Kenntnis der bereichsspezifischen Regeln, sondern beinhaltet eben auch noch einen „sense of social structure", welcher sowohl Geordnetheit der Szene signalisiert, wie das Bedürfnis und die Fähigkeit, diese Geordnetheit in der Zeit aufrechtzuerhalten.

Deshalb erscheint mir auch Cicourels Hypothese berechtigt, gemäß der sich einfache Formen der interpretativen Prozeduren *vor* dem Erwerb der Sprachkompetenz herausbilden müssen, da sie die Voraussetzung jeder, d. h. auch der frühesten, der Mutter-Kind-Gesprächssituation darstellen, indem sie erlauben, solche Situationen als sozial geordnete Arrangements aufzufassen.

Diese *These der Sprachunabhängigkeit der interpretativen Prozeduren* hat Cicourel, übrigens im impliziten Gegensatz zu Garfinkel, durch die *Untersuchung der Kommunikationskompetenz und des Kommunikationsverhaltens tauber Kinder*[229] zu verdeutlichen versucht. Dabei gelingt es ihm zumindest plausibel zu machen, daß die interpretativen Prozeduren, welche zur Anwendung und zum Verständnis von Zeichensprachen „praxeologisch" sind, identisch sind mit den interpretativen Prozeduren bei normal hörenden Personen. Damit können sie als ein generelles Element der menschlichen kommunikativen Kompetenz angesprochen werden und von den einzelnen Kommunikanten auf ihre jeweilige „natural language" bezogen werden, sei dieses nun eine gesprochene oder „gezeigte" Sprache[230].

---

[228] "The child's creative attempts at constructing social reality or social structure and grammar can be viewed as generated by a simple conception of indexicality stemming from developemental stages in the acquisition of the properties of interpretative procedures and deep structure grammatical rules. The acquisition of interpretative procedures would parallel the acquisition of language, with the child's interpretative procedures gradually replaced or displaced by adult interpretative procedures" (Cicourel, A. V. 1973 a, S. 57).

[229] Gemeint ist die oben erwähnte Untersuchung von *Cicourel, A. V./ Boese, R.* 1972.

Cicourel hat diesen sozialisationstheoretischen Aspekt der ETH noch nicht weiter ausgeführt. Dennoch weist eine abschließende *These* in dem erwähnten Aufsatz über den Erwerb der Sozialstruktur auf die im weiteren zu verfolgende Untersuchungsrichtung hin. Cicourel nimmt nämlich an, daß sich das Verhältnis von vorprogrammierter kognitiver bzw. sozialer Kompetenz und der interpretativen Bezugnahme auf Situationsvariablen mit Hilfe von Basisregeln evolutionär immer mehr zugunsten der interpretativen Prozeduren verschiebt, wofür er die in der Evolution (und in der Ontogenese) zunehmende Wichtigkeit sozialen Lernens und den Rückgang der Bedeutung solcher Mechanismen wie Instinkt bzw. solcher Prozesse wie Prägung als Beleg anführt. Diese Analogie führt er[231] hinsichtlich interkultureller Unterschiede weiter, wo er eine Dimension der Verwendung interpretativer Verfahren bei der Verhaltensorientierung entwirft: das Problem sozialer Ordnung könnte danach in wenig komplexen Gesellschaften eher über gemeinsame Normensysteme, die alle relevanten sozialen Situationen hinreichend abdecken, gelöst werden, womit für solche Gesellschaftsformen die Berechtigung von Konsensustheorien durchaus zugestanden werden könnte. Differenziertere Gesellschaften haben demgegenüber eine viel größere Zahl unterschiedlicher Handlungssituationen zur Folge und stellen deshalb weitreichendere Anforderungen an die innovativen Fähigkeiten der Handelnden, diese Situation als soziale herzustellen bzw. zu interpretieren, ohne daß ausdrücklich Wert- bzw. Normenkonsensus vorliegen müßte[232]. In solchen Gesellschaften sinkt das Bedürfnis nach Konsensus mit der *Veralltäglichung* von Interaktionsbeziehungen und steigt, wenn die Normalität in irgendeiner Weise aufgehoben wird[233].

[230] Auch bezüglich der „gezeigten" Sprache finden sich solche Phänomene wie „telegraphischer" oder „holophrastischer" Sprachstil, finden sich entwicklungsbedingte Unterschiede in der Fähigkeit, Anspielungen, Witze, kurz indexikalische Ausdrücke zu verstehen und sinnvoll in Interaktionen anzuwenden. Vielleicht sind Menschen noch mehr als hörende auf interpretative Prozeduren angewiesen, da ihre Fähigkeiten, den genauen Sinn von Situationen, Handlungen und Daten herauszubekommen, natürlicherweise begrenzt sind. Signifikanterweise geht die Sicherheit und das Vertrauen bezüglich der problemlosen Anwendung interpretativer Prozeduren dann bei ehemaligen Tauben (z. B. nach Operationen) verloren, wenn sie sich an die normale sprachliche Kommunikation anpassen sollen. Ähnlich ergeht es normalhörenden Lehrern, die mit Hilfe der Zeichensprache Taube unterrichten: sie haben oft Schwierigkeiten, sich der Intentionen ihrer Schüler zu versichern, da sie sich auf andere situative Variablen, Normalformen etc. als diese beziehen müssen. Hörende und Taube scheinen mithin dieselben Situationen in unterschiedlicher Weise zu erleben, und zwar weil sie *auf unterschiedliche Weise* die Indexikalität zu heilen versuchen.

[231] Ähnlich wie *Werner, H.* 1959, in der gestalttheoretischen Entwicklungspsychologie.

[232] Diese metasoziologische Behauptung ist von Jack D. Douglas in bedenklicher Weise ins Politische gewendet worden, wenn er aus dem Pluralismus von Situationsinterpretationen in differenzierten Gesellschaften die

2. Darstellung: Aaron Cicourel

Hierdurch verdeutlicht Cicourel zugleich, daß Oberflächenregeln und interpretative Prozeduren einander nicht *ersetzen* können und keine Alternativen darstellen, sondern immer beide zur Lösung des alltäglichen Indexikalitätsproblems aufeinander bezogen werden müssen. Kommunikations- bzw. Regelkompetenzen setzen nach dieser Theorie immer schon eine *basale Sozialkompetenz* voraus.

Damit wendet sich Cicourel deutlich erkennbar, wenn auch nicht explizit ausgesprochen gegen Garfinkels *Identitätsthese* mit ihrer Gleichsetzung von Sinnerfassung und den sprachlichen Äußerungsformen zu deren Darstellung. Die Erfassung von Sinn, und das scheint mir bei den empirischen Untersuchungen an tauben Menschen deutlich geworden zu sein, vollzieht sich über die ganze Breite der möglichen Wahrnehmungsmodalitäten und nicht nur mit Hilfe von in bestimmter Weise systematisch strukturierter „accounts". Die gesamte Komplexität der herangezogenen indexikalen Informationen läßt sich nicht ohne Rest verbal abbilden oder umgekehrt aus „accounts" erschließen:

"'Observing-and-telling' therefore becomes a translation process, and a refining process. But the refining process is one in which masses of perceived data are irretrievably untranslatable and, therefore, unspeakable. Given the Garfinkel's central recommendation, the identical nature of members procedures for managing settings and their making them 'accountable', looks little awry when we remember his insistence that accountable means 'observable-and-reportable'. The desire to equivalence reporting and observing was from the onset a dogma, a given. But in the light of multimodalities it progressively becomes a less acceptable given[234]."

„Accounts" wären demnach Produkte komplizierter Übersetzungsprozesse, die nur teilweise verbal ablaufen. Auch ist die grammatikalische Qualität nur ein indexikales Datum und bestimmt somit keineswegs die soziale Akzeptabilität einer Äußerung und infolgedessen den „member"-Status des Sprechers. Hohe Grade der „Grammatikalität" einer Äußerung können sogar im Gegenteil ein Zeichen für eine völlig falsche (von der Interpretation der Interaktionspartner aus) Situationsdefinition sein bzw. als störend empfunden werden und mit Wendungen wie „rede nicht so geschraubt!", „du gehst nicht richtig auf uns ein!", oder sogar „mit wem sprichst du eigentlich?" beantwortet werden[235].

These von einer pluralistischen Gesellschaftsstruktur in den USA ableiten zu können glaubt. Vgl. *Douglas*, J. D.: American Social Order, London 1971 b.

[233] "The relevance of general norms and values becomes central on ceremonial occasions or after conflict situations, where some attempt at structuring or re-structuring 'what happened' or 'what should have happened' becomes a key group activity. I am suggesting that values like surface rules or norms or laws, are always general policies or practices whose articulation with particular cases remains an empirically problematic issue dependent on how interpretative procedures structure unfolding action scenes so as to generate bounded conceptions of 'what happened'" (Cicourel, A. V. 1973 a, S. 72).

[234] *Attewell*, P. 1974, S. 196.

Zusammenfassend lassen sich sieben Bestandteile von Sozialkompetenz angeben, über die, gemäß der „cognitive sociology" Cicourels ein sozial kompetenter Erwachsener zu verfügen hat, welche sich also ein Kind im Laufe seiner Sozialisation anzueignen hätte:

1. *Reflexives Denken*, welches sich auf Informationen aus verschiedenen Modalitäten beziehen kann, versorgt die Interaktionsteilnehmer mit einer Hintergrundfolie für sozial „akzeptable" Handlungsvollzüge.

2. Die *Vorstellung eines gemeinsamen sozialen settings* muß trotz etwaiger individueller Differenzierungen und komplexer räumlicher bzw. Anwesenheitsstrukturen zumindest soweit aufrechterhalten werden, daß die verfügbaren Informationen für alle als gleich unterstellt werden können.

3. Die Beteiligten müssen sich eines gewissen *formal-normativen* „*backgrounds*" als eines gemeinsamen Bestandes versichert haben. Beispiele wären die Sacksschen Gesprächsregulative: es muß eine Kenntnis der normativen Einschränkungen der Rede- und Handlungsordnung vorliegen, sowohl was den Inhalt, wie den thematischen und sequentiellen Aufbau von Gesprächen und Handlungen betrifft.

4. Ein „member", d. h. ein sozial kompetenter Handelnder, zeichnet sich durch den Besitz eines *Normalformrepertoires* möglicher Erscheinungen, Verhaltensweisen, Äußerungen, Situationen, Problemlösung etc. aus.

5. Ein „member" muß weiterhin fähig sein, über die unmittelbar vorliegende Information hinausgehen zu können und etwaige Sinnlücken aus dem Gedächtnis oder über interpretative Prozeduren auszufüllen.

6. Dieser *Gebrauch interpretativer Verfahren* erweist sich als die grundlegende Voraussetzung jeder Subsumtion situativer sozialer Handlungen unter allgemeine normative Regeln.

7. Grundlegendes Erfordernis alltäglicher Interaktionsabläufe ist weiterhin, den „*sense of social structure*" trotz wechselnder Situationen

---

[235] Als Bestätigung seiner Thesen kann Cicourel auf die breit angelegten wahrnehmungspsychologischen Studien von Haber verweisen, denenzufolge bei der menschlichen Informationsverarbeitung sich komplexe Wechselverhältnisse zwischen visuellen und linguistischen Speicherungs- und Wiedererinnerungsprozessen ausmachen lassen, wodurch sich Garfinkels Parallelisierungen von „observable-accountable" sowie „perception — description" auch empirisch als hinfällig erwiesen haben dürften. Vgl. neben den schon erwähnten Studien von *Haber*, R. N. 1969, 1973, seine anschaulichen Schilderungen in *ders.*: How We Remember What We See, in: Scientific American, May 1970.

aufrechtzuerhalten bzw. immer wieder herzustellen, wenn auch manche inkonsistente Situationsbestandteile nicht in diesen „Normalisierungsprozeß" einbezogen werden können.

e) Die Analysis-Gruppe um Alan Blum und Peter McHugh

Ich möchte diese Gruppe in die allgemeine Erörterung der ETH einbeziehen, obwohl sich die Autoren recht deutlich von der Garfinkelschen oder Sacksschen Linie distanzieren[236]. Der Angriff der Gruppe um Blum und McHugh richtet sich nicht gegen die grundlegende Erkenntnis der unausweichlichen Indexikalität und des „accomplishment"-Charakters sozialer Erfahrung, — ganz im Gegenteil. Obwohl sie sich in ihrer theoretischen Konzeption eher der phänomenologisch-lebensweltlichen Attitüde eines Heidegger verbunden fühlen, verstehen sie das Bilden alltagsweltlicher wie wissenschaftlicher Kategorien wie Austin *als Handlungen* und somit auch Theorien als *„performative Aussagen"*, d. h. nicht als bloße Sätze, sondern als *Handlungen im Medium von Sätzen*[237].

In seinem Aufsatz über *„Theorizing"*[238] geht Blum mit Austin im Anschluß an die Spätphilosophie Wittgensteins von der Auffassung aus, die Bedeutung von sprachlichen Ausdrücken, und damit natürlich auch von Theorien, bestünde in ihrem Gebrauch, d. h. verschieden gebrauchte Äußerungen haben unterschiedliche Bedeutung. Theorien wären in diesem Sinne *„performatives"*, Theoriebildung systematisches

---

[236] Vgl. hierzu folgende recht eindeutige Abgrenzung: "Ethnomethodology, as it is practised by these students (die angesprochenen Forscher sind Th. Wilson und H. Garfinkel; St.W.), not only fails to supply our programme with its rationale but denies this rationale at critical points. Ethnomethodology seeks to 'rigorously describe' ordinary usage, and despite its significant transformation of standards for conceiving of and describing such usage, it still conducts its inquiries under the auspices of a concrete, positivistic conception of adequacy. Ethnomethodology conceives of such descriptions of usage as analytic 'solutions' of their tasks, whereas our interest is in the production of the idea which makes any conception of relevant usage itself possible. Whereas ethnomethodology uses the ordinary world 'seriously' (they hope to solve analytic problems by doing naturalistic science on this world), we treat the everyday world as a proximate occasion for initiating inquiry and not as a 'fact' to be reproduced" (*McHugh, P. / Raffel, D. / Foss, St. / Blum, A. F.*: On the Beginning of Social Inquiry, London 1974, S. 22).

[237] „An der Oberfläche haben sie (die performativen Äußerungen; St.W.) das Aussehen — oder jedenfalls die grammatische Politur — von ‚Aussagen'; nichtsdestoweniger zeigt genaueres Hinsehen, daß sie *keine* Äußerungen darstellen, die ‚wahr' oder ‚falsch' sein können ... Wir würden hier (z. B. das ‚ja' bei einer Trauungszeremonie; St.W.) sagen, daß wir mit der Äußerung etwas *tun*, und zwar heiraten, und nicht etwas berichten, etwa daß wir heiraten" (*Austin, J. L.*: Zur Theorie der Sprechakte, Stuttgart 1972, S. 33).

[238] *Blum, A. F.*: Theorizing, in: Douglas, J. D. (Hrsg.): Understanding Everyday Life, London 1971.

Vollziehen von Handlungen, und zwar unter den spezifischen Bedingungen von Indexikalität (das bedeutet: relativ zum Gebrauchszweck und der Gebrauchssituation). Das Bilden von Theorien vollzieht sich demgemäß in bestimmten Sprachspielen als regelgeleitete Tätigkeit.

Den *Gang der Analysis-Argumentation* könnte man in folgender Weise rekapitulieren:

1. Jede Theorie über soziales Verhalten kann als der *Versuch einer Explikation einer adäquaten Methode* betrachtet werden, um ein Problem des Objektbereichs „soziologisch" zu interpretieren.

2. *Der Prozeß des Theoretisierens selbst muß als regelgeleitete Tätigkeit aufgefaßt werden,* bei welcher der Theoretiker einen Tatbestand durch Einbauen in eine von ihm konstruierte „soziologische Lebenswelt" oder in ein „soziologisches Sprachspiel" verständlich zu machen trachtet:

"Such decisions (für eine bestimmte Theorie; St.W.) are expressions of the form of life of the theorist, which he seeks to persuade others to accept, and which he argues for as a condition of his existence as a theorist. As arguments per se such exercises are uninteresting (!), but as displays of the form of life of a theorist or of the possible forms of life that theorizing produces they are interesting and worth examination[239]."

Blum unterstellt also, daß die Methoden des Theoretisierens wesensmäßig als Methoden für die Herstellung eines theoretisch Handelnden und für die Herstellung einer „möglichen" Gesellschaft angesehen werden können und daß sich diese Tätigkeit der Herstellung selbst gemäß nachkonstruierbarer Regeln vollzieht.

Damit werden die *Relationen von Theorie und Gegenstand* in pointierter Weise *„uninteressant"*, da ja nur die interne Systematik des Theoretisierens zur Debatte steht. McHugh hat dies gelegentlich einer Untersuchung des Devianzproblems dahingehend formuliert, daß

"this idea of deviance makes it unnecessary to look at the act itself. Since deviance is no more or no less than the way an act is received, empirical observations can be made by observing this reception. It is unnecessary to establish any empirical criteria exept community criteria"[240].

Folglich dürfte sich die soziologisch relevante Realität auf die subjektiven Situationsinterpretationen alltagsweltlicher und wissenschaftlicher Akteure als „members" reduzieren.

3. Die Analysis-Gruppe rekurriert damit in interessanter Weise auf den *„theoria"-Begriff von Aristoteles,* welcher sich in kontemplativer Weise auf das „bloße" Anschauen beschränkte[241]. In diesem Sinne läßt

---

[239] *Blum,* A. F. 1971, S. 301.
[240] *McHugh,* P.: A Common-sense Conception of Deviance, in: Dreitzel, H. P. (Hrsg.): Recent Sociology No. 2, New York 1970, S. 174.

2. Darstellung: Analysis-Gruppe

sich der Begriff des „Theoretisierens" als Oberbegriff für alle alltagsweltlichen wie wissenschaftlichen Erfahrungs- und Interpretationsprozesse verstehen. Die Frage, inwieweit Theorien etwa ideologische Verzerrungen objektiver Tatbestände darstellen, wird von diesem Ansatz her sinnlos, sie wird als Ergebnis einer fehlerhaften positivistischen Korrespondenztheorie der Wahrheit interpretiert, die Wahrheit auf die Übereinstimmung von Objekten und Aussagen bezieht.

Dem stellt die Analysis-Gruppe ihren Begriff der *„analytischen Wahrheit"* entgegen:

"We must accept that there are no adequate grounds for establishing criteria of truth exept the grounds that are employed to grant or concede it — truth is conceivable only as a socially organized upshot of contingent courses of linguistic, conceptual and social courses of behavior. The truth of a statement is not independent of the conditions of its utterance, and so to study truth is to study the ways truth can be methodically conferred[242]."

„Analysis" meint also nicht die Darstellung und Kritik der Konsistenz und Validität von Theorien, sondern die Explikation der Methoden und Kriterien, die der Herstellung solcher Theorien zugrunde liegen. Folglich kann sich Wissenschaft nicht auf private sinnliche Erfahrung als ihrer Basis stützen, wenn es um die Konstatierung der Wahrheit einer Aussage geht. Wahrheit wird nur in einem bestimmten öffentlichen Sprachspiel konstituiert, so daß sich die Wahrheit von Aussagen an ihrer Entsprechung zur „Grammatik" des wissenschaftlichen Sprachspiels erweist. McHugh rekurriert hier deutlich auf den Wittgensteinschen Regelbegriff, wonach es unmöglich ist, privat einer Regel zu folgen, weil die Adäquatheit einer Aussage oder Handlung nur auf dem Hintergrund eines intersubjektiven Sprachspiels überhaupt beurteilt werden kann.

Blum, McHugh et al. verwenden den Grammatikbegriff zur Bezeichnung der

"rule(s) of transformation from private to public, the way we analytically 'see' social competence in concrete individual performance"[243].

Die Suche nach der „Grammatik" einer Aussage repräsentiert somit den Versuch herauszubekommen, auf welche Weise diese Aussage als

---

[241] „Für Hegel wie für Aristoteles ist die Vorstellung von einem Gesetz primär die Vorstellung von einem durch reflektierendes Verstehen zu erfassenden inneren Zusammenhang und nicht die von einer induktiven Generalisierung, zu der man durch Beobachtung und Experimente kommt. Für beide Philosophen besteht Erklärung darin, Phänomene teleologisch verständlich zu machen, und nicht darin, sie aufgrund der Kenntnis ihrer wirkenden Ursachen vorauszusagen" (*Wright*, G. H. v.: Erklären und Verstehen, Frankfurt 1974, S. 21).

[242] *McHugh*, P.: On the Failure of Positivism, in: Douglas, J. D. (Hrsg.): Understanding Everyday Life, London 1971, S. 329.

[243] *McHugh*, P. 1971, S. 332, Anm. 4.

„methodische", d. h. nach Regeln produzierte begriffen werden kann. *Jemand kann infolgedessen die Wahrheit seiner Aussage dadurch nachweisen, daß es ihm gelingt, analytisch die Methode ihrer Herstellung oder, wie wir auch sagen können, ihre implizite „Rhetorik" zu beschreiben.* Wahrheit bemißt sich nach dieser Auffassung an der Entsprechung von Aussagen zu Regelsystemen, nicht zu „Objekten", die im Grunde mit „Wahrheit" nichts zu tun haben.

4. Wie schon erwähnt, lehnt sich die Analysis-Gruppe an den Theoriebegriff des späten Wittgenstein an, nach dem durch eine Theorie ein bestimmtes Muster einer Lebensform konstituiert wird, d. h. eine mögliche Welt, die sowohl den Zusammenhang der betrachteten Objekte verständlich macht, wie auch die Stellung des Theoretikers hierzu bestimmt. Wittgenstein hatte aus seiner Konzeption die Konsequenz gezogen, philosophische Probleme eher als *geistige Erkrankungen* denn als theoretische Fragestellungen zu betrachten. Seine philosophische Aufgabe erblickte er darum nicht in der Aufstellung neuer Theorien, sondern in der Heilung oder *Therapie von bestehenden Denkmustern.*

Philosophie, und für die Analysis-Gruppe auch die Sozialwissenschaft benötigt, um einer Heilung zugeführt werden zu können, keine neuen Informationen. Was die Analytiker anbieten können ist allein die *„grammatische" Regulierung von Aussagen,* d. h. ihre analytische Beschreibung, denen jeder kompetente Handlungspartner zustimmen kann. Es geht also um eine Rekapitulation dessen, was schon immer gewußt ist, um eine Re-formulierung, was konkret für den Sozialforscher bedeutet, Gesellschaft als eine mögliche zu konstruieren. Die „mögliche Gesellschaft" besteht aufgrund und in den Methoden ihrer Produktion. Diese Methoden können als jene Prozeduren verstanden werden, mit Hilfe derer der Theoretiker der Welt Sinn gibt und zwar *relativ zu seiner theoretischen Vorstellung von sich selbst,* was dann auch über diesen Theoretiker selbst Schlüsse erlaubt. Eine „mögliche Welt" zu konstruieren heißt

"to express in a form, or to create a form, to reformulate means to create or express in another form. The re-creation of a form is essentially (analytically intelligible as) a method: it is a theorist's method for re-forming society (his method for showing society in one of its many possible forms). Seen in this way, his method is a procedure for showing the form in which the world has meaning for him. The method analytically locates the meaning of the world for the theorist and, in a sense, it is through the method that the actor lives as a theorist"[244].

5. Wenn man von diesem Anspruch aus andere Theorien behandelt, wie etwa die Parsonssche oder die von Homans, steht also nicht die

---

[244] Blum, A. F. 1971, S. 305.

„Kritik" in irgendeinem Sinne im Vordergrund, sondern die analytische Frage, was denn die methodischen Bedingungen der Möglichkeit einer solchen Theoriekonzeption seien.

Auch die hypothetisch-deduktive Methode, wie sie etwa dem Homanschen Programm zugrunde liegt, kann als Versuch der Konstruktion einer möglichen Gesellschaft gewertet werden, woran sich natürlich dann die Frage anschließen läßt, welche Vor- und Nachteile die Anwendung einer solchen Konstruktion mit sich bringt; Blum greift nun das deduktive Theoriemodell mit dem Argument an,

"... that its use deprives us of our impulse to theorize (to see sociologically) in one of its strongest sense ... The point of all of this is that while the deductive modell *can* be applied to the field of human actions, it is only accomplished through a transformation of the meaning of the action. The deductive modell changes (we won't say 'distorts') the description of the action to meet its own requirements, and while in principle there is nothing wrong with this and all description does it, it is still an election that does not have to be made"[245].

Welcher Art (theoretisch, ästhetisch, politisch, empirisch, etc.) und welchen Ausmaßes sind aber nun die „Kosten" eines solchen Theorieprogrammes?

Da es der Analysis-Gruppe nicht darum geht, *warum*-Fragen zu stellen und empirisch zu beantworten, sondern um die Klärung des Explanandums selbst (also der *Frage*), wird man folgerichtig versuchen, auch die „Kostenfrage" „grammatikalisch" zu behandeln, sich also zu überlegen, was die betreffende Frage zu einer macht, die ein Theoretiker als theoretisch sinnvolle und verständliche akzeptieren kann. *Genau diesen Explikationsprozeß des Explanandums vermögen die deduktiven Modelle nicht mehr zu leisten, d. h. sie können sich selbst nicht mehr reflexiv einholen.* Eine analytische Betrachtung des Theoretisierens hat demnach die vom Theoretiker angewendete Kompetenz, nicht seine tatsächliche Performanz zum Gegenstand, welche ihrerseits als Produkt bzw. Inbegriff seiner Methoden der „Wissensherstellung" begriffen werden muß, jener methodischen Gründe, die er für die Explikation eines möglichen Handelns benötigt[246].

Das Resultat einer solchen theoretischen Rekonstruktion wäre eine „world-for-some-actor (the theorist)", eine theoretische Lebenswelt, die in den Begriffen ihrer Herstellungsweise beschrieben werden kann.

Grundsätzlich erfolgen nach diesem Ansatz die theoretischen Konstruktionen möglicher Welten in einer gewissen Beliebigkeit, weil, wie

---
[245] *Blum*, A. F. 1971, S. 309 f.
[246] "What we want are the theorist's methods for the creation of his idea, for it is in his production of the idea that his activity acquires its analytic status as an instance of theorizing" (*Blum*, A. F. 1971, S. 312).

sich bei Wittgenstein gezeigt hat, die Beurteilungsmaßstäbe selber erst durch das betreffende Sprachspiel konstituiert werden. Damit rücken die Autoren ganz in die Nähe der Kuhnschen *Paradigma-Konzeption* und thematisieren im übrigen das, was ich die *Rhetorik sozialer Ordnung* genannt habe. Ein Zweifel bzw. das, was im Rahmen einer bestimmten theoretischen Konstruktion als möglicher Zweifel von vornherein ausgeschlossen wird, hängt folglich von der „linguistischen" Situation im weitesten Sinne ab, d. h. von der „Grammatik" des theoretischen Sprachspiels.

Die mögliche Antwort auf die naheliegende Frage, ob hier nun bloß ein extremer Relativismus oder eine Form reflexiver Soziologie vorliegt, läßt sich schön an der *Arbeitsweise* der Analysis-Gruppe demonstrieren, wie sie sie in der Einleitung zu ihrem neuesten Buch[247] angedeutet haben und von der sie behaupten, sie sei aus ihrer theoretischen Position heraus notwendig, habe folglich nichts mit arbeitsteiliger Effektivierung von Zusammenarbeit zu tun. Für das theoretische Ergebnis des Buches ist ihnen die Zusammenarbeit mindestens ebenso wichtig wie die diversen Topoi, welche in ihm abgehandelt werden, da die Analysis-Konzeption Zusammenarbeit in gewisser Weise *notwendig* macht. „Analysis" beschäftigt sich ja nicht mit der Klärung einer Frage, mit der Herstellung von Erklärungsversuchen, sondern *generativ* mit den Bedingungen der Möglichkeit von Fragen, Problemen, Theorien, Interessen etc. Dieses *reflexive* Interesse an gesprochenen oder geschriebenen Daten erstreckt sich auch auf die Produktion der Autoren selbst[248].

In der Zusammenarbeit wird man folgerichtig versuchen, beim Lesen der Entwürfe der jeweils anderen, nicht eine oberflächliche Verbesserung anzubringen, sondern die dem Autor selbst verborgenen Hintergründe, die „Grammatik" seiner Stellungnahme zu formulieren. Natürlich gilt diese Notwendigkeit der reflexiven Vergewisserung der systematischen Handlungsgrundlagen auch für die Zweitbearbeiter, wie für alle weiteren Leser, die sich auf eine vorhergehende Arbeitsstufe reflexiv beziehen. Deshalb kann für die Analysis-Gruppe das Geschriebene oder Gesprochene in einem pointierten Sinne niemals vollständig oder abgeschlossen sein, sondern ruft im Grunde eine *Reflexion ohne Ende* hervor.

Um sich reflexiv der Gründe der jeweiligen Konzeption zu versichern, ist also Zusammenarbeit *notwendig*, die dann praktisch bei diesen

---
[247] *McHugh*, P. et al. 1974.
[248] "For the analyst any speech, including his own, is of interest not in terms of what it says but in terms of how what it says is possible, sensible, rational in the first place. Our interests (are) in what we call the grounds or auspices of phenomena rather in the phenomena themselves ..." (*McHugh*, P. et al. 1974, S. 2 f.).

2. Darstellung: Analysis-Gruppe

Autoren so aussah, daß einer zu einem bestimmten Topos ein „paper" entwarf, auf das sich dann die anderen in der angedeuteten Weise reflexiv bezogen. Die jeweiligen Bearbeiter der endgültigen Aufsätze sollten dann reflexiv auf die Systematik *beider* Ebenen eingehen[249].

Die Unabgeschlossenheit der „Analysis" darf damit nicht mit der Idee der Unabgeschlossenheit bzw. Unvollständigkeit gängiger positivistischer Theorien verwechselt werden, da sich diese Konzeption nur auf dem Hintergrund von *noch nicht* erfaßter situativer Kontingenzen ergibt und nicht aus der grundsätzlichen Unabgeschlossenheit solcher Reformulierungsprozesse wie im Analysis-Konzept.

Die Autoren sind nun aber so mit der Explikation von „Theorizing"-Prozessen beschäftigt, daß die Topoi ihrer Analysen zu bloßen Beispielen ihrer Vorgehensweise gerinnen, über deren theoretische und praktische Relevanz keine Aussagen getroffen werden und vielleicht auch nicht getroffen werden können. *Relevanz kann nur die Idee des „Theorizing" selbst beanspruchen,* aufgrund derer allein es möglich sein soll, zu den Konstitutionsbedingungen des alltäglichen Verhaltens vorzudringen, sich also nicht nur als „member" zu verhalten und auf der Ebene des konkreten Sprechens zu verbleiben, sondern die Bedingungen der Möglichkeit von „membership" selbst zu eruieren. „Analysis" stellt somit bestimmte Probleme erst her, statt vorliegende zu lösen:

„... analysis brings to light the contradiction which every speech represents by treating the speech as an appearance of that which grounds it. The problem for analysis is always the difference, and to resolve the problem is not equivalent to eliminating the difference — the success of the solution to a problem does reside in its elimination of a difference — but in making the difference between speech and language transparent[250]."

Zur besseren Einschätzung der Vorgehensweise dieser Gruppe seien abschließend noch zwei Beispiele einer solchen „Analysis" kurz skizziert: die *Untersuchung der Bedingungen der Möglichkeit sozialer Motivzuschreibung* sowie jene der *Konstatierung von „bias"*, also von Fehlerhaftigkeit in der Sozialforschung.

---

[249] Diese Form des gemeinsamen Reflexionsprozesses generiert nicht zwangsläufig Rationalität, wie dies etwa in der Habermas'schen Idee vom theoretischen Diskurs angelegt sein mag: "Analysis, as we practise it, is concerned with constructing for any behavior its rationality, but not with producing rational behavior. Theorists like Skinner and Habermas, who try to generate good talk in the real world by means of theoretical schemes, are really failing to distinguish behavior and analysis. Our position is closer to Chomsky's. To commit oneself to programming the real world is to give up on theorizing. Therefore, the fact that our actual practices are *ad hoc*, variable, only more or less successful, is not a disappointment but rather an affirmation of the distinction we make between analysis and behavior" (*McHugh*, P. et al. 1974, S. 7).

[250] *McHugh*, P. et al. 1974, S. 17 f.

Bedingungen der Möglichkeit sozialer Motivzuschreibung

Normalerweise wird davon ausgegangen, daß die Feststellung abweichenden Verhalten einer bloßen *Konstatierung* auch von Seiten des Schreibtischsoziologen zugänglich sei. Dieser könne, ebenso wie der Richter, mit Hilfe der Kenntnis gesellschaftlicher Normensysteme Regeln und ihre Verletzungen unproblematisch ausmachen.

Gegen diese Unterstellung hat sich vor allem der englische Rechtsphilosoph H. L. A. Hart in seinem Aufsatz „The Ascription of Responsibility and Rights"[251] gewandt. Er appliziert die Wittgensteinsche Sprachspielkonzeption auf den Prozeß der Rechtsprechung, geht also davon aus, daß die Rechtsprechung einen spezifischen Verwendungskontext von Sprache konstituiert, welcher sich durch ein besonderes Regelsystem auszeichnet. Die Feststellung von Abweichung bzw. von Verantwortlichkeit darf nach Hart nicht als *konstatierende Tatsachenbehauptung* verstanden werden, die wahr oder falsch sein kann. Wenn eine solche Feststellung Ergebnis einer Tatsachenüberprüfung wäre, ließe sich der Prozeß der Rechtsprechung empiristisch analysieren. Zwar tauchen nun in Urteilen durchaus Tatsachenbehauptungen auf, das Urteil als ganzes kann aber nicht so konzipiert werden. *Ein Urteil ist, so Hart*[252], *entweder eine richtige oder falsche Entscheidung oder eine gute oder schlechte Beurteilung, nicht aber entweder wahr oder falsch, logisch notwendig oder absurd.*

Besonders deutlich zeigt sich dies bei der Feststellung von *Verantwortlichkeit* bzw. *Vorsätzlichkeit*, beides konstitutive Begriffe in Urteilen, von denen es aber unmöglich ist, sie in einer positiv-erfahrungswissenschaftlichen Weise zu fundieren. Aussagen über das Vorliegen einer strafbaren Tat bzw. von Verantwortlichkeit entpuppen sich somit als *Zuschreibungen* (askriptive Aussagen) und nicht als Tatsachenfeststellungen, d. h. deskriptive Aussagen.

Die Zuschreibung dieser Begriffe bedeutet demnach nicht eigentlich eine Aussage über die Existenz eines bestimmten Sachverhaltens, sondern sie stellt die Person und ihr Handeln in einen bestimmten *Begriffszusammenhang*, in ein neues Sprachspiel, von dem aus dann die Biographie, das Verhalten und auch weitere Daten des betreffenden Menschen einsichtig gemacht werden können („*Nach dem Entdecken der Schuld* erscheinen die anderen Taten und das Vorleben des Angeklagten in einem neuen Licht!").

Hier setzen nun Blum, McHugh und Co. mit ihrer Analyse an. Ihr erklärtes Ziel ist es zu explizieren, welchen soziologischen Status man Motiven zuzusprechen habe und dies glauben sie hauptsächlich dadurch leisten zu können, daß sie aufzeigen, wie kompetente sozial Handelnde („members") für die kognitive Organisation ihrer Umgebung „Motive" als Strukturierungskonzepte benutzen[253].

---

[251] Hart, H. L. A.: The Ascription of Responsibility and Rights, in: Flew, A. (Hrsg.): Essays in Logic and Language, Oxford 1951.

[252] *Hart*, H. L. A. 1951, S. 155.

[253] "... we shall suggest that all sociological conceptions require some version of the commonsense member (of his practical knowledge); and we shall depict motive as one commonsense device for ascribing social membership, since motives are used by members to link particular concrete activities to generally available social rules" (McHugh, P. et al. 1974, S. 21).

2. Darstellung: Analysis-Gruppe

Danach ließe sich sagen, daß ein Richterspruch ebenso wie eine psychologische Verhaltens- bzw. Motivanalyse nicht den *empirischen Beweis* der Motivverursachung einer Handlung (was freilich oft unterstellt wird) repräsentiert, sondern das Gericht ist primär mit der *Konstruktion der sozialen Verständlichkeit von Handlungen* befaßt, d. h. es hat eine, im Rahmen der kulturellen Selbstverständlichkeiten liegende rationale Interpretation des Tatbestandes zu leisten und ihn dadurch überhaupt erst „justiziabel" zu machen. Gelingt eine solche rationale Interpretation aus Gründen der Situation oder des Verhaltens des Angeklagten nicht, so kann Verantwortlichkeit nicht zugeschrieben werden, das betreffende Individuum muß als *prinzipiell* abweichend, weil sozial inkompetent, behandelt werden (§ 51).

Es wäre demnach soziologisch falsch, Motive, wie das traditionellerweise geschieht, entweder als *kausale Antezedentien* von Verhalten oder aber als charakteristische Gestimmtheitszustände bei der konkreten Ausführung einer Handlung anzusehen, also quasi als deren *subjektiv-privaten Hintergrund.* Wenn aber Motive soziologisch wie alltagsweltlich (worauf besonders Wittgenstein hingewiesen hat) erst durch die Zuschreibung von Regeln bzw. Regelhaftigkeit konstituiert werden, so setzt diese Zuschreibung selbst den *Gebrauch einer intersubjektiven Sprache voraus.* Dies meint Wittgenstein, wenn er sagt, es sei unmöglich, privat einer Regel zu folgen[254]. Motive haben demnach für den Beobachter die Funktion einer Regel, um über die Tatsache des normativ-geordneten Charakters der jeweils vorliegenden sozialen Vorgänge zu entscheiden, wodurch die spezifische soziale Existenz und Relevanz dieser Handlungen erst konstituiert wird.

McHugh und Co.[255] verstehen Motive als *Oberflächenregeln,* die ihrerseits auf bestimmte *Tiefenstrukturen* verweisen, welche die Bedingungen der Möglichkeit solcher Motivkonstitutionsprozesse („doing motives") ausmachen:

Der Besitz solcher Tiefenstrukturen gehört zur Ausstattung eines jeden kompetenten sozial Handelnden und wird demgemäß in Interaktionen als selbstverständlich unterstellt. „Motive" wären demnach

---

[254] Interessanterweise wird dies bei den sog. „unbewußten" oder verborgenen Motiven besonders deutlich, weil sie „offiziell" über sozial organisierte, regelgeleitete Interpretationsprozesse, etwa die Psychoanalyse, konstituiert werden.

[255] Ich spreche in der Zitierung der Autoren hier von McHugh et al. 1974, obwohl die erste Fassung dieser Arbeit unter dem Titel „The Social Ascription of Motives" 1971 in der American Sociological Review, 36, nur von Blum und McHugh veröffentlicht wurde. Sie ist aber unter einem neuen Titel, „Motives", in den Sammelband dieser Autoren mit Raffel und Foss zusammen übernommen worden und auch mit einem neuen Nachwort versehen.

regelgeleitete und sanktionierte Prozeduren der Sinnherstellung. Einige Elemente dieser Tiefenstruktur möchte ich kurz anführen:

1. Eine wesentliche Regel, welche die Zuschreibung von Motiven erst möglich macht, wäre die Unterstellung, die Annahme oder das Wissen, *daß der zu Beschreibende weiß, daß es bestimmte Motivzuschreibungsregeln überhaupt gibt*. Das „Objekt" muß selber Mitglied der betreffenden sozialen Gemeinschaft sein oder es müssen doch gewisse „Familienähnlichkeiten" zwischen den Kompetenzbereichen und -regeln von Objekt und Beobachter konstatierbar sein[256]. Auf ihre Motive hin zu beurteilende Personen müssen zumindest theoretisch zu denselben Beurteilungsergebnissen bezüglich ihrer eigenen Handlungen kommen können wie die Beobachter.

Wenn dies nicht vorliegt, spricht man von *Unzurechnungsfähigkeit*, eine Motivzuschreibung wird zumindest für einen als sozial kompetent geltenden Beobachter undurchführbar. Erfolgen dennoch Beurteilungen, so werden diese eher auf die Einschätzung des Beurteilers als auf die des Objektes sich auswirken (vgl. dazu die psychoanalytischen Begriffe der Projektion und Gegenübertragung)[257].

2. Nach einer weiteren Voraussetzung des Zuschreibungsprozesses müssen die betreffenden Ereignisse in *konstruierte Biographien der Agierenden* einzubauen sein. Ereignisse werden dadurch in eine quasi historisch-kausale Reihung gebracht, für die schon oft sozial akzeptierte bzw. akzeptable Muster, wie z. B. die „Karrieren" von Verbrechern und Geisteskranken, bereitliegen.

Die Beobachter perzepieren die Handelnden als Objekte mit bestimmten in sich sinnvollen Biographien, an denen sich jede Handlungsinterpretation zu orientieren hat. Die „Grammatik" der Motive stellt dann das Verbindungsglied zwischen Ereignis und Biographie dar und bietet dadurch die Möglichkeit, Handlungen als sinnvoll zu einem Prozeß gehörig zu erleben.

"Events could only be seen to be performed and disembodied, not enacted by some theoretic-nontheoretic incumbent of a situated social world. Motives thus characterize biographies enacting events, are specific to events, and

---

[256] Vgl. hierzu die Schwierigkeiten einheimischer Gerichte bei der rechtlichen Behandlung von Ausländern!

[257] Die Annahme der Regelkenntnis des Beurteilungsobjektes trägt deutlich den Charakter einer Unterstellung, die je nach den sozialen und historischen Umständen auch hätte anders ausfallen können. Oft liegt gerade in der Unterstellung der Regelkenntnis („objects as theorizers") ein ganz spezifischer Akt institutioneller Machtausübung, etwa bei Zuschreibungsprozessen für fahrlässige vs. vorsätzliche Tötung, für Geisteskrankheit vs. Fehlleistung bzw. situativ bedingte unfitness oder Unlust usf. "To be theoretic is thus to be conceivable by some observer as methododically rule-guided, rather than haphazard in behavior" (McHugh, P. et al. 1974, S. 36).

distinctive of biographies. They are a grammar in that they methododically collect these disparate phenomena. And they are social in that they transform what would otherwise be fragmentary series of unconnected immediate events into generally intelligible social courses of behavior. It is through motive as a culturally available designation that the observer recovers alter's membership out of observed temporal phenomena, because motives delineate the biographical auspices of acts in situations[258]."

Gelingen solche Verknüpfungsprozesse nicht, reichen etwa die konventionell in der Alltagswelt vorhandenen Motive nicht aus, so werden je nach dem Organisiertheitsgrad des betreffenden Gesellschaftsbereiches mehr oder weniger komplizierte „Normalisierungsversuche" notwendig, für die sich in den hochentwickelten Industriegesellschaften eine ganze Reihe von Berufen herausdifferenziert hat: Psychiater, Priester, Psychologen, „Ideologieplaner", etc.

3. Die oben angesprochenen gesellschaftlich vorprogrammierten Biographien können durch *typisierte Personenvorstellungen* (z. B. „Täterprofile") ergänzt werden, aus denen sich eine überschaubare Anzahl von Motivunterstellungen ableiten läßt (folglich impliziert jede Motiv- oder Verantwortlichkeitszuschreibung eine Theorie über die betreffende Person). Diese Prozedur ist deshalb notwendig, um die mögliche Relevanz der Biographie für das betreffende Ereignis zu bestimmen („zugegeben, seine Jugend war schlecht, aber er hätte sich zusammenreißen können ... wäre er nicht so ein jähzorniger Typ gewesen").

4. Nachdem in einem solchen Beurteilungsprozeß sichergestellt ist, daß man der Person Verantwortlichkeit zuschreiben kann („Theoretizität"), eine in sich bezüglich des Ereignisses sinnvolle Biographie hergestellt werden konnte und auch eine gewisse Typisierung der Person erfolgte, muß schließlich noch *sichergestellt werden, daß die betreffende Tat in diesen Sinnkontext hineinpaßt*.

Es muß also in sozial akzeptabler Weise aufgezeigt werden, daß die Handlung „Methode" („methodocity") hatte, sich im Bereich der möglichen Selbstkontrolle des Handelnden befunden hat. Von dem Beobachter wird unterstellt, daß der Handelnde diese Aktion als eine logische Konsequenz der von ihm akzeptierten Identität anerkennt. Die betreffende Person muß demnach um mögliche Alternativen gewußt haben[259].

Dieser Aufsatz stellt nach Auskunft der Autoren in seiner frühen Fassung (1971) einen noch unartikulierten und unterentwickelten Versuch von Analysis dar, der in Richtung auf eine gewisse Radikalisierung oder auch Fundamentalisierung ausgeweitet werden müßte. Generell

---

[258] *McHugh,* P. et al. 1974, S. 38.
[259] *McHugh* spricht in einem anderen Aufsatz (1970) von „Konventionalität".

verbleibt den Autoren diese Arbeit zu sehr im inhaltlich-deskriptiven und fragt nicht nach den Bedingungen der Möglichkeit eines Sprechens von und über Motive überhaupt, also auch der soziologischen Erörterungen über Motivzuschreibung.

Ich möchte die Differenz zum heutigen Vorgehen der Gruppe abschließend an ihrem Aufsatz über „bias"[260] aufzeigen.

Bias[261]

In der gängigen Sozialforschung wird „bias" als eine Störung, welche zu eliminieren oder wenigstens in ihrem Ausmaß festzustellen ist, betrachtet. Ziel der Autoren ist es, die theoretischen Grundannahmen, die hinter dem „bias"-Konzept stehen, zu ergründen, so z. B. welche Gründe angegeben werden müssen, um das Vorliegen von „bias" konstatieren zu können und welches die Regeln und die Grammatik des Erkenntnisprozesses sind, in dem „bias" festgestellt wird. Sie wollen „bias" als ein Element der sozial organisierten Umwelt von Sozialwissenschaftler verstehen, d. h. Forscher, die sich dieses Konzeptes zur Beurteilung eigener wie fremder Arbeiten bedienen, tun dies nach einer in ihrer „scientific community" eingespielten und akzeptierten Weise. Dies bedeutet gleichzeitig, daß sie die Idee des „bias" als gegebenes Faktum analysieren und nicht etwa als unsinnig abtun wollen.

Gemeinhin wird „bias" als ein zu eliminierender Zustand betrachtet, als ein „thing".

"... the concern with bias is a concern with whether a 'thing' (speech treated as a thing) *appears* biased or reliable. Because a thing which appears biased can also appear unbiased, the 'object' for the believer is not the Real, but something which changes and becomes[262]."

Die Autoren vergleichen die Idee von „bias" mit der Idee der Schönheit, hinter der eine ebensolche Konzeption von Adäquatheit stecke. Eine solche Konzeption erlaubt dann, Schönheit, Kunst, „bias" etc. als Ressource zu behandeln, die aktuellen Ereignissen zu deren sozialer Verständlichmachung zugeschrieben werden kann. An diesem Punkt wird dann im Alltagsleben die „Grammatik von bias" undurchschaubar.

Das zentrale theoretische Anliegen der Analysis-Gruppe ist es, eine theoretische Lebensform zu konstruieren, in welcher ein Sprechen über „bias" als einsehbar und normal perzipiert werden kann. Man versucht

---

[260] In *McHugh, P.* et al. 1974.

[261] „Bias" wird im *Lexikon zur Soziologie*, Opladen 1973, definiert als „Verzerrung, nämlich ein systematischer Meßfehler, der durch subjektive Faktoren im Forschungsprozeß (wie etwa Suggestion bei der Fragestellung, Einseitigkeit bei der Auswahl der Untersuchungsobjekte usw.) hervorgerufen wird und die Gültigkeit des Meßergebnisses beeinträchtigt".

[262] *McHugh, P.* et al. 1974, S. 48.

2. Darstellung: Analysis-Gruppe

„bias" als ein Konzept zu behandeln, das nicht bloß „erscheinende" Realität abbildet, sondern welches innerhalb eines Sinnzusammenhanges zuerst hergestellt werden muß. Es geht also nicht darum, ob es „bias" überhaupt gibt, sondern in welchem systematischen Kontext das Sprechen von und über „bias" stattfindet. Wenn „bias" als regelgeleitete Prozedur und nicht als zufälliges Ereignis begriffen wird, dann kann davon als einem *„normal trouble"* gesprochen werden, der sich von jedem kompetenten Mitglied der „scientific community" auf dem Hintergrund seines Wissensbestandes als „typisch" identifizieren läßt. So wird die Feststellung von „bias" als „trouble" selbst nicht als „trouble" gewertet, was die paradoxe Konsequenz der *partiellen Ausschaltung* von „bias" hat, d. h. die These von der Allgemeinheit von „bias" muß an dem Punkt seiner Feststellung geleugnet werden. Die „bias"-Konzeption widerlegt sich damit selbst und zwar in notwendiger Weise:

"1. an omnipresent trouble is a parameter — not a trouble — and cannot be 'acted upon' and 2. if the act of recognition is not discriminated from that which it re-cognises its claim would lose its force as grounds for the identification and reduction of bias because the act would be a further affirmation of bias itself. The act would become a programmatic demonstration of the impossibility of the programme[263]."

Um über „bias" sprechen zu können, muß also eine „deskriptivistische Lebensform" vorausgesetzt werden können, d. h. derjenige, welcher „bias" konstatiert, muß in pointierter Weise aus dem Bereich, in welchem er die Feststellung von „bias" deskriptiv trifft, herausgehoben sein (Subjekt-Objekt-Differenzierung).

Die *Tiefenstruktur von „bias"* verweist auf den Positivismus als notwendiger Voraussetzung und zwar wegen dessen Konzeption der konstitutiven „Privatheit" des einzelnen Wissenschaftlers und der komplementären Vorstellung von der Möglichkeit „unpersönlichen Sprechens" in wissenschaftlichen Aussagensystemen. Die Prozedur der Feststellung von „bias" läuft demgemäß nach dem „Ideal der Anonymität" ab, dessen Nichtbeachtung als die eigentliche Ursache des „bias" gilt. Erst mit der Vorstellung von *Objektivität* wird somit „bias" möglich[264].

Auf der Grundlage dieser Interpretation wird nun auch die Unterscheidung von Fehler und „bias" erklärbar:

---

[263] *McHugh*, P. et al. 1974, S. 54 f.

[264] Dies gilt natürlich auch umgekehrt: in der empirischen Forschung wird Objektivität immer nur als eine um „bias" verminderte sichtbar. Problematisch werden die Reifizierungstendenzen besonders dann, wenn der Regelcharakter des Objektivitätsbegriffs überhaupt nicht mehr gesehen wird, etwa dann, wenn angesichts eines bestimmten „bias" Schätzverfahren angewendet werden, die angeben, welche Werte bei objektiven oder fast objektiven Bedingungen hätten erzielt werden können (s. etwa *Lienert*, G.: Testaufbau und Testanalyse, Weinheim—Berlin 1967).

"The former concern more and/or deeper constatives or different ones. Bias is something else. Bias concerns ignorance of one's private or personal auspices, and the failure to make those auspices publicly methodic. In positivism one's auspices must be demonstrated as the 'things' external to speech. That is, the only legitimate commitment permissible in the positive project is to things external to speech rather than to ground of speech. Since it is impossible for speech to be grounded in speeches (intelligible objects) external to speech, the project transforms grounds as commitment into the evil of self-interest[265]."

Es wird damit also unterstellt, daß „bias" als etwas angesprochen werden kann, was man nicht erleidet oder was einem widerfährt, sondern etwas, was man durch Teilnahme an einer „scientific community", demnach durch subjektive *Wahl* zumindest in Grenzen vermeiden kann. „Bias" kann somit als eine *sehr spezielle Form von Privatheit* definiert werden, nämlich eine, die der betreffende Handelnde, wenn er gewollt hätte, vermeiden hätte können.

Im Anschluß an diese positive Charakterisierung der positivistischen Position zum Problem von „bias", haben die Autoren gemäß des generellen Programms von „Analysis" nun darzulegen, welche Systematik hinter *ihrer* Behandlung von „bias" steckt und zwar auf dem Hintergrund der Feststellung, daß eine Beschreibung von „bias" nur innerhalb einer spezifischen Auffassung von Wissenschaft denkbar ist.

Freilich gelingt ihnen eine solche Spezifizierung ihrer eigenen theoretischen Lebenswelt nur negativ:

Während sich die positivistische „bias"-Konzeption reflexiv auf den alltäglichen Gebrauch dieses Begriffs bezieht, versucht die „Analysis"- Gruppe noch einmal reflexiv auf diese positivistische Position einzugehen. Welche spezifische Differenz besteht nun zwischen den verschiedenen Reflexionsstufen? Diese Differenz bestimmen Blum, McHugh und Co. dahingehend, daß für die Positivisten „bias" ein selbstverständlicher Bestandteil ihres analytischen Instrumentariums, also eine „resource" sei, während sie es als einen eigenständigen Forschungsgegenstand, also als „topos" ernstnähmen. Daß sich die Notwendigkeit einer Konzeption von „bias" nur im Rahmen einer spezifischen wissenschaftlichen Denktradition stellt, muß beim „resource"-Standpunkt übersehen werden.

"Speech in this tradition acquired its intelligibility within an intellectual context in which opinion was taken for knowledge, and where, consequently, differences in opinion, appearances, impressions, and so forth, were identical with differences in knowledge. In other words, this is a tradition that identified opinion with knowledge. The use of bias makes reference to the essential variablity of opinion and thus to the problem of what can be taken for knowledge. If knowledge is opinion (essentially), and if opinions are indexi-

---

[265] *McHugh*, P. et al. 1974, S. 60 f.

2. Darstellung: Analysis-Gruppe

cally tied for their sense and use to the occasions of their accomplishment, then knowledge is in this tradition going to be a *political* question, in that it will have to be negotiated through persuasion and agreement. The use of bias is a method for making reference to this kind of context[266]."

Der Positivismus leugnet also, zumindest methodisch, die wegen der indexikalen Gebundenheit alles Gesprochen gegebene Unmöglichkeit perfekten Sprechens. Er hält demnach implizit die Indexikalität für „heilbar" und zwar mit Hilfe bestimmter methodischer Restriktionen, in meiner Terminologie, durch das Einhalten einer bestimmten *„Rhetorik"*. Freilich kann diese Vorgehensweise nicht mehr reflexiv eingeholt werden: die Alternative für den positivistischen Forscher lautet, entweder das Sprechen an den konkreten Sprecher zu binden, was nur je situativ die Zuschreibung von Wahrheitswerten erlauben würde, oder aber durch die Sätze der Wissenschaft „Natur" abzubilden, was theoretisch die Zuschreibung generell gültiger Wahrheitswerte gestattet. Der *sozialen Natur* muß deshalb, wie bei Durkheim beispielhaft geschehen, ein *Dingcharakter* zugeschrieben werden, der dem Beobachter äußerlich bleibt und nur von ihm abgebildet zu werden braucht. Daher kann auch die Übereinstimmung der verschiedenen Abbildungen (bzw. Überprüfungswiederholungen) zu einem Kriterium für ihre Adäquatheit („Reliabilität") gemacht werden, weil es ja dann einen „wahren Wert" (s. Abschnitt A I, 3) gibt, welcher sich durch die zufälligen Täuschungen der Beobachter hindurch im Endeffekt durchzusetzen vermag. Differenzen in solchen Abbildungsversuchen verweisen demnach entweder darauf, daß Natur nicht adäquat abgebildet wurde oder aber der Beobachter als konkreter, also indexikal bestimmter Akteur subjektiv gehandelt hat. Damit kann theoretisch sichergestellt werden, daß nicht der Wissenschaftler über die Konstruktion seiner Satzsysteme sich eine Definition von Welt „schafft", sondern daß eine Korrespondenz zwischen wissenschaftlichen Sätzen und „Natur" erzielt werden kann. Der Beobachter wird zum „Beobachtungsinstrument".

Wie wir gesehen haben, gelingt der Analysis-Gruppe keine positive Definition eines eigenen theoretischen Sprachspiels, sie verbleibt im Rahmen kontemplativer Betrachtung. Zur Kritik der verschiedenen ethnomethodologischen Positionen auch der Analysis-Gruppe werde ich im nächsten Abschnitt kommen, wo sich zeigen wird, daß das einzige Kriterium für eine der Analysis-Konzeption entsprechende Lebensform die darin gegebene Möglichkeit ist, „Analysis" zu treiben. Doch dazu unten mehr.

---

[266] *McHugh*, P. et al. 1974, S. 66.

C. Versuch der „Überwindung" der Ethnomethodologie als einer Theorie sozialer Erfahrung

I. Die Problematik der Kritik der Ethnomethodologie an den soziologischen Ordnungstheorien

Ich möchte zu Anfang dieses letzten Abschnittes noch einmal die verschiedenen grundsätzlichen Kritikpunkte an den traditionellen soziologischen Konzeptionen rekapitulieren und dabei deutlich machen, was ihre Reichweite, ihre Berechtigung sowie was ihren problematischen Charakter ausmacht. Der Abschnitt ist als Vorstufe zu einer grundsätzlichen Bewertung der ethnomethodologischen Position gedacht, deren Erkenntnisinteresse es sein wird, den Stellenwert der Ethnomethodologie im Rahmen einer historisch-gerichteten Theorie sozialer Ordnung auszumachen. Zu diesem Zweck erscheint mir bei der folgenden Erörterung das Schema des „ja — aber" darstellungstechnisch angebracht zu sein, wenngleich damit ein undialektisches Verhältnis von Vorteilen und Nachteilen von Theorien suggeriert wird.

Vorwurf 1

Aus dem ethnomethodologischen Aufweis des nur „pragmatisch"[1] „heilbaren" Indexikalitätsproblems leitet sich die theoretische Forderung ab, immer auch die *Perspektive der alltagsweltlich handelnden Gesellschaftsmitglieder* sowohl in die Theoriebildung wie in die Vorgehensweise bei der empirischen Überprüfung einzubeziehen. Soziologie dürfe nicht nach Art einer „Lehnstuhlwissenschaft" betrieben werden, welche unreflektiert Prinzipien ihres commonsense-Verständnisses zu allgemeinen soziologischen „Denknotwendigkeiten" erklärt.

Von den Ethnomethodologen wird ausdrücklich der *empirische* Charakter von Soziologie hervorgehoben, worunter sie zwei Dinge verstehen:

— Einmal habe sich die Soziologie mit den *aktuellen Herstellungsprozessen* von Interaktionen und sozialer Erfahrung zu beschäftigen. Dabei steht eher das *wie* der Herstellung im Vordergrund, nicht die inhaltlichen Probleme des *was*. Da in der traditionellen Soziologie der Herstellungsprozeß nicht problematisiert würde, wäre die naive Über-

---

[1] „Pragmatisch" bezieht sich auf den jeweiligen „purpose at hand" und auf die situativ gegebenen Ressourcen.

nahme alltagsweltlich konstituierter Phänomene als „soziale Tatsachen" die Folge.

— Zum anderen meint „empirisch" für die Ethnomethodologen, daß die Explikation dieses Herstellungsprozesses sozialer Welten und Situationen nur über die tatsächliche Beobachtung und Beschreibung alltäglicher Interpretationsprozesse sich erreichen ließe und nicht über „logische" Ableitungsversuche aus den Vorstellungen bzw. aus dem alltagsweltlichen Vorverständnis von Sozialwissenschaftlern[2].

Eine empirische Disziplin könnte demnach die Soziologie nur insoweit sein, als sie sowohl die alltagsweltlich primären als auch die wissenschaftlich sekundären Interpretationen jeweils theoretisch und empirisch ernst nimmt und dialektisch, d. h. in ihrer notwendigen und notwendig unabgeschlossenen Widersprüchlichkeit aufeinander bezieht. Die Verschmelzung beider Bereiche in der konventionellen Soziologie macht diese zu einer *folk sociology*", die ihre eigenen und die in ihrem Objektbereich vorliegenden Reifikationen nicht mehr durchschauen kann.

Problematik

Es erscheint mir auf dem gegenwärtigen Stand ethnomethodologischer Theoriebildung absurd, den Anspruch zu vertreten, die relevanten Aspekte gesellschaftlicher Wirklichkeit würden sich *nur dann* der Soziologie eröffnen, wenn man sie über die Perspektive der gesellschaftlichen Handelnden erfaßte[3]. Eine solche methodische Maxime ließe sich nur aus zwei in sich jeweils problematischen Annahmen ableiten:

1. Die Individuen sind nur *Personifikationen* allgemeiner gesellschaftlicher Verhältnisse, d. h. keine *nur* indexikalisch zu verstehenden Handlungssubjekte. Logischerweise könnte man dann aus *jeder*, situativ wie immer bestimmten Interpretation zu systematischen Aussagen über gesellschaftliche Zusammenhänge kommen. Im Rahmen einer solchen Konzeption würden Psychologismus und Soziologismus zur Deckung kommen; beide repräsentieren aber „absolutistische" Konzeptionen sozialer Ordnung und können als solche natürlich für einen Ethnomethodologen kaum akzeptierbar sein.

2. Die andere mögliche Hintergrundannahme eines solchen „ethnomethodologischen Reduktionismus" bezöge sich auf den *Rahmen des soziologischen Erkenntnisanspruches*, d. h. konkret auf die weitgehende

---
[2] s. dazu *Filmer*, P. / *Walsh*, D. / *Phillipson*, M. / *Silverman*, D.: New Directions in Sociological Theory, London 1972, S. 78 ff.
[3] So *Schütze*, F. / *Meinefeld*, W. / *Springer*, W. / *Weymann*, A.: Grundlagentheoretische Voraussetzungen methodisch kontrollierten Fremdverstehens, in: Arbeitsgruppe Bielefelder Soziologen (Hrsg.): Alltagswissen, Interaktion und gesellschaftliche Wirklichkeit, Reinbek bei Hamburg 1973, S. 433.

Reduzierung des soziologisch relevanten Objektbereichs. Bei manchen Ethnomethodologen wie bei der Gruppe um Zimmerman vermeint man sogar manchmal die Aufgabe des Anspruches auf generalisierende Wissenschaft überhaupt herauszuhören.

Der Anspruch der ETH, welcher sich aus der erwähnten empirischen Grundhaltung ableiten ließe, wäre jener nach der adäquaten *Beschreibung konkreter Interaktionsabläufe*: der Struktur-Funktionalismus war ja gerade hinsichtlich seines Anspruches infrage gestellt worden, die Erfahrungs- und Interpretationsprozesse konkreter Gesellschaftsmitglieder in seinem theoretischen Bezugsrahmen erfassen zu können. An diesem „Heilungsversuch" hatte man kritisiert, daß er mit generalisierenden Annahmen auskommen müsse, die nur schlechte soziologische Abstraktionen über Interaktionsprozesse darstellen[4]. Konkrete Situationen, konkrete Individuen und konkrete Interpretationsprozesse könnten mit diesem Konzept nicht einmal deskriptiv gefaßt werden, da es keine theoretischen Erklärungsmuster für die individuelle kognitive Verarbeitung situativer Kontingenzen enthalte.

Je nach der Radikalität einer anti-absolutistischen Soziologie ergeben sich für die verschiedenen Ethnomethodologengruppen unterschiedliche Strategien der Reduktion des Erkenntnisanspruches:

— *radikaler Situationismus* (Zimmerman und Co.);

— bloß desinteressiert und grundsätzlich in bezug auf einen Geltungsanspruch relativistisch bleibende *analytische Rekonstruktionsversuche von alltagsweltlichen Sprachspielen* (Analysis-Gruppe);

— Eliminierung des Indexikalitätsproblems durch Reduktion des Interesses auf *gesprächsimmanente Formalia* (Sacks);

— Beschränkung auf die *Beschreibung methodischer Charakteristika von Interpretationen* an sich (Garfinkel);

— *der Versuch der Explikation grundlegender kognitiver Mechanismen der Interpretationsherstellung* bzw. der Herstellung sozial organisierter Situationen („sense of social structure") und die abstrakte Forderung nach einer Vermittlung dieser Mechanismen mit den inhaltlich in keiner Weise ausgewiesenen „normativerules" (Cicourel);

— ähnlich ist, wie ich unten noch zeigen werde, die deutsche Ethnomethodologie-Rezeption verfahren, in welcher man *die Basis-*

---

[4] So etwa die Konzeption von „Status" und „Rolle", mit Hilfe derer, wie Cicourel, A. V. 1973 b, auswies, so etwas wie der Begriff der *Grundpersönlichkeit* soziologisch versucht wurde zu konstruieren. Dieser würde es dann erlauben, die Stabilität und Geordnetheit sozialer Interaktionen aus der Reziprozität der Rollenerwartungen abzuleiten.

mechanismen *als transzendentale Bedingungen der Möglichkeit sozialer Prozesse* definiert, auf deren Grundlage erst die anderen regelgeleiteten sozialen Bereiche (Produktion, Konsumption, Verteilung etc.) wissenschaftlich explizierbar wären. Durch eine solche abstrakte Trennung kann man beide Bereiche nebeneinander entwickeln ohne ihr Wechselverhältnis diskutieren zu müssen.

Es wird in der Diskussion zu klären sein, ob und in welchem Ausmaß die Anerkennung der Indexikalitätsproblematik zu einer Reduktion des soziologischen Forschungsbereiches führen muß oder ob sich andere Wege vorstellen lassen, das erkenntnistheoretische Paradoxon einer *Wissenschaft vom Konkret-Allgemeinen* zu lösen.

Nur um so viel vorwegzunehmen: die ETH dürfte hierzu nicht in der Lage sein, da es ihr von ihrem grundsätzlich phänomenologischen Ansatz her schon nicht möglich ist, den ersten Schritt in diese Richtung zu tun, nämlich die *inhaltliche* Erforschung der Dimensionen alltäglicher Situationen in lokal und historisch bestimmten Kontexten. Eine solche historische Reinterpretation sozialer Erfahrung *und von sich selbst* bleibt der ETH verschlossen.

Vorwurf 2

Der zweite Kritikpunkt bezog sich auf den *„rhetorischen" Charakter der im Bereich konventioneller Soziologie angewandten empirischen Sozialforschung*[5]. Der Einwand richtet sich vornehmlich gegen den scheinbar Objektivität verbürgenden Status sozialer „Kennwerte", wobei der hinter den abstrakten Zahlen stehende komplexe Datenherstellungsprozeß nicht mehr reflexiv, meist sowohl für den Forscher als auch für seinen Leser, einholbar würde. Die Gefährlichkeit der Verkennung des Produziertheitscharakters sozialer Daten liege nun vornehmlich in dem oft zu beobachtenden Ausspielen von Alltagsinterpretationen gegen vermeintlich „objektive" soziale Tatsachen, die sich hinter dem Rücken der Handelnden notwendig durchsetzen sollen. Hierin liegt der von den Ethnomethodologen inkriminierte „rhetorische Charakter" der empirischen Sozialforschung[6].

Problematik

So berechtigt diese Kritik erscheint, so liegt doch in ihrer Radikalisierung die *Gefahr der Aufhebung empirischer Sozialforschung*, soweit

---

[5] Vgl. Douglas' Kritik an den Selbstmorduntersuchungen Durkheims, in *Douglas, J. D.* 1967.

[6] s. dazu *Cicourel, A. V.* 1970; *Churchill, L.* 1971; *Douglas, J. D.* 1970 b; sowie als Gegenkritik *Triesman, D.*: The Radical Use of Official Data, in: Arminstead, N. (Hrsg.): Reconstruction Social Psychology, Harmondsworth 1974.

C.I. Problematik der ethnomethodologischen Kritik

sie sich nicht wiederum empirische Sozialforschung zum Thema macht. Dies brächte grundsätzlich zwei Konsequenzen mit sich:

1. Zum einen führt die Radikalisierung des Reflexivitätsgedankens in einen notwendigen Zirkel: Die Position des ethnomethodologischen Skeptizismus hätte aus denselben Gründen wegen derer sie die positivistische empirische Sozialforschung angreift, sich selbst permanent infrage zu stellen und ihren eigenen Status zu begründen versuchen, was zu einen regressus ad infinitum führen müßte.

Dieser Weg in die Skepsis wird explizit von der „Analysis"-Gruppe eingeschlagen; dennoch gilt der Skepsis-Vorwurf der gesamten ETH wiewohl die Rechtfertigung ihres Vorgehens meist in der zweiten der angedeuteten Konsequenz gesehen wird:

2. Die zweite mögliche Konsequenz bestünde in der *weitgehenden Beschränkung der ETH auf die Rolle einer kritischen Demonstrationswissenschaft*, welche es sich zur Aufgabe macht, alltägliche Selbstverständlichkeiten durch geschickte Intervention (s. die Krisenexperimente), teilnehmende Beobachtung etc. aufzudecken und den in sich methodischen Charakter der sozialwissenschaftlichen Produktion scheinbar gesellschaftlicher Invarianten zu entlarven.

Dann könnte ihr aber der bissige Vorwurf Gouldners[7] nicht erspart bleiben, es handele sich hier um „happenings", für die ein umfassender gesellschaftlicher Zweck nicht ausgemacht werden könnte; d. h. die Auswahl der zu „entlarvenden" Gegenstandsbereiche und Personen sei grundsätzlich beliebig. Durch den ethnomethodologischen „Anarchismus" werden zwar punktuelle Erkenntnisse bezüglich verdinglichter Sozialprozesse gewonnen, weitergehende systematische empirische Forschungen, die sich etwa auch mit der Überprüfung der Grundannahmen der ETH beschäftigen könnten, fehlen aber. Es ließe sich somit der vielleicht ein wenig überzogene Vorwurf formulieren, daß der ethnomethodologische Kritizismus eigentlich nur die *Tatsache von Verdinglichung allgemein* plausibel machen könne, für die in der ETH angelegten Verdinglichungen aber keinen Begriff mehr habe[8,9].

---

[7] *Gouldner*, A.: Soziologie in der Krise, Reinbek bei Hamburg 1974, S. 471 f.

[8] So fragt Attewell, ob es nicht auch eine Reifizierung von „Prozeß" geben könne! s. *Attewell*, P. 1974, S. 204.

[9] Außerdem haben sich die Ethnomethodologen über die Art, das Ausmaß und die Relevanz der durch ihre „happenings" angeregten Erkenntnisse noch kaum Gedanken gemacht; eine politische Perspektive fehlt völlig, wenngleich sich, wie Gouldner andeutet, charakteristische Ähnlichkeiten zum antiautoritären Jugendprotest der 60er Jahre finden. Perspektiven einer „Empirischen Sozialforschung als politische Aktion" (so der Titel einer Arbeit von *Fuchs*, W., in: Soziale Welt, 21/22, 1970/71; vgl. auch *Berger*, H.: Untersuchungsmethode und gesellschaftliche Wirklichkeit, Frankfurt 1974; *Haag*,

Vorwurf 3

Thematisch anschließend an den zweiten bezieht sich der dritte ethnomethodologische Einwand gegen die traditionelle Vorgehensweise in der Soziologie auf die *interne Methodik empirischer Sozialforschung*, vornehmlich auf die darin enthaltenen *methodischen Unterstellungen*, deren unreflektierte Übernahme auch die innerhalb von Wissenschaft anfallenden Daten dem Verdikt des *Konstruktivismus* anheim fallen läßt: so etwa die Unterstellung paralleler Interpretations- bzw. Kommunikationskompetenzen bei den Teilnehmern von Befragungen, der Annahme des relativ unproblematischen Charakters von Codierungsprozessen, die Unterstellung der Unbedenklichkeit der Abbildung alltagsweltlicher Invarianzen auf mathematische Sprachspiele etc.[10].

Problematik

Diese Forschungsstrategie zur Aufdeckung von Verzerrungsmechanismen methodischer Art sind sicherlich sehr wichtig in ihrer Negation festgelegter und abstrakter Untersuchungstechniken, welche keinen Blick mehr für die Systematik und, daraus abgeleitet, für die Problematik ihrer „Heilungsversuche" lokal-historischer Kontingenzen haben. Da aber das ethnomethodologische Insistieren auf der Relevanz des Kontext bloß abstrakt bleibt, d. h. historische Kontexte nicht konkret einbezogen werden, erscheint mir ein solcher Vorwurf bestenfalls ein notwendiger Anfang einer alternativen Sozialforschung denn als diese schon selber. Auch hierbei liegt es m. M. n. weniger an der zufälligen Borniertheit ethnomethodologischer Forscher als an der systematischen Beschränktheit ihres Ansatzes, daß eine solche Perspektive sich noch nicht entwickeln konnte[11].

Vorwurf 4

Auch der vierte Einwand erscheint zwar einerseits berechtigt, wird aber ebenso wie die anderen wegen seiner Überzogenheit problematisch. Die Ethnomethodologen wenden sich dabei generell *gegen die Annahme analytisch unterscheidbarer gesellschaftlicher Realitätsbereiche*, vornehmlich gegen die Annahme, soziologische Untersuchungen könnten unter Umgehung der Abläufe an der kommunikativen und interaktionalen „Basis" direkt an den „emergent properties" überge-

---

E. / *Krüger*, H. / *Schwärzel*, W. / *Wildt*, J. (Hrsg.): Aktionsforschung, München 1972) wurden in der ethnomethodologischen Forschung bisher noch nicht entwickelt und können, wie ich zu zeigen versuchen werde, auf dem gegenwärtigen Stand auch nicht mit der ethnomethodologischen Theorie vermittelt werden.

[10] Dies hat besonders *Cicourel*, A. V. 1970, thematisiert.

[11] *Berger*, H. 1974, hat angedeutet, welche Rolle die ETH als ein *Element* im Rahmen emanzipatorischer Sozialforschung spielen könnte.

ordneter gesellschaftlicher Strukturen ansetzen. Solange sich dieses Argument nur auf den soziologischen Realismus Durkheimscher Prägung bezieht, wird man dem nichts entgegenhalten können.

Problematik

Schwieriger wird die Frage, wenn behauptet wird, es hätte deshalb keinen Sinn von „emergenten" Eigenschaften sozialer Strukturen zu reden, weil doch immer an irgendeinem Punkte des Forschungsprozesses sich jeder Untersucher auf Kommunikationen mit den sozial Handelnden einlassen müsse. Daher sei das Verstehen alltäglicher Interaktionsprozesse die notwendige, wenn nicht gar die hinreichende Bedingung für die Herstellung makrosoziologischer Daten. Eine solche Auffassung hätte eine Reihe unliebsamer theoretischer und empirischer Konsequenzen:

— Will man auf dem Boden ethnomethodologischer Grundannahmen auf globalgesellschaftliche Aussagen oder doch auf Aussagen „mittlerer Reichweite" nicht verzichten, so müßte man bezüglich der einzelnen, indexikal bestimmten Individuen unterstellen können, daß sie *Elemente der Basis* der Gesellschaft seien, aus deren Verhalten sich dann gewisse Überbauformen bzw. globale Kennwerte induktiv ableiten ließen. Darin wären aber zwei, für die ETH unlösbare Widersprüche enthalten: einmal setzt jede induktive Ableitung Entindexikalisierungsprozesse voraus, welche ethnomethodologisch nicht zu rechtfertigen, höchstens zu analysieren wären, und zum anderen sind die konkreten Individuen nicht die „Basis" der Gesellschaft, sondern die *systematischen Verhältnisse* in denen sie zueinander stehen. Damit können bestenfalls gewisse allgemeine *Individualitätsformen*[12] unter diese Rubrik subsummiert werden, wozu innerhalb der ETH etwa die Basismechanismen zu zählen wären, niemals aber die konkreten Individuen selbst! Diese stehen damit gleichsam in „*Juxtaposition*" zu Linie Basis-Überbau.

— Zum anderen hätte man, folgte man dem Programm der ETH in diesem Punkt, von einer weitgehenden Abbildung der gesellschaftlichen Wirklichkeit im Bewußtsein der Handelnden auszugehen. Was kann sich aber in dieser umfassenden Weise ins *Bewußtsein* der Akteure hineinvermittelt haben? Sicher nicht alles, was *inhaltlich* „gesellschaftliche Wirklichkeit" ausmacht, auch wenn man „gesellschaftliche Wirklichkeit" in einem so reduzierten Sinn wie Berger und Luckmann versteht. Dies implizierte neben einer totalen Vernachlässigung z. B. psychoanalytischer Befunde auch eine wissenschaftstheoretisch sehr proble-

---

[12] Zu diesem Begriff vgl. *Sevé*, L.: Marxismus und Theorie der Persönlichkeit, Frankfurt 1972.

matische abbildtheoretische Position[13]. Zur Verwirklichung dieses Programms müßte gesellschaftliche Wirklichkeit sich auf bestimmte grundlegende, allen Gesellschaftsmitgliedern gemeinsame Basis-Mechanismen-Kompetenzen zurückführen lassen, was zum einen eine *transzendentale Psychologie,* wie zum anderen beim Versuch der Erklärung sozialen Verhaltens einen *soziologischen Psychologismus* zur Folge hätte, der die Grundstrukturen gesellschaftlicher Wirklichkeit aus den individuellen psychologischen Gesetzmäßigkeiten der Handelnden abzuleiten versucht.

— Als eine dritte Konsequenz bliebe zu konstatieren, daß bei einem Verzicht auf die soziologische Berücksichtigung von „emergent properties" solche Konzepte wie „falsches Bewußtsein", „Ideologie", „pathologisches Verhalten", „gestörte Lernprozesse", „Sozialisationsdefizit" u. ä. keinen Platz in der Soziologie hätten, was an sich noch nichts Schlechtes sein muß, aber systematisch bestimmte, für die soziologische Forschung bisher sehr fruchtbare Fragestellungen verbaut. Anlaß hierfür ist wiederum, daß bei einer Radikalisierung des Indexikalitätsarguments nur der Ausweg in den *Relativismus* („Analysis"-Schule; Zimmerman und Co.) bzw. in den *Transzendentalismus* übrigbleibt (Cicourel; die deutsche Rezeption der ETH).

Dabei könnte gerade das empirische Problem, aufgrund welcher „purposes at hand" bestimmte Heilungsversuche im Alltag wie in der Wissenschaft so und nicht anders verlaufen, eine ideologiekritische Fragestellung, etwa nach den politischen, sozialen, ökonomischen Bedingungen und Restriktionen solcher Entscheidungsprozesse nahelegen.

Vorwurf 5

Der letzte Einwand stellt bloß die Konsequenz des vorhergehenden dar, speziell bezogen auf die Möglichkeit oder besser Unmöglichkeit historischer Aussagen.

Sicherlich ist es wiederum richtig, daß letztlich alle historischen Analysen auf „members' accounts" zurückgreifen müssen und daß diese der Natur der Sache gemäß schwierig in ihren je historisch-situativen Zusammenhang rekonstruiert werden können. Dennoch erscheint die Folgerung absurd, deswegen nun alle historischen Untersuchungen aufzugeben und statt dessen einem subjektivistischen Ahistorizismus zu frönen. Dies hätte eine Verdinglichung einmaliger Prozesse bzw. eine problematische Absolutsetzung von „Authentizität" zur Folge, wodurch „Geschichtlichkeit" auf die Ansammlung bzw. Aufeinanderfolge grundsätzlich kontingenter Biographien reduziert wäre. Zudem wären auch

---

[13] Vgl. *Leist,* A. 1973.

200   C.I. Problematik der ethnomethodologischen Kritik

alle Fragen nach *mehr oder weniger ausgeprägter* Interpretationskompetenz bzw. nach deren lokal-historischen Entstehungshintergründen obsolet.

Generell scheint sich mir die Problematik dieser ethnomethodologischen These davon abzuleiten, daß die Ethnomethodologen zwar richtig die Begrenztheit des eindimensionalen Regelkonzeptes eines „moralischen Absolutismus" aufzeigen, aber das System der Basismechanismen *nur abstrakt* als zweites neben die normativen Regeln stellen, ohne die Spezifik der Vermittlung beider Bereiche zum theoretischen wie empirischen Forschungsgegenstand zu machen. Werden beide Bereiche aber in bloßem Nebeneinander konzipiert so *muß* die Theorie unhistorisch-statischen Charakter haben, weil Wandlungen auf der normativen Regelebene nicht als Ereignisse eines in sich systematischen Geschichtsprozesses, sondern nur als kontingente Ergebnisse von Interpretationsprozessen begriffen werden können, welche ihrerseits keinen Einfluß auf Funktionsweise und Struktur bzw. Strukturveränderungen der Basismechanismen haben.

Konzipiert man dagegen das Verhältnis beider Ebenen als ein dialektisches, so ließe sich vielleicht Geschichte aus den verschiedenen Formen und Ergebnissen dieses Vermittlungsprozesses rekonstruieren. Doch dazu unten mehr.

Trotz dieser weitgehenden Problematisierungen der an sich wertvollen und richtigen Einwände der ETH gegen die traditionellen soziologischen Ordnungstheorie, glaube ich, daß sich unter Verwendung ethnomethodologischer Argumentationsgänge eine theoretisch wie praktisch relevante Theorie konstruieren ließe, gelänge es, die aufgezeigten Widersprüche auf einer analytisch höheren Ebene „aufzuheben". Einem Versuch in dieser Richtung soll nun der abschließende Teil dieser Arbeit gewidmet sein.

Zunächst werde ich genauer das zu präzisieren versuchen, was mir als akzeptabler, d. h. weiterführender theoretischer und empirischer Gehalt der ETH erscheint und was demzufolge Element einer jeden Theorie über den „rhetorischen" Charakter sozialer Ordnung zu sein hätte (Abschnitt C II, 2). Dabei werden sich zwei hauptsächliche Positionen innerhalb der ETH herausschälen, von denen die eine, jene Aaron Cicourels mir vor allem empirisch die entwicklungsträchtigste zu sein scheint, von denen sich die andere, die „Analysis"-Position, sich meiner Ansicht nach besonders gut dafür eignet, die lebensweltlichen Hintergründe von Theorien aufzudecken. Es ist nun meine Absicht, mit Hilfe der „Analysis"-Konzeption die Lebensform, welche hinter der Theorie Cicourels steht, historisch einzugrenzen, um somit nachzuweisen, daß auch die basalsten Mechanismen sozialer Interpretation und

1. Abgrenzungen innerhalb der Ethnomethodologie

Erfahrung einer historisch-funktionalen Analyse zugänglich gemacht werden können (dies soll vor allem im Abschnitt C II, 2 b geleistet werden).

II. Ethnomethodologie als Theorie sozialer Erfahrung, als „kognitive Soziologie" im Sinne Cicourels

1. Abgrenzungen von den übrigen Richtungen innerhalb der Ethnomethodologie

Eine kritische ETH oder eine „kritische Theorie der Ethnomethoden", wie sie hier angestrebt wird, könnte meiner Meinung nach daran anknüpfen, was Attewell[14] als das *„cognitive-perception-model"* innerhalb der ETH bezeichnet, dessen Protagonisten vornehmlich Cicourel und mit Abstrichen die Gruppe um Zimmerman seien. Attewell hat auch darauf hingewiesen, daß sich die ETH seit dem frühen Garfinkel immer eindeutiger in diese Richtung entwickelt hat.

Ich will hier zwei von mir oben diskutierte Untergruppen aus der Erörterung der „Entwicklungslogik" der ETH ausnehmen, nämlich die Gruppe um Harvey Sacks sowie die Analysis-Konzeption, auf die ich später, freilich unter einer anderen Perspektive, noch zurückkommen werde.

Sacks und seine Mitarbeiter vernachlässige ich im folgenden deshalb, weil er zwar das Problem der Indexikalität genauso stellt wie die anderen Ethnomethodologen, dennoch, wie ich mich oben zu zeigen bemühte, einen zwar vielleicht richtigen, aber doch *grundsätzlich begrenzten Lösungsweg* einschlägt. Mit seinem „naturalistisch-deskriptiven" Konzept kann es ihm etwa nicht gelingen, den zweiten wichtigen Begriff der ETH, nämlich *Reflexivität* beizubehalten. Die Reflexivität sozialer Gesprächssituationen wird für ihr zu einem zweitrangigen, nicht irrelevanten, sondern vielleicht nur *uninteressanten* Phänomen, da ihn an den möglichen „Lösungsmitteln" für das Indexikalitätsproblem vornehmlich transsituationale und objektive Bestandteile von Konversation überhaupt interessieren.

Die „Universalien" haben, unbeschadet ihrer erkenntnistheoretischen Problematik, für die Soziologie wegen ihres geringen Informationsgehaltes nur einen recht beschränkten Wert und sind demgemäß auch wesentlich intensiver als in der Soziologie von der Linguistik rezipiert worden (teilweise auch von der Ethnologie). Daß es innerhalb bestimmter Sprachen und Interaktionskontexte bestimmte formale Eigenschaften von Gesprächs- und Handlungssequenzen geben kann, die beim Prozeß der individuellen Interpretation dieser Abläufe hinzugezogen werden können, sei damit nicht bestritten. Entscheidend für

---
[14] *Attewell*, P. 1974, S. 205.

meine analytische Absicht ist aber darüber hinaus die historische Analyse von Interaktions-, Verstehens- und Interpretationsprozessen, wofür die Untersuchungen Sacks' keine wesentlichen Hinweise liefern können.

Auch die *Analysis-Gruppe* kann in die Entwicklungslogik eines „cognitive-perception-model" kaum einbezogen werden, stellt sie sich doch selbst explizit in einem gewissen theoretischen Gegensatz zur Garfinkelschen ETH. Andererseits ist von den Autoren ein Modell angeboten worden, welches die Analyse der „Grammatik" alltagsweltlicher wie wissenschaftlicher „theorizing-Prozesse" gestattet und damit die Nachkonstruktion der Lebensformen erlaubt, die hinter den zu analysierenden Theorien stehen. Diese theoretische Möglichkeit werde ich mir unten zur Kritik der fortgeschrittensten Position der ETH noch zunutze zu machen versuchen.

Wenn wir die Entwicklung der ETH seit dem frühen Garfinkel (etwa bis 1965) betrachten, fällt zunächst das *relativ späte Auftauchen der Konzeption der Basismechanismen* auf. Zunächst stand die Betonung der Indexikalität von „accounts" im Allgemeinen im Vordergrund, d. h. ihre reflexive Bezogenheit auf die Umstände ihrer Äußerung[15]. Anfangs steht für Garfinkel demzufolge nur die Tatsache von Indexikalität und deren Bedeutung für Verstehensprozesse generell im Vordergrund, noch nicht die Frage, wie „accounts" hergestellt, auf welche Art sie methodisch produziert werden[16]. Später dann macht er „accounts" in ihrer prozessualen Gewordenheit zum Gegenstand der Forschung. Es geht also nunmehr um die „accountability" praktischer Handlungen[17].

Damit wendet sich Garfinkels Interesse den *Darstellungsmethoden* zu, welche das eigentliche stabile Fundament solcher an sich kontingenten Herstellungsprozesse repräsentieren. In der Folgezeit wurden von den verschiedenen Ethnomethodologen unter Anlehnung an Schütz eine Anzahl von Mechanismen herausgearbeitet, welche *transsituationale Relevanz* besitzen, selbst also nicht mehr an bestimmte raumzeitliche Situationen indexikal gebunden sind.

Solche Annahmen werden notwendig, weil gerade die Untersuchung grundsätzlich prozessualer Abläufe gewisse basale Strukturen schon

---

[15] "He (Garfinkel) says that such accounts are reflexively and essentially tied for their rational features to the socially organized features of their use. By this way we may take it that for Garfinkel, the *meanings* of accounts are irremediably tied to context. Furthermore, the meanings of social actions are similarily situationally tied" (Attewell, P. 1974, S. 205).

[16] s. beispielsweise die Versuche in *Garfinkel, H.* 1963.

[17] "The topic of inquiry, therefore, became not the indexical context-tied accounts themselves, but the practices by which such accounts were made: the rational accountability of practical actions as an ongoing contingent accomplishment" (*Attewell*, P. 1974, S. 205).

voraussetzt, will man überhaupt zu Aussagen kommen. Außer relativ zu solchen „*Invarianten*" läßt sich Sinn nicht *fest*stellen, d. h. konkret: auch die Kritik von Reifizierung muß in gewissem Maße Reifizierungen bzw. Struktur benützen. Alle Arten von „Meßtheorien" beruhen auf der Verwendung solcher Invarianten.

Garfinkel versteht nun unter Basismechanismen oder wie er sagt den „properties of practical reasoning" jene Praktiken, deren Anwendung alltagsweltlichen Darstellungen und Handlungsinterpretationen überhaupt erst „*Rationalität*", d. h. im wesentlichen: situationale Sensibilität verleiht. Dennoch wird bei Garfinkel nicht genügend deutlich, welcher *Status* diesen Praktiken zukommt, also ob sie ideale Anforderungen an sozial akzeptable Interpretations- und Darstellungsprozesse repräsentieren, etwa im Sinne einer normativen Theorie sozial akzeptabler Erklärung, oder ob sie als Bedingungen der Möglichkeit sozialer Verständigung verstanden werden können, welche quasi zur invarianten kognitiven Ausstattung aller Individuen gehören. Diese Alternative wird von Garfinkel offengehalten, scheint aber von den anderen Ethnomethodologen zunehmend in Richtung der zweiten Möglichkeit beantwortet bzw. ausgearbeitet zu werden.

Cicourel kann bei dieser Entwicklung als Protagonist bezeichnet werden, hat er doch nicht allein theoretisch, sondern vor allem durch seine empirischen Untersuchungen bei tauben Menschen und zur crossmodalen Wahrnehmung diese Akzentuierung ethnomethodologischer Forschung angeregt. Wie ich mich oben darzustellen bemühte, wird durch diese Untersuchungen Garfinkels Anspruch widerlegt, die Sinnerfassung über die Systematik von „accounts" zu rekonstruieren. Die „accounts" sind demgegenüber selber schon das Resultat komplizierter, in sich methodischer Übersetzungsprozesse, welche nur zum Teil verbal ablaufen bzw. sich als sprachliche nachkonstruieren lassen. Als Vorbedingung für eine Verständigung auf der „accounts"-Ebene muß man nach Cicourel die vorgängige Etablierung eines „sense of social structure" unterstellen. Voraussetzung für die Fähigkeit, ein „Gefühl für die Geordnetheit sozialer Tatbestände" herstellen zu können, wären individuelle Kompetenzen zur Anwendung von Basismechanismen. Zur Untersuchung dieser Mechanismen, die Cicourel als *invariante Bestandteile menschlicher Kognition* unterstellt, bedarf es eines schon fast *psychologisch* zu nennenden Modells sozialer Erfahrung, welches die wahrnehmungsmäßige wie denkende Verarbeitung situativer Informationen in einer *Theorie der sinnlichen Erfahrung sozialer Tatbestände* zusammenfaßt.

Cicourel zieht daraus auch die terminologische Konsequenz und überschreibt seine theoretischen und empirischen Untersuchungen mit dem Titel „*Cognitive Sociology*". Die Cicourelsche Konzeption scheint mir für die Zukunft zwei mögliche Entwicklungslinien der ETH möglich zu machen:

Die eine drückt Attewell in seinem Resümee der Entwicklung der ETH aus, wenn er schreibt:

"The topic of inquiry has shifted from indexical, inactive, intersubjective (probably normative) properties of making accounts 'rational' to an invariant model of human perception and pre-conscious cognitive processing (Scott Fuller has suggested that the latter could usefully be considered to parallel 'the properties of the transcendental ego' in classical phenomenology)[18]."

Die Suche nach Universalien von interpretativen Prozessen, des Denkens und der Wahrnehmung wird von Attewell als das Charakteristikum bestimmt, welches die neue paradigmatische Qualität der ETH ausmache.

Dies wäre in der Tat eine verhängnisvolle Entwicklung, da die ETH damit zu einer *Unter-Konzeption der generellen Theorie der Informaverarbeitung* sich reduzieren würde, welche nur mehr sehr mittelbare Relevanz für im engeren Sinne soziologische Fragestellungen besäße, vergleichbar mit der Bedeutung der Kantschen Transzendentalphilosophie für die Physik und Geometrie. Konkrete soziale Sinnherstellungs- bzw. Interpretationsprozesse würden im Rahmen einer solchen Theorie nicht mehr auftauchen. Auch die Frage, warum denn bestimmte Sinnherstellungsprozesse so und nicht anders ablaufen, kann nicht mehr beantwortet werden, von einer Frage nach den kausalen oder historisch-funktionalen Hintergründen der Basismechanismen selbst ganz zu schweigen.

Freilich ließe sich noch eine andere Entwicklungsperspektive der ETH nach Cicourel konstruieren, die aber *quer zum bisherigen Selbstverständnis* dieser Schule liegt: nämlich der Versuch, die Basismechanismen selber kritisch, und das heißt vornehmlich *historisch* zu begreifen. Es ist nämlich nicht so, wie Attewell in seiner Kritik unterstellt, daß Wahrnehmungs-, Gedächtnis- und Aufmerksamkeitsprozesse *nur den Rahmen* definieren würden, innerhalb dessen sich Sinnzuschreibungen abspielen, sondern sie tragen formal und inhaltlich zur Art und Weise der Interpretation bei und sei es, indem sie bestimmte Möglichkeiten ausschließen.

Gerade die Formbestimmtheit der Alltagserfahrung sagt einiges darüber aus, was überhaupt zum Gegenstand von Erfahrung und Interpretation gemacht werden kann, d. h. vor allem, inwieweit sich an erfahrenen Widersprüchen an der „Oberfläche" in sozialen Situationen Erfahrung festmachen und entwickeln läßt. Diese Entwicklungsperspektive hätte sich sowohl als „*kritische Theorie der Ethnomethoden*" zu begreifen, also als kritische Theorie der Form sozialer Erfahrung, als

---

[18] *Attewell*, P. 1974, S. 207.

2. Problematisierungsversuch der ETH: Lösungsmöglichkeiten

auch, was dadurch impliziert wird, als eine *Kritik der ETH als der Festschreibung einer bestimmten historischen Erfahrungsstruktur als einer scheinbar transzendental notwendigen.* Das Abzielen der ETH auf die Explikation universaler kognitiver Methoden wäre dann nicht als eine bloße Unterschätzung der Relevanz der inhaltlichen Aspekte der Absichten der Handelnden, ihrer Biographien oder ihres Gedächtnisses zu begreifen, wie dies z. B. Attewell moniert, sondern auch als eine *adäquate Widerspiegelung* einer bestimmten, historisch zumindest plausibilisierbaren Struktur sozialer Erfahrung[19]. Es geht demnach nicht um die bloße Vermeidung etwaiger psychologischer Annahmen, sondern um den Versuch, eine „Epistemeologie" (im soziologischen Sinne), also eine Theorie konkreter sozialer Erfahrung und Erfahrungsmöglichkeiten zu entwickeln. Dies kann freilich in dieser Arbeit nicht geleistet werden[20].

Ich werde mich im folgenden auf den Aufweis des historischen Charakters der von der ETH explizierten Basismechanismen beschränken, indem ich entlang der Prinzipien der Analysis-Konzeption die *Lebensform* darzustellen versuche, die hinter einer „cognitive sociology" im Sinne Cicourels steht. Zu diesem Zweck werde ich zunächst nach einer Kurzrekapitulation eine Bewertung der „Analysis" versuchen. Daran wird sich ein „Analysis"-Versuch der „cognitive sociology" anschließen, und zwar in der Form, wie sie in der deutschen Rezeption vorliegt[21], in der die transzendentalen Implikationen der Cicourelschen Position besonders deutlich zu Tage treten.

2. Zum Versuch der Problematisierung und „Überwindung" der ETH

a) Die beiden grundsätzlichen Lösungsmöglichkeiten des Indexikalitätsproblems in der ETH

Das „Analysis"-Programm einer therapeutischen Soziologie

Skizzierung der Grundposition:

Die „Analysis"-Gruppe geht von der Austinschen Grunderkenntnis aus, daß *Theorien performative Aussagen* darstellen, daß mit ihnen

---

[19] Merke: die ETH versteht sich ausdrücklich als *beschreibende* Wissenschaft!

[20] Hier soll nur als Perspektive die Notwendigkeit einer Verschränkung soziologischer und psychologischer Erklärungsstränge angedeutet werden, da sich auch eine soziologische Theorie sozialer Sinnherstellung, wie die ETH gezeigt hat, ohne den Rekurs auf psychische Interpretationsmechanismen und deren Vermittlung im Sozialisations- bzw. individuellen Erfahrungsprozeß nicht aufstellen läßt und andererseits die Vermittlungsebene zwischen den psychologisch-interpretatorischen Basisregeln und den gesellschaftlich-normativen Regeln trotz des grundsätzlichen Insistierens darauf von Seiten Cicourels noch einer theoretischen Klärung harrt.

[21] s. *Arbeitsgruppe Bielefelder Soziologen,* 1973; *Bohnsack, R.* 1973.

also nicht nur „objektive" Informationen, sondern immer auch ein pragmatisch bestimmter Sinn vermittelt wird[22]. Durch wissenschaftliche wie alltagsweltliche Aussagen über die Realität wird immer zugleich ein Bedeutungshorizont („Sprachspiel") mitkonstituiert, innerhalb dessen der Theoretiker sowohl seinen Gegenstand wie sich selbst als sozial sinnvoll und „möglich" verstehen kann.

In diesen allgegenwärtigen Prozessen des *„Theorizing"* ergeben sich Sinn, Wahrheit, Objektivität und andere Kennzeichen von Aussagen nur innerhalb eines sinnvermittelnden Sprachspiels, erhalten Gegenstände erst im alltäglichen Sprachspiel ihre soziale Existenz. Die Relation von Theorie und Gegenstand kann dadurch für die „Analysis"-Gruppe in spezifischer Weise „uninteressant" werden, da Gegenstände immer nur und immer schon eingebettet in alltagsweltliche und wissenschaftliche Konzeptualisierungen für den Betrachter bzw. Theoretiker relevant werden. „Analysis" erweist sich somit in Anlehnung an das sokratische Programm *nicht als eine positive Wissenschaft*, sondern als eine *kontemplative Betrachtung* wissenschaftlicher wie alltagsweltlicher Sinnsysteme, an denen weniger deren „Wahrheit" oder „Adäquatheit" interessieren — da diese Kennzeichen immer nur *innerhalb* von Sprachspielen selbst einen Sinn haben können — als die Nachkonstruktion der Regelsysteme, der Versuch eine *Tiefenstruktur,* eine Grammatik der jeweiligen Sprachspiele zu rekonstruieren, mit Hilfe derer dann Handlungen innerhalb solcher Lebensformen plausibel gemacht werden können. Zur wesentlichen Methode wird in Anlehnung an Sokrates der *methodische Zweifel:*

"To theorize is to methodically doubt, but the analytic character of doubting is conveyed as the conditions under which the contemplation of possibilities becomes intelligible *and* as a conjuring up of other world-possibilities. Doubt is essential to theorizing because the contemplation of other possibilities is the method of formulating the necessary conditions of sensibility in one's language: the construction of possible societies is a way of discovering the conditions of sensibility for one's own language. In a way, then, it is through such methods that the theorist comes to constantly recover and articulate his logos[23]."

Damit wird angedeutet, daß als theoretisches Ziel der „Analysis" einerseits die Systematisierung von Denkmuster gilt und eventuell im Anschluß daran eine *therapeutische Soziologie* im Sinne der wittgensteinschen Konzeption von Philosophie (s. Abschnitt A II, 1 und 2). Andererseits wird der Anspruch auf die Klärung auch der eigenen

---

[22] Auf die wichtige Unterscheidung von *Information* und *Sinn* hat in der deutschen soziologischen Literatur vornehmlich Luhmann hingewiesen. s. *Luhmann, N.:* Sinn als Grundbegriff der Soziologie, in Habermas, J. / Luhmann, N.: Theorie der Gesellschaft oder Sozialtechnologie?, Frankfurt 1971.

[23] *Blum, A. F.* 1971, S. 318.

2. Problematisierungsversuch der ETH: Lösungsmöglichkeiten

Position permanent erhoben, also die Frage, welche methodischen Kompetenzen hinter meinen Fragen an andere Sprachspiele stehen.

Die Beurteilung anderer Lebensformen und Sprachspiele in einem objektivierten Sinn der Messung an bestimmten Kriterien erscheint den Autoren undurchführbar, da jedwede Kriterien eine unaufhebbare *Sprachspielrelativität* auszeichnet. Man kann nur fragen, ob man in solch einer Lebensform *leben möchte*.

Dennoch scheint durch die *Selbstmoralisierung* des „Analysis"-Konzeptes ein gewisses Kriterium eingeführt zu sein, d. h. die Frage, ob in solch einer Lebensform „Analysis" möglich wäre. Daß dies in einer positivistischen Konzeption von Sozialwissenschaft undurchführbar wäre, habe ich oben bei der Diskussion des „bias"-Konzeptes anzudeuten versucht[24].

Freilich kann „Analysis" nicht *anstatt* der positiven Wissenschaft gesetzt werden, da sie als kontemplative Kritik Wissenschaft bzw. bestehende wissenschaftliche Sprachspiele immer schon voraussetzt. Über den Relativismus wissenssoziologischer Prägung noch hinausgehend, wenden die Autoren „Analysis" auf sich selbst an, ja die „Rationalität" ihrer Konzeption soll in der *Permanenz des Prozesses der Rekonstruktion der eigenen Position* bestehen.

Beurteilung

Man könnte den „Analysis"-Versuch, das Problem der Indexikalität wissenschaftlich in den Griff zu bekommen, ähnlich wie die Philosophie Wittgensteins als ein Bemühen bezeichnen, das Problem der Sinnherstellung bzw. der Regelapplikation im Rahmen einer Konzeption des Pragmatismus der Bedeutungshorizonte eingespielter Lebensformen zu lösen. Da auf diese Weise der soziologische Objektbereich in eine Vielzahl solcher „Horizonte" zerfällt, die in ihrer Bedeutungsstruktur wegen der situativen Kontingenzen nicht übereinstimmen, droht grundsätzlich das Problem des *Relativismus*.

„Analysis" ließe sich nun als Versuch einer zumindest pragmatischen Bewältigung des Relativismus-Problems bezeichnen. Die Kontingenz und Relativität von Situationen und Lebensformen werden im Sinn von Luhmann durch einen permanenten Prozeß der *Komplexitätsreduktion auf der Zeitdimension* zu kanalisieren versucht. Von „bewältigen" kann hingegen nicht gesprochen werden, da die Richtung dieser Komplexitätsreduktionsprozesse innertheoretisch (etwa wie bei Luhmann in einer Evolutionstheorie) nicht thematisiert werden kann. So erkennen die Autoren zwar den zeitlich-prozessualen Charakter

---
[24] s. dazu neben *Blum*, A. F. 1971, ders.: Positive Thinking, in: Theory and Society, 1, 1974.

von Erkenntnis richtig, vermögen aber subjektivistisch-relativistisch immer nur von *Prozeß an sich* zu sprechen, sie haben nur einen Begriff von abstrakter Zeit, nicht aber von in sich sinnvoller Geschichte. Die Tatsache des richtig erkannten Prozeßcharakters gesellschaftlicher „theorizing" Versuche bleibt deshalb notwendig abstrakt, weil diese Abläufe nur als kontingent hingenommen werden können. Infolgedessen erscheinen die permanenten Selbstrekonstruktionsversuche in pointierter Weise sinnlos, d. h., warum man sich immer wieder solch frustrierenden Prozeduren unterziehen muß, bleibt unausgewiesen. Ein solches Vorgehen kann nur, wie dies auch in der „Analysis"-Gruppe geschieht, durch eine abstrakte und generalisierte Motivation aufrechterhalten werden, nämlich durch die *Selbstmoralisierung* von „Analysis". Dadurch erhält der Erkenntnisprozeß den Charakter einer *existentialistischen Revolte* gegen die Absurdität — weil grundsätzlich Relativität — jeglicher Erkenntnis.

Dennoch bewegen wir uns hier schon auf einem höheren Niveau der Theoriebildung als bei einer bloßen soziologischen *Beschreibung* von Lebensformen, der es nur gelingen kann (verfährt sie nicht phänomenologisch-reduktionistisch) die Regelmäßigkeiten von Oberflächenprozessen innerhalb bestimmter Lebensformen zu katalogisieren. Demgegenüber scheint mir hier der systematisch eingeführte *Gedanke des generativen Charakters bestimmter Tiefenstrukturen* weiterzuführen. Dies führt freilich nicht bis hin zu einem „Begreifen" (im Sinne eines historisch-logischen Begreifens) von Lebensformen, d. h. der pragmatischen Praxis sozial Handelnder im Rahmen bestimmter historischer Möglichkeitsbereiche und Relevanzhorizonte. Aber andererseits wird über eine Methode wie die „Analysis" eine tiefere Kenntnis jener Regeln erzielt, nach denen Oberflächen hergestellt werden, so daß man diese Konzeption als hochentwickelten Versuch einer methodischen Systematisierung der Oberfläche sowohl alltagsweltlicher wie wissenschaftlicher Lebensformen, inklusive der Lebensform der Untersucher selbst, interpretieren könnte.

Da alle diese Versuche mit dem oben erwähnten Relativismus-Problem belastet sind, müssen sie für die „Analysis"-Gruppe wiederum grundsätzlich beliebig erscheinen, — als jeweils eine Lebensweltkonzeption unter unendlich vielen anderen möglichen. Diese Feststellung wird auch dadurch unterstrichen, daß die „Analysis"-Gruppe den Unterschied zwischen alltagsweltlichen und wissenschaftlichen Theoretisierungsprozessen weitgehend eliminiert, während doch das Konzept der „Analysis" eine weitgehende Transzendierung der Alltagserfahrung zumindest hypothetisch erlauben würde, wenn man sich vorgängig über die historische Systematik der Rekonstruktionsversuche von Rekonstruktionen ideologiekritisch klar geworden ist. So könnte

2. Problematisierungsversuch der ETH: Lösungsmöglichkeiten

man etwa die tiefenstrukturellen Grundlagen der eigenen Position sowie die Systematik bestimmter historischer Formen von Vergesellschaftung zumindest relational aufeinander beziehen, in dem Sinne, daß „Analysis" nicht nur als eine im menschlichen Denken seit Sokrates schlummernde Möglichkeit der gedanklichen Selbstrekonstruktion zu begreifen wäre, sondern auch als eine indexikalisch und das bedeutet hier lokal-historisch verstehbare Form gesellschaftlicher Erkenntnisversuche.

Damit wäre dieser Position das relativistische Moment zwar nicht genommen, aber sie ließe sich *nicht auf den Relativismus reduzieren*. Dies wäre also die Fortführung des richtigen Gedankens der Prozessualität von Erkenntnis, wodurch es möglich würde, nicht nur sich selbst zu relativieren, sondern auch sinnvoll *zum Thema zu machen*. In diesem Sinne soll die „Analysis"-Konzeption bei den folgenden „Überwindungsversuchen" der ETH verstanden werden.

Die Theorie apriorischer Basismechanismen

Die zweite grundsätzliche Möglichkeit, das Indexikalitätsproblem anzuerkennen und gleichwohl zu einer Theorie zu kommen, die generalisierbare Aussagen erlaubt, erscheint mir der Versuch zu sein, systematisch eine Konzeption von Invarianten zu entwickeln, welche sozialen Erfahrungs- und Interpretationsprozessen als *Struktur* immer schon vorausgesetzt werden müssen. Die Einführung von Invarianten kann als das *grundsätzliche Modell von Messung überhaupt* angesprochen werden.

Einen solchen Versuch hat innerhalb der ETH vor allem Aaron Cicourel unternommen, indem er sich bemüht, Elemente einer „Theorie der Kultur" zu entwickeln, deren wesentlicher Ansatz es ist, jene basalen Mechanismen der Situationsinterpretation herauszufinden, bei deren Verwendung die Handelnden ein Gefühl für die Geordnetheit der betreffenden sozialen Situation, einen „sense of social structure" entwickeln können. Erst auf der Grundlage eines solchen „Gefühls", so die generelle These, wird es dem Handelnden möglich, sich nicht in der Kontingenz alltäglicher sozialer Situationen relativistisch zu verlieren, sondern die Indexikalität, wenngleich bloß kontrafaktisch, zu eliminieren. Eine solche Theorie alltagsweltlicher wie wissenschaftlicher Datenkonstitution hat in ihrer letzten Fassung durch Cicourel den Charakter eines *perzeptiv-kognitiven Modells sozialer Erfahrung*[25].

---

[25] Dieses Modell benennt die grundlegenden Bestandteile sozialer Basiskompetenz, die Basismechanismen, welche ich oben im Zusammenhang der Erörterung der Cicourelschen Konzeption referiert habe. Es sind dies: Die Idealisierung der Reziprozität der Perspektiven; die et-cetera-Annahme; die Normalformtypisierungen; die retrospektiv-prospektive Interpretation

Über die theoretische Relevanz eines solchen Modells faßt sich Cicourel aber leider relativ kurz, d. h. er entfaltet keine systematische Grundlagentheorie sozialer Erfahrung, sondern stützt seine Annahme vom universellen Charakter dieser Basismechanismen eher mit *Plausibilitätsargumenten* der Form: „Was wäre, wenn nicht ...?"

Ein systematischer Versuch in dieser Richtung scheint mir nun von der *Bielefelder Arbeitsgruppe*, die bisher die publizierte deutsche ETH-Rezeption bestimmt, unternommen worden zu sein. Gerade in der gewissen Radikalisierung, welche das Konzept der Basismechanismen hier gefunden hat, scheint mir die Möglichkeit zu liegen, die interne Logik des Basismechanismen-Ansatzes generell besser klar machen zu können[26].

Als das Ziel ihres Ansatzes bezeichnen diese Autoren generell, die sog. „Kosmisationspraxis" sozialer Handelnder allgemein zu klären, wobei unter dem von Eliade übernommenen Begriff der „Kosmisierung" die kognitive Aufordnung von Welt verstanden wird. Die Perspektive einer solchen Grundlagentheorie sei „formalpragmatisch":

„Ein Kernbereich ihrer Fragestellung ist folgender: auf der Grundlage welcher formaler Mechanismen wird das Wissen von soziohistorisch besonders definierten elementar-universalen Problemkontexten wie etwa der Produktion und Verteilung über konkrete Lösungsmechanismen, gespeichert in einem Fahrplan von Handlungsfiguren, mit den aktuellen Handlungsperformanzen vermittelt? Voraussetzung für diese Vermittlung ist ... das gesamte System der Kosmisationsidealisierungen (d. h. Basismechanismen, St.W.). Die Beschränkung der grundlagentheoretischen Perspektive auf die formalen Problemkontexte (der Basismechanismen, St.W.) ... findet mithin auch folgende Begründung: Nur die Basisregeln der Kosmisation sind unabdingbare (,interaktionslogische') Voraussetzung für die Konstitution von Alltagswissen[27]."

Freilich hat die Suche nach einer Konstitutionstheorie für Alltagswissen als weitere Perspektive jene einer *„Grundlagentheorie von Gesellschaftlichkeit"* überhaupt, wenn man nämlich von der in diesem Aufsatz vertretenen These ausgeht, nach der die relevanten Aspekte gesellschaftlicher Wirklichkeit *nur* durch die Perspektive der alltagsweltlich handelnden Gesellschaftsmitglieder erfaßt werden können[28]. Damit beschränkt man sich nicht einmal mehr darauf anzunehmen, daß die grundsätzliche Erfahrungseinheit für die Soziologie das soziale

---

von Ereignissen; die Indexikalität der Sprache und die Reflexivität des Sprechens.

[26] Ich beziehe mich im folgenden vornehmlich auf den Aufsatz von *Schütze, F. et al.* 1973, über die „grundlagentheoretischen Voraussetzungen methodisch kontrollierten Fremdverstehens".

[27] *Schütze, F.* et al. 1973, S. 457 f.

[28] *Schütze, F.* et al. 1973, S. 433.

2. Problematisierungsversuch der ETH: Lösungsmöglichkeiten

Handeln, also Kommunikation und Interaktion sei, sondern man *psychologisiert das Konstitutionsproblem,* macht es an einer apriori notwendigen kognitiven Grundausstattung der einzelnen Individuen fest[29].

Da die Kosmisationsidealisierungen nach dieser Konzeption Voraussetzungen sowohl alltagsweltlicher wie wissenschaftlicher Kommunikationsprozesse darstellen, werden mit Hilfe einer Theorie der Basismechanismen auch die grundlagentheoretischen Hintergründe des *soziologischen Zugangs* zu den relevanten Aspekten der gesellschaftlichen Realität expliziert. Die Erfassung gesellschaftlicher Wirklichkeit vollzieht sich, dem obigen Postulat gemäß, über den Nachvollzug der Realitätsinterpretationen der Handelnden, d. h. durch methodisch kontrolliertes Fremdverstehen. Daher erfüllt die Grundlagentheorie eine *doppelte Funktion,* nämlich einmal die Elemente sozialer Basiskompetenz darzustellen, wie zum anderen die Bedingungen des soziologischen Herangehens an den gesellschaftlichen Objektbereich zu spezifizieren, welche sich wegen des interpretativen Charakters der sozialen Realität und der Realitätserfassung wesentlich vom „etischen" (Frake) Charakter naturwissenschaftlicher Erkenntnisgewinnung unterscheiden.

Auch Schütze et al. gehen von dem Kernkonzept Cicourels aus, dem Modell zweier Regelsysteme, den Basismechanismen und den normativen Regeln. In letzteren manifestiert sich die lokal-historische Bedingtheit von Alltagswissen, -interpretationen und -handlungen, also deren Indexikalität. Demgegenüber sollen die Basisregeln einer *„universalen apriorischen Interaktionslogik"* folgen:

„Daß überhaupt Verständigung möglich ist, wenn unterschiedliche normative Regeln der Kommunikation interferieren ... ist den universalen Basisregeln der Kommunikation zu verdanken. Diese legen fest, was überhaupt von den Gesellschaftsmitgliedern vorausgesetzt werden muß, damit sie interagieren können. Seit Husserl werden diese Voraussetzungen ‚Idealisierungen' genannt. Die Idealisierungen sind subjektive Leistungen der Gesellschaftsmitglieder, die allerdings einer universalen apriorischen Interaktionslogik folgen[30]."

Einen Begriff, der mir für den folgenden Diskussionsprozeß sehr wesentlich erscheint, führen die Autoren ein, wo es darum geht, das zu fassen, was die Handelnden in konkreten Situationen eigentlich

---

[29] Deshalb erscheint es zwar verständlich, wenn die „Bielefelder" in ihrer Legitimationsliste Namen wie Schütz und Husserl anführen, während mir dieser Anspruch für Mead, Habermas *und* Luhmann (besonders bei Bohnsack, R. 1973) problematisch und keinesfalls „auf der Hand zu liegen" scheint, da es in diesen Ansätzen mehr um die Struktur von Situationen und die Systematik von Interaktionsregeln geht, denn um die individuellen Voraussetzungen sozialen Handelns. In seinen neuesten Schriften versucht Habermas allerdings beides. Vgl. *Habermas, J.* 1973 b.

[30] *Schütze, F.* et al. 1973, S. 444.

mit den Basismechanismen bewerkstelligen, ohne sich deren Funktion bewußt zu werden:

„Für den alltagsweltlich-praktisch Handelnden ist dieser Reflexionsmangel nicht nachteilig; für ihn kommt es lediglich darauf an, daß die Kommunikation ungestört abläuft. Außerdem sieht er stets die kommunizierten Wissensinhalte im Rahmen konkreter Interaktionskontexte, d. h. er realisiert kognitiv die von den Basisregeln herbeigeführte ‚pragmatische Brechung' der kommunizierten Wissensgehalte (ohne die Basisregeln selbst überhaupt zu bemerken)[31]."

Das bedeutet, daß Indexikalisierung immer zugleich in gewissem Maße „Pragmatisierung" heißt, ohne daß der „Pragmatismus" sozialer Erfahrung vom Handelnden ausdrücklich mitgedacht wird. Daraus kann man eine *sekundäre Pragmatisierung* innerhalb wissenschaftlichen Vorgehens folgern, in welchem die konkreten Formen des Alltagswissens im wissenschaftlichen Relevanzkontext reinterpretiert werden. Die Wissenschaft könnte zwar theoretisch alle Basismechanismen ausfindig machen, muß diese aber, damit Erfahrung auch für sie überhaupt möglich wird, selber anwenden.

Freilich erscheint es mir bedenklich, zu behaupten, daß bei Kenntnis der Basisregeln das Verhältnis zwischen Alltagswissen und gesellschaftlicher Wirklichkeit aufgedeckt werden könne[32]. Denn zunächst bleibt der Begriff der gesellschaftlichen Wirklichkeit unklar, da sie sehr allgemein als alle jene Ereignisse und Tatsachen definiert wird, die das Handeln der Gesellschaftsmitglieder ausmachen (also doch eben nur: das Handeln) und bestimmen[33], was ja zwei völlig verschiedene Bereiche sein können, wenn man nicht alles, und das ist der schon oben monierte Trick, auf Kommunikation reduzieren wollte. Aber auch dann bleibt uneinsichtig, wie man aus dem Resultat des Vermittlungsprozesses gesellschaftlicher Wirklichkeit ins Bewußtsein der Handelnden, also dem spezifischen alltagsweltlichen Wissensgehalt sowie der Kenntnis aller Basisregeln auf die gesellschaftliche „Wirklichkeit" zurückschließen kann, da ein solcher Schluß ja wieder nur unter *adäquationstheoretischen Annahmen* möglich wäre, wie sie von den Ethnometodologen[34] immer wieder abgelehnt wurden.

Das theoretische Dilemma der Autoren zeigt sich besonders deutlich, wenn es um die *Frage des Verhältnisses der beiden Regelsysteme* zueinander geht.

---

[31] *Schütze,* F. et al. 1973, S. 445.
[32] So die Unterstellung bei *Schütze,* F. et al. 1973, S. 447.
[33] s. *Matthes,* J. / *Schütze,* F.: Zur Einführung: Alltagswissen, Interaktion und gesellschaftliche Wirklichkeit, in: Arbeitsgruppe Bielefelder Soziologen (Hrsg.): Alltagswissen, Interaktion und gesellschaftliche Wirklichkeit, Reinbek bei Hamburg 1973, S. 11.
[34] z. B. von *Blum,* A. F. 1971; *McHugh,* P. 1971, als die pointiertesten Stellungnahmen.

2. Problematisierungsversuch der ETH: Lösungsmöglichkeiten 213

Innerhalb dieser Konzeption kann man dieses Verhältnis zunächst allgemein als *Separierung* beschreiben: dies wird angesichts der Beobachtung offenbar, daß die „Bielefelder" der soziologischen Forschung eine *doppelte* Aufgabe zuweisen, nämlich jeweils innerhalb unterschiedlicher Theoriesysteme die einzelnen Regelsysteme zu untersuchen und es nicht einheitlich als ein Ziel der Soziologie bestimmen, allgemein metasoziologisch oder aber im Rahmen einer historischen Konstitutionstheorie die Dialektik beider Bereiche zueinander zu klären, was ja durchaus auch denkbar wäre. Daß dieser Vorschlag nicht nur als forschungspragmatische Arbeitsteilung gewertet werden kann, zeigt sich in dem expliziten Gebrauch eines *„Schichtenmodells"* der Interaktionskompetenz, in dem die Basismechanismen, welche die Kosmisation ermöglichen, als „elementarer" bezeichnet werden, als die materiellen Problemkontexte wie Steuerung, Produktion, Verteilung und Konsumption[35]. Daraus kann dann *theoretisch* das Absehen von inhaltlichen Fragen innerhalb der ETH abgeleitet werden.

Die Idealisierungen der Basismechanismen haben nach Schütze et al. drei formale Problembereiche sozialer Erfahrung abzudecken:

— *Reziprozitätskonstitution* (universale Sozialitätsidealisierungen wie die der Reziprozität der Perspektiven und der Austauschbarkeit der Standpunkte);

— *Einheitskonstitution* (kognitive Herstellung sozialer Einheiten; Normalformtypifikationen);

— *Handlungsfigurkonstitution* (Systematisierung von Handlungsketten etwa durch die et-cetera-Annahme und die retrospektiv-prospektive Interpretation).

Paradoxerweise geben Schütze et al. zu, daß die formalen Problembereiche sich „faktisch" nicht ohne die inhaltlichen verstehen ließen — etwa Reziprozität nicht ohne Bezugnahme auf gesellschaftliche Produktion —, und daß phylogenetisch die inhaltlichen Problembereiche „ontische Voraussetzungen der formalen"[36] seien, ziehen sich dann aber gleich wieder auf ihre „formallogische" Ebene zurück. So können sie zwar einerseits zugestehen, daß im alltäglichen Handeln formale und inhaltliche Problembereiche derart verbunden seien, daß in die „Basisregeln"(!) der inhaltlichen Problembereiche die Regeln der formalen immer schon eingehen, weil die Produktion eine *Unterart(!)* der Interaktion sei[37]. Der hier konstruierte abstrakte Gegensatz

---
[35] s. *Matthes, J. / Schütze, F.* 1973, S. 30.
[36] *Schütze, F.* et al. 1973, S. 452.
[37] Diese Bemerkung mag schematisch vielleicht eine Berechtigung haben, sachlich erscheint sie mir unhaltbar: Gesellschaftliche Interaktion kann vielleicht von bestimmten Aspekten terminologisch so abstrakt gesehen werden,

zwischen „faktisch" und „formalpragmatisch" erlaubt aber dann trotz der grundsätzlichen Anerkennung der These, nach der gesellschaftliche Reziprozität „faktisch" ohne gesellschaftliche Produktion unmöglich ist, „formalpragmatisch" die dieser Einsicht widersprechende Aussage:

> „Umgekehrt muß man im Rahmen einer Problemlogik für die Reziprozitätsproblematik nicht schon die Produktionsproblematik voraussetzen[38]."

Für ein derartiges Insistieren auf den Argumentationsmustern einer *zweiwertigen Soziologie*[39] müssen sich gerade im Rahmen der ETH, die ja auf anderen Bereichen die zweiwertige Soziologie[40] aufs schärfste kritisiert hat, ganz *besondere systematische Gründe* finden lassen. Der Hauptgrund für diese transzendentalphilosophische Position im Gewande der Soziologie scheint mir in dem notwendig zum Fehlschlag verurteilten Versuch zu liegen, das Indexikalitätsproblem durch eine Theorie apriorischer Invarianten lösen zu wollen, welche total unabhängig von inhaltlichen Problemen gesellschaftlicher Produktion und Reproduktion ewig und in einer endlichen Zahl vorhanden sind. Als solche brauchen sie dann auch nicht erklärt, historisch abgeleitet usf. zu werden, sondern sie „zeigen" sich in besonders cleveren Versuchsanordnungen.

Wenn man nun das Problem der notwendig iterativen Verwendung der Basismechanismen mit einbezieht, d. h. auch die Erkenntnisse der Ethnomethodologen werden durch die Basismechanismen „pragmatisiert", bliebe als einzige berechtigte Feststellung der ETH, daß es Basismechanismen geben muß, also eine bloße *demonstrative Plausibilisierung*.

Will man nun den von mir oben skizzierten Anspruch auf die Entwicklung einer Theorie sozialer Erfahrung nicht ganz fallenlassen, so hat man nach Wegen zu suchen, die sowohl die Transzendentalisierung, wie die reine Psychologisierung des Problems sozialer Erfahrung als auch eine bloß abstrakte Additivität beider Regelebenen vermeiden. Doch zunächst sollen noch einmal in einer zusammenfassenden Bewertung der Theorie der Basismechanismen jene Elemente herausgearbeitet werden, die Bestandteile einer solchen neuen Theorie sein könnten.

Als einen wesentlichen Punkt, welcher festgehalten zu werden verdient, möchte ich den Hinweis auf die „Pragmatisierungsfunktion" der Basismechanismen bezeichnen, also die der Anpassung an spezielle

---

sachlich ist gesellschaftliche Interaktion nur im Rahmen der allgemeinen arbeitsteiligen Reproduktion von Gesellschaft überhaupt möglich und auch nur so theoretisch verständlich zu machen.

[38] *Schütze*, F. et al. 1973, S. 453.
[39] s. *Bühl*, W. 1969.
[40] So etwa von *Cicourel*, A. V. 1970, in bezug auf Meßprobleme.

2. Problematisierungsversuch der ETH: Lösungsmöglichkeiten 215

Relevanzkontexte. Damit ist nicht nur die bloße Tatsache der Regelapplikation angesprochen, sondern auch, daß die Regelapplikation als Voraussetzung einer *Normalisierung* von eventuell sogar in sich widersprüchlichen situativen Kontexten bedarf. Damit erlauben die Basismechanismen eine mehr oder weniger weitgehende *Realitätsverleugnung* bzw. *Realitätsausschließung*, die erst die Grundlage für den beruhigenden „sense of social structure" liefert. Hierdurch ließe sich zugleich eine *mögliche kritische Perspektive* bezeichnen, da nun grundsätzlich nach dem *Ausmaß*, der *Notwendigkeit* und der spezifischen *Form* bzw. nach der historischen Systematik der Formveränderungen dieser Realitätsausschließungen gefragt werden kann, also nach den je gegebenen *Formen einer „Rhetorik sozialer Ordnung"*. Weiter könnte die spezifische Struktur von Kontexten problematisiert werden, in denen bestimmte Normalisierungsprozesse statthaben und zudem, wie der Wandel von historischen bzw. sozialstrukturellen Kontextstrukturen mit einem eventuellen Wandel von Normalisierungsprozessen theoretisch zu vermitteln wäre.

Die Basismechanismentheorie spricht zwar von Pragmatisierung, hat aber keinen Begriff von „Praxis", außer vielleicht im Rahmen einer abstrakten anthropologischen Konzeption, die aber zur Analyse der Erfahrungs- und Interpretationsprozesse in lokal-historisch bestimmten Kontexten einer spezifischen internen Struktur nichts beitragen kann.

Des weiteren bezeichnet diese Theorie richtig den *methodischen Charakter alltäglicher Sinnherstellung* und hat auch sicher mit der Unterstellung recht, daß zur Bewältigung von Indexikalität bzw. zur Erfahrungskonstitution bestimmte Idealisierungsleistungen praktisch unabdingbar werden, mit deren Hilfe die Handelnden Invarianzen setzen und daran ihre soziale Umwelt „messen" können. Andererseits rekurriert die Theorie in ihrer vorliegenden Gestalt auf die abstrakten *Voraussetzungen von Gesellschaftlichkeit überhaupt*, welche theoretisch nur entweder im Rahmen einer Transzendentalphilosophie oder aber, was sicherlich wissenschaftlich ergiebiger wäre, im Rahmen einer empirisch ausgerichteten Anthropologie einen Sinn ergäben. Für einen solchen empirisch-anthropologischen Ansatz eignete sich als Erklärungsschema nun aber eher die *Evolutionstheorie*, weniger die Soziologie, was einen solchen Ansatz nicht an sich diskriminieren würde, aber doch seine Grenzen aufzeigt. Dies deshalb, weil sich mit solch einer Basistheorie weder die historischen noch die ontogenetischen Entwicklungen von Sinnherstellungskompetenzen, noch eine vielleicht zu entdeckende systematische historische Entwicklung bei den Sinnherstellungsprozessen selbst sinnvoll thematisieren ließe.

Die bisherige Fassung der Theorie der Basismechanismen erweist sich somit als zu eng, um überhaupt weiterreichende Forschungen zuzulassen und müßte deshalb schon aus wissenschaftspraktischen Gründen erweitert werden. Andererseits sollte man klar sehen, daß Problematisierungen in der angedeuteten Richtung und ihre möglicherweise positive Beantwortung eine radikale Infragestellung der jetzigen Theoriekonzeption der ETH implizieren würden: sie würde nämlich die Ethnomethodologen dazu zwingen, grundsätzlich ein irgendwie geartetes *Vermittlungsverhältnis* zwischen den beiden bisher so säuberlich separierten Regelsystemen anzuerkennen, was sie dann wieder, ob ihrer phänomenologischen Grundposition, voll der Relativismusproblematik aussetzen würde. Daraus folgt aber nun keineswegs die „Widerlegung" der Basismechanismen; dazu sind auch die empirischen Evidenzen zu *deutlich* (im Sinne der Demonstrationsexperimente!). Für den „Untergang" der Theorie genügt es, die Basismechanismen in einer historischen Perspektive „aufzuheben", d. h. konkret *im Rahmen eines „Analysis"-Versuches zu zeigen, daß bestimmte hinter den Basismechanismen liegende Grundannahmen nur innerhalb spezifischer historischer Kontexte überhaupt auftauchen können* (für einen Versuch in dieser Richtung siehe den nächsten Abschnitt).

Einen weiteren wesentlichen Punkt der Basismechanismentheorie, den es in einer neuen Konzeption „aufzuheben" gilt, wäre die Erkenntnis der nicht bloß verbal-sprachlichen Konstitution von sozialer Erfahrung, wie sie sich etwa in der Sprachphilosophie, aber auch bei Garfinkel und Sacks findet[41]. Demgegenüber wird man sich auf Cicourels Hinweise zu beziehen haben, in welch starkem Maße die Basismechanismen der Sinnherstellung perzeptuell-kognitiven Charakter haben *können*. Dieses „können" wird leider von Cicourel nicht genügend betont, was zwar der internen Stabilität des Invariantenmodells dient, ihm aber auch keine weiteren Möglichkeiten der historischen und ontogenetischen Erforschung ermöglicht. In diesem Sinne ließe sich das obige Marx-Zitat (Anm. 41) dann auch auf die *Fetischisierung des Modus der Wahrnehmung* als den grundlegenden bei der sozialen Sinnherstellung wenden: von einer solchen „Fetischisierung" würde ich dann sprechen, wenn man behaupten würde, *alle* soziale Erfahrung wäre nach dem Muster der Wahrnehmung strukturiert. Daß ganze Schulen in der Sozialpsychologie wie die Feldtheorie, die Konsistenz- bzw. Dissonanztheorie, oder auch die „social-perception"-Forschung einen solchen Ansatz vertreten, werde ich unten aufzeigen. Das *Verhältnis beider Modi sozialer Erfahrung* sollte demgegenüber selber als ein systematisches, und zwar in historischem wie ontogenetischem Sinne, begriffen werden.

---

[41] Eingedenk der schönen Stelle in der „Deutschen Ideologie": „Die Sprache wird natürlich zur Phrase, sobald sie verselbständigt wird." MEW, Band 3, S. 433.

b) „Analysis"-Versuch der Theorie der Basismechanismen

Im Anschluß an die obige eher allgemein gehaltene Problematisierung der ETH und speziell zweier idealtypisch herausgehobener Formen ihrer „Lösung" des Indexikalitätsproblems, will ich jetzt darangehen, an Hand der speziellen Aussagen der Theorie über die Art und Funktionsweise der Basismechanismen zu versuchen, *inhaltlich* den Anspruch der ETH zu widerlegen, eine Theorie *universaler* Interpretationsmechanismen aufstellen zu können. Dabei möchte ich zunächst noch ganz im Rahmen ethnomethodologischer Ansätze verbleiben, d. h. konkret, *den Ansatz der „Analysis"-Gruppe auf die Theorie der Basismechanismen anwenden.* Ziel ist eine *immanente Charakterisierung* der Lebensform, welche dem Sprachspiel dieser Theorie entspricht und darüber hinausgehend der Versuch, eine solche Lebensform mit anderen möglichen zu relationieren.

Es geht also hier noch nicht um eine Erarbeitung einer historisch gerichteten Theorie sozialer Erfahrung, sondern zunächst soll überhaupt der notwendig historische Charakter einer solchen Theorie verständlich gemacht werden.

Bei der Klärung der Frage, welche Elemente der Lebensform der Basismechanismentheorie zumindest universal nicht selbstverständlich sind, möchte ich bei meiner Systematisierung dieser Theorie von der Zusammenfassung ausgehen, welche Ralf Bohnsack[42] im Anschluß an Cicourel und Garfinkel entwickelt. Darstellungstechnisch hätte dies den Vorteil, daß Bohnsack auch spezifische Vorstellungen zu einem *ethnomethodologischen Kompetenzbegriff* vorgelegt hat, welche die implizit „normative" Konzeption der durch diesen Ansatz als universal avisierten Lebensform deutlich machen können.

Nach Bohnsack bemißt sich die Rationalität der alltagsweltlichen wie wissenschaftlichen „Heilungsversuche" von Indexikalität bzw. die „Geglücktheit der Rhetorik sozialer Ordnung" an der Art der Verwendung der Basismechanismen. *Inkompetenz* definiert er als die Unfähigkeit zur Anwendung von Basismechanismen, was zur Folge haben würde, daß sich ein „sense of social structure" nicht entwickeln, eine sozial als geordnet empfundene Interaktion nicht aufgebaut werden könnte. Dieser Grenzfall trifft aber nur bestimmte Formen der „Geisteskrankheit", wie etwa Zustände akuter Schizophrenie.

Daneben entwickelt Bohnsack ein *dimensional-quantitatives Kompetenzkonzept*, welches sich an der *Fähigkeit* orientiert, *die Basismechanismen in möglichst generalisierter Form anwenden* zu können. Damit macht Bohnsack schon einen Schritt über Cicourel hinaus, indem

---

[42] s. *Bohnsack, R.* 1973.

er nicht nur die Bedingungen von Interaktion überhaupt, sondern auch die Tatsache berücksichtigt, daß der Situationenbereich, in denen die Basismechanismen angewendet werden können, unter den verschiedenen Handelnden variiert, ja daß sogar in einem einzigen Interaktionsablauf die Fähigkeit der Teilnehmer, einen „sense of social structure" zu entwickeln und aufrechtzuerhalten beträchtlich variieren kann (s. u.):

„Situationsdefinitionen können sich in den verschiedenen Dimensionen der Rationalität der Lebenswelt durch unterschiedliche Grade steigender bzw. fallender Generalisierung auszeichnen; sie bleiben jedoch immer indexikal. Die indexikale Rationalität von Situationsdefinitionen untersuchen wir in fünf ineinander verflochtenen und nur analytisch trennbaren Dimensionen:

— der zeitlichen Dimension als retrospektiv/prospektive Art der Bedeutungszuschreibung.

— Der intersubjektiven Dimension unter dem Gesichtspunkt der Reziprozität der Perspektiven bzw. der Kongruenz der Relevanzsysteme.

— Der Objektdimension unter dem Gesichtspunkt der Interdependenz von Typisierung und Situationsdefinition.

— Der kognitiven Dimension unter dem Gesichtspunkt des Vertrauens aufgrund der prinzipiell unbezweifelbaren Übereinstimmung von Typisierung und Situation.

— Der Dimension der persönlichen Identität unter dem Gesichtspunkt der autonomen Kontrolle über Bedeutungszuschreibungen[43]."

Ich werde im folgenden jeweils zunächst die wesentlichen Aussagen zu den einzelnen Dimensionen skizzieren, um daran anschließend die allen Dimensionen gemeinsam zugrunde liegende Lebensform zu explizieren sowie versuchen, ihren historischen Charakter plausibel zu machen.

Basismechanismen in der zeitlichen Dimension
Schilderung

Die Rationalität der Lebenswelt kann bezüglich der zeitlichen Dimension generell durch die Lokalisation von Erfahrungen, Interpretationen und Handlungen auf einer Zeitachse erfolgen, d. h. die sinnhafte Strukturierung erfolgt über das Selbstverständnis der eigenen Gewordenheit, wie durch die Antizipation von Zukunft. Beide Male geschieht die „Rationalisierung" von Erfahrung aus der aktuellen, durch bestimmte Relevanzgesichtspunkte gekennzeichneten Situation, welche sich vom Individuum aus gesehen sowohl als Ende seiner Geschichte wie auch als Anfang einer möglichen Zukunft verstehen läßt[44].

---
[43] *Bohnsack*, R. 1973, S. 18.

[44] Nach Schütz kann man retrospektiv gerichtete „weil-Interpretationen", die die Geschichte auf die Gegenwart hin rationalisieren, von antizipatorischen „um-zu-Motiven" unterscheiden, welche das Verhältnis Gegenwart-Zukunft zu systematisieren gestatten.

2. Problematisierungsversuch der ETH: „Analysis"-Versuch

Ergebnis dieser Interpretationsprozesse ist eine gewisse „Vergegenwärtigung" sowohl der Vergangenheit wie der Zukunft, da beide nur aus dem „jetzt und so" ihren Sinn erhalten können. Als *Kriterium der Kompetenz* wird von Bohnsack die *Fähigkeit* angeführt, *die Stabilität von Zukunftsprojektionen und von als eigene Geschichte erlebten Vergangenheiten kontrafaktisch möglichst weitgehend aufrechtzuerhalten*. Natürlich kann dieses Kompetenzkriterium nicht auf den subjektiv empfundenen Rationalitätscharakter der *eigenen* Lebenswelt eingeschränkt werden, denn in einem solchen Falle könnte man „Generalisierung" nur mit „Rigidität" und „solipsistischem Beharren" übersetzen. Es muß darüber hinaus bei Interaktionen zu *Anpassungen der verschiedenen individuellen Lebenswelten* kommen, was bezüglich der zeitlichen Dimension dann sowohl die wechselseitig ähnliche retrospektiv-prospektive Deutung der aktuellen Handlungssituation verlangt, sowie den beiderseitigen Versuch, die von den Interaktionspartnern signalisierten Auffassungen ihrer Biographie und antizipierten Zukunft der Interpretation der wechselseitigen Handlungen zugrunde zu legen. Die verschiedenen Zeithorizonte der Interaktionsteilnehmer müssen in eine gewisse Relation gebracht werden, d. h. *individuelle Standardzeiten* müssen miteinander koordiniert werden. Gerade in komplexen Interaktionszusammenhängen wie in hoch arbeitsteiligen Betrieben wird die subjektive „innere Zeit" mit einer Vielzahl anderer Zeitrhythmen konfrontiert. Das Individuum versucht diese Aufgabe generell unter Zuhilfenahme der Unterstellung von „weil- bzw. um-zu-Motiven" zu leisten, wobei diese Motivationstypisierungen durch „ad hocing Prozeduren" im Sinne Garfinkels an die indexikale Situation angepaßt werden.

Die Relevanzstruktur der Gegenwart imponiert infolgedessen als die wesentliche Variable bei der Stabilisierung solcher Geschichts- bzw. Zukunftskonstruktionen, d. h. nicht nur die bloße Fähigkeit, sich in eine konstruierte Geschichte einzupassen, ist entscheidend, sondern darüber hinaus muß der sozial Handelnde eine gewisse Distanz gegenüber situativen Kontingenzen bewahren, damit die Rationalität der Lebenswelt erhalten werden kann. Auch wenn widersprüchliche Informationen in einer bestimmten Situation auftauchen, welche die jeweils herrschende „Geschichtsinterpretation" problematisieren, hat der Handelnde, will er dem Kompetenzkriterium nach Bohnsack genügen, die „Fassung zu bewahren" und nicht seine Geschichte und Zukunft immer wieder umzuinterpretieren[45].

Kennzeichnend für das alltagsweltliche Sinnverständnis, das sich über die zeitliche Interpretationsdimension herstellt, scheint zu sein,

---

[45] Wie dies etwa Schizophrene tun, die von einem Augenblick zum anderen Sohn des Kaisers von China, im Hause des sie behandelnden Arztes aufgewachsen sind oder schon mehrere Leben geführt haben.

was Pike den „Modus der Verteilung" nennt[46], also die Art und Weise, wie die physischen Manifestationen von sozialen Erfahrungsobjekten, seien sie nun verbaler oder nicht verbaler Art, zeitlich oder räumlich zueinander geordnet sind[47].

Analysis-Versuch

Bei dem Versuch, die hinter dieser Konzeption stehende Lebensform zu explizieren, fällt zunächst auf, wie unproblematisch hier das Verhältnis individueller zu gesellschaftlicher Standardzeit bzw. zu den Standardzeiten einzelner gesellschaftlicher Subsysteme gesehen wird, wenn man im Vergleich dazu von den organisations- bzw. gesellschaftstheoretischen Erkenntnissen ausgeht, daß die Aufeinanderbeziehungen von Interaktionsketten in komplexen Sozialsystemen einen bei allen Beteiligten vorhandenen gemeinsamen Zeithorizont voraussetzt[48].

Zwar stellt in dieser Lebensform Zeit eine sehr wichtige Art des Modus der Erfahrung dar, aber die Zeit und die individuelle Herstellung von persönlichen Zeithorizonten ist in besonderer Weise dargestellt: Es wird nämlich auf die *individuelle Souveränität bei der Herstellung von Geschichte und Zukunft* abgehoben (wir sprachen oben von der Idealisierung der „Theoretizität"), was durch die Betonung der in der Gegenwart „zuhandenen" Interessen als entscheidender Variable für die Realitätsinterpretation ausgedrückt wird.

Geht man nun aber davon aus, daß etwa ein Arbeiter den größten Teil der wachen Zeit des Tages in einer Fabrik verbringt[49] und daß diese komplizierte ihm gegenüberstehende Maschinerie einen ganz bestimmten, ihm zunächst äußerlichen Zeitrhythmus hat, dem er sich unterwerfen muß, dann läßt sich plausibel machen, daß die Anpassung von Zeithorizonten wie die Fähigkeit, überhaupt solche Zeithorizonte aufzubauen, sozial sehr unterschiedlich verteilt sein dürfte.

Zunächst ergeben sich aus dieser bloßen Konstatierung der *eingeschränkten individuellen Souveränität in der Zeitplangestaltung* zwei Konsequenzen:

---

[46] Nach *Bohnsack, R.* 1973, S. 22.

[47] Verwiesen sei hier nur auf die obigen Ausführungen zu den Studien der Gruppe um Harvey Sacks, welche gerade diese formalen Oberflächenmerkmale von Konversationen und Handlungen als wichtige Hilfsmittel zur Indexikalitätsbewältigung erwiesen haben.

[48] Luhmann spricht schon von dem Problem der Koordination von Weltzeit und Systemgeschichte. Vgl. *Luhmann, N.:* Weltzeit und Systemgeschichte, in: Kölner Zeitschrift für Soziologie und Sozialpsychologie, Sonderheft 16, 1972 b.

[49] Natürlich gilt diese Fremdfestgelegtheit von Zeithorizonten im Berufsbereich auch für Angestellte und Beamte, deren Zeitpläne aber flexibler für individuelle Modifikationen (keine Fließbandarbeit) und deren Arbeitsabläufe oft in größerem Maße zumindest subjektiv das Gefühl von eigenverantwortlicher Zeitplangestaltung („Ermessensspielraum") nahelegen.

2. Problematisierungsversuch der ETH: „Analysis"-Versuch

— einmal dürfte der moderne Industriebetrieb und in besonderem Maße der kapitalistische sowie die kapitalistische Produktion insgesamt in der Systematik ihres Zeitrhythmus nicht vom Arbeiter erfahrbar sein[50, 51].

Neben die Schwierigkeit, den Sinn und die Logik des betrieblichen bzw. des gesellschaftlichen Zeitrhythmus überhaupt zu erfassen, tritt

— also als zweites Moment die *begrenzte Kompatibilität individueller Zeit- und Erfahrungsrhythmen mit allgemeineren Standardzeiten,* die sich u. U. in einem nach dem offiziellen Zeitrhythmus nicht vorgesehenen „*Unterleben der Institution*" ausdrückt[52], wo in der unmittelbaren Kooperation mit Arbeitskollegen informelle „Privat-zeiten" mit eigenen Geschichten und Zukünften auftreten können, welche die offiziellen Institutionsziele manchmal sogar konterkarrieren[53].

Eine von der Kompetenztheorie der Basismechanismen geforderte Souveränität in der Zeitkonstruktion setzt entweder eine weitgehende

---

[50] Diese Aussagen gelten, soweit sich die Erfahrungsschwierigkeiten auf die Komplexität der Informationen und die Unüberschaubarkeit der verschiedenen Arbeitsbereiche beziehen, auch für den sozialistischen Betrieb und die gesellschaftliche Produktion sozialistischer Staaten. Nur besteht hier kein *grundsätzlicher* Widerspruch zwischen individuellen und den Zeithorizonten, welche durch die Verwertungsbedingungen des Kapitals nahegelegt werden. s. dazu *Kern*, H. / *Schuhmann*, M.: Industriearbeit und Arbeiterbewußtsein, Frankfurt 1970.

[51] „Die Maschinerie, die ihm nur in Fragmenten entgegentritt, nimmt gerade deshalb, weil sie als ganze nicht wahrgenommen wird, die Form einer mystifizierten Gegenständlichkeit an. Der Schritt von dieser eingeschränkten Erfahrungsbasis zu der als blinder Mechanismus erlebten Waren- und Kapitalmystifikation ist klein. Hierzu gegenläufig ist die tatsächliche Kooperationsstufe, auf der produziert wird. Es stehen sich im Betrieb Lebensinteressen und Kapitalinteressen gegenüber, die spezifische Konflikte erzeugen und von der Betriebsleitung nicht voll organisierbar sind; die vollständige Unterdrückung der informellen Kontakte zwischen den Arbeitenden im Betrieb würde sich in einem Sinken der Produktivität auswirken" (*Negt*, O. / *Kluge*, A.: Öffentlichkeit und Erfahrung, Frankfurt 1972, S. 61 f.).

[52] Dieser Begriff stammt von Erving Goffman, der damit eine spezifische Form *sekundärer Anpassung* in sozialen Anstalten bezeichnet, bei der unter grundsätzlicher Beibehaltung der Anstaltziele eigentlich abweichende Mittel zur Zielerreichung nicht von einzelnen, sondern von ganzen, in sich organisierten Gruppen angewendet werden. Nach Goffman ist damit das „Unterleben" für eine Institution dasselbe wie die Unterwelt für eine Stadt. Vgl. *Goffman*, E.: Asyle, Frankfurt 1972, S. 194.

[53] Von Arbeitern dürfte generell die Zeit *nicht kontinuierlich fließend* erlebt werden, wie dies in der Phänomenologie („durée") hypostasiert wird, sondern durch die objektiven Standardzeiten in bestimmter Weise rhythmisch, wenn nicht zerhackt.
Parsons hat richtig bei den Arbeitern ein Defizit, ein „deferred gratification pattern" auszubilden, diagnostiziert, d. h. die mangelnde Fähigkeit, sich auf weitreichende Zeitperspektiven bei der Antizipation von Belohnung einzulassen. Genau diese weitreichenden Zukunftsprojektionen können nur auf der Basis von im Großen und Ganzen der eigenen Kontrolle unterworfenen Gegenwarten erstellt werden, was im Lebensbereich des Arbeiters

Entlastung bezüglich der Teilnahme an hochorganisierten Arbeitsabläufen (etwa bei Schülern, Studenten, Rentnern etc.) oder aber die *Erlangung bestimmter privilegierter gesellschaftlicher Positionen* voraus. Da solche inhaltlichen Aussagen in einer Theorie der Basismechanismen nicht vorkommen, ergibt sich noch eine weitere Möglichkeit, die hier zugrunde liegende Lebensform zu rekonstruieren: Die Fähigkeit zur Konstruktion individueller Geschichten und ihrer projektiven Verlängerung in die Zukunft setzt demnach immer ein bestimmtes Maß an *Realitätsausschließung* voraus, da nur so die Fiktion selbstbestimmter Zeit, zumindest was den Arbeitsalltag betrifft, aufrechterhalten werden kann.

Wie steht es nun aber um die Autonomie der Individuen, in der sog. „Freizeit" eigene Zeitperspektiven aufzubauen und damit breitere Identitätsbildungsmöglichkeiten zu erschließen? Gerade im Rahmen kapitalistisch organisierter Produktion haben wir die abstrakte Trennung zwischen öffentlichem und privatem Bereich auch im Bewußtsein der Akteure zu konstatieren, wobei die Interpretation von Bedeutungsgehalten in einem selbstbestimmten Zeithorizont nur im privaten Bereich möglich sein dürfte. Beide Bereiche werden so abstrakt voneinander geschieden, daß die individuellen Interessen meist nur im Rahmen des privaten Bereichs zur Grundlage von Situationsinterpretationen gemacht werden können.

Den objektiven Hintergrund der Möglichkeit bzw. Unmöglichkeit, autonom über eigene Zeitperspektiven zu entscheiden bzw. sie aufzubauen, repräsentiert der jeweilige *Zeitplan* der Individuen, der das Verhältnis der verschiedenen Aktivitätskategorien und damit Zeithorizonte zueinander bestimmt. Lucien Sevé verwendet den Zeitplanbegriff zur Kennzeichnung der Logik einer jeweils *einmaligen Persönlichkeit*. Er bezeichnet damit *nicht* das subjektive Erleben der Zeit:

> Es ist klar, daß wir keine *Wissenschaft* vom Zeitplan und von der Persönlichkeit bekommen, wenn wir uns darauf beschränken, die Aktivitätskategorien (das sind konkrete und abstrakte Arbeiten unterteilt nach einfacher und erweiterter Reproduktion [Lernen und Entwicklung von Fähigkeiten] der Persönlichkeit, sowie rein produzierenden Handlungen. St.W.) *nach ihrer unmittelbaren Form in der Sphäre des Erlebten* zu bezeichnen und die Aktivität eines Individuums mit ihnen zu beschreiben[54].

Die subjektiven Interpretationen des eigenen Zeitplans eines Individuums sind (wie die „Psychologie" der Romane) nur die mehr

---

auch aus anderen als den angeführten Gründen nicht der Fall sein dürfte (Sorge um den Arbeitsplatz, Ausgeliefertsein an nicht einsehbare und sich nicht direkt legitimierende Entscheidungsprozesse, Erleben der Naturwüchsigkeit der Maschinerie, lokale und internationale Konjunkturschwankungen etc.).

[54] *Sevé, L.* 1972, S. 342.

2. Problematisierungsversuch der ETH: „Analysis"-Versuch

oder weniger verzerrten Widerspiegelungen der „objektiven" Strukturen des Zeitplans. Gerade die Tatsache, daß individuelle Zeitkonstruktionen im Bewußtsein der Akteure anscheinend autonom vorgenommen werden, weist einmal auf den *Realitätsausschließungscharakter der Basismechanismen* („Pragmatisierung") hin, da sie die objektive Widersprüchlichkeit individueller und gesellschaftlicher Standardzeiten verschleiern und so eine „Normalisierung" an sich widersprüchlicher Strukturen ermöglichen, sowie andererseits auf die Unmöglichkeit, überhaupt gesellschaftlich umfassende Zeithorizonte zu bilden, solange die Trennung konkreter und abstrakter Arbeit aufrechterhalten bleibt[55].

Die sich anbietende Alternative der „Freizeit" besteht ja auch nicht wirklich in „freier" Zeit, sondern sie stellt zu einem Großteil notwendige Zeit zur Reproduktion der Arbeitskraft dar und kann daher kaum zur Bildung neuer Formen von *öffentlicher Erfahrung* auch und gerade in der Zeitdimension verwendet werden. Da in einer kapitalistischen Gesellschaft wegen der privaten Verfügungsgewalt über die Produktionsmittel eine gesamtgesellschaftlich bewußte Planung von Produktion und Arbeitsvollzügen tendenziell verunmöglicht ist[56] und da auch im unmittelbaren Arbeitsbereich die Produktionsentscheidungen dem Arbeiter äußerlich sind, kann er schwerlich bezüglich der „objektiven" Zweckbestimmung seiner beruflichen Arbeit *intrinsische* Motivation ausbilden. Als subjektiver Zweck der Arbeit bleibt im Endeffekt nur der *Lohn* (bzw. andere verwandte materielle und immaterielle Gratifikationen), der aber als *Inbegriff der Möglichkeit individuell-privater Konsumption* auf den außerberuflichen Bereich verweist. Damit werden die persönlichen Zukunftsperspektiven, also die „um-zu-Motive" nur zur Strukturierung *individueller* Identität verwandt, so daß das Gefühl gesellschaftlicher Geordnetheit mit der „*Selbststabilisierung des einzelnen Handelnden*" zusammenfällt:

---

[55] Zur Rolle der Zeit bemerkt Günther Anders: „Zum Beispiel hat die *Zeit* des mit der Maschinerie konformistisch Arbeitenden mit der (in aller modernen Zeitphilosophie als selbstverständlich unterstellten) irreversibel vorwärtsgehenden Zeit des Subjekts nichts mehr zu tun. Sie ist vielmehr zyklisch, besteht aus kleinsten Teilstrecken, die mit den immer neu einsetzenden Geräteleistungen ko-extensiv sind ... Nur zu Beginn der Arbeit „schwimmen" die Wiederholungen noch im breiteren Strome der vorwärtsgehenden Zeit „mit"; und nur während dieser Anlauffrist sind sie auch langweilig; d. h. so lange, als der irreversible Zeitstrom seine Kraft noch nicht eingebüßt hat — was aber nach kurzer Zeit stattfindet ... Wenn man, was seit Kant ja geläufig ist, in der Zeitlichkeit nicht nur einen unter anderen Zügen der Subjektivität sieht, sondern (wie es der Titel von Heideggers Hauptwerk formuliert) deren ausschlaggebenden Charakter, dann darf man wohl die Tatsache, daß Zeit bei Maschinenarbeit ‚eingeht' als Symptom für das ‚Eingehen' der Subjektivität selbst deuten" (*Anders, G.*: Die Antiquiertheit des Menschen, München 1961, S. 333 f.).
[56] s. für die systematischen Grenzbedingungen von Planung in einer spätkapitalistischen Gesellschaftsordnung *Ronge, V. / Schmieg, G.*: Restriktionen politischer Planung, Frankfurt 1973.

"Das Verhältnis zwischen Arbeit und Muße ist deswegen hier notwendig auf den Kopf gestellt. Die Muße und Freizeit können aus objektiven Gründen nicht als Moment und Voraussetzung der gesellschaftlichen Produktivität des Menschen anerkannt werden. Umgekehrt: die Produktion, von deren gesellschaftlicher Planung und bewußter Kontrolle der Arbeiter abgeschnitten, deren einziger subjektiver Zweck das ‚Verdienen' ist, erscheint als in sich sinnlos, als bloße Vorbedingung für die Möglichkeit individueller Konsumption im ‚privaten' Dasein ... Der ‚Privatbereich' des Arbeiters, da er die abstrakte Negation der subjektiv sinnentleerten Arbeit im beruflichen Bereich darstellt, ist in der Perspektivlosigkeit bloß individueller Konsumption befangen und deswegen genauso sinnentleert wie dieser [57]."

Im privaten Bereich gilt dann auch eine andere Vorstellung von Zeit, welche sich von der *Geschichte* der verschiedenen Formen der gesellschaftlichen Reproduktion wesentlich unterscheidet. Die „Rationalität der Lebenswelt", wie sie hinter der Theorie der Basismechanismen steht, impliziert die *Trennung von allgemeiner „Geschichte" und Alltäglichkeit*, d. h. konkret, es muß zur Herstellung eines Gefühls sozialer Ordnung die *Fiktion eines stabilisierten Geschichtsbildes* aufrechterhalten werden, auf dessen Hintergrund sich dann die individuellen „Geschichten" abspielen können, welche ihrerseits im Verhältnis zur „objektiven Geschichte" als subjektiv-zufällig, ja beliebig interpretiert werden.

Eine solche Form von „Rationalität der Lebenswelt" erscheint freilich faktisch nur dann realisierbar, wenn nicht Geschichte und Alltäglichkeit, wie etwa in Wirtschaftskrisen, bei Entlassungen, Polizeiterror, Kriegen etc. kollidieren und die alltagsweltlich Handelnden zur Anerkennung der „Widerständigkeit" solcher objektiven Abläufe zwingen. Diese „Kollisionsgefahr" gilt wiederum für gesellschaftlich weniger privilegierte Gruppen in höherem Maße.

Das Zusammentreffen zwischen Alltäglichkeit und Geschichte wird, ähnlich wie bei den Garfinkelschen *„Krisen-experimenten"*, nicht so sehr als einsehbare Störung denn als *Schicksal* erfahren, wie überhaupt Geschichtlichkeit generell wegen ihrer nicht eingesehenen Fremdbestimmtheit nur als naturwüchsige, d. h. schicksalhafte erlebt werden kann[58]. Für die Erkenntnismöglichkeiten des Alltagsbewußtseins wie auch einer Wissenschaft wie der ETH, die dieses Alltagsbewußtsein nur in sich systematisiert, ergibt sich daher:

„Die Analyse der Alltäglichkeit kann uns zum Begreifen und Beschreiben der Wirklichkeit nur bis zu einem *bestimmten* Maße verhelfen; außerhalb der Grenzen ihrer ‚Möglichkeiten' aber verfälscht sie die Wirklichkeit. Folg-

---

[57] *Holzkamp*, K. 1973, S. 249.
[58] In gewisser Weise könnte man dies als Adäquatheit der Widerspiegelung objektiver Strukturen in der subjektiven Erfahrung bezeichnen. Vgl. speziell dazu die klassische Studie von *Popitz*, H. / *Bahrdt*, H. P. / *Jüres*, E. A. / *Kesting*, H.: Das Gesellschaftsbild des Arbeiters, Tübingen 1957.

2. Problematisierungsversuch der ETH: „Analysis"-Versuch

lich läßt sich die Wirklichkeit nicht aus der Alltäglichkeit begreifen, wohl aber die Alltäglichkeit aus der Wirklichkeit[59]."

Trotz ihres plakativen und ein wenig zu abbildtheoretisch klingenden Charakters zeigt uns doch diese Bemerkung Kosiks, daß die ETH keinen Begriff mehr hat, um den realitätsverkennenden Charakter alltagsweltlicher „Normalisierungsprozesse" zu bezeichnen. Außerdem kann die ETH solche Situationen nicht analytisch einordnen, in denen dieser Regulierungsmechanismus nicht mehr oder nur partiell funktioniert, wo man also fremdbestimmten Zeitrhythmen unterworfen ist. Diese Fremdbestimmtheit der Zeit kann in der von der Theorie der Basismechanismen skizzierten Lebensform, ähnlich wie in der existentialistischen Philosophie, nur mehr schicksalhaft als „existentielle Geworfenheit" interpretiert werden, d. h. sie bleibt unbegriffennaturhaft, weil es nicht gelingt, die Verabstrahierung menschlicher Beziehungen sowie die Automatisierung von Arbeitsabläufen als Ergebnis eines historischen Prozesses zu begreifen[60].

Daher bringt nicht schon die *Bewußtmachung* der Absurdität die Möglichkeit, eine neue Lebensform zu entwickeln. Deshalb ist es auch vorschnell, der ETH angesichts ihrer Krisen- und Erschütterungsexperimente ein *emanzipatorisches Potential* zuschreiben zu wollen, wie dies etwa Schütze et al.[61] andeuten. Damit können höchstens, sicherlich zunächst wichtige *Verfremdungsschritte* geleistet werden, die vielleicht das Nichtselbstverständliche alltäglich eingefahrener Zeiterfahrung demonstrieren können. *Demonstration* muß aber nicht, wie etwa die Erfahrungen der Studentenrevolte gezeigt haben, unweigerlich die *Reflexion* oder gar die anschließende *Veränderung* gesellschaftlicher Zeitrhythmen zur Folge haben. Alles dies läßt den „Rationalitätscharakter" der hier implizierten Lebensform als das Ergebnis eines komplexen, in sich methodischen Realitätsausschließungs- bzw. Normalisierungsprozesses erscheinen, so daß die „Rhetorik sozialer Ordnung" in diesem Zusammenhang genauer als die systematische *„Ideologie der Alltäglichkeit"* interpretiert werden kann. Resultat ist die Mystifizierung von Geschichte als einem naturhaften Ablauf, die gesellschaftliche Entleerung der individuellen Gegenwart sowie die Beliebigkeit möglicher Zukünfte, alles Realitätsausschließungsmechanismen, welche es möglich machen, sich als Handelnder in der sozialer Realität als ein *individueller und autarker Mikrokosmos* zu bewegen, wobei seine

---

[59] *Kosik*, K. 1967, S. 75 f.
[60] Illustrativ dazu sind auch die Reaktionen der Vpn. in Garfinkelschen Experimenten, bei denen die Anonymität der Interaktionen (man benimmt sich plötzlich als Fremder oder umgekehrt) als auch die Abstraktheit gesellschaftlicher Verkehrsformen variiert wurden. Im letzteren Fall etwa durch Handeln beim Einkaufen. s. *Garfinkel*, H. 1967, S. 38 - 75.
[61] *Schütze*, F. et al. 1973, S. 478.

eigene gesellschaftliche Produziertheit wie auch die systematischen gesellschaftlichen Randbedingungen seiner Existenz nicht mehr zum Problem wird. *Innerhalb* einer solchen Lebenswelt erscheint es dann auch folgerichtig, Realität wie Realitätsveränderung als Ergebnis subjektiver Interpretationsleistungen aufzufassen. Darin zeigt sich dialektisch die ganze Wahrheit *und* Unwahrheit des Thomas-Theorems[62].

Basismechanismen in der intersubjektiven Dimension

Schilderung

Wir hatten schon im letzten Kapitel als ein der Theorie der Basismechanismen notwendig immanentes Argument das der Ent-Qualifizierung, d. h. Typifizierung menschlicher Beziehungen und Eigenschaften zumindest für den Fall komplexer Sozialsituationen erwähnt.

Bezüglich der intersubjektiven Dimension der Sinnherstellung zeigt sich die Richtung dieses Entindexikalisierungsprozesses in der Art, wie die *Reziprozität der Perspektiven* in alltäglichen Interaktionsbeziehungen methodisch „hergestellt" wird. Kompetenz auf diesem Gebiet der Rationalisierung von Lebenswelt bestimmt sich an dem Kriterium, daß

„... die Handelnden einerseits die Verschiedenheiten der sozialen und körperlichen Position, andererseits die Verschiedenheit der biographisch bestimmten Situation und die damit verbundenen unterschiedlichen zuhandenen Interessen und Relevanzsysteme überwinden (müssen)"[63].

Kompetenz wertet Bohnsack als die Fähigkeit zur generalisierenden Typifikation des sozialen Gegenüber, aufgrund derer es möglich sein soll, sich in sozialen Interaktionen

„an abstrakten Motivations-, Handlungs- und anonymen Aktortypen sowie an deren Verknüpfung in Institutionen und Rollen, bis hin zu hochabstrakten Regelsystemen"[64]

zu orientieren. Dies hätte für den Handelnden die Konsequenz, sich nicht immer an den konkreten, indexikal bestimmten Situationen und ihren Beteiligten ausrichten zu müssen. Diese Kompetenz läßt sich in die Fähigkeiten ausdifferenzieren, die Unteridealisierungen der „Auswechselbarkeit der Standpunkte" bzw. der „Kongruenz der Relevanzsysteme" in Interaktionssituationen anwenden zu können.

Bei der Unterstellung der „*Auswechselbarkeit der Standpunkte*" als einer methodischen Grundlage des „sense of social structure" rekurriert der sozial Handelnde nach dieser Theorie auf ein, sozial als allgemein vorliegend unterstelltes Wissen, das trotz aller Kontingenz der jeweili-

---

[62] Philosophisch vorgedacht und dort als ontologisch fixiert findet sich diese Lebensform in der Phänomenologie Heideggers.
[63] *Bohnsack*, R. 1973, S. 23,
[64] *Bohnsack*, R. 1973, S. 38.

2. Problematisierungsversuch der ETH: „Analysis"-Versuch

gen Situationen bei allen kompetenten Handelnden als gegeben angenommen werden kann. Dieses „intuitive" und unreflektierte „Wissen" kann nach der Logik dieser Theorie einzig das System der Basismechanismen selbst sein. Bohnsack charakterisiert diese Unterstellung nämlich dahingehend, daß im Alltagshandeln angenommen würde, der jeweilige Handlungspartner würde bestimmte typisierte Objekte auch in unterschiedlichen Situationen mit Hilfe der Basismechanismen in ähnlicher Weise interpretieren bzw. uminterpretieren als der Handelnde selbst. Die „Identität" der Subjekte auf dieser Ebene muß also notwendigerweise unterstellt werden, sie ist die Bedingung des sog. „membership status" (Garfinkel).

Es geht nicht um die wechselseitige Unterstellung gleicher subjektiver inhaltlicher Relevanzsysteme (etwa durch Analogisierung), sondern „Auswechselbarkeit der Standpunkte" bezieht sich auf die *Anerkennung des anderen als gesellschafts-fähiges Subjekt* („member") überhaupt.

Nach der Theorie der Basismechanismen haben alle weitergehenden Reziprozitätsunterstellungen diese Idealisierung zur Grundlage. Für die Parallelisierung bestimmter abgrenzbarer (diese Abgrenzung geschieht über andere Idealisierungen!) Situationsbereiche, steht noch ein anderer Basismechanismus, nämlich jener der Idealisierung der *„Kongruenz der Relevanzsysteme"* zur Verfügung. Im Gegensatz zum Mechanismus der „Auswechselbarkeit der Standpunkte" haben wir hier eine „echte" Generalisierung vor uns, da die hierin liegende „Vortäuschung von Übereinstimmung" (Garfinkel) subjektiv eingesehen werden kann, ja sogar als Grundlage einer subjektiv bewußten interaktiven Bezugnahme auf den Anderen gelten kann. Gerade die mögliche Nichtidentität von Übereinstimmung ermöglicht zumindest grundsätzlich das subjektive Bewußtsein der „autonomen Kontrolle" des Ablaufs sozialer Interpretationsprozesse und damit von Individualität.

Bohnsack zieht aus der Gegenüberstellung dieser beiden Unterformen des Herstellungsmechanismus von Reziprozität die anscheinend naheliegende Folgerung:

„Die Nicht-Identität der erlebenden Subjekte liegt also immer vor und wird von den Handelnden mitreflektiert. Allerdings wird sie ermöglicht durch die Identität der Handelnden im Bereich der Idealisierung der Austauschbarkeit der Standpunkte. Nicht-Identität ist in diesem Bereich nicht möglich, wenn man voraussetzt, daß die Interaktionspartner kompetente Mitglieder der Gesellschaft bleiben wollen. Wenn Nicht-Identität nur auf Grundlage der Identität der erlebenden Subjekte möglich ist, kann nicht behauptet werden, daß ausschließlich die ‚Nicht-Identität der erlebenden Subjekte wesentliche Voraussetzung' (so Luhmann wie auch Habermas) der intersubjektiven Konstitution einer sinnhaft-gegenständlichen Welt sei[65]."

Dieses Argument kann im Kontext der Theorie der Basismechanismen zweierlei bedeuten:

— die Subjekte *sind* identisch, weil sie soziale Erfahrung auf dem Hintergrund derselben perzeptiv-kognitiven Grundausstattung machen; dann wäre aber die Unterstellung der „Auswechselbarkeit der Standpunkte" keine beliebige Idealisierung, sondern nur die notwendige Widerspiegelung der psychologischen Grundlage von Gesellschaftlichkeit im Bewußtsein; oder, und das wäre wahrscheinlicher:

— wir haben hier „nur" eine Idealisierung vor uns; dann wäre aber die Identität eine fiktive und die Idealisierung selbst eine äußerst vage, da sich „membership status" als ein Attribut verstehen ließe, welches ich anderen zubillige, soweit sie mir ähnlich *erscheinen*. Welchen Kriterien dieses „Gefühl" von Ähnlichkeit unterliegt, vermag die Basismechanismentheorie aber nicht anzugeben.

Beide Alternativen können also nicht befriedigen, weil die verschiedenen Vermittlungsebenen von Identität und Nicht-Identität, von Erkenntnis und Unterstellung nicht genügend ausdifferenziert sind. Überhaupt erscheint mir die Idealisierung der „Austauschbarkeit der Standpunkte aus dem Rahmen der übrigen Basismechanismen herauszufallen, was sich auch darin zeigt, daß Bohnsack von Kompetenz im Bereich der Reziprozitätsherstellung nur bezüglich der Idealisierungsleistungen hinsichtlich der „Kongruenz der Relevanzsysteme" spricht. Hier sollte man fähig sein, seinen sozialen Gegenüber auf dem Hintergrund typifizierter *Aktortypen* zu interpretieren, während der Typus der „generalisierten Anderen" nach Mead der „Austauschbarkeit der Standpunkte" als Interpretationsmuster dienen soll[66].

---

[65] *Bohnsack*, R. 1973, S. 24 f.

[66] Die Problematik dieser Inanspruchnahme mag an folgender Definition Meads deutlich werden: „Die organisierte Gesellschaft oder gesellschaftliche Gruppe, die dem einzelnen seine eigentliche Identität gibt, kann der (das) ‚verallgemeinerte Andere' genannt werden. Die Haltung des verallgemeinerten Anderen ist die der ganzen Gemeinschaft ... Der einzelne erarbeitet sich (seine Identität; St.W.), indem er die Haltung bestimmter anderer Individuen im Hinblick auf ihre organisierten gesellschaftlichen Auswirkungen und Implikationen weiter organisiert und dann verallgemeinert. So entwickelt sich die Identität, indem sie diese individuellen Haltungen anderer in die organisierte gesellschaftliche oder Gruppenhaltung hereinbringt und damit zu einer individuellen Spiegelung der allgemeinen systematischen Muster des gesellschaftlichen oder Gruppenverhaltens wird ..." (*Mead*, G. H.: Geist, Identität und Gesellschaft, Frankfurt 1973, S. 196 f. und 200). Daß die Identifizierung von Meads „verallgemeinertem Anderen" und der Grundausstattung der Basismechanismen unsinnig ist, dürfte deutlich geworden sein, da Mead zumindest im Ansatz die historische Formbestimmtheit von Gesellschaftlichkeit anerkennt, indem er hier stark auf *inhaltliche* Aspekte der Erfahrungskonstitution abhebt.

2. Problematisierungsversuch der ETH: „Analysis"-Versuch

Diese Typifikationsprozesse von sozialen Interaktionspartnern zeichnen sich durch unterschiedliche Differenziertheit und Generalisiertheit aus, wenngleich von Bohnsack nur die sehr weitreichenden Typisierungen, die man auf eine Vielzahl von Personen in einer Vielzahl situativer Kontexte anwendet, mit dem Prädikat der Kompetenz bedacht werden. Damit wäre aber paradoxerweise gerade der radikalste „Heilungsversuch" von Indexikalität, nämlich alle anderen Interaktionspartner *nach einer einzigen Typisierung* zu behandeln, der sozial kompetenteste, was natürlich unsinnig ist.

Bohnsack weist zwar im Anschluß an Ralf Turner[67] auf die permanenten Prozesse des Ausprobierens und Aushandelns von Rollen im Interaktionsvollzug hin (dabei dürfte es auch um deren Generalisiertheitsgrad gehen!), führt aber diese Analyse nicht weiter. Grundlegend bleibt seine These, die ja auch einen gewissen Plausibilitätsgrad besitzt, nach der die Anwendung des Basismechanismus der „Reziprozität der Perspektiven" in komplexen Gesellschaften weitgehende Abstrahierungsprozesse voraussetzt.

„Analysis"-Versuch

Ich möchte die *These* vertreten, daß die oben bei Bohnsack monierte Vermischung des transzendentalen Arguments mit dem Unterstellungs- bzw. Idealisierungsargument nicht zufällig bzw. ein unwesentlicher Lapsus ist, sondern die Dialektik einer Lebensform ausdrückt, die gleichwohl in diesem Theorierahmen nicht auf den Begriff gebracht werden kann.

Bei der „Analysis" der hinter dem Konzept der „Reziprozität der Perspektiven" stehenden Lebensform fällt zunächst auf, daß die Tatsache der Kenntnis dieser Basisregeln an sich noch keineswegs Aussagen darüber erlaubt, in welchem Generalisierungsbereich dieser Mechanismus angewendet wird. Die von Bohnsack mit dem Kompetenzprädikat ausgezeichneten „Generalisierer" sind ob ihrer weitgehenden „Heilung" von Indexikalität entweder auf ein sehr hohes Maß gesellschaftlich *sanktionierter Vagheit,* also auf Vertrauen oder auf Macht angewiesen, oder aber, was wahrscheinlicher sein dürfte und zumindest zusätzlich der Fall sein muß, auf eine so weitreichenden Typisierungen entsprechende Lebensform. Die je situativen Bedürfnisse, Fähigkeiten und Eigenschaften der Menschen müssen also *faktisch* (nicht bloß in den Köpfen der Interpretierer) auf einheitlichen Dimensionen sich abbilden lassen, d. h. es muß, um in marxistischer Terminologie zu sprechen, weitgehend von den konkreten *Gebrauchswerteigenschaften,*

---

[67] Vgl. *Turner,* Ralf: Role Taking: Process versus Conformities, in Rose, A. M. (Hrsg.): Human Behavior and Social Process. An Interactionistic Approach, London 1962.

aber auch von den individuellen Relevanzsystemen der jeweiligen Interaktionspartner abstrahiert werden können, ohne daß es dadurch zu Störungen sozialer Abläufe aufgrund unzureichender Situationseinschätzungen kommt. Interaktionspartner werden in einer solchen Lebensform im Rahmen einiger weniger *Wahrnehmungsdimensionen* erfaßt, wofür etwa die Dimension des Geldhabens, der allgemeinen Intelligenz oder die der quantitativ verstandenen sexuellen Potenz alltagsweltliche Beispiele darstellen dürften. Wir finden also in dieser Lebensform eine *gesellschaftlich sanktionierte Entdifferenzierung und Vereinheitlichung individueller Relevanzsysteme, Fähigkeiten und Eigenschaften.*

Freilich lassen sich Gesellschaften denken, in denen wesentlich spezifischere Reziprozitätsformen herrschen und sich auch höhere Differenzierungen der sozialen Techniken der Reziprozitäts-Anzeigen finden[68]. Auch haben die Untersuchungen Goffmans über die Dramaturgie interaktiven Verhaltens gerade für gesellschaftliche Randbereiche einen hohen Spezialisierungsgrad von Reziprozität und Reziprozitätsanzeige demonstriert[69], so daß plausibel gemacht werden kann, daß ein hoher Generalisierungsgrad der Reziprozitätsunterstellung an ganz spezifische soziale Randbedingungen gebunden ist.

Der Konsequenz einer historischen Untersuchung der Bedingungen von Reziprozitätsunterstellungen haben die Phänomenologen und auch Cicourel sich dadurch zu entziehen versucht, daß sie auf dem Weg der „transzendentalen Reduktion" die historischen Kontingenzen des empirischen Ich soweit einklammerten, so daß schließlich nur mehr das „transzendentale Ego" als die allen Menschen in gleicher Weise eigene Grundausstattung übrig blieb. Diese wurde dann als Bedingung für die Konstitution „transzendentaler Intersubjektivität" behauptet. Ich-Erfahrung konstituiert sich danach also nicht in der Auseinandersetzung mit dem Nicht-Ich, sondern bloß monadologisch-solipsistisch. Husserl nennt diesen Erfahrungsbereich „primordinale Welt". Auch Cicourel kann sein „transzendentales" Modell perzeptiv-kognitiver Wahrnehmung nur so gegen Ansprüche hinsichtlich einer historischen Konkretisierung immunisieren, daß er eine abstrakte Trennung von Basisregeln und normativen Regeln akzeptiert. Er muß daher von einem unproblematischen Nebeneinander eines generellen „sense of social structure" und den aktuellen historischen Organisationsformen von Gesellschaft ausgehen, also unterstellen, daß soziale Interaktions-

---

[68] Man bedenke die Ausdifferenziertheit der mittelalterlichen Kleiderordnung, die Tatsache, daß in manchen Gesellschaften unterschiedliche Sprachformen, Berufe, Kasten etc. spezifische, in sich geschlossene Reziprozitätsbereiche konstituieren usf.

[69] Besonders in *Goffman*, E.: Stigma. Über Techniken der Bewältigung beschädigter Identität, Frankfurt 1967.

2. Problematisierungsversuch der ETH: „Analysis"-Versuch

situationen sinnvoll vom Reziprozitätsstandpunkt aus wahrgenommen werden können. *Die Voraussetzung dafür wäre der jeweils konkrete Nachweis, daß die über die Normen organisierten Verkehrsformen einer Gesellschaft nicht grundsätzlich widersprüchlicher Natur sind.* Dann nämlich wären die Kategorien der Mitgliedschaft („membership") grundsätzlich kompatibel mit den gesellschaftlich gültigen Typifikationen und Rollen. Damit und erst unter diesen Voraussetzungen ließe sich die oben erwähnte Vermischung transzendentaler Argumentation mit Annahmen über Idealisierungsprozesse im Sinne der ETH unproblematisch als zwei Seiten derselben Sache aufklären. Auf diese Weise wäre, wie ich mich im folgenden zu zeigen bemühen werde, die soziale Lebenswelt der Alltagshandelnden zwar wieder geordnet, aber unter Inkaufnahme weitreichender Realitätsausschließungen.

Zu dieser Lebenswelt gehört die Vorstellung einer *autonomen Zuschreibung von Reziprozität,* wonach die Dimensionen, auf denen ich den Interaktionspartner reziprok wahrnehme, gleichsam natürlich immer schon bereitliegende sind oder aber aus meiner ganz konkreten Erfahrung mit ihm stammen („totale Heilung" oder „totale Indexikalität"). Die Menschen nehmen sich hier grundsätzlich als *autonom agierende Atome* wahr, die einerseits ihre Umwelt und die anderen Mitagierenden auf die entqualifizierte Kategorie des *Man* reduzieren, andererseits in bestimmten abgegrenzten Bereichen ihres sozialen Lebens als *konkrete* Menschen ernst genommen werden wollen. Heidegger faßt diesen impliziten Widerspruch in dem Begriff des „defizienten Modus des Mit-Seins" zusammen. Dies repräsentiert ein Selbstverständnis, welches Marx folgendermaßen kritisiert hat:

„Genau und im prosaischen Sinne zu reden, sind die Mitglieder der bürgerlichen Gesellschaft keine Atome. Die charakteristische Eigenschaft eines Atoms besteht darin, keine Eigenschaften und darum auch keine durch seine eigene Naturnotwendigkeit bedingte Beziehung zu anderen Wesen außer ihm zu haben ... die Welt außer ihm ist die absolute Leere, d. h. sie ist inhaltslos, sinnlos, nichtssagend, eben weil es alle Fülle in sich selbst besitzt. Das egoistische Individuum der bürgerlichen Gesellschaft mag sich in seiner unsinnlichen Vorstellung und unlebendigen Abstraktion zum Atom aufblähen ... Die unselige sinnliche Wirklichkeit kümmert sich nicht um seine Einbildung, jeder seiner Sinne zwingt es, an den Sinn der Welt und der Individuen außer ihm zu glauben ... Jede seiner Wesenstätigkeiten und Eigenschaften, jeder seiner Lebenstriebe wird zum Bedürfnis, zur Not, die seine Selbstsucht zur Sucht nach anderen Dingen und Menschen außer ihm macht[70]."

Ein solcher Solipsismus kann sich selbst nur mehr transzendental begreifen, d. h. in der Abstraktion vom konkreten Dasein als der Sphäre der *Uneigentlichkeit.* Wie ist nun aber in der alltäglichen

---

[70] MEW, Band 2, S. 127.

Lebenswelt Erfahrung zwischen solchermaßen sich als Atome verstehenden Akteuren überhaupt möglich?

Alfred Schütz hat dies unter dem Oberbegriff der „natürlichen Einstellung" thematisiert. In der „natürlichen Einstellung" nehme ich meine Handlungspartner auf dem Hintergrund bestimmter sozial anerkannter und anscheinend selbstverständlicher Typisierungen oder Deutungsschemata wahr. Die dabei gemachten Erfahrungen werden als ursprünglich, konkret und unvermittelt erlebt, d. h. der Konstitutionsvorgang von Kategorien der Erfahrung wird nicht mehr „thematisch". Dennoch glaubt Schütz nicht an eine automatisch sich ergebende Verdinglichung des Bewußtseins:

„Das Wie des Konstitutionsvorganges und dieser selbst bleibt ... unbeobachtet. Das Konstituierte ist fraglos gegeben. Allerdings kann ich jedes fraglos gegebene Schema der Erfahrung jederzeit durch passende attentionale Zuwendung zu einem ‚fragwürdigen', zu einem problematischen machen[71]."

Übertragen auf die „Analysis" der Lebensform hinter der Theorie der Basismechanismen hieße dies, daß zwar im alltäglichen Erfahrungs- und Interpretationsprozeß die Konstituiertheit der Kategorien, an denen die „Reziprozität der Perspektiven" festgemacht ist, nicht mitthematisiert wird, daß aber eine solche Selbstproblematisierung zumindest *partiell* (totale Problematisierung würde jedes Handeln verunmöglichen!) durchaus möglich wäre.

Andererseits habe ich oben gezeigt, daß der Konstitutionsvorgang in dieser Theorie notwendig auf das solipsistisch sich verstehende und phänomenologisch verstandene Individuum bezogen werden muß. Die Konstitution von Erfahrung wäre nur als *subjektive* Leistung begreifbar, etwa auf dem Hintergrund einer bestimmten „attentionalen Zuwendung" des erkennenden Individuums. Eine logisch-historische Analyse der Herkunft der Wahrnehmungsdimensionen und Erfahrungskategorien wäre damit ausgeschlossen.

Wir wollen die Diskussion nun wieder auf die soziale Erfahrung des Mitmenschen zurückführen und uns dabei auf Alfred Schütz' *„Strukturanalyse der Sozialwelt"* beziehen.

Er unterscheidet die *Umwelt*, zu der ich in aktuellem raum-zeitlichen Kontakt stehe, von der Region der sozialen *Mitwelt*, die mit mir zeitlich koexistiert, welche ich aber nur mittelbar erfahre, nicht aber *erlebe*. Parallel dazu steht die Differenzierung von *Nebenmenschen* und *Mitmenschen*, wozu auch die Teilnehmer meiner sozialen Vor- und Folgewelt zu zählen wären. Auch Schütz erwähnt als generelle Attitüde

---

[71] *Schütz*, A.: Der sinnhafte Aufbau der Welt, Frankfurt 1974 (original 1932), S. 109.

2. Problematisierungsversuch der ETH: „Analysis"-Versuch

des Ich zum alter ego die Idealisierung der „Auswechselbarkeit der Standpunkte", bei ihm die Unterstellung, „daß das Du überhaupt lebe, dauere und Erlebnisse habe", was sich zusammenfassen ließe in der *„reinen Dueinstellung"*.

Auf diesem Hintergrund wird die jeweilige aktuelle „inhaltserfüllte" Wirbeziehung aufgebaut. Die umweltliche Dueinstellung ist auf das reine *Dasein*, nicht auf das konkrete *Sosein* bezogen. In den umweltlichen Erfahrungsprozeß vom Du gehen daher zusätzlich von seiten des Ich ein:

„*seine gesamten Vorkenntnisse vom Du überhaupt* und von diesem *besonderen* Du, dem es gegenübersteht ... Diese vorrätigen Erfahrungen vom Du umfassen auch die Erfahrungen von dessen Deutungsschematen und Deutungsgewohnheiten, von den Zeichensystemen, deren es sich bedient, von den fraglos gebliebenen Um-Zu- und Weil-Motiven des Du als *Nebenmenschen überhaupt* und als *dieses besondern Nebenmenschen*, welcher mir jetzt hier und so gegenübertritt. In der umweltlichen sozialen Beziehung *wachsen* dem Ich aus der Fülle des Wissens vom Jetzt und So des Du in jedem Jetzt *neue Deutungsschemata* vom Du zu: Sein *Erfahrungsvorrat* vom Du *bereichert* sich in jedem Augenblick des Wir und *verändert* sich auch durch stetige Berichtigung[72]."

Wenn wir diese Aussage von Schütz mit dem Bohnsackschen Kompetenzbegriff vergleichen, so fällt auf, daß dort Kompetenz als die Fähigkeit bestimmt wird, Typifikationen von „Nebenmenschen" über eine Vielzahl unterschiedlicher Situationen durchzuhalten und sich dabei weitgehend an abstrakten Aktortypen zu orientieren. Das hieße, *daß gerade die Offenheit für solche „Berichtigungen" ein Zeichen mangelnder Kompetenz darstellt.* Sollte es aber dennoch einem Individuum gelingen, trotz Berichtigung seiner Typifikationen den „sense of social structure" aufrechtzuerhalten, so fragt sich, woher die neuen Typisierungen bzw. Typisierungsberichtigungen kommen, die ja für eine Vielzahl von Sozialsituationen Geltung haben sollen. Im Bereich der Mitwelt kann die Frage klar dahingehend beantwortet werden, daß soziale Erfahrung wegen der Unmöglichkeit der unmittelbaren Kontaktaufnahme auf bestimmte Idealtypen angewiesen bleibt, also auf Abstraktionen. Das „Woher" dieser Abstraktionen kann von den Phänomenologen aber nur durch Hinweis auf bestimmte *subjektive* Schematisierungsleistungen der Handelnden beantwortet werden. Von einer etwaigen gesellschaftlichen Produziertheit von Idealtypen (über die Massenmedien, aufgrund bestimmter struktureller Notwendigkeiten gesellschaftlicher Organisation etwa) und dazugehörigen Wahrnehmungsdimensionen ist dagegen an keiner Stelle die Rede. Auch die nicht an Personen gebundene Umwelterfahrung erfährt ihre Strukturierung über solche Typifikationen. Diese Typisierungen müssen

---

[72] *Schütz*, A. 1974, S. 235 f.

dann situativ angepaßt werden, stellen in gewisser Hinsicht also nur „*Leerformeln*" dar, welche einer Indexikalisierung bedürfen. In der Lebenswelt, die Bohnsack zumindest theoretisch-implizit avisiert, sind aber solche individuellen Indexikalisierungsleistungen problematisch, da ja eine weitgehende Generalisiertheit von Typisierungen einen kompetenten sozialen Handelnden auszeichnen soll[73].

In der Konsequenz muß die Theorie der Basismechanismen von zwei konträren Grundannahmen ausgehen:

— einmal, daß die Typisierungsleistungen von *autonomen Individuen* getätigt werden, und zwar durch Reduktion der situativen Komplexität, und

— zum anderen, daß sich höhere Kompetenz an der *Fähigkeit zur hochabstrakter „Ihr-einstellung"* bemißt, die zu ihrer sozialen Absicherung inhaltlich von einer Vielzahl anderer „Nebenmenschen" geteilt werden muß.

Dieser Widerspruch wäre nur zu lösen, wenn man die Kategorien, in denen Reziprozität erfahren wird, zur transzendentalen Ausstattung aller Menschen erklären wollte oder aber fragt, ob nicht aus den systematischen Bedingungen der sozialen Situation heraus sich die *Notwendigkeit* oder zumindest die *Funktionalität* solcher Abstraktionsprozesse plausibel machen läßt, was freilich ein Schritt über die ETH hinaus wäre.

Im Alltag der hier implizierten Lebensform bleibt dieser Widerspruch verborgen, Reziprozität wird naturalisiert[74], d. h. nach dem *Modus bloßer Wahrnehmung* erfahren:

„Die Invariantsetzung (Feststellung von Reziprozität; St.W.) bleibt dabei insofern abstrakt, als das Alltagsbewußtsein es nicht oder nur unzureichend vermag, die prädikative Bestimmung (Invariantsetzung; St.W.) eines Erfahrungsgegenstandes in den Prozeß des Urteilens (prädikative Erfahrung; St.W.) einzugliedern und damit zu einer konkreten Bestimmung des Erfahrungsgegenstandes zu gelangen. Das Alltagsbewußtsein verharrt in bloßer Typisierung und Anonymisierung[75]."

Damit wird zwar die Spezifität des Gegenüber reduziert, er selbst verdinglicht, gleichwohl kann man sich mit einem solchermaßen zurecht-

---

[73] Dies läßt sich auch an Bohnsacks Untersuchung über die Probleme des Verhaltens jugendlicher Angeklagter vor Gericht zeigen, deren Schwierigkeiten gerade in der Herstellung der „Reziprozität der Perspektiven" mit den anderen Prozeßbeteiligten besteht bzw. in dem Problem, bestimmte Typisierungen ihrer Person von Seiten anderer Prozeßbeteiligter zu durchschauen und abzuwehren.

[74] Solche „Naturalisierung" der Reziprozität ist bisher nur in der Kinderpsychologie im Zusammenhang früher Stufen des moralischen Bewußtseins diskutiert worden. s. *Kohlberg*, L. 1969.

[75] *Leithäuser*, Th.: Untersuchung zur Konstitution des Alltagsbewußtseins, Hannover 1972, S. 113.

gestutzten Wissen vom Anderen *pragmatisch* durchaus „durchwursteln"[76]. Voraussetzung dafür ist aber, daß man entweder die soziale Macht hat, in dieser Weise willkürlich zu typisieren[77], oder aber, daß die betreffenden sozialen Situationen so strukturiert sind, daß für eine als geordnet empfundene Interaktion Abstraktionen geradezu notwendig werden. Die *Frage wäre also, ob die Verdinglichung des Anderen als Mittel der Reziprozitätsherstellung ein allgemeines gesellschaftliches Phänomen darstellt oder nur spezifischen gesellschaftlichen Lebensformen zukommt.*

Die Antwort kann deutlich werden, wenn man sich überlegt, inwiefern die Handelnden bei ihrer Reziprozitätsherstellung in der Lage sind, sich in freier Wahl bestimmter Typisierungsmuster zu bedienen.

Die konkrete Wahrnehmung anderer Individuen bestimmt sich auch nach Meinung der ETH anhand von subjektiven Relevanzstrukturen („purposes at hand"), welche auf den jeweiligen sozialen Gegenüber bezogen werden, d. h. allgemein wird ein solcher Gegenüber danach beurteilt, was er generell „nützen" könnte[78]. Der Andere erscheint „nützlich" zunächst als Partner in der arbeitsteiligen gesellschaftlichen Produktion, d. h. die zwischenmenschliche Wahrnehmung bestimmt sich nach der Spezifität gesellschaftlicher Kooperationsformen und den auf dem gegebenen Stand der gesellschaftlichen Reproduktion möglichen Zielen der Bedürfnisbefriedigung, seien sie nun individueller oder kollektiver Natur[79].

Die interpersonale Wahrnehmung vermittelt sich also *generell* über gemeinsame Zwecksetzungen in kooperativen Arbeitsvollzügen welcher Komplexität auch immer. Auf diesem Hintergrund werden Typisierungen des Anderen möglich, auch wenn er nicht unmittelbar raum-

---

[76] Diesen plastischen Begriff verwende ich in Anlehnung an Lindbloms Erörterung inkrementalistischen Entscheidungsverhaltens in Politik und Verwaltung. Vgl. *Lindblom*, Ch. E.: The Science of Muddling Through, in: Public Administration Review, 19, 1959.

[77] Vgl. hierfür etwa die Schilderungen von Gerichtsprozessen bei *Bohnsack*, R. 1973, sowie Claessens Argumentation bezüglich des Zusammenhanges von Rolle und Macht (s. *Claessens*, D.: Rolle und Macht, München 1968).

[78] Den Unterschied zum Vorgehen in der Wissenschaft hat *Schütz* in dem klassischen Aufsatz „Wissenschaftliche Interpretation und Alltagsverständnis menschlichen Handelns" aufgezeigt (abgedruckt in *Schütz*, A. 1971 a, S. 3 - 54).

[79] Dazu bemerkt Klaus Holzkamp, dem ich wesentliche Anregungen für diesen Abschnitt verdanke: „Die menschliche Aktivität in ihrer Spezifik als gesellschaftliche Arbeit ... ist nicht primär auf einzelne konsumatorische Aspekte als Aktivitätsziele gerichtet (wie bei den Tieren; St.W.) gerichtet, sondern auf die Vergegenständlichung von Gebrauchswerten als *verallgemeinerten Zwecksetzungen,* die Schaffung von sachlichen *Resultaten,* die die Grundlage für die gesellschaftliche Lebenserhaltung und damit u. a. auch für die Möglichkeit einzelner konsumatorischer Akte bilden" (Holzkamp, K. 1973, S. 135).

zeitlich anwesend und bekannt ist, also zur „Mitwelt" im Schützschen Sinne gehört. Die Typisierungen des Anderen beziehen sich demnach vornehmlich auf dessen Fähigkeiten, Bedürfnisse und Eigenschaften, welche in doppelter Weise vom gesellschaftlichen Arbeitsprozeß abhängig erscheinen:

— einmal entwickeln sich Bedürfnisse, Fähigkeiten und Eigenschaften immer nur in dem Rahmen, der durch das Ausmaß der gesellschaftlichen Produktivkräfte ermöglicht wird und der sich in den gegebenen Verkehrsformen einer Gesellschaft realisieren läßt; und

— zweitens muß die soziale Anerkennung und Definition von Bedürfnissen, Fähigkeiten und Eigenschaften bzw. ihre Legitimation als ein komplizierter, regelgeleiteter Prozeß angesprochen werden[80], der in sich sehr voraussetzungsvoll ist[81].

Damit soll keineswegs behauptet werden, *alle* Fähigkeiten und Eigenschaften des Menschen seien a priori gesellschaftlich nützliche, sondern nur soviel, daß sich Fähigkeiten aufgrund individueller und sozialer Handlungsvollzüge eines Individuums herausbilden und dann als *Handlungsvermögen* diese und neue Handlungen ermöglichen[82].

Für die soziale Wahrnehmung werden jene Fähigkeiten besonders wichtig und signifikant, welche sich in kooperativen Arbeits- bzw. Handlungsprozessen herausbilden, an denen eine Vielzahl von Akteuren teilnimmt, da in einem solchen Fall eine relativ breite Erfahrungsgrundlage besteht, die dann typifizierende Abstraktionen aus *eigener* Erfahrung zulassen würde.

Auch *Bedürfnisse* werden weitgehend in ihrer gesellschaftlichen Bestimmtheit wahrgenommen[83]. Den *Unterschied gesellschaftlich bestimmter zu organischen Bedürfnissen* kann man durch den Hinweis auf die Tatsache verdeutlichen, daß hier nicht eine homöostatische

---

[80] Vgl. die oben referierte Motiv-Untersuchung von *McHugh, P.* et al. 1974.

[81] Ohne jetzt genauer auf die Vermitteltheit beider Punkte einzugehen, so kann doch bezüglich der Bedeutungsbereiche, innerhalb derer die Interaktionspartner gesehen werden können, mit Rubinstein so viel festgestellt werden: „Die Frage nach den *Fähigkeiten* ist die Frage nach den persönlichen, *natürlichen* Eigenschaften. Es ist richtig, daß sich die Fähigkeiten des Menschen im Laufe der *gesellschaftlich-historischen* Entwicklung verändern, aber es ist nicht richtig, ihre gesellschaftliche Bedingtheit ihrem natürlichen und persönlichen Charakter entgegenzustellen ... Die ‚natürlichen Fähigkeiten' sind ... durch die gesellschaftlich-historischen Umstände bedingt. *Die menschliche Natur selbst ist ein Produkt der Geschichte*" (Rubinstein, S. L.: Sein und Bewußtsein, 6. Auflage, Berlin (DDR) 1972, S. 276 f.).

[82] Als klassische Darstellung für solche Entwicklungsprozesse und ihre interne Systematik vgl. *Piaget, J.*: Psychologie der Intelligenz, Zürich 1967.

[83] Das gilt auch für solch elementare Bedürfnisse wie Hunger, Durst, Schlaf, Sexualität, Informationshaltigkeit der Umgebung usf. Zur sozialen Modifikation solcher Bedürfnisse vgl. statt anderer die Experimente von *Schachter*, St. 1971.

2. Problematisierungsversuch der ETH: „Analysis"-Versuch   237

Triebspannung nach Aktivität verlangt, die dann über Konsumationshandlungen zur Bedürfnisbefriedigung führt usw., also nach dem Schema Bedürfnis-Aktivität-Bedürfnis (B-A-B), sondern daß aufgrund bestimmter Aktivitäten Bedürfnisse überhaupt erst entstehen, welche dann zu neuen Aktivitäten sowie zu neuen Bedürfnissen („emergent needs") führen. Sevé hat für diesen Umstand den plastischen Vergleich mit dem Ablauf *einfacher* versus der *erweiterten Reproduktion* vorgeschlagen[84].

Für Bedürfnisse, die solchermaßen aus der Entwicklung der gesellschaftlichen Produktion sich ergeben, besteht demnach eine *objektive Grundlage* subjektiver Erfahrbarkeit, als deren Bedingung nicht die gemeinsame biologische Ausstattung, sondern die gemeinsame Sozialisation der Bedürfnisse in einer bestimmten historischen Gesellschaftsform angesprochen werden kann.

Diese kurzen Hinweise auf die gesellschaftliche Bedingtheit der Fähigkeits- und Bedürfniswahrnehmung haben gezeigt, daß die Herstellung eines „sense of social structure" im intersubjektiven Bereich nicht auf die je indexikale Beziehung zwischen zwei oder mehreren Interaktionspartnern reduziert werden kann, sondern immer schon ein *gesellschaftliches Verhältnis* impliziert, welches über die gemeinsame Teilhabe am gesellschaftlichen Arbeitsprozeß[85] vermittelt ist. Die Theorie der Basismechanismen trifft in dem Maße zu, wie sie die *Notwendigkeit abstrakter Kategorisierungen* bzw. Typisierungen betont, gleichzeitig wird sie aber dadurch falsch, daß sie die Konstitution der Typisierungen *nur dem Subjekt* zuschlägt, das angeblich in relativ beliebiger Weise aus seinen Erfahrungen generalisiert. Daß es solche „privatsprachliche" Typisierungen oder besser Ideosynkrasien gibt, sei unbestritten, aber sie stellen nicht die Grundlage der Reziprozitätsidealisierung dar. Die Theorie hat aber auch in der Weise zumindest deskriptiv recht, als sie adäquat den *Substantialismus* der alltäglichen Lebensform beschreibt, der das „Wesen" des Menschen in diesem selber sucht und auch behauptet, es dort zu finden (etwa auf die Frage: „Was magst du an dem?"), ohne zu bedenken, daß auch solche „Wesenseigenschaften" ihre Bedeutung und ihre Bestimmung erst aus

---

[84] *Sevé*, L. 1972, S. 323 f. Auch Marx hat dies gesehen, wenn er schreibt: „... das befriedigte erste Bedürfnis (Sicherung der Reproduktion des materiellen Lebens, St.W.) selbst, die Aktion der Befriedigung und das schon erworbene Instrument der Befriedigung (führt) zu neuen Bedürfnissen, und diese Erzeugung neuer Bedürfnisse ist die erste geschichtliche Tat" (*MEW*, Band 3, S. 28).

[85] „Gesellschaftlicher Arbeitsprozeß" hat in der Marxschen Theorie eine recht weite Bedeutung und bezeichnet die Tatsache, daß die Menschen zum Zwecke der gesellschaftlichen Reproduktion durch Arbeit auf den verschiedenen Stufen der Produktivkraftentwicklung bestimmte Produktionsverhältnisse eingehen. Er umfaßt also auch das, was man gemeinhin „soziales Handeln" nennt.

den gesellschaftlichen *Verhältnissen*, aus dem sozialen Kontext erhalten, in dem sie stehen[86].

Ich will nun zu einer *historischen Konkretisierung der Lebenswelt* kommen, wie sie mir in der Theorie der Basismechanismen implizit angesprochen zu sein scheint. Hierfür möchte ich aber noch einige grundsätzliche Erwägungen vorausschicken.

Die generelle Konsequenz einer zunehmenden Verabstrahierung der konkreten Interaktionspartner dürfte die Tatsache ihrer potentiellen Austauschbarkeit und im Endeffekt, ihrer quantitativen Vergleichbarkeit sein, wenn sich nämlich die Abstraktion auf einzelne abstufbare Dimensionen bezieht. Erst in Gesellschaften bzw. gesellschaftlichen Bereichen, in denen eine solche Abstraktheit intersubjektiver Beziehungen funktional und sanktioniert ist, kann von einer wirklichen „Austauschbarkeit der Standpunkte" gesprochen werden. Die Logik solcher Lebensformen erscheint recht eindeutig: Abstraktheit läßt sich intersubjektiv nur durchhalten, wenn die Beziehungen über einen selbst abstrakten Bezugspunkt vermittelt sind. Wahrscheinlich kommen hierfür nur die totale Bezugnahme der Handelnden auf einen monotheistisch gedachten Gott in Frage, wobei dieser Gott jeweils eine Beziehung zu jedem einzelnen hat und nicht nur zur Gesamtheit der Gläubigen[87]. Die andere Möglichkeit eröffnet sich meiner Meinung nach unter den Bedingungen der kapitalistischen Produktion, bei welcher über den Mechanismus des Marktes unter Bezugnahme auf das „tertium comparationis" des Geldes von den indexikalen, d. h. Gebrauchswertcharakteristika der Dinge und Individuen abstrahiert werden kann, ja muß, um einen gesellschaftlich durchgängigen Tauschverkehr aufrechterhalten zu können. Geld wird dabei zur *allgemeinen Äquivalentform*, welche jeder Ware zukommt. Diese Herausbildung des Geldes als allgemeiner Äquivalentform stellt die historische Konsequenz sich immer mehr entwickelnder Tauschverhältnisse dar und

---

[86] „Aber das menschliche Wesen ist kein dem einzelnen Individuum innewohnendes Abstraktum. In seiner Wirklichkeit ist es das Ensemble der gesellschaftlichen Verhältnisse" (MEW, Band 3, S. 534). Marx hat in seiner Kritik an Feuerbach auch schon die Konsequenzen genannt, welche sich aus einem solchen *sinnlichen Materialismus* ergeben: einmal die Tendenz, das Individuum abstrakt-isoliert zu verstehen, d. h. ohne historischen Kontext und Entwicklung; und zum zweiten, ein abstraktes *Gattungs-Wesen* zu hypostasieren, welches die Individuen als *natürliches* allgemein auszeichnet. Beide Konsequenzen haben wir auch schon oben bei der „Analysis" der Lebenswelt, die hinter der Basismechanismentheorie steht, aufweisen können.

[87] Dies scheint mir auch die grundsätzliche Begründung des Weberschen Argumentes zu sein, daß der „Geist des Protestantismus" eine notwendige Bedingung für die abstrakten Tauschbeziehungen im Kapitalismus sei. Ähnliches dürfte auch für bestimmte, nicht kapitalistisch produzierende Sekten, wie zumindest teilweise für die Mennoniten gelten. Vgl. dazu: *Francis, E. K.*: In Search of Utopia, Glencoe, Ill., 1959.

2. Problematisierungsversuch der ETH: „Analysis"-Versuch

bildet dann ihrerseits die Grundlage für die hier interessierende Verdinglichung von Dingen und sozialen Prozessen.

Durch die Relationierung von Waren auf ein Drittes erhält die Ware allgemein, ebenso wie die Ware Arbeitskraft im besonderen einen doppelten Charakter: sie ist einmal *Gebrauchswert*, d. h. indexikal bestimmtes Ding, aber andererseits zugleich *Wert*, der davon völlig unabhängig sich an der für diese Ware aufzuwendenden Durchschnittsarbeitszeit bemißt. Analog ist die Arbeit einerseits *gebrauchswertschaffende*, nur in der je gegebenen Situation zu verstehende Arbeit, aber andererseits auch *wertschaffende* Arbeit, welche nicht durch die jeweiligen indexikalen Bedingungen, sondern nur allgemein gesellschaftlich nach der dafür verausgabten abstrakt-menschlichen Arbeit bemessen werden kann. Das Geld wäre demnach nicht Voraussetzung, sondern nur notwendige Erscheinungsform des immanenten Wert(-maßes) der Waren, nämlich der Arbeitszeit[88].

Folglich wären die Waren generell in einer doppelten, in sich widersprüchlichen Weise gekennzeichnet, d. h. als Gebrauchswert („das indexikalbesondere") und zum anderen als sinnlich-übersinnliches Ding („Typisierungen"), das über die Äquivalenform in eine abstrakte Relation zu anderen Waren gebracht werden kann. Der Tauschwert kann daher in keiner Weise von den natürlichen, in der Situation „offensichtlichen" Eigenschaften der Ware abgeleitet werden, sondern repräsentiert ein rein abstraktes gesellschaftliches Verhältnis. Den *Schein* der Gebrauchswertbestimmtheit von Sachen oder Arbeiten bezeichnet Marx[89] als den *Fetischcharakter der Ware*.

Die einzelnen Warenproduzenten sind sich des gesellschaftlichen Verhältnisses, in dem sie objektiv stehen, nicht bewußt, sondern erleben sich als autonom und isoliert produzierende Privatpersonen, die einem ihnen äußerlichen, quasi-naturhaften Prozeß gegenüberstehen. Gerade die Tatsache, daß alle Waren sich in bestimmten Quanta der allgemeinen Äquivalentform ausdrücken lassen, verdichtet noch die Tendenz, den Gebrauchswert von Waren mit ihrem Tauschwert zu identifizieren.

Diese Analyse läßt sich analog für die Ware „Arbeitskraft" entwickeln. Der Lohnarbeiter, der als einziges seine Arbeitskraft als Ware zu verkaufen hat, übereignet dem Kapitalisten deren Gebrauchswert, welche vom diesem nach seinen aktuellen, d. h. indexikalen Zwecksetzungen zur Erzielung von Mehrwert eingesetzt werden kann. Der Arbeiter selbst erhält als Ergebnis seiner Arbeit den abstrakten Tauschwert, der das Äquivalen für die je historisch-bestimmten Reproduktionskosten der Ware Arbeitskraft darstellt (s. heute den Begriff des „politischen Lohns"). Subjektiv definiert er als Ergebnis seiner Arbeit den *Lohn*, nicht aber das Arbeitsprodukt, welches allein nach den Zwecksetzungen des Kapitalisten erzeugt wird: „Durch die Abtrennung der Arbeiter von der bewußten Planung des Produktionsprozesses entfällt aber für das Bewußtsein der Arbeiter das ‚Dritte', die ‚gemeinsame Sache', über die ... die freie Kooperation zwischen unmittelbaren Produzenten vermittelt ist, und durch welche jeder individuelle Beitrag seinen einsehbaren gesellschaftlichen Sinn erhält. Der Arbeiter ist mithin subjektiv nicht nur von der gesellschaftlichen Aufgabe, die er erfüllt, abgetrennt, sondern befindet sich im Hinblick auf diese Aufgabe auch in Isolation zu jedem anderen Arbeiter[90]."

---
[88] s. *MEW*, Band 23, S. 109.
[89] Vgl. *MEW*, Band 23, S. 86.
[90] *Holzkamp*, K. 1973, S. 211 f.

Die einzelnen Arbeiter können sich untereinander demgemäß im Arbeitsprozeß nicht vom Gebrauchswertstandpunkt, d. h. als „indexikal-besondere", begegnen, da sie ihre Tätigkeit nur in sehr engen Grenzen als sinnvolle Kooperation zur Herstellung eines erwünschten Produktes interpretieren können[91].

Die Dimensionen, auf denen Reziprozität hergestellt werden können, beziehen sich infolge dessen vorwiegend auf den Tauschwertaspekt der Handlungen der anderen Arbeiter, also auf Kategorien, die den Typisierenden äußerlich sind, d. h. gesellschaftlich vermittelt, wie z. B.: Geld haben-nicht haben; Arbeitsfähigkeit besitzen-nicht besitzen; intelligent sein-nicht intelligent sein usw.

Aufgrund dieser Vorklärungen kann nun die „Konstruktion einer rationalen Lebensform" auf der intersubjektiven Sinnherstellungsdimension genauer expliziert werden:

Die erste grundlegende Idealisierung, nämlich die der „Austauschbarkeit der Standpunkte" entspricht, will man sie nicht bloß als Idealisierung, sondern auch als Abbild realer Verhältnisse verstehen, historisch der Entqualifizierung konkreter menschlicher Arbeit zur „Ware Arbeitskraft". Durch diesen gesellschaftlichen Prozeß wird, vor aller individuellen Idealisierung, eine bestimmte Form der „Gleichheit" aller gesellschaftlichen Individuen *faktisch* hergestellt: nämlich die generelle Eigenschaft, Warenbesitzer zu sein. Das Komplement zur „Gleichheit" der Individuen als Warenbesitzer stellt die „Freiheit" dar, seine Arbeitskraft als Ware zu verkaufen. Beide Faktoren sind Grundbedingungen kapitalistischer Produktion bzw. hoch-entwickelter Tauschgesellschaften[92].

Die Unterstellung der „Reziprozität der Perspektiven" wird als Basisregel gesellschaftlicher Rationalitätsherstellung also erst unter den Bedingungen einer bürgerlich-kapitalistischen Gesellschaft in einer solch breiten Anwendung, wie sie im Bohnsackschen Kompetenzbegriff unterstellt wird, möglich und auch funktional und kann demnach keineswegs als Kennzeichen gesellschaftlicher Rationalitätsherstellung überhaupt angeführt werden[93].

---

[91] Interessant sind in diesem Zusammenhang die betriebspsychologischen Strategien des „job-enlargement" oder „job-enrichment", die Methoden darstellen, die Arbeit sinnvoller *erscheinen* zu lassen und damit die intrinsische Motivation der Arbeiter zu erhöhen, wiewohl sie die Machtverhältnisse im Betrieb unangetastet lassen.

[92] Im Feudalismus waren diese Bedingungen noch nicht gegeben. Die Erweiterung der Produktivkräfte und die damit gegebene erhöhte Nachfrage von Arbeitskräften erzwang hier eine zunehmende „Befreiung" der Menschen aus feudalen Hierarchiestrukturen und ermöglichte so die wichtige „Gleichheit" vor dem Kapital, eben als grundsätzlich gleichartige Verkäufer von Arbeitskraft.

[93] Damit soll keineswegs abgestritten werden, daß in kleinen Gruppen bzw. überschaubaren Sozialverbänden (Familie, Handwerksbetrieb), die in engem raum-zeitlichen Zusammenhang stehen, solche Reziprozitätsidealisierungen auch früher unternommen wurden.

2. Problematisierungsversuch der ETH: „Analysis"-Versuch

Die darauf aufbauende Idealisierung der „Kongruenz der Relevanzsysteme" bezieht, soweit sie im Arbeitsprozeß vorgenommen wird, ihre objektive Grundlage aus der Stellung der gesellschaftlich produzierenden Individuen zum Produktionsprozeß selbst. Da sich die Zweckbestimmung der Produktion nicht aus dem kollektiven Willen der Arbeiter, sondern aus den Verwertungsbedingungen und -notwendigkeiten des Kapitals ergeben, insoweit sie von den Produktionsmittelbesitzern realisiert werden, beziehen sich die Relevanzsysteme der Arbeiter primär auf den *Lohn* und die damit ermöglichte individuelle Konsumption. Daher wird für den einzelnen Arbeiter nicht so sehr die Anerkennung und Einschätzung seitens seiner Kollegen im Kontext des gemeinsamen Arbeitsprozesses interessant, sondern die Einschätzung des Gebrauchswertes seiner Arbeitskraft durch den Kapitalisten. Die Institution des kapitalistischen Betriebes schließt so weitgehend die Möglichkeit aus — dies ist also *keine* subjektiv-autonome Idealisierungsleistung — den „Nebenmenschen" als indexikal-besonderen zu erleben[94].

Da der Arbeiter in gewissen Grenzen gezwungen ist, bei seiner eigenen und der Beurteilung anderer Menschen von solch generalisierten Kriterien auszugehen, werden die Wahrnehmungsdimensionen, deren er sich bei der Reziprozitätsherstellung bedient, eine ganz spezifische Form haben: Das Vergleichskriterium der Arbeiter von seiten der Produktionsmittelbesitzer *und* untereinander ist damit die *abstrakte Leistungsfähigkeit,* welche sich für den Kapitalisten im erzielten Mehrwert, für die Arbeiter untereinander in Quanta von Lohn und anderen Vergünstigungen ausdrückt. Dies macht den eigentlichen objektiven Hintergrund der Möglichkeit der Idealisierung der „Kongruenz der Relevanzsysteme" aus, nicht etwa das „tertium comparationis" einer gemeinsamen Aufgabe, an der man den Beitrag eines jedem Beteiligten messen könnte[95].

Ein nach der Basismechanismentheorie hoch kompetent Handelnder, welcher die Idealisierung der „Kongruenz der Relevanzsysteme" weit-

---

[94] Die daraus für die Arbeiter entstehende psychische Belastung wird manchmal durch die Ausformung sog. „informeller Gruppen" zu kompensieren versucht, deren Zweckbestimmung grundsätzlich aber nur eine private sein kann, also sich nicht auf den konkreten Arbeitsprozeß bzw. dessen Zwecksetzung bezieht, wenngleich von hier aus Beeinflussungen des Arbeitsprozesses im Sinne von positiven oder negativen „Störgrößen" ausgehen können. (Vgl. die berühmten Hawthorne-Experimente.)

[95] Im Rahmen informeller Gruppen wären freilich noch Nebenziele denkbar, die der gegenseitigen Beurteilung zugrunde gelegt werden können. Vgl. dazu die *Doppelführungstheorie* in der Kleingruppenforschung, nach der in Gruppen eine doppelte Führerrolle, eine aufgabenorientierte wie eine sozioemotionale anzutreffen ist. Vgl. *Collins,* B. E. / *Guetzkow,* H.: A Social Psychology of Group Processes for Decision-Making, New York—London—Sydney 1964, S. 214 ff.

gehend generalisiert hat, übernimmt damit voll den Verwertungsstandpunkt des Kapitals, der von einer totalen „Heilung" von Indexikalität ausgeht. Die Lebensform, welche demnach hinter dieser Theorie steht, wäre jene der *idealtypisch entwickelten kapitalistischen Tauschgesellschaft,* womit aber die tatsächlichen Abläufe in kapitalistischen Lebensformen nur tendenziell abgebildet werden können. Es bleibt grundsätzlich immer ein Recht an „indexikal Besonderem" in den Interaktionen der Arbeiter, so daß man richtiger von einer *in sich widersprüchlichen Verschränkung von Relevanzsystemen*[96] auszugehen hat: die Arbeiter nehmen sich sowohl in ihren tauschwertbezogenen Fähigkeiten als abstrakt „Leistungsfähige" (in Konkurrenz zueinander) wahr, wie andererseits als Teilnehmer an einem situativ-bestimmten kooperativen Arbeitsprozeß, also von einem gegenseitigen Gebrauchswertstandpunkt.

Gerade wenn diese Widersprüchlichkeit „geheilt" wird, wie dies die Theorie der Basismechanismen von kompetenten Handelnden fordert, muß die Abstraktheit der „Reziprozität der Perspektiven" als aus der Komplexität der Gesellschaft gleichsam naturhaft entstanden interpretiert werden. Durch einen solchen „Heilungsversuch" wäre zwar der „sense of social structure" wiederhergestellt, aber unter Inkaufnahme weitgehender Realitätsausschließungen. Diese Realitätsausschließung bezieht sich nun, wie wir gesehen haben, nicht auf Indexikalität *an sich,* sondern auf die *Komplexität einer ganz spezifischen, in sich widersprüchlichen historischen Situation* im Rahmen der kapitalistischen Gesellschaft, die über die Basismechanismen „normalisiert" und das heißt zugleich: naturalisiert wird[97].

Freilich scheint für manche das *Privatleben* die Möglichkeit einer nichtverdinglichten Lebensform zu repräsentieren, in der die Leistungsbezogenheit des beruflichen Bereiches ausgeschaltet sein soll und damit auch die Isolation der einzelnen im Konkurrenzverhältnis. Demgegenüber möchte ich die These vertreten, daß wir hier nur die *abstrakte Negation* des Berufsbereichs vor uns haben, aus der sich keine eigenständige, in sich sinnvolle Lebensform entwickeln kann. Wie Klaus Holzkamp treffend feststellt, kann im privaten Leben zwar weitgehend das Trennende des Konkurrenzverhältnisses überwunden werden, aber es

„*fehlt die Verbundenheit der Menschen über eine ‚gemeinsame Sache', über eine gesellschaftlich sinnvolle Aufgabe.* Die private Gemeinsamkeit enthält

---
[96] Vgl. Anmerkung 95.
[97] Indexikalität kann infolge dessen nicht mehr abstrakt als „raumzeitliche Kontingenz" übersetzt werden, sondern muß auf die spezifischen „*lokal-historischen Bedingungen*" von Sinnherstellungen bezogen werden. Man kann zwar mit diesem Begriff einerseits ein *allgemeines* Phänomen bezeichnen, muß sich aber für die konkrete Analyse um eine historische Präzisierung bemühen.

2. Problematisierungsversuch der ETH: „Analysis"-Versuch 243

zwar in der Tendenz *gewisse Elemente der gesellschaftlichen Kooperation, kann diese Kooperation aber durch die Abgetrenntheit des außerberuflichen Bereichs von der gesellschaftlichen Produktion nicht verwirklichen.* Demgemäß ist *auch die Isolation* hier nicht tatsächlich überwindbar. Die ‚privaten' Beziehungen sind gekennzeichnet durch ein *kurzschlüssiges In-sich-Zurücklaufen, durch den vergeblichen Anspruch, im unvermittelten Aufeinanderbezogensein von vereinzelten Subjekten Daseinserfüllung zu finden"*[98].

Die Reziprozität in diesem Bereich kann wieder nur an sehr allgemeinen, „diffusen" Kriterien festgemacht werden, wenn nicht gar die Maßstäbe aus dem Berufsbereich mitübernommen werden (Geld, Ansehen). Die generelle Dimension, auf der die „Nebenmenschen" auf diesem Handlungsbereich wahrgenommen werden, ist jene der *Sympathie,* für die grundsätzlich keine Kriterien angegeben werden können. Die Auswahl des „sympathischen" Partners erfolgt über sekundäre, grundsätzlich kontingente Kriterien wie Aussehen, Kleidung, Haartracht usf., die selber aber charakteristischerweise nicht als „Gründe" für Sympathie angegeben werden. Sympathie wird grundlos „geschenkt", was natürlich zugleich bedingt, daß darauf kein wirklich einklagbarer Anspruch besteht. Man könnte auf diesen Umstand die charakteristische Unsicherheit und Unzuverlässigkeit „rein privater" Beziehungen zurückführen, für die es ja keine wirklichen Perspektiven (außer Surrogat-Perspektiven wie Kindererziehen und Hausbauen) gibt, welche über die je gegebenen situativen Belastungen hinweghelfen können, sondern die nur sehr unspezifische Perspektive des: Wir halten zusammen, komme was da wolle[99]!

Man sieht wiederum, wie genau die Theorie der Basismechanismen die tatsächlichen Sachverhalte in der bürgerlichen Gesellschaft abbildet und gleichzeitig, wie illusionär der Versuch zu beurteilen ist, in einem der Berufssphäre abstrakt entgegengesetzten Privatbereich auf das „indexikal Besondere" der „Nebenmenschen" wirklich eingehen zu wollen, solange diese nur in ihrer Eigenschaft als *„Mensch an sich"* typisiert werden können. Die Theorie der Basismechanismen beschreibt also, auch bezüglich der intersubjektiven Interpretations- und Sinnherstellungsdimension, *richtig* ein ganz bestimmtes historisch vorliegendes

---

[98] *Holzkamp,* K. 1973, S. 250.
[99] „Die mannigfachen Formen des ‚Wir-gegen-die-ganze-Welt', des Hochstilisierens der ‚Einmaligkeit', des ‚Glücks' innerhalb der jeweiligen Liebesbindungen, des Sich-Abkapselns, der wechselseitigen Abschirmung von Kontakten mit anderen, die ‚Eifersucht', die gerade in ihrer ‚Grundlosigkeit' wohlbegründet ist, sind Ausdruck der Tatsache, daß man den Anspruch auf Liebe (und Sympathie; St.W.) essentiell nicht ausweisen kann, daß man dem Verlust der ‚Liebe' von anderen Menschen prinzipiell nichts entgegenzusetzen hat und daß hinsichtlich des Eigentlich-Menschlichen, in dem die ‚Liebe' sich zu gründen scheint, gerade weil es das tiefste Wesen des anderen als ein qualitätenloses Abstraktum meint, die Partner letztlich austauschbar sind" (Holzkamp, K. 1973, S. 256).

C.II. Ethnomethodologie als Theorie sozialer Erfahrung

Alltagsbewußtsein, nämlich das der bürgerlichen Gesellschaft, wird aber wie dieses *falsch*, sobald sie die systematischen Realitätsausschließungen naturalisiert und sich nicht um die *logisch-historische Systematik der zu heilenden Indexikalität* bekümmert[100].

---

[100] Es ist mir klar, daß meine allgemeine historische Lokalisierung der Lebensform der Theorie der Basismechanismen in der „bürgerlichen Gesellschaft" als problematisch angesehen werden kann und einer wesentlichen Spezifizierung und Differenzierung bedürfte. Ich würde dennoch einen solchen Vorwurf aus zwei Gründen zurückweisen wollen: einmal ist es mein primäres Ziel, generell den historischen Charakter dieser Lebensform plausibel zu machen und hierfür dürfte auch eine grobe historische Einordnung genügen. Zum anderen geht es mir ja um die *Grammatik*, d. h. die grundsätzliche interne Logik dieser Lebensform und ihren Vergleich bzw. den Aufweis der Ähnlichkeit mit der Logik der Lebensform der „bürgerlichen Gesellschaft". Dafür scheint mir eine solche *logisch-historische* Erörterung ausreichend. In ähnlicher Weise spricht Marx davon, die *Anatomie* der bürgerlichen Gesellschaft entspreche der Struktur der Politischen Ökonomie. Obwohl ich dies hier nicht in extenso ausführen kann, möchte ich doch einige *Elemente* der bürgerlich-kapitalistischen Lebensform aufzählen: Das Individuum der bürgerlichen Gesellschaft erscheint als ein freies, von Naturbanden unabhängiges, im Extrem ein sich als Atom verstehendes Wesen, das sich nicht als historisches Produkt, sondern als ein von Natur gesetztes begreift (s. *Marx*, K. 1953, S. 6). Das sich jetzt zeigende „Gefühl von Freiheit" erweist sich in dem Augenblick als Schein, in dem man realisiert, daß in der kapitalistischen Gesellschaft Persönlichkeit, Selbständigkeit eher Eigenschaften des Kapitals als der tätigen Individuen sind, daß Privateigentum, welches nach bürgerlichen Vorstellungen Freiheit konstituiert, die weitgehende Aufhebung von Privateigentum zur Voraussetzung hat, daß unter „Person" eben nur der bürgerliche Eigentümer verstanden wird usw. Begriffe wie *Freiheit* und *Gleichheit*, welche Individuen und ihre sozialen Handlungsmöglichkeiten naturrechtlich charakterisieren sollen, sind dem entwickelten Tauschwertprozeß der kapitalistischen Gesellschaft nicht äußerlich. Dieser „respektiert daher nicht nur die Freiheit und Gleichheit, sondern sie sind sein Produkt; er ist ihre reale Basis. Als reine Ideen sind sie idealisierte Ausdrücke seiner verschiedenen Momente; als entwickelt in juristischen, politischen, und sozialen Beziehungen sind sie nur reproduziert in anderen Potenzen" (*Marx*, K. 1953, S. 915). Es zeigt sich, daß sowohl das „Gefühl von Freiheit bzw. autonomer Kontrolle" wie sie faktische Freiheit (s. die Theoretizitäts- bzw. Methodizitätsunterstellungen in der ETH) an historische Voraussetzungen gebunden sind, sich also nicht notwendig aus den Bedingungen von Interaktion ableiten. Ebenso wird erst in der Lebensform der „bürgerlichen Gesellschaft" möglich, daß dem einzelnen die verschiedenen Formen und Bestandteile des gesellschaftlichen Zusammenhanges als bloße Mittel zur Realisierung seiner Privatzwecke (s. „purpose at hand") gegenübertreten. In diesem Prozeß der Instrumentalisierung der Umwelt sind sowohl Dinge (etwa Waren) wie Interaktionspartner einzubezogen; allgemeine Zwecke werden dadurch nicht aufgelöst und durch eine Vielzahl miteinander konkurrierender und sich äußerlich gegenüber stehender Privatzwecke ersetzt.

Man kann also zusammenfassend festhalten, daß die Lebensform der „bürgerlichen Gesellschaft" den Inbegriff jener *Verkehrsformen* darstellt, die der Stufe kapitalistischer Produktion zum einen *idealtypisch* entsprechen und zum anderen in gewisser Weise auch empirisch durchgesetzt haben, wenngleich wir in den empirisch vorfindbaren Verkehrsformen immer auch andere Elemente finden: so z. B. die dialektische Vermitteltheit von Gebrauchs- und Tauschwertcharakteristika von Waren in gesellschaftlichen Tauschprozessen.

Basismechanismen in der Objektdimension
Schilderung

Sinnherstellung kann auch durch Typisierungsleistungen auf der Objektdimension stattfinden. Nach Bohnsack geht es hierbei um die „Interdependenz von Typisierungen als dem zuhandenen Wissensbestand des Handelnden und der Definition der Situation"[101]. Typisierung und Situationsdefinition stehen in einem dialektischen Verhältnis zueinander: einerseits wird die Situationsdefinition durch die, dem Definierenden verfügbaren Typisierungen inhaltlich bestimmt, andererseits werden Typisierungen über eine Reihe von vergleichbaren Situationsdefinitionen überhaupt erst konstruiert und auch ggf. verändert[102]. Die ETH nimmt damit Mannheims Konzeption der „dokumentarischen Interpretation" (s. Abschnitt B I, 3) wieder auf. Typisierungen wären demnach Objektivationen, welche von den sozial interpretierenden Handelnden als *„homologe Muster"* ihrem Verständnis unterschiedlicher Situationen zugrunde gelegt werden. Durch die Spezifität und Kontingenz konkreter Situationen hindurch versucht man das grundlegende Muster zu erkennen, wobei wie in der oben diskutierten Meßtheorie von als zufällig interpretierten Störgrößen abstrahiert wird. Um die Rationalität der Lebenswelt herzustellen, werden nicht in jeder neuen Situation spezifische Abstraktionsprozesse vorgenommen, sondern man versucht solange wie möglich, schon bereitliegende Typisierungen zur Strukturierung überraschender Situationen zu verwenden[103].

Wegen der unaufhebbaren Indexikalität jeder sozialen Situation und andererseits wegen des generalisierten Charakters von Typisierungen sind Situationen und ihre „Dokumente" niemals vollständig zur Deckung zu bringen. Um nicht in permanenten Zweifeln über Adäquatheit oder Nicht-Adäquatheit bestimmter Typisierungen hin-und-herschwanken zu müssen, werden für die Handelnden bestimmte Idealisie-

---

[101] *Bohnsack,* R. 1973, S. 26.

[102] Dies erscheint übrigens, wenn man lernpsychologische Erkenntnisse berücksichtigt, ein zu begrenztes Typisierungsentstehungskonzept, denn nicht alle kognitive Invarianten werden über Generalisierungsprozesse gebildet. Ein mindestens ebensowichtiger Lernmechanismus dürfte das sog. „vicarious learning", das Lernen am Modell sein. s. dazu *Bandura,* A.: Principles of Behavior Modification, New York 1969.

[103] Wie sich bei sozialpsychologischen Untersuchungen von Sinnkonstitutionsprozessen gezeigt hat, kann schon ein einziges dokumentarisches Moment, das am Anfang eines Interpretationsprozesses steht, die ganze folgende „Aktualgenese der Situationsdefinition" beeinflussen. Auch scheint es Typisierungen zu geben, welche, wenn sie überhaupt auftreten, für die gesamte Situationsdefinition richtungsweisend sind. *Asch,* S. E.: Forming Impressions of Personality, in: Journal of abnormal and social Psychology, 41, 1946, spricht in einem solchen Falle von „zentralen Eigenschaften".

rungsleistungen nötig bzw. funktional. In ihrer Bruchstückhaftigkeit und immer nur partiellen Adäquatheit weisen die Typisierungen über sich auf den zugehörigen kontextuellen Hintergrund, sind also nur im Sinnbezug des Kontextes in Zweifelsfällen verstehbar. Um etwaige Zweifel auszuschalten oder doch zumindest auf Dauer zu stellen, muß nach der Theorie der Basismechanismen von einem kompetenten Handelnden die *et-cetera-Regel* angewandt werden können. Nach Cicourel erlaubt es dieser Basismechanismus dem Handelnden,

"to defer judgement on the item until additional information is forthcoming. Alternatively an item or category may be assigned tentative meaning and then 'locked-in' with a larger collection of items retrospectivey when a phrase (oder eine Handlung; St.W.) appears later in the conversation (bzw. Interaktion; St.W.)"[104].

Diese Regel leistet ein Doppeltes:

— einmal ermöglicht sie es, ein bestimmtes „item" als Element eines übergreifenden Bedeutungszusammenhanges zu betrachten, den der Interaktionspartner mit seiner Handlung meint. So wird man z. B. am Beginn einer ärztlichen Behandlung alle Maßnahmen und Handlungsweisen des Arztes auf die eventuelle Einleitung des Heilungsprozesses beziehen und nicht etwa als plumpen Annäherungsversuch interpretieren, wie das eine bloße „literal description" vor allem beim Frauenarzt nahelegen könnte.

— Zum anderen können damit Typisierungen auch dann kontrafaktisch aufrechterhalten werden, wenn anscheinend widersprüchliche „items" auftauchen[105]. So wird man die Tatsache, daß Ärzte auch einmal einem wehtun, nicht unmittelbar als bewußte Aggression interpretieren wollen, weil damit die ganze Situationsdefinition, die sich zentral an der Typisierung „Behandlungssituation" ausrichtet, umgeworfen und darüber hinaus der ganze vorhergesehene Situationsablauf umgedeutet werden müßte.

Dieser Mechanismus ermöglicht es, immer den Gesamtzusammenhang des Gesprächs oder der Handlung im Auge zu behalten. Das einzelne „item" muß sich in die „gute Gestalt" der Situationsdefinition einfügen lassen, erst dadurch können etwaige Deutungs- und Verstehensprobleme ausgeräumt bzw. zurückgestellt werden. Eine solche „gute Gestalt" muß sich aber auch im *prozessualen* Ablauf einer Interaktion ungestört entfalten können, weswegen die Interaktionspartner sich gegenseitig zumindest in den Anfangsphasen einer Interaktion ein gewisses Maß an Vagheit oder Nichtverständlichkeit ihrer Äußerungen

---

[104] *Cicourel*, A. V. 1973 a, S. 35.
[105] Vgl. speziell dazu *Emerson*, J.: Behavior in Private Places: Sustaining Definitions of Reality in Gynecological Examinations, in: Dreitzel, H. P. (Hrsg.): Recent Sociology No. 2, New York 1970.

2. Problematisierungsversuch der ETH: „Analysis"-Versuch 247

und Handlungen zubilligen. Man läßt den anderen einen „Gedanken entwickeln" und fragt nicht jede unklare Einzelheit sofort nach[106]. Der erwähnte Gesamtzusammenhang konstituiert sich aus der Geschichte der betreffenden Interaktionsperiode, sowie aus den daraus sich ergebenden und den übergeordneten praktischen Belangen, welche in der aktuellen Situation Relevanz erlangen[107].

Typisierungen sind der ETH zufolge *reflexiv* an bestimmte Situationen gebunden. Dies führt zu praktischen Schwierigkeiten, will man solche Typisierungen zur Strukturierung einer neuen Situation benutzen, da sie im oder ohne Bewußtsein der Reflexivität indexikal

---

[106] s. dazu meine obigen Erörterungen zum „Konservatismus" in alltäglichen Entscheidungsprozessen (Abschnitt A III, 1). Wie entscheidend eine solche Zurückhaltung für den Ablauf „normaler" Interaktionen ist, hat Garfinkel in seinen Krisenexperimenten (s. *Garfinkel, H.* 1967, S. 25 f.) aufweisen können, wo sich zeigte, daß Interaktionen zusammenbrechen, wenn jeder etwaige Zweifel sofort geäußert wird. Dieses „Ausreden- bzw. Entwickelnlassen" scheint, wie aus den ärgerlichen Reaktionen der Vpn. zu schließen sein dürfte, ein normatives Element jeder Interaktion zu sein, so daß man in Anschluß an Garfinkel zu Recht von einer „*sanktionierten wesensmäßigen Vagheit*" von Typisierungen sprechen kann.

[107] Interessant ist, wie Ralf Bohnsack in diesem Punkt durch eine ganze unidealistische Wendung die ETH zu einer kritischen Wissenschaft uminterpretieren will: „Dieselben Strukturen, die der zu typisierenden Situation als Handlungszusammenhang unterliegen — also auch die latenten, sinnhaft nichtthematisierten oder bewältigten Interessenkonstellationen und Machtverhältnisse, welche die Durchsetzung dieser Interessen steuern — sind weitgehend für die konkrete inhaltliche Interpretation der Typisierung verantwortlich" (*Bohnsack, R.* 1973, S. 28 f.).

Neben den in diesem Zusammenhang durchaus verständlichen „Interessenkonstellationen" tauchen völlig unvermittelt auf einmal „Machtverhältnisse" auf, die sich ja nicht nur auf die betreffenden Interpretationen der jeweiligen Beteiligten reduzieren lassen. Nachdem er nun einmal beinahe ein „materialistisches" Element in die Theorie der Basismechanismen hineingeschmuggelt hat, geht Bohnsack gleich aufs Ganze: „Die Berücksichtigung latenter Interessen und deren *Durchsetzungsfähigkeit* wird in der Handlungstheorie ermöglicht durch die ethnomethodologisch fundierte Zuwendung der Aufmerksamkeit auf die vorbewußten, von den Handelnden selbst sinnhaft nicht thematisierten oder bewältigten Handlungsvollzüge. Letztere können in historisch konkreten und situationsspezifischen Analysen auf ihre Beziehung zu soziostrukturellen und sozioökonomischen Bedingungen hin überprüft werden" (Bohnsack, R. 1973, S. 29).

Freilich reduziert sich die Analyse der Durchsetzungsfähigkeit und der vorgebliche Versuch, die objektiven Grundlagen dafür auszumachen, auf Bohnsacks Konzept der Handlungskompetenz, d. h. es werden unterschiedliche Kompetenzgrade hinsichtlich der Generalisierung von Basismechanismen in den verschiedenen Altersstufen und, so die noch unausgewiesene Hypothese, in verschiedenen Schichten konstatiert. Die Bedingungsanalyse erschöpft sich also in korrelativen Vergleichen, ähnlich den frühen Fassungen des Bernsteinschen Codekonzeptes. Daß es eine wie auch immer geartete Beziehung zwischen soziostrukturellen Bedingungen und den Basismechanismen geben könne, wird in keiner Weise erwähnt und kann, wie ich mich in diesem Kapitel zu zeigen bemühe, im Rahmen dieser Theorie gar nicht thematisiert werden.

modifiziert werden müssen. Die bekannte These der ETH ist es nun, daß im Alltagsleben die Handelnden grundsätzlich „uninteressiert" seien an der *„wesensmäßigen Reflexivität"* von Typisierungen. Sie verhalten sich „pragmatisch" in der Weise, daß sie so tun, also ob die von ihnen verwandten Typisierungen voraussetzungslos und nicht hinterfragbar wären. Täten sie das nicht, würde ihnen ob der nun entstehenden generellen Relativität aller Typisierungen der „sense of social structure" verloren gehen[108].

Kompetenz bezüglich der indexikalen Rationalität von Situationsdefinitionen in der Objektdimension wird von Bohnsack interessanterweise, gleichwohl konsequent, an der *Generalisierungshöhe von Typisierungen* gemessen, die als Indikator der Kompetenz im Bereich des Zweifels an der Übereinstimmung zwischen Typisierung und Situationsdefinition zu werten sei. Hinter geschickten Formulierungen steht nun auch hier wieder im Klartext, daß die avisierte Kompetenz eine der *Realitätsausschließungen* darstellt (das freilich sind „Heilungsversuche" definitionsgemäß) *und zwar ohne jegliche Angabe der Richtung und der Spezifität dieses „Komplexitätsreduktionsprozesses"*[109].

„Analysis"-Versuch

Ich möchte meinen „Analysis"-Versuch der ETH hinsichtlich der Objektdimension mit einem Hinweis auf das mir wesentlich erscheinende Theorem der „uninteressanten Reflexivität" von Typisierungen beginnen, welche alltagsweltlich durch eine „sanktionierte Vagheit" abgesichert wird und so den Interagierenden trotz problematischer situativer „items" die zumindest zeitweise Aufrechterhaltung von

---

[108] Natürlich droht eine solche Gefahr, wie Bohnsack richtig sieht, auch den Ethnomethodologen, die ja bei ihrem Theoretisieren ähnliche „Heilungsmechanismen" anwenden müssen, um überhaupt zu wissenschaftlichen Aussagen kommen zu können. Die ETH müßte, wie Bohnsack formuliert, die *Reflexivität der Reflexivität* leisten. Bemerkenswerterweise bemüht Bohnsack die „Analysis"-Gruppe um Blum und McHugh, um zu zeigen, in welcher Weise die *ETH als ganze* in der Lage wäre, theoretisch dieses Problem anzugehen. Nach meinen Darlegungen muß es aber geradezu absurd erscheinen, die Cicourelsche Konzeption mit jener von Alan Blum und Co. in eins zu setzen! Bohnsack scheint mir der Selbstmystifizierung der ETH als einer einheitlichen Schule erlegen zu sein, wie sie deutlich auch in der Konzeption des Sammelbandes von *Douglas*, J. D. 1971 a und, ein wenige abgeschwächter, in jenem von *Turner*, Roy 1974 zum Ausdruck kommt.

[109] Nach Bohnsack kann die Typisierung für den Handelnden „unter immer mehr Aspekten relevant werden als er in dieser Situationsdefinition realisieren kann. (Und außerdem) kann er in steigendem Maße aufgrund der wachsenden Anzahl derart im Handlungsvollzug berücksichtigter anderer Möglichkeiten ... das jeder Situationsdefinition eigene Risiko berücksichtigen und die Situation — ob reflektiert oder unreflektiert — unter den Bedingungen steigender Risikominderung definieren" (Bohnsack, R. 1973, S. 38 f.).

2. Problematisierungsversuch der ETH: „Analysis"-Versuch 249

sozialen Abläufen ermöglicht. Die damit avisierte Lebensform, so lautet auch in bezug auf diese Dimension meine generelle *These*, impliziert, *zumindest in spezifischen Kontexten* (wie der bürgerlich-kapitalistischen Gesellschaft), schwerwiegende Realitätsausschließungen, so daß auch in diesem Falle die ETH zwar richtig alltägliche Prozesse deskriptiv „abbildet", aber gleichzeitig zu einer „Theorie falschen Bewußtseins" wird, weil sie eben den *„erratischen Charakter"* dieser Form sozialer Erfahrung nicht deutlich machen kann.

Richtig gesehen wird von der Theorie der Basismechanismen die Dialektik von abstrakten Typisierungen und deren genereller Kontextgebundenheit, sowie das daraus sich ergebende Problem des skeptischen Zweifels an der Adäquatheit von Typisierungen überhaupt. Die zu klärende Frage bleibt aber, in welcher konkreten historischen *Form* dieses Reflexivitätsproblem gelöst wird bzw. auf dem Hintergrund welcher historisch-gesellschaftlichen Situation dies geschieht. Grundsätzlich kann man davon ausgehen, daß mit Hilfe von Typisierungen, die man auch als *konstruierte Invarianten* bezeichnen könnte, soziale Situationen und Gegenstände „gemessen" werden, und wenn dies meist auch nur auf dem ordinalen Skalenniveau geschieht.

Diesen *Prozeß der Invariantensetzung* hat vor allem Jean Piaget untersucht, so daß es mir vorteilhaft erscheint zum Verständnis der dann folgenden Erörterungen, hier einen längeren *Exkurs* über Piagets psychologische Erkenntnisse auf diesem Gebiet einzuschieben.

Nach Piagets Untersuchungen kann man die *Invariantenbildung* als *Bedingung der Möglichkeit der Differenzierung von Ich und Umwelt* ansprechen. So leisten die entwicklungsgeschichtlich ersten Invariantenbildungen die sog. „Erhaltung des Objektes" auch außerhalb der konkreten Wahrnehmungssituation, wodurch Umwelt in Gestalt von gegenüber dem Kind unabhängigen Dingen „da draußen" überhaupt erst erfahrbar wird. Gegenüber der praktisch-konkretistischen Intelligenz der „präoperationalen Periode" zeichnet sich die „operationelle Intelligenz" des sozial kompetenten Erwachsenen durch eine weitgehende Lockerung zwischen der Form der Typisierungen (Piaget spricht von „Koordinationen") und dem Inhalt der externen Referenzgegenstände aus. Dieser Fortschritt ist dadurch gekennzeichnet, daß Operationen mit Objekten der Umwelt, die ursprünglich effektiv ausgeführt werden mußten, verinnerlicht werden. Aufgrund dieser intellektuellen Leistung erreicht das Kind die Loslösung der Denkformen von den Inhalten. Das Kind realisiert die Unabhängigkeit von Dingen „da draußen" von seinen eigenen geistigen Akten und läßt so die Stufe des sog. „magischen Denkens" hinter sich, in der es an eine mögliche gedankliche Beeinflussung der Realität glaubte. An die Stelle einer Erkenntnis, die im Reagieren auf externe Reize besteht, tritt nun eine Erkenntnis, die der eigenen Reflexion zugänglich und durch diese weiter zu entwickeln ist. Dieser Entindexikalisierungsschritt macht die Differenz zwischen Erkenntnisakt (Typisierung) und der Situation für den Handelnden überhaupt erst erfahrbar[110]. Typisierungsleistungen werden nach Piaget systematisiert in *Gruppierungen* (Hierarchiebildung, Relationenbildung), welche bei erreichter „formal-operationaler Intelligenz" auf sich selbst angewandt werden können[111]. Auf dieser Stufe der kognitiven Kompetenz kann dann die eigene Entindexikalisierungsleistung erstens als solche überhaupt erkannt und zweitens auch als kontingent, d. h. anders möglich bewertet werden. Damit wird eine *retrospektive Interpretation* von Typisierungen möglich, d. h. Invariantensetzungen können *reversibel* gemacht werden.

Die *Frage*, die sich hieraus für die Erörterung der Basismechanismen ergibt, lautet: *kann die wesensmäßige Reflexivität von Typisierungen, wenn sie den Handelnden einmal „interessieren" sollte, durch „attentionale Zuwendung" im Sinne von Schütz über reversible Denkoperationen eingeholt werden, oder gibt es Lebensformen, die so strukturiert sind, daß auch ein reversibles Denken (allein) die spezifische Reflexivität der Typisierungen nicht mehr aufzudecken vermag.*

Zur Beantwortung dieser Frage will ich zunächst Piagets Begriff der *Reversibilität* noch ein wenig näher erläutern. Er läßt sich an seinen „Erhaltungsexperimenten" gut demonstrieren, bei denen man eine bestimmte Menge von Flüssigkeit in jeweils verschieden geformte Behälter schüttet und dabei die Entwicklungshöhe des Kindes danach bestimmt, ob es erkennt, daß die Menge immer die gleiche bleibt. Um diese Erhaltungsaufgaben bewerkstelligen zu können, muß einmal „Volumen einer Flüssigkeit" als kognitive Invariante etabliert sein und zum anderen muß das Kind über kognitive *Transformationen* bzw. „Übersetzungsregeln" verfügen, welche das Volumen der Flüssigkeit zu dem Volumen der Behälter relationiert. Als Voraussetzung dafür

---

[110] „Dieses bewußte Denken, das dem Jugendlichen eigentümlich ist, beginnt sich mit ungefähr 11 - 12 Jahren zu entwickeln; von dem Augenblick an, da das Subjekt fähig wird, hypothetisch-deduktiv zu denken, d. h.: a. aufgrund von einfachen Annahmen, die mit der Wirklichkeit oder mit dem, was das Subjekt wirklich glaubt, in keiner notwendigen Beziehung stehen, und b. indem es die Notwendigkeit des Schlusses als solchem (vi formae), im Gegensatz zur Übereinstimmung seiner Folgerungen mit der Erfahrung, vertraut" (Piaget, J. 1967, S. 167). Siehe dazu auch die glänzende Zusammenfassung der Piagetschen Theorie bei *Furth*, G. H.: Intelligenz und Erkennen, Die Grundlagen der genetischen Erkenntnistheorie Piagets, Frankfurt 1972; hier speziell S. 333.

[111] Dies geschieht etwa im abstrakt-logischen Denken durch die Bildung logischer Klassen. Nun ist ein *Denken über Denken*, ein *Typisieren von Typisierungen* möglich.

2. Problematisierungsversuch der ETH: „Analysis"-Versuch

muß die Invariante „Flüssigkeitsmenge" reversibel auf den ursprünglichen Behälter bezogen werden, um dann von neuem auf die anderen Behälter „indexikalisiert" werden zu können. *Reversibilität ermöglicht demnach, logische Operationen umzukehren und so wieder aufzuheben.*

Reversibilität stellt damit die Grundlage für alle komplexeren Formen logischen Denkens dar, da es das Denken unabhängig macht von den spezifischen empirischen-beobachtbaren Momenten von Situationen, auf deren Hintergrund die Typisierungen ursprünglich gebildet wurden, Die Erlangung der Fähigkeit zur Reversibilität kann man als den entscheidenden Schritt über jene Art der sozialen Erfahrung hinaus bezeichnen, die sich nach dem *Modus der Wahrnehmung* vollzieht, wie sie etwa von der Gestaltpsychologie und der feldtheoretischen Sozialpsychologie expliziert wurde. Gerade die Gestaltspsychologie hatte keinen Begriff mehr für die reversible Auflösung „guter Gestalten", welche es dem Individuum überhaupt erst ermöglichen würde, die wesensmäßige Reflexivität seiner Erfahrung sich bewußt zu machen und damit gleichzeitig die Reifizierung von Typisierungen, d. h. ihre *Verdinglichung* zu verhindern[112].

Freilich würde ich die von Piaget explizierten Bedingungen hochentwickelter Denktätigkeit, so allgemein wie er sie beschreibt, nur als notwendige, keineswegs aber als hinreichende Voraussetzungen für eine „adäquate", d. h. vornehmlich nichtrelativistische Erkenntnis der Realität bezeichnen wollen. Anderseits kann man meiner Ansicht nach mit Piaget zeigen, daß die von der ETH beschriebene alltägliche Erfahrung sich analog den Theoremen der Gestaltpsychologie, nur als *bloß wahrnehmende Erkenntnis* richtig begreifen läßt, welche nicht nur „uninteressiert" ist an der wesensmäßigen Reflexivität von Typisierungen, sondern die zu ihrer Auflösung nötigen Denkmittel (vor allem die Reversibilität) gar nicht besitzt. Der ethnomethodologische Kompetenzbegriff bleibt deshalb zu formal, weil dadurch nur die allgemeinen Bedingungen für logisch und widerspruchsfreie soziale Interpretationsleistungen angegeben werden, aber keine Hinweise auf die „Adäquatheit" der betreffenden Erkenntnis. Diese weitergehende Frage nach der *Geltung* sozialer Erfahrung erscheint mir nur dann beantwortbar, wenn

---

[112] Piaget hat denn auch konsequenterweise die Gestaltpsychologie scharf angegriffen: „Indem sie die Mechanismen der Intelligenz auf die der Wahrnehmungsstruktur, die selber auf ‚physische Gestalten' reduzierbar sind, zurückzuführen versucht, kehrt die Gestaltungspsychologie im Grunde, wenn auch auf einem viel raffinierterem Umweg, zum klassischen Empirismus zurück. Der einzige Unterschied ... besteht darin, daß die neue Theorie die ‚Assoziationen' durch strukturierte ‚Ganzheiten' ersetzt. In beiden Fällen jedoch wird die operative Tätigkeit in der sinnlichen Gegebenheit aufgelöst zugunsten der Passivität der automatischen Mechanismen" (Piaget, J. 1967, S. 73 f.).

man zu einer *inhaltlichen* Analyse der jeweiligen indexikalen Situationen übergeht[113].

Auch die ETH kennt eine solche weitergehende Perspektive nicht. Ihre Konzeption bleibt psychologistisch (und zwar noch hinter Piaget) in einem Nachvollzug alltäglicher Normalisierungsprozesse stecken. Sie beschreibt freilich damit adäquat jene Stabilisierungsmechanismen, welche die *utilitaristische Praxis* (Kosik) des Alltags fundieren.

---

[113] Dennoch sei noch einmal betont, daß Piaget die vielleicht höchstentwickelte Theorie für die *Rezeptorseite* einer Konzeption sozialer Erfahrung geliefert hat mit seinem Versuch, eine *empirische Erkenntnistheorie* zu entwickeln. Ähnlich wie bei den obigen Erläuterungen über den „Rückzug der Wissenschaftslehre" sehen wir hier in einer *konstruktivistischen* Position die höchstentwickelte Stufe *idealistischer Bewältigungsversuche* des Indexikalitätsproblems: „Die ‚objektiven' Konstruktionen, die wir in unsere Umwelt hineinzulegen pflegen, sind für Piaget mit der Struktur der Intelligenz identisch. Er betrachtet alles, was wir gewöhnlich mit objektiver, stabiler Realität verbinden, z. B. Wahrnehmung, Identität, räumliche Koordination, objektive Zeit oder Kausalität, als Konstruktionen und aktive, lebendige Operationen. Je differenzierter und maßgebender der subjektive Anteil der operationellen Intelligenz ist, desto differenzierter und objektiver wird nach seiner Auffassung die daraus resultierende Erkenntnis" (*Furth*, G. H. 1972, S. 25 f.).

Piaget hat auch immer wieder die *unaufhebbare Subjekt-Objekt-Dialektik* gegen Nativismus und Empirismus verteidigt (zuletzt in *Piaget*, J. 1974, S. 105 - 113), wobei er diese Dialektik als das Verhältnis der beiden Prozesse von *Akkomodation* (Anpassung innerer Schemata an die Objektwelt) und *Assimilation* (Aufnahme von Umweltdaten als Funktion einer internen Struktur) bestimmt.

Diesen dialektisch-prozessualen Charakter von Piagets Theorie akzentuiert auch Furth, wenn er schreibt: „Erkenntnis ist in der Piagetschen Theorie niemals ein Zustand, weder ein subjektiver noch ein repräsentativer noch ein objektiver. Erkenntnis ist eine Tätigkeit. Sie kann als eine Strukturierung der Umwelt gemäß zugrundeliegender subjektiver Strukturen des in lebendiger Interaktion mit der Umwelt stehenden Subjekts aufgefaßt werden. In jedem Falle werden die Gesetze der Strukturierung in unmittelbaren Zusammenhang mit den Selbstregulationen gesehen, die sich auf allen Stufen einer sich entwickelnden biologischen Organisation manifestieren" (*Furth*, G. G. 1972, S. 43).

Auf dem Hintergrund dieser Feststellungen wird man Piaget und damit seine Konzeption sozialer Erfahrung schwerlich als „idealistisch" bezeichnen; er selbst spricht von sich als einem „*Relativisten in nicht-skeptischem Sinne*". Freilich bleibt ihm als theoretisches Mittel gegen den Skeptizismus nur die Rekonstruktion der Genesis von Gleichgewichtszuständen zwischen Subjekt und Objekt („Äquilibration"). Diese Aufhebung des Relativismus durch eine prozessuale Analyse von Erfahrung bleibt aber, wie im Rahmen der ETH, deshalb defizitär, weil das „Objekt" oder die „Realität" in seiner jeweiligen spezifischen lokal-historischen Ausprägung zur bloßen „Umwelt" entdifferenziert und generalisiert wird, über deren interne Struktur und Systematik nichts ausgesagt werden kann. Piaget hat die Begrenztheit seines Ansatzes und damit auch von Psychologie überhaupt in seinem Vortrag auf dem Moskauer Psychologen-Kongreß selbst erkannt, die Lösung des Problems aber einfach auf eine andere Wissenschaft übertragen, wenn er erklärt, daß „die Soziologie das große Privileg besitzt, ihre Forschungen auf höherer Stufenleiter zu betreiben als unsere bescheidene Psychologie und folglich *die Geheimnisse, von denen wir abhängig sind, in den Händen zu haben*" (Piaget, zit. nach *Sevé*, L. 1972, S. 53).

2. Problematisierungsversuch der ETH: „Analysis"-Versuch

Alltägliche Schwierigkeiten werden gemäß der ETH auf der Grundlage eines „Gefühls sozialer Geordnetheit" mit Hilfe instrumentalistischer Problemlösungstechniken zu bewältigen versucht, ohne daß normalerweise nach dem systematischen Hintergrund dieser alltäglichen Problemstellungen selbst gefragt werden müßte.

Aber auch, wenn die „wesensmäßige Reflexivität" einmal „interessant" werden sollte, so darf dies nicht automatisch mit reflektierter sozialer Erfahrung gleichgesetzt werden. Kriterium für die Adäquatheit von Erfahrung kann nämlich nicht die selber schon methodisch hergestellte *„Zurechtstutzung" der Wirklichkeit auf logisch konsistente Satzsysteme* sein[114], sondern *Erfahrungswidersprüche* müssen unter Hintanstellung vorschneller „Heilungsversuche" daraufhin untersucht werden, inwieweit sie als die adäquaten Abbildungen einer in sich widersprüchlich strukturierten gesellschaftlichen Realität zu verstehen sind oder aber als bloße Inkonsistenzen in Denkprozessen. In einer Theorie sozialer Kompetenz darf demnach *sozial kompetentes Verhalten* nicht mit dem alleinigen *„Sich-zurecht-finden"* gleichgesetzt werden, auch wenn ein solches Problemlösungsverhalten auf der Grundlage eines reversiblen Denkens im Sinne von Piaget, also der höchsten Stufe kognitiver Informationsverarbeitung stattfindet. Problematisch dabei bleibt die Fixierung eines solchen *logischen* Denkens auf bestimmte individuell lösbare Probleme, deren etwaiger Zusammenhang zu sozialstrukturellen Bedingungen nicht mehr deutlich wird. Die umfassende gesellschaftliche Realität, auf deren Hintergrund solche Einzelprobleme, soweit es sich nicht nur um gedankliche Inkonsistenzen handelt, allein verständlich werden kann, bleibt naturhaft-selbstverständlich („Pseudokonkretheit" nach Kosik) einer Reflexion entzogen. Ein solches nur „problemlösendes" Verhalten wäre somit mit einem bloß *technologischen* Herangehen an gesellschaftliche Probleme gleichzusetzen[115].

Nachdem ich mich schon oben ausführlich mit den allgemeinen sowie den für die „bürgerliche Gesellschaft" spezifischen Grundlagen von Typisierungsprozessen in bezug auf Personen und soziale Situationen befaßt habe, möchte ich im folgenden noch einige Bemerkungen zur Typisierung von Gegenständen machen, welche es dann mir ermöglichen sollen, den spezifischen historischen Charakter der Basismechanismentheorie auch in Hinsicht auf diese Interpretationsdimension nachzuweisen.

Wie wir bei Piaget gesehen haben, bilden sich Typisierungen bzw. Invarianten nur in der konkreten Auseinandersetzung mit der Umwelt,

---
[114] Vgl. zu diesem Argument *Bühl*, W. 1969; *Cicourel*, A. V. 1970.
[115] Für die grundlegende Kritik einer solchen Erkenntnishaltung s. *Habermas*, J.: Technik und Wissenschaft als „Ideologie", Frankfurt 1968.

quasi „*aktivistisch*" heraus. Die realisierten Gegenstandsbedeutungen sind nicht über den stofflichen bzw. den figural-phänomenalen Charakter von Gegenständen vermittelt, sondern Bedeutung kann ihnen nur innerhalb einer funktionellen Relation zwischen ihnen und dem erkennenden Subjekt zugesprochen werden, d. h. nur dann, wenn die Gegenstände in den Lebens- und Arbeitszusammenhang von Menschen miteinbezogen werden. Typisierungen repräsentieren dann allgemein Annahmen über den funktionellen Wert eines Gegenstandes in bestimmten lebenspraktischen Abläufen, so daß man mit Holzkamp[116] von Typisierungen als *Gebrauchswertantizipationen* sprechen kann.

Wenn wir diese *allgemeine Charakteristik von Gegenstandsbedeutungen* auf die Bedingungen der bürgerlich-kapitalistischen Gesellschaft[117] historisch spezifizieren, dann finden wir ähnlich wie bei den Personenbedeutungen, daß die Tauschwertcharakteristik[118] zu einer quasinatürlichen Eigenschaft des Gegenstandes wird, welche in einem widersprüchlichen Verhältnis zu dessen Gebrauchswerteigenschaften steht[119]. Gerade diese Widersprüchlichkeit von Typisierungsleistungen liegt außerhalb der konzeptuellen Reichweite einer *formalen* Theorie sozialer Erfahrung und damit auch außerhalb der Reichweite der ETH, *da diese Kompetenz gerade in der Ausblendung und Normalisierung solcher Widersprüche oder besser: von Widersprüchen überhaupt fundiert sieht.* Solche Konzepte bilden damit nur individuelle Vorgehensweisen innerhalb einer unreflektierten utilitaristischen Alltagspraxis ab, innerhalb derer sich die Individuen durch eine allgemeine „Uninteressiertheit" auszeichnen, sich über die Reflexivität ihrer Erfahrungskategorien Auskunft zu geben[120]. Dadurch verschwindet in einer solchen Lebensform der wichtige Unterschied von *Wesen* und *Erscheinung* und, was mir noch wesentlicher zu sein scheint, die Möglichkeit, die historisch sich wandelnden Verhältnisse zwischen Wesen und Erscheinungsformen zu erörtern, konkret die Dialektik zwischen Situation, reflexiven Denkprozessen und Typisierungsleistungen, die in unserem Falle ja die Erscheinungen darstellen. Zwar impliziert jede Erfahrung und jedes Handeln eine gewisse *Vereinseitigung* von Realitätsbezü-

---

[116] s. *Holzkamp*, K. 1973, S. 149 ff.

[117] Ich verwende diesen Begriff im Sinne von Anmerkung 100.

[118] d. h. Gegenstände sind über ihre Preise relationierbar und werden auch auf diesem Hintergrund als „wertvolle" Dinge erlebt, wobei unter „wertvoll" „tauschwertvoll" zu verstehen ist.

[119] Holzkamp hat zur empirischen Überprüfung dieses Widerspruches der Gegenstandswahrnehmung interessante Experimentalanordnungen vorgeschlagen. s. *Holzkamp*, K. 1973, S. 214 ff.

[120] Die „Pseudokonkretheit" einer solchen Lebensform wird von Karel Kosik genauer spezifiziert. s. *Kosik*, K.: Dialektik des Konkreten, Frankfurt 1967, S. 9.

2. Problematisierungsversuch der ETH: „Analysis"-Versuch

gen[121], dennoch ist die „Komplexitätsreduktion" in der alltäglichen „utilitaristischen Praxis" bzw., wie wir jetzt auch sagen können, in der Lebensform der ETH eine spezifische: Da die gesellschaftliche Realität nur als „Umwelt", die in sich angeblich keine systematischen Strukturen wie etwa Widersprüche aufweist, in den Blick kommt, kann, wie in der oben diskutierten Praxis der empirischen Sozialforschung, beim Typisierungsprozeß Wesentliches von Nebensächlichem nur aufgrund alltagsweltlicher Relevanzsysteme getrennt werden. Dies impliziert, daß alles, was außerhalb dieser beschränkten Relevanzstrukturen liegt, nur als *unsystematische Störgröße* (als Komplexität *an sich*) empfunden und ausgeschieden wird, das „Hauptsächliche" aber eine *Naturalisierung* erfährt[122].

Entscheidend für die Kritik der Lebensform der Theorie der Basismechanismen dürfte daher die Frage sein, ob im Rahmen dieser Theorie eine *Destruktion alltäglicher „Pseudokonkretheit"* überhaupt möglich ist, oder anders gewendet, ob die autonome Existenz der Typisierungen in reflexiver Einstellung aufgehoben werden kann, ohne gleich in einen skeptischen Relativismus zu verfallen[123]. Dabei lautet die Ausgangsfrage nicht: „was ist Wirklichkeit?", sondern, ganz im Sinne des Piagetschen „Aktivismus": *„wie wird Wirklichkeit unter bestimmten historischen Bedingungen methodisch hergestellt?"* Naturalisierte Typisierungen erweisen sich damit als spezifisch historische Mystifikationen, die uns nicht dazu verleiten dürfen, anzunehmen, das Denken schaffe, etwa durch Abstraktion, das Konkrete bzw. die Wirklichkeit. Ein solcher *idealistischer Reduktionismus* führt zu einem, der zweiwertigen Logik angepaßten *Substanzdenken,* in dem abstrakte Individuen abstrakten Gegenständen gegenüberstehen[124]. Die Absolutsetzung von Typisierungen begeht mithin zwei grundsätzliche Fehler:

---

[121] d. h. Realität wird nur auf dem Hintergrund bestimmter subjektiver Zwecksetzungen, „purposes at hand", für die Individuen thematisch und als sozial sinnvolle relevant.

[122] Die Gefahr, in solche Denk- und Erfahrungsformen zu verfallen, scheint mir auch für eine hochentwickelte Intelligenz im Piagetschen Sinne gegeben zu sein, da gerade bei der höchstentwickelten Denkstruktur, der formaloperationalen Intelligenz, die Kategorien, welche die Typisierungen der Erscheinungswelt darstellen, weitgehend unabhängig von ihrem Entstehungskontext gebraucht werden: auf dieser Ebene werden Kategoriensystematisierungen und -verbindungen durchgeführt, welche die Typisierungen gegenüber ihren Entstehungsbedingungen naturalisieren. So wird dann logisch-konsistentes Denken innerhalb widersprüchlicher Bedingungen „denkbar", d. h. nicht Denken *über* solche Bedingungen; auch die wissenschaftliche *Beschreibung,* nicht nur die Erklärung, hat sich in einer solchen Lebensform dem Kriterium der Widerspruchsfreiheit zu stellen.

[123] Das übrigens meint Marx mit seiner Konzeption von Erkenntnis als der bewußten Aneignung von Welt. Vgl. *MEW*, 3, S. 67 f.

[124] Genau dies stellt auch den Fehler dar, den Marx am Hegelschen Idealismus monierte: „Hegels Hauptfehler besteht darin, daß er den *Wider*-

— Nichtbeachtung des dialektischen Verhältnisses von Wesen und Erscheinung (von historischem Gegenstand und Typisierung), wodurch die Realität zu einer subjektiv-konstruktivistisch arrangierten Summe typisierter Gegenstände und Beziehungen wird; sowie daraus sich ableitend eine

— willkürliche, bloß bewußtseinsinterne Systematisierung von Typisierungen, die dadurch zwar einen subjektiven Sinn erhalten, dessen objektive Geltung (außer konventionalistisch sensu Popper) nicht mehr ausgemacht werden kann.

Damit wird zwar der Wittgensteinschen Erkenntnis Rechnung getragen, daß sich das Wesen bzw. die Bedeutung der Dinge nicht in ihrer Substanz (was immer das auch sei) zeige, sondern in den *Verhältnissen,* in denen sie zueinander stünden, daß sich also der Bedeutungs- und Wesensbegriff an dem jeweils gegebenen Sprachspiel zu orientieren hätte. Darüber hinausgehend hat aber Wittgenstein auch zeigen können, daß *Sprachspiele und bestimmte Lebensformen in einem nicht beliebigen Verhältnis zueinander stehen*[125].

Phänomenologie, Sprachphilosophie und ETH sind insoweit immer schon über den Positivismus hinaus, als sie die Realität nicht als eine Summe von Fakten bzw. Wissenschaft nicht nur als den logischen Zusammenhang von Beobachtungssätzen begreifen, sondern als strukturierendes Ganzes (als „Horizont"), welches den einzelnen Fakten erst Sinn verleiht, und zwar auf nicht-deduktivem Wege. Die *Kritik von Typisierungen* kann demnach keine Kritik von Begriffen sein, sondern nur die *Demonstration ihrer Genesis, ihrer Notwendigkeit* bzw. vorsichtiger Funktionalität in einen je spezifischen lokalhistorischen Zusammenhang[126].

---

spruch der Erscheinung als *Einheit im Wesen, in der Idee* faßt, während er allerdings ein Tieferes zu seinem Wesen hat, nämlich einen *wesentlichen Widerspruch* ..." (MEW, 1, S. 295).

[125] Freilich hat Wittgenstein immer den *grammatikalischen* Charakter von Kontexten mehr betont als auf die konkrete historische Situation Bezug genommen. Deshalb muß jeder Versuch, Wittgenstein zu einem Materialisten umzuinterpretieren (als Beispiele *Steinvorth, U.*: Sprache und Denken, in: Speck, J. (Hrsg.): Philosophie der Gegenwart 1, Göttingen 1972; *Zimmermann, R.*: Semantik, „Widerspiegelung", marxistische Erkenntnistheorie, in: Das Argument, 85, 1974) in Aporien enden, da solche Ansätze gezwungen sind, das pragmatische Handeln innerhalb alltäglicher partikularer Lebensformen mit dem marxschen Begriff historisch-gesellschaftlicher Praxis gleichzusetzen. Vgl. *Meyer-Ingwersen, J.*: Mit Marx und Sprache gegen den Materialismus? Entgegnung auf Leist und Zimmermann, in: Das Argument, 85, 1974.

[126] Abstrakten Typisierungen eignet eine gewisse *Radikalität*, welche sie leicht zu Surrogaten wirklicher Erfahrung werden läßt. Negt und Kluge fassen die Dialektik zwischen Radikalität (durch Typisierungen) und revolutionärer Erfahrung in folgender Weise zusammen: „In elementaren über-

2. Problematisierungsversuch der ETH: „Analysis"-Versuch

Aus diesen Erörterungen scheint sich mir die analytische Notwendigkeit eines Konzeptes der *Wahrnehmungs- bzw. Erfahrungskompetenz* zu ergeben, das auf die spezifische *Adäquatheit von Erfahrungen* abhebt[127].

Hierzu noch einige spezifizierende Hinweise: Zunächst läßt sich meines Erachtens ein solcher Kompetenzbegriff nicht positiv charakterisieren, da, wie ich schon oben gezeigt habe, „Wahrheit" ebenso wie „adäquate Erkenntnis" nicht als *Zustände* gefaßt werden können, sondern sich nur als *selbstreflexiver permanenter dialektischer Prozeß zwischen Typisierung und Situation bzw. Situationsdefinition* denken lassen. Die Adäquatheit von Erfahrung ist nur *auf dem Hintergrund der Analyse der historisch-logischen wie der Aktualgenese dieser Erfahrung einer Beurteilung zugänglich.*

Diese Charakterisierung eines „Erfahrungskompetenzbegriffes" bezieht sich mithin auf die Fähigkeit zum Nachvollzug der Reflexivität von Typisierungen. Die Einsicht in solche Prozesse ließe es nur im begrenzten Rahmen zu, bestimmte abstrakte Typisierungen mit Hilfe der et-cetera-Regel zu perpetuieren bzw. zu sanktionieren und bloß darauf zu warten, daß im Verlauf des Interaktionsablaufes eine Erklä-

---

sehbaren politischen Situationen sind revolutionäre politische Parolen (z. B. ‚Alle Macht den Sowjets', ‚Frieden', ‚Alles Land den Bauern') mit unmittelbarer Erfahrung so eng verbunden, daß eine darauf aufgesetzte ‚radikalere' Position *sofort als unrealistisch erkannt würde*. Dies gilt nicht für komplexe Situationen, wie sie in den hochindustrialisierten kapitalistischen Ländern in der Regel bestehen. Werden hier auf Positionen, die wirkliche Erfahrung repräsentieren, ‚radikalere' Positionen aufgesetzt, so besteht die Neigung, sie an Stelle der revolutionären Erfahrung selber zu setzen ... Erst produzieren die Erfahrung die radikalen Positionen, sodann produzieren die radikalen Positionen Erfahrung: es ist eine zugespitzte, verarbeitete Erfahrung. Die wirkliche Erfahrung, die immer neu entsteht, läuft unverbunden nebenher." (Negt, O. / Kluge, A. 1972, S. 86). Eine solche Art von Radikalität ist jener von Marx gemeinten unmittelbar entgegengesetzt, da die Wurzel, an der man die Dinge nach Marx zu fassen hätte, der Mensch in seiner wirklichen Erfahrung und nicht die typisierte Aufbereitung von Erfahrung sein kann. In dieser Hinsicht stellen die Arbeiter ein wichtiges Regulativ für die sog. „kritischen Theoretiker" dar, das Situationen zu verhindern helfen kann, wie die folgende, von Karl Kraus beschriebene: „Wir haben unser Niveau wieder erhöht. Es hat nur noch einen Nachteil: Es steht keiner mehr darauf" (zit. nach Negt, O. / Kluge, A. 1972, S. 87).

[127] „Das Konzept der ‚individuellen Wahrnehmungskompetenz' ist als eine notwendige Ergänzung des Konzeptes der ‚Wahrnehmungsdimensionalität' zu verstehen. Wahrnehmungsdimensionen beziehen sich ... auf solche Unterschiede der Gegenstandsbedeutungen, die modal, im gesellschaftlichen Durchschnitt, angemessen sinnlich erkennbar sein müssen, damit gesellschaftliche Lebenserhaltung auf einer bestimmten Entwicklungsstufe möglich ist ... Im Konzept der ‚individuellen Wahrnehmungskompetenz' ist hingegen gerade auf solche durch Bedingungsgefüge kleinerer Größenordnung entstandenen zwischenmenschlichen Verschiedenheiten Bezug genommen, wobei diese Bedingungsgefüge als Besonderheiten der angeeigneten Bedeutungsstrukturen in Abhängigkeit vom Standort und Perspektive innerhalb der Gesellschaft näher bestimmt sind" (Holzkamp 1973, S. 269).

rung folgen wird[128]. Exzessiv angewendet, verhindert die et-cetera-Regel das Bewußtwerden situationsbedingter Widersprüche sowie die Konstatierung abstrakter Radikalität, so daß als integrierendes Moment von Interaktionen bzw. von Gesellschaft allgemein wirklich nur mehr ein undeutliches „Gefühl" übrigbleibt, daß alles — schon weil überhaupt etwas passiert — irgendwie geordnet sein muß. Zwei Beispiele von Lebensformen seien kurz erwähnt, in denen solche extremen Realitätsausschließungsmechanismen empirisch analysiert worden sind: In der *Kommunikation zwischen Schizophrenen* geht es, wie Haley darlegt, nicht um den Austausch von Botschaften auf dem Hintergrund einer definierten Situation, sondern um die Aufrechterhaltung von Interaktionen und Redefolgen unter gleichzeitiger *Vermeidung der indexikalen Definierung dieser Beziehung* selbst. Haley resümiert eine Schilderung eines langen Dialogs zwischen zwei Schizophrenen:

> „Allerdings ist wohl klar geworden, daß sie ihre Äußerungen gegenseitig mit Botschaften qualifizieren, die verleugnen, daß sie von der eigenen Person stammen, daß sie Botschaften sind, daß sie sich an den Empfänger richten und daß sie in dem gegebenen Kontext übermittelt werden. Der Schizophrene vermeidet nicht nur, seine Beziehung zu anderen zu definieren, er kann auch ein aufreizendes Geschick darin entwickeln, den anderen davon abzuhalten, seine Beziehung zu ihm zu definieren. Solche Reaktionen geben einem das Gefühl, daß man unfähig ist, einen Schizophrenen zu ‚erreichen'[129]."

In solchen Situationen kann wegen der Unmöglichkeit, Typisierungen wieder zu indexikalisieren, kein gemeinsamer Verstehenshorizont aufgebaut werden; jeder verharrt in sich solipsistisch eingekapselt und *dennoch bleiben nach außen hin „soziale Abläufe"* bestehen.

Auf einer ganz anderen Ebene haben wir eine ähnliche Situation in Luhmanns Vorstellung einer politischen Lebensform vor uns, in der Typisierungsleistungen des politischen Systems „reflexiv uninteressant" werden (nach Luhmann wegen der Unfähigkeit der Handelnden, gesellschaftliche Komplexität *für sich* noch kleinzuarbeiten), so daß man sie nicht mehr „*begreifen*", sondern nur noch *akzeptieren* kann. Damit wird nach Luhmanns Aussage *Beliebigkeit Institution* oder anders formuliert, Verständnislosigkeit zur Grundlage gesellschaftlicher Ord-

---

[128] Der angedeutete Rahmen, innerhalb dessen Typisierungsprozesse problematisiert werden, bezieht sich auf ein Doppeltes: einmal setzt *jede* Erfahrungsbildung eine zugrunde liegende Struktur, d. h. Typisierungen voraus und zum anderen kann die Breite eines solchen Rahmens nur Ergebnis einer historischen Analyse der Struktur der jeweiligen Kontexte sein, was wegen deren Reflexivität auch eine historische Analyse der verschiedenen Analyseversuche verlangt. Für die ETH gilt also ähnliches, wie es Piaget (Vgl. Anm. 113) für die Psychologie konstatiert, nämlich daß es ihr wegen ihres beschränkten theoretischen Instrumentariums nicht gelingen kann, historische Herstellungsprozesse sozialer Erfahrung zu untersuchen.

[129] *Haley*, J.: Die Interaktion von Schizophrenen, in: Bateson, G. et al.: Schizophrenie und Familie, Frankfurt 1969, S. 103 f.

nung oder polemisch: *Mystifizierung zum Mittel gesellschaftlicher Machtausübung.*

Über solche „Heilungsmechanismen" können interaktive und gesellschaftliche Zusammenhänge, wie wir gesehen haben, trotz ihrer Widersprüchlichkeit zusammengehalten werden. Die Ausschaltung der metakommunikativen Beziehungsdefinition sowie der gesellschaftlichen Legitimation implizieren demnach eine ähnliche Konzeption sozialer Erfahrung, wie sie uns oben bei der Erörterung des sog. „moralischen Absolutismus" begegnete: ein „übersozialisiertes" Individuum[130] mit einer extrem hohen Sensibilitätsschwelle für situative Inkonsistenzen „verhält" sich normativen Imperativen folgend, ohne Möglichkeit, reflexiv deren situative Legitimation einholen zu können. Eine solche Bewußtwerdung würde wie in der Kommunikation zwischen Schizophrenen entweder zu für die jeweilige Person untragbaren Widersprüchen und Beziehungsproblemen führen bzw. auf dem Niveau von Gesellschaft zum Offenbarwerden akzidentieller oder auch konstitutiver Widersprüche der Gesellschaftsorganisation. Die reflexive Aufhebung von *Latenzen* muß demnach nicht nur formalistisch als *Entzug von Struktur* (von „Boden") verstanden werden, sondern auch als die einzige Möglichkeit, analytisch und infolgedessen eventuell auch praktisch an die jeweilige, in sich widersprüchliche Lebensform überhaupt heranzukommen.

Gerade in den ethnomethodologischen „happenings" wird eine solche notwendige Zerstörungsarbeit geleistet, freilich historisch und politisch so begriffslos, daß nur die subjektiv-konstruktivistische Überzogenheit von Entindexikalisierungen, nicht aber die objektiven Strukturen von Situationen deutlich werden können, auf deren Hintergrund solche „Heilungsversuche" stattfinden. Der kritische Wert der ETH besteht somit im Auslösen von Zweifeln, die aber nicht analytisch (wenigstens nicht im theoretischen Bezugsrahmen der ETH selbst) gewendet werden können, sondern bei den Betroffenen ein *Gefühl existentieller Absurdität* zurücklassen.

Dies scheint mir auch Dreitzel im Auge gehabt zu haben, wenn er von der ETH als einer „*Soziologie der Marihuanaraucher*" spricht[131]. „Konfrontiert" wird man in solchen Irritationsexperimenten nur mit seinen eigenen Interpretationen bzw. deren überzogener Abstraktheit, kaum aber mit den Strukturen der Realität, d. h. der inhaltlichen Systematik historischer sozialer Situationen[132].

---

[130] s. *Wrong*, D. H.: The Oversocialized Concept of Man in Modern Sociology, in: American Sociological Review, 26, 1961.
[131] *Dreitzel*, H. P.: Recent Sociology No. 2, New York 1970, S. X.
[132] "In the case of confrontations on the campus, the breakdown of the norms of social action indicates a struggle over the rules of interpretation,

Die praktische Perspektive einer Theorie sozialer Erfahrung bzw. die dazugehörige Kompetenztheorie darf sich also nicht auf die bloße *Effektivierung interpretativer Mechanismen* in Hinsicht auf höhere Generalisierungsfähigkeit richten, sondern auf die *Herstellung von sozialen Erfahrungssituationen*, d. h. im Endeffekt auf Lebensformen, in denen solche abstrahierenden Typisierungen wenigstens nicht mehr *systematisch* falsch sein müssen, sondern *nur* Formen überzogener *Radikalität* darstellen.

Basismechanismen in der kognitiven Dimension

Schilderung

In der kognitiven Dimension wird die „indexikale Rationalität" von Situationsdefinitionen unter dem *Gesichtspunkt des Vertrauens aufgrund der prinzipiell unbezweifelten Übereinstimmung von Typisierung und Situation betrachtet*[133]. Dies bezieht sich auf den „Rationalitätsbegriff" der Welt der *„natürlichen Einstellung"*. Gemäß dieser Einstellung akzeptieren die alltäglichen Handelnden die Welt und ihre Objekte in ihrer typisierten Form als *„gewährleistet"*, solange nicht durch eine Störung dieser „natürlichen Einstellung" sich „das Gegenteil zwingend aufdrängt" (Bohnsack). Freilich ist es nicht das „Gegenteil", welches sich zwingend aufdrängt; vielmehr haben wir bei solchen tiefgreifenden Störungen das Phänomen der *Transformation von Relevanzsystemen* vor uns, dessen theoretischer Hintergrund von Alfred Schütz genauer beschrieben wurde:

Die Idee der „natürlichen Einstellung" bezieht sich nach Schütz nicht auf ein bloß routinemäßiges *Sich-Verhalten*, sondern immer auf ein subjektiv thematisches *Handeln*[134], das im Rahmen eines *Bewußtseinsfeldes* abläuft, dessen Struktur bestimmt wird durch einen *thematischen Kern*, welcher sich vom umgebenden „Horizont" abhebt und in jedem „jetzt" der *inneren Zeit* gegeben ist[135]. Diese Differenzierung von thematischem Kern und Horizont stellt die Voraussetzung jeglicher Sinn-

---

a struggle which is, in its origin as well as in its outcome, dominated by factors alien to the interpretative creativity of the involved parties. From this one could easily draw the conclusion that the ethnomethodologists' preoccupation with an interpretative paradigm is a delusion" (Dreitzel, H. P. 1970, S. XVIII f.).

[133] *Bohnsack, R.* 1973, S. 31.

[134] Zum Unterschied von Verhalten und Handeln bemerkt Schütz: „... enthält der Begriff ‚Verhalten', wie wir ihn hier gebrauchen, keinen Bezug auf eine Absicht. Die verschiedensten, sog. automatischen Handlungen des inneren und äußeren Lebens — gewohnheitsmäßige, traditionelle, affektive Handlungen — gehören dieser Klasse an ... Verhalten, das voraus-geplant ist, d. h. auf einem vorgefaßten Entwurf beruht, soll *Handeln* genannt werden, gleich, ob es verdeckt oder offenkundig ist" (Schütz, A. 1971 a, S. 242).

[135] Vgl. *Schütz, A.* 1971 b, S. 29 f.

2. Problematisierungsversuch der ETH: „Analysis"-Versuch

konstitution dar. Die Heraushebung eines bestimmten Themas erfolgt generell gesprochen durch eine spezifische *„Spannung unseres Bewußtseins"*, eine „attention à la vie", wie Schütz im Anschluß an Bergson formuliert. Da wir nun permanent in einer Reihe von verschiedenen Sinnregionen leben[136], kann Schütz seine interessante *Hypothese der Ichspaltung* entwickeln, mit der sich der dynamische und widersprüchliche Charakter auch der Welt der „natürlichen Einstellung" bezeichnen läßt. Grundlegender Ansatzpunkt hierfür ist eine Konzeption von *„Betroffenheits-Niveaus"*:

„Unsere Persönlichkeit ist zugleich auf verschiedenen Niveaus (einem oberflächlichen und einem tieferreichenden) betroffen. Das Thema einer Tätigkeit ist wechselweise der Horizont der anderen. Das ist die Ursache, weswegen das ‚aktualisierte Thema' eine spezifische Tönung von dem anderen (dem zeitweise verdeckten Thema) empfängt, das sozusagen als der verborgene Grund die auftauchenden und klar zu unterscheidenden Durchführungen des Hauptthemas bestimmt ... Diese ‚kontrapunktische' Struktur unserer *Persönlichkeit* und damit unseres Bewußtseinsstromes bildet das Korrelat zu dem, was in anderem Zusammenhang die *Hypothese der Ichspaltung* genannt wurde — nämlich die Tatsache, daß wir eine künstliche Spaltung unserer Persönlichkeit annehmen müssen, um überhaupt etwas thematisch und ein anderes zu Horizont zu machen[137]."

Erfahrung läßt sich also nicht, wie noch Husserl in seiner *„Synthesis der Identifikation"* unterstellt, als Subsumtion aktueller Eindrücke unter die Kategorien des zuhandenen Wissensvorrates interpretieren, sondern muß als *„aktive Synthesis"* auf dem Hintergrund bestimmter Relevanzstrukturen beschrieben werden[138].

Hieraus läßt sich ableiten, daß die Welt der „natürlichen Einstellung" sich nicht allein auf die Welt des „pragmatischen Dahinwurstelns" beschränkt, da dort nur auf die *Motivationsrelevanzen* bezug genommen wird, die Lebenswelt folglich nur unter dem Aspekt von „Um-zu-Relevanzen" thematisch werden kann. Innerhalb einer pragmatisch ausgerichteten Alltagspraxis *und* innerhalb einer pragmatischen Wissenschaftsposition können die „Um-zu-Relevanzen" selbst nicht mehr hinterfragt werden[139], d. h. *thematische* und *Auslegungsrelevanzen,* die zwar von den Motivationsrelevanzen geleitet sind, in ihnen aber nicht aufgehen, werden eliminiert:

---

[136] Etwa: ich schreibe eine Dissertation; ich bemühe mich, mich nicht zu vertippen; ich versuche, nicht zu viele Fremdwörter zu verwenden; ich möchte bis zum Mittagessen diesen Abschnitt schreiben ...
[137] *Schütz, A.* 1971 b, S. 39.
[138] Schütz unterscheidet *thematische Relevanz, Auslegungsrelevanz* sowie *Motivationsrelevanz.*
[139] Eine solche einseitige Betonung des Relevanzhintergrundes von Aussagen scheint mir auch bei der Wissenssoziologie vorzuliegen.

„Der Pragmatismus ist deshalb keine Philosophie, die sich mit der Totalität der menschlichen Existenz befaßt, sondern eine Beschreibung unseres Lebens auf der Ebene der unbefragten ausgezeichneten Wirklichkeit. Es ist eine Typisierung und Idealisierung unseres Seins in der Welt, die in jeder Hinsicht mit Ausnahme unseres Interesses am ‚Lebensgeschäft' als fraglos gegeben hingenommen wird[140]."

In einer solchen Lebensform kann der Handelnde über seine „Um-zu-Relevanzen" nicht reflektieren, d. h. auf der anderen Seite auch, daß der Pragmatist keinen erkenntnistheoretischen Zugang zu seinem eigenen Verhalten mehr haben kann[141].

Schütz betont ausdrücklich die Möglichkeit, die unmittelbare Lebenswelt zu überschreiten, d. h. er hält Lebenswelten grundsätzlich für „offen". Als die Klammer, welche diese Offenheit nicht zum Chaos werden läßt, führt Schütz die *Vertrautheit* mit dieser Lebenswelt an, die zwar nicht *total*, im Sinne von „Sicherheit" sei, aber doch „*genügend*" ausgeprägt, um sich je nach Relevanzstruktur mit der Welt sinnhaft befassen zu können.

Uns soll aber in diesem Zusammenhang nicht jenes alltägliche Vertrauen interessieren, (dafür s. den Abschnitt A III), sondern die Frage, wie die Phänomenologie und speziell die Theorie der Basismechanismen ihr eigenes wissenschaftliches Vorgehen, ihre *wissenschaftliche Lebensform* bestimmen.

In dieser Theorie, wie auch in dem von ihr thematisierten Objektbereich, stellt ein *grundsätzliches Vertrauen* („sense of social structure") die Grundlage der Konstitution von Typisierungen und damit von lebensform-interner „Wirklichkeit" dar. Nach Schütz[142] sind wir als Sozialwissenschaftler nicht *praktisch*, sondern nur *kognitiv* an der sozialen Welt interessiert und können dieser deshalb mit „*detachiertem Gleichmut*" gegenübertreten. Der Sozialwissenschaftler ersetzt die konkreten Menschen und Handlungsvollzüge, welche er beobachtet, durch *Idealtypen* im Rahmen eines bestimmten Bezugschemas[143]. Er konstruiert über den „first-order-constructs" der alltagsweltlich Handelnden *Typisierungen zweiter Ordnung* oder, wie Kaplan[144] dies ausdrückt, er eignet sich die alltagsweltliche „logic-in-use" in Form einer wissenschaftlichen „reconstructed logic" an.

---

[140] *Schütz*, A. 1971 b, S. 169 f.
[141] Vgl. dazu Schütz' berühmten Aufsatz über „Begriffs- und Theoriebildung in den Sozialwissenschaften", in *Schütz*, A. 1971 a, S. 55 ff.
[142] Dies findet sich in seinem Aufsatz „Das Problem der Rationalität in der sozialen Welt", in *Schütz*, A. 1972, S. 22 ff.
[143] Hier wird einmal mehr die enge Bezugnahme von Schütz auf Weber deutlich. Vgl. dazu speziell auch seinen in Anmerkung 142 zitierten Aufsatz.
[144] Vgl. *Kaplan*, A.: The Conduct of Inquiry, San Francisco 1964.

2. Problematisierungsversuch der ETH: „Analysis"-Versuch

Bei der Frage nach der *Validität* solcher wissenschaftlichen Typisierungen hat man nach Schütz zunächst die Unterschiedlichkeit alltagsweltlicher und wissenschaftlicher Relevanzsysteme zu beachten. Da die soziale Welt für die Phänomenologen mit den Definitionen der sozial Handelnden identifiziert wird, setzt sich eine Sozialwissenschaft dem Verdikt der Irrelevanz aus, welche nicht von der internen Sinnstruktur der sozialen Welt ihren Ausgang nimmt. „Soziale Realität" wird demnach eingeschränkt auf folgende Phänomene:

> „Unter dem Begriff ‚soziale Wirklichkeit' verstehe ich die Gesamtheit von Gegenständen und Erscheinungen in der sozialen Kulturwelt, und zwar so, wie diese im Alltagsverständnis von Menschen erfaßt wird, die in ihr in mannigfachen Beziehungen zu ihren Mitmenschen handeln[145]."

Aus dieser Sicht von Sozialwissenschaft ergeben sich für Schütz drei Kriterien für die Bewertung sozialwissenschaftlicher Konstrukte:

— das *Postulat der logischen Konsistenz*, das sich auf die Übereinstimmung der Konzepte mit den Prinzipien der formalen Logik bezieht.

— das *Postulat der subjektiven Interpretation*, d. h.: dem Wissenschaftler muß es gelingen, quasi ein *generatives Modell* des individuellen Handelnden zu entwickeln, aus dem sich die jeweiligen Beobachtungen ableiten lassen.

— das *Postulat der Adäquatheit*, das bestimmt, daß die wissenschaftlichen Konstrukte Handlungen so abbilden sollen, daß sie von den sozialen Akteuren selber verstanden werden können. Damit soll die Sinnkonsistenz zwischen wissenschaftlichen Konstrukten und der alltagsweltlichen commonsense-Erfahrung gewährleistet werden.

Schütz bleibt freilich mit diesen Postulaten noch in einer undialektischen Subjektivismus vs. Objektivismus-Schematisierung stecken. Die Grenzen seines Bezugsschemas werden vor allem da deutlich, wo man sich die *notwendige Voraussetzung seiner Wissenschaftstheorie* vor Augen hält, nämlich daß *er unterstellt, die „Welt" sei immer schon als „geordnete" gegeben*. Wenn nämlich wissenschaftliche Konstrukte, die in sich *logisch konsistent* sein müssen, adäquat, d. h. für die Handelnden verständlich, soziale Vorgänge abbilden sollen, wobei diese Vorgänge als Ergebnis *sozial sinnvoller individueller Handlungen* begriffen werden, dann muß auch die „soziale Wirklichkeit" als systematisch geordnete, im Endeffekt logisch konsistente und keinesfalls in sich widersprüchliche konzipiert werden.

In ähnlicher Weise machen Garfinkel und Sacks die Geordnetheitsunterstellung zur Grundlage ihres Vorgehens: Dieser Respekt vor der

---

[145] *Schütz*, A. 1971 a, S. 60.

Geordnetheit der „members accounts" drückt sich in dem Prinzip der „*ethnomethodological indifference*" aus:

„... our 'indifference' is to the whole of practical sociological reasoning, and *that* reasoning involves for us, in whatever form of developement, that whatever error or adequacy, in whatever forms, inseperably unavoidably, the *mastery of natural language* ... Persons doing ethnomethodological studies can 'care' no more or less about professional sociological reasoning then they can 'care' about the practices of legal reasoning, conversational reasoning, divinational reasoning, psychiatric reasoning, and the rest[146]."

Die Ethnomethodologen unterstellen mithin im Gefolge der Phänomenologie bezüglich alltäglicher Erfahrung und Erfahrungsbeschreibung *Geordnetheit an sich*, welche sich aus der Definition sozialer Kompetenz als der „mastery of natural language" ergibt. Einem im sozialen Alltag als „normal" perzipierten Handeln wird somit apriori Geordnetheit unterstellt, woraus dann der weitreichende Schluß gezogen wird, daß es für die Sozialwissenschaft nur darum gehen könnte, die *Geordnetheit solcher sozialen Abläufe zu beschreiben* und daß weder eine Kritik noch eine relationale Bewertung solcher Handlungsvollzüge möglich sei[147]. Ähnlich wie Wittgenstein bezüglich seines Sprachspielbegriffes argumentieren Garfinkel und Sacks, daß jede Art von „reasoning" in sich methodischen Charakter habe und deshalb die Handlungen im Rahmen eines solchen „reasoning"-Bereiches nur innerhalb dessen internen Kriterien einer Bewertung zugänglich wären. Für die Soziologie bliebe nur die *indifferente Beschreibung* oder, um den Begriff von Schütz aufzunehmen, der „*detachierte Gleichmut*".

Das Prinzip der „ethnomethodologischen Indifferenz" steht in einem eigenartigen Gegensatz zur „*offiziellen Neutralität*" der alltagsweltlich Handelnden ihren eigenen Typisierungen gegenüber[148]. Nach Garfinkel ist nämlich der Wissenschaftler gehalten, die unbezweifelbare Übereinstimmung zwischen Typisierung und Situation im Rahmen der Welt der „natürlichen Einstellung" gleichsam „phänomenologisch einzuklammern" und sich grundsätzlich vom *Prinzip des unbegrenzten Zweifels* leiten zu lassen. Aufgrund seiner knappen Ressourcen muß sich freilich der wissenschaftliche wie der alltagsweltliche Theoretiker, wenn er zweifelt, auf bestimmte Punkte beschränken, die er einer Problematisierung unterziehen will. Dies bringt Bohnsack zum Ausdruck, wenn er feststellt:

„Zwar ist die Methode des phänomenologischen Zweifels zur Aufdeckung der Grundstrukturen sozialen Handelns in ihrer formalen Logik weitgehend bestimmt; es bleibt jedoch die Frage, welche konkreten Situationen unter welchen konkreten historischen Bedingungen ‚Jetzt und So' zuerst einmal

---

[146] *Garfinkel,* H. / *Sacks,* H. 1970, S. 346.
[147] Vgl. *Sacks,* H. 1963, S. 7.
[148] Dies ist die Unterstellung, daß die Dinge so seien, wie sie erscheinen.

2. Problematisierungsversuch der ETH: „Analysis"-Versuch

bzw. vorrangig dem methodischen Zweifel unterzogen werden sollen, sofern man dies nicht dem ‚Zufall' oder der ‚Intuition' des Forschers überlassen will[149]."

Bohnsack beeilt sich auch noch gleich, darauf hinzuweisen, daß man doch die „kritischen" Entstabilisierungsverfahren der ETH besonders in solchen Situationen anwenden solle, die „für die Perpetuierung der Verschleierung gesamtgesellschaftlicher Unterprivilegierung strategisch bedeutsam sind", versäumt aber anzugeben, wie man solche Situationen außer über „Intuition" herausfinden könne.

Im Endeffekt, d. h. ohne verbal-kritische Brimborium, bleibt demnach der Ethnomethodologe an bestimmten „practical considerations" (Garfinkel) hängen, deren Systematik, Relevanz und Akzeptabilität ihm aber nur im Rahmen einer logisch-historischen wie zugleich biographischen Analyse einer eigenen Situation als Forscher klar werden könnten. Dann ließe sich aber auch die „ethnomethodologische Indifferenz" nicht mehr aufrechterhalten, da Relevanzsysteme nicht als unhinterfragbare Leerstellen übrigbleiben würden, sondern selber noch einmal ausweisbar sein müßten. Der *ethnomethodologische Zweifel bleibt somit unspezifisch, unkritisch und im Endeffekt in seiner Ziellosigkeit anekdotisch.*

Kompetenz im Rahmen der kognitiven Sinnherstellungsdimension, also bezüglich der Fähigkeit, Typisierungen und Situation in Einklang zu bringen, bestimmt sich für Bohnsack *am Zugang zu immer „sublimeren" Formen gesellschaftlicher Legitimation.* Der Handelnde

„... kann Situationen mit Hilfe von Legitimationen definieren, welche sich immer weniger unvermittelt reflexiv auf die momentanen Belange im ‚Jetzt und So' beziehen und somit auch eine Vielzahl anderer Situationen berücksichtigen ...

— er hat immer mehr Möglichkeiten, fremde und eigene Legitimationen in der Situation unter abstraktere und umfassendere sozial akzeptierte Legitimationen zu subsummieren[150]."

„Analysis"-Versuch

Wenn wir uns die „Handlungsfähigkeit", welche durch diesen Kompetenzbegriff definiert werden soll, einmal genauer ansehen, bekommt die „Sublimität" von Situationstypisierungen einen recht zweideutigen Sinn: ähnlich, wie ich es Ende des letzten Abschnittes herauszuarbeiten versuchte, ergibt sich *als Resultat eine solch generalisierte Legitimation von Situationstypisierungen, daß man auf die konkrete lokal-historische Situation bzw. die darin ablaufenden Handlungsvollzüge nur mehr metaphorisch eingehen kann*[151].

---

[149] *Bohnsack, R.* 1973, S. 32.
[150] *Bohnsack, R.* 1973, S. 39.

Diese Generalisierung der Legitimation führt, unter zunehmender Ausblendung inhaltlicher Aspekte, zur Reduktion der Vorstellung sozialer Geordnetheit auf das Formale der bloßen Anerkennung der Tatsache, daß überhaupt typisiert wird und des daraus abgeleiteten „Gefühls", daß alles, was als Typisierung vorliegt, irgendwie schon seine Ordnung haben wird.

Wie ich gezeigt habe, macht die phänomenologische Soziologie wie die ETH diese Geordnetheitsunterstellung nicht nur hinsichtlich der Analyse und Beschreibung von Alltagshandeln, sondern auch in ihren metasoziologischen Aussagen, und zwar tun sie dies in einer solch generalisierten Form, daß ein kritisches Eingehen auf historisch unterschiedliche Formen gesellschaftlicher Geordnetheit verunmöglicht wird[152]. Dabei bildet die ETH selbst mit ihrer Forderung nach „Indifferenz" die Welt der „natürlichen Einstellung" nur noch einmal ab, indem sie sich derselben *Mystifikationen* bedient, die im Alltagsverhalten vorherrschen[153].

In ihrer rein beschreibenden Attitüde wird so die ETH zum bloßen wissenschaftlichen Komplement einer mystifizierten Alltagspraxis, in welcher, trotz den bestehenden internen Widersprüchen, ein „Gefühl" sozialer Geordnetheit durchaus aufrechterhalten werden kann. Wenn es trotzdem im Alltagshandeln und -erleben zu aktuellen Konflikten kommen sollte, etwa Spannungen am Arbeitsplatz, subjektiven Arbeitsschwierigkeiten oder psychosomatischen Streßsymptomen, so verhindert diese Mystifizierung das Bewußtsein zugrundeliegender gesellschaftlicher Widersprüchlichkeit und führt etwa zur *Verdrängung* oder zu einer *Personalisierung gesellschaftlicher Konflikte*. Die von der ETH herausgearbeiteten Basismechanismen wären infolgedessen in gewissen Grenzen als *Abwehrmechanismen* gegen die kognitive Realisierung der widersprüchlichen gesellschaftlichen Wirklichkeit anzusprechen.

---

[151] s. z. B. den inflationären Gebrauch des Legitimationskürzels der „freiheitlich-demokratischen Grundordnung", welcher den Maßnahmecharakter staatlichen Handelns legitimatorisch abdecken kann, ohne daß eine situative Applikation dieses Begriffes im konkreten Fall stattfinden müßte. Vgl. *Preuss*, U.: Legalität und Pluralismus, Frankfurt 1973.

[152] Diese Theorien haben damit kein Unterscheidungskriterium mehr etwa zwischen Lebensformen bei Schizophrenen, welche „Interaktionen" aufrechterhalten unter gleichzeitiger Vermeidung der inhaltlichen Situationsdefinition, und Lebensformen in politischen Gruppen, in denen zumindest der Versuch gemacht wird, jede Typisierung durch Relationierung auf eine gemeinsam erarbeitete Situationsdefinition inhaltlich auszuweisen.

[153] Ich beziehe mich hier auf die von Ronald Laing vorgenommene Erweiterung des Marx'schen Konzeptes der Mystifizierung (s. *MEW*, Band 25, S. 822). Laing unterscheidet den *Akt* des Mystifizierens vom *Zustand* des Mystifiziertwerdens, (vgl. *Laing*, R.: Phänomenologie der Erfahrung, Frankfurt 1969, S. 74 ff.). — Die ETH würde m. M. n. die alltäglichen Verhältnisse in ihrer Mystifiziertheit nur verdoppeln und damit wissenschaftlich legitimieren.

2. Problematisierungsversuch der ETH: „Analysis"-Versuch

Als gnoseologische Ursache für die nur begrenzte Akzeptabilität ethnomethodologischer Aussagen imponiert also wiederum die grundsätzliche Verhaftetheit dieses Ansatzes in einem idealistischen Konzept von „Realität", deren Systematik sich allein aus den subjektiven Interpretationen der individuellen sozialen Akteure ableiten soll. Stanford Lyman und Marvin Scott haben daraus die radikale Konsequenz gezogen und für eine *„Soziologie des Absurden"* plädiert:

"The term 'absurd' captures the fundamental assumption of this new wave: *The world is essentially without meaning.* In contrast to that sociology which seeks to discover the *real* meaning of action ... this new sociology asserts that all systems of belief, including that of the conventional sociologists, are arbitrary. The problems previously supposed to be those of the sociologists are in fact the everyday problems of the ordinary man. It is he who must carve out meanings in a world that is meaningless[154]."

Diese Sinnlosigkeitserklärung von Welt dürfte von entscheidender strategischer Bedeutung sein: *Jeder* Versuch, die Existenzbedingungen und Handlungsvollzüge der Individuen von einem „objektiven" Standpunkt her zu betrachten, zieht sich hiermit das Verdikt der Verdinglichung und Entfremdung zu. Die „Authentizität" der subjektiven Sinnkonstitution kann von der Wissenschaft nur ehrfurchtsvoll abgebildet, niemals als auf ihren Geltungsanspruch hinterfragt werden. *Die Sinnlosigkeitserklärung von Welt erweist sich so als die Kehrseite der Geordnetheitsunterstellung von Alltagswelten.* In der sicherlich akzeptablen Ablehnung eines objektivistischen Determinismus gerinnt hier Soziologie *unter Vernachlässigung der grundlegenden Subjekt-Objekt-Dialektik der Erkenntnis* (s. Piaget) zu einem indifferenten Nachvollzug subjektiver Sinnsetzungen, zum *„Fetischismus des Subjekts"*[155].

Gemäß dieser voluntaristisch-subjektivistischen Interpretation sozialen Handelns und, was darin impliziert ist, sozialer Erfahrung, löst sich die klassische Problematik von Freiheit versus Determinismus von selbst, da sie ja anscheinend nur auf einer, an sich kontingenten Realitätskonstruktion beruht. So gelangen Lyman und Scott zu der bemerkenswerten, aber gleichwohl konsequenten Folgerung, Realität bestehe in einem konfliktreichen Aushandlungsprozeß von Situationsdefinitionen, der wie bei Goffman in spieltheoretischen Metaphern beschrieben werden könne[156].

---

[154] *Lyman*, St. M. / *Scott*, M. B.: Sociology of the Absurd, New York 1970, S. 1.

[155] "... the Sociology of the Absurd restores the individual in his rightful place as the principal agent of action, the the central subject of sociology ..." (*Lyman*, St. M. / *Scott*, M. B. 1970, S. 2).

[156] "If life consists of encounters, episodes and engagements among persons pursuing goals of which they are consciously aware, then it appears that the fundamental structure of human action is *conflict*" (*Lyman*, St. M. / *Scott*, M. B. 1970, S. 5).

Solche Konflikte sind freilich nicht durch objektive Widersprüche in der Realität konstituiert, sondern durch die Kontingenz subjektiv-voluntaristischer Situationsinterpretationen, deren Durchsetzungsfähigkeit allein eine Funktion der Schlauheit, Kompromißbereitschaft, des strategischen Geschicks ihrer Vertreter sein soll[157].

Ganz im Sinne der „Analysis"-Konzeption zeigt sich also als Ergebnis dieses Abschnitts ein Doppeltes: Daß nämlich einerseits die ETH bzw. die Theorie der Basismechanismen eine bestimmte Form von gesellschaftlicher Alltagspraxis adäquat abbildet und daß sich andererseits aus dem Abbildungs- bzw. „theorizing"-Prozeß die Lebensform ableiten läßt, innerhalb derer sich die ETH selbst zumindest implizit lokalisiert.

Aus den expliziten Äußerungen von Phänomenologen und Ethnomethodologen zu ihrer Konzeption von Wissenschaft sowie aus der impliziten Systematik dieses Ansatzes (etwa wie sie im Begriff der „ethnomethodological indifference" aufscheint!) habe ich aufzuzeigen versucht, daß die ETH nicht etwa in ihrer Kritik an der Alltagspraxis eine *neue* Lebensform konstituiert bzw. Alternativen zu der spezifischen historischen Ausprägung von Alltagspraxis andeutet, sondern daß hinter der Maske der scheinbaren „Indifferenz" die grundsätzliche Identifizierung zumindest mit dem mystifizierten „sense of social structure" steht und damit der Verzicht auf eine historische Analyse des Verhältnisses von Typisierung und Situation[158].

Basismechanismen in der Dimension der persönlichen Identität

Schilderung

Im Rahmen der Dimension der persönlichen Identität bemißt sich die indexikale Rationalität von Situationsdefinitionen an dem *Grad der „autonomen Kontrolle" über die Bedeutungszuschreibungen*. Damit ist etwa folgendes gemeint: In jeder Interaktion, mit Ausnahme vielleicht solcher zwischen Schizophrenen, kommt an einem bestimmten Raum-Zeit-Punkt immer jeweils nur *eine* Typisierung zum Zuge, auch wenn die Perspektiven, unter denen die Beteiligten die jeweilige Typisierung

---

[157] Vgl. *Goffman, E.*: Strategic Interaction, Philadelphia 1969.

[158] Die sich daraus ergebende Ambivalenz und Hilflosigkeit dieses Ansatzes scheint deutlich in dem bemerkenswerten Lapsus von Bohnsack auf, dem es in bezug auf die Basismechanismen in der kognitiven Dimension einmal um die Übereinstimmung zwischen Typisierung und der mit dieser Typisierung definierten Situation geht, und zum anderen, wenn er die einschlägigen Bedingungen der Kompetenz bestimmt, um die Interdependenz zwischen Typisierung und Situations*definition*. Auch wenn dies nur ein Versehen sein sollte, beleuchtet es doch das für die ETH konstitutive Problem, zwischen Situation und Situationsdefinition nicht mehr unterscheiden zu können.

2. Problematisierungsversuch der ETH: „Analysis"-Versuch

sehen, sehr unterschiedlich sein mögen. Jede Typisierung enthält, da sich die Interaktionspartner über die gegenseitigen Perspektiven bzw. Relevanzstrukturen *nicht vollständig* im klaren sein können, einen Rest an *„privater Bedeutung"*. Subjektiv wird dies realisiert in der wahrgenommenen Differenz von Autostereotyp bzw. Selbstbild in der jeweiligen Situation und dem, meinem Gegenüber unterstellte Bild von mir. Das Verhältnis zwischen beiden Annahmen über mich kann von Situation zu Situation, von Interaktionspartner zu Interaktionspartner differieren:

> „In jeder neuen Interaktionssituation mit anderen und demselben Partner reflektiert und modifiziert ego diese Disparität neu. Sie dient ego zur Interpretation der Typisierungen alters in bezug auf diese Situation und als Entscheidungsregel über die Anwendung und das vermutete Fremdverständnis eigener Typisierungen[159]."

Diese „privaten Bedeutungen" versteht die Theorie der Basismechanismen als „Latenzen", welche in einer Situation *entweder nicht aktualisiert werden* (von ego aus; z. B. bei Pokerspielern), *nicht wahrgenommen werden können* (wenn alter sie nicht rezipiert; z. B. bei Hysterikern) oder auch *nicht aufgedeckt werden dürfen* (das gilt für ego und alter; z. B. bei Behördeninteraktionen oder unter Agenten).

Daraus ließe sich eine *Dimension der sozial akzeptierten Möglichkeit „privater Bedeutungen"* konstruieren, mit dem einen Extrem der Interaktion in Behörden, wo zumindest im idealtypischen Falle die Situation so formalisiert ist, daß die Subjektivität der „privaten Bedeutung" voll erhalten bleibt, aber auf keinen Fall thematisiert werden darf[160]. An anderen Ende dieser Dimension stünde etwa die Interaktion zwischen Ehepartnern, besonders die sexuelle Interaktion, wo idealtypisch die beiderseitigen Horizonte verschmelzen sollen, was in solchen Metaphern offenbar wird wie: „ein Herz und eine Seele sein", „eins werden", „vorbehaltlos sich hingeben" etc.[161].

---

[159] *Bohnsack*, R. 1973, S. 34.
[160] Hilfsmittel für diese Ent-Subjektivierung wären die spezifische *Behördensprache*, die *negative Sanktionierung von Emotionssignalisierung* und die *spezifischen räumlichen Arrangements* (Schalter).
[161] Berger und Kellner sprechen gar davon, daß in der Ehe eine neue, gemeinsame Konstruktion der Wirklichkeit, d. h. eine Vereinheitlichung der subjektiven Horizonte versucht wird und daß die Ehepartner permanent damit beschäftigt seien, die einmal gemeinsam objektivierte Realität zu stabilisieren. Sie schließen daran die interessante Hypothese an: „Die Ehescheidung an sich — und zumal in ihrer zunehmenden Verbreitung — scheint im ersten Augenblick ein Gegenargument zu unseren Überlegungen zu sein. Wir behaupten ..., daß das Gegenteil der Fall ist. Es ist kennzeichnend, daß sich die Partner in unserer Gesellschaft nicht scheiden lassen, weil die Ehe ihnen unwichtig geworden ist, sondern weil die Ehe ihnen *so* wichtig ist, daß sie sich nicht mit weniger als einer völlig zufriedenstellenden Übereinkunft mit dem jeweiligen Partner begnügen wollen" (*Berger*, P. / *Kellner*, H.: Die Ehe und die Konstruktion der Wirklichkeit. Eine Abhandlung zur Mikrosoziologie des Wissens, in: Soziale Welt, 16, 1965, S. 234).

Für Ehen ist es demnach tendenziell problematisch, „private Bedeutungen" unter „autonomer Kontrolle" zu behalten, d. h. um die „charakteristische Disparität" der verschiedenen Relevanzstrukturen und Sinnhorizonte zu wissen sowie diese Kenntnis auch noch strategisch einzusetzen. Genau in diese Richtung gehen freilich die Forderungen, welche Bohnsack zum Kriterium für Kompetenz auf dem Bereich dieses Basismechanismus bestimmt. *Kompetenz* bemißt sich demzufolge am *Grad der autonomen Kontrolle* über die „charakteristische Disparität", also am Bewußtsein, selbst ein autonomer Bedeutungsträger bzw. Bedeutungszuschreiber zu sein. Der kompetente Handelnde sollte realisieren können, welche Elemente seines Wissensbestandes in die aktuelle Situationsdefinition bzw. Typisierung eingehen und welche in dieser Situation irrelevant bleiben bzw. welche nicht zum Ausdruck kommen sollen, können und dürfen. Ein solch kompetenter Handelnder sähe sich in steigendem Maße in der Lage[162]

— die Situation richtig einzuschätzen, da er sich besser vor Projektionen schützen kann, was ihm erlauben soll, die konkrete Situation „konfliktloser" zu definieren;

— eine Vielzahl von Interaktionssituationen mit unterschiedlichen Interaktionspartnern reziprok zu definieren;

— in seinem Handeln von ganz spezifischen, einzelnen Situationen, etwa der Familiensituation als dem generellen Paradigma der Interaktion, unabhängiger zu werden.

Ein solchermaßen kompetenter Handelnder befände sich dann in der Lage, situative Unterschiede trivialisieren zu können, da er sich selbst als stabiles, nicht in der jeweiligen Situation aufgehendes Individuum begreift.

„Analysis"-Versuch

Der Bohnsacksche Kompetenzbegriff hat im Grunde das *Bewußtsein* von „autonomer Kontrolle" der wesensmäßigen Disparität zum Gegenstand, also ein „Gefühl" der Freiheit zur Disposition über die Art und das Ausmaß der Information, welche man in ein Gespräch, eine Interaktion einbringt. Ein solches Bewußtsein kann dann umgekehrt die Interpretation des Verhaltens der jeweiligen Interaktionspartner erleichtern, weil auch diesen, gemäß der Idealisierung der „Reziprozität der Perspektiven" das Bewußtsein von „autonomer Kontrolle" zugeschrieben werden kann.

Nach allem, was wir oben über Wittgenstein gehört haben, fällt es schwer, ein Reden von „privaten" Bedeutungen zu akzeptieren, weil

---

[162] Nach *Bohnsack*, R. 1973, S. 39.

2. Problematisierungsversuch der ETH: „Analysis"-Versuch

eben Bedeutungen sich nur im Kontext der Regeln und Aussagen eines bestimmten Sprachspiels konstituieren. „Private" Sprache oder „private" Bedeutungen repräsentieren demnach nicht einen exklusiven Bereich von Erfahrungen, der *neben* dem sozial geteilten Wissen (Rollen, Normen, vielleicht auch Basisregeln) steht, sondern eher *„Auskoppelungen"* aus dem Bereich intersubjektiver Öffentlichkeit.

Man könnte im Anschluß an Lorenzer[163] genauer zwischen zwei Ebenen privaten Wissens unterscheiden, deren Differenzierungskriterium die Eingebundenheit in intersubjektive Sprachspiele ist: einmal die *Symbole*, welche als die subjektiven Verarbeitungsformen unbewußter Inhalte im Kontext einer intersubjektiven Sprache angesprochen werden können[164]. Neben diesen vom bewußten Ich verarbeiteten gibt es aber noch andere, unsozialisierte Repräsentanzen des „Unbewußten", welche nicht verbalisierbar sind, nämlich die *„Imagines"* oder *„Klischees"*. Lorenzer versteht darunter entsymbolisierte private Bedeutungen, welche selbst dem erfahrenen Individuum fremd und unerklärlich erscheinen, da sie aus seinem Sprachspiel ausgeschlossen worden sind[165]. Solche Klischees bleiben nichtsdestoweniger wirksam, da ihre dynamisch-energetische Relevanz auch dann noch besteht, wenn sie nicht mehr kognitiv präsent sind.

Aus dieser Unterscheidung folgt für unser Problem, daß Bohnsack nur von *Symbolen* sprechen kann, die sich unter „autonomer Kontrolle" befinden und daß sich „Privatheit" in diesem Sinne nur unter den Bedingungen sprachlich fundierter Intersubjektivität *denken* läßt. Die „unbewußte" Privatheit der Klischees entzieht sich demgegenüber der kognitiv-bewußten Beherrschung und ist *im Erleben* daher nur in diffuser, unbegriffener Weise präsent[166].

„Charakteristische Disparitäten" treten also nur *innerhalb* bestimmter Sprachspiele auf und nicht *zwischen* verschiedenen Sprachspielen, etwa einem privaten und einem öffentlichen. Daher werden auch von einem „autonom sich kontrollierenden" Individuum keineswegs die generellen Sinnzusammenhänge der jeweiligen Lebensform bzw. des jeweiligen Sprachspiels in Frage gestellt, sondern die Interagierenden

---

[163] Lorenzer, A.: Sprachzerstörung und Rekonstruktion, Frankfurt 1973.

[164] „Die Symbolisierung läuft demnach folgendermaßen ab: Unbewußte Inhalte werden unter bestimmten Bedingungen vom ‚Unbewußten' freigegeben, um vom erkennenden Ich aufgenommen und verarbeitet zu werden" (Lorenzer, A. 1973, S. 110).

[165] „Klischees, d. h. unbewußte Repräsentanzen stammen von symbolischen Repräsentanzen ab, die im Sozialisationsprozeß gebildet — und im Vorgang der Verdrängung ‚exkommuniziert', d. h. aus der Kommunikation in Sprache und Handeln ausgeschlossen wurden" (Lorenzer, A. 1973, S. 113).

[166] Die *Psychoanalyse* sieht ihre therapeutische Aufgabe gerade darin, die „Exkommunizierung" von Symbolen aufzuheben und sie wieder der „autonomen Kontrolle des Ichs" zu unterwerfen.

variieren in autonomer Kontrolle nur die *Explizitheitsgrade* ihrer aktuellen Relevanzstrukturen[167].

Ein „Analysis"-Versuch auf diesem Bereich der Herstellung alltagsweltlicher Rationalität hätte sich an der *Ausgangsfrage* zu orientieren, *ob es Lebensformen gibt, wo den Individuen die Aufrechterhaltung von selbstkonstituierten, „finiten" Sinnprovinzen*[168] *möglich ist und ob eine solche Erfahrungsform den objektiven Bedingungen der jeweiligen lokalhistorischen Situation entspricht bzw. in welcher Weise die diese widerspiegelt*[169].

Meine, den Annahmen der ETH gegenläufige *These*, die es im folgenden zu plausibilisieren gilt, besagt, daß Individualität, Individuation *sowie* das Bewußtsein darüber sich erst in Ab- und Auseinandersetzung mit einer intersubjektiv konstituierten Welt bilden können, d. h. allgemein, im Rahmen bestimmter historischer gesellschaftlicher Organisationsformen[170].

---

[167] In der ethnomethodologischen Literatur taucht dies fälschlicherweise im Kontext der Gegenüberstellung von Freiheit und Determinismus auf. Analog dem „Thomas-Theorem" wird hier subjektivistisch die individuelle Realitätskonstitution als bloß voluntaristische Setzung von Sinn in einer an sich „sinnlosen Welt" begriffen: "... that human action should be considered, as Parsons once put it, 'voluntaristic'. Without the idea of voluntarism, human activity would be 'mere behavior' ... Thus humans are not necessarily the creatures of social or psychological forces — class, caste, race, or deep-lying unconscious states — which *determine* their behavior in the situation. The age-old problem of freedom versus determinism is not a problem of objective philosophy but rather of the actor's construction of reality, his image of freedom and constraint" (*Lyman,* St. M. / *Scott,* M. B. 1970, S. 4 f.).

[168] Diesen Begriff hat Schütz vor allem in seinem Aufsatz „Über die mannigfaltigen Wirklichkeiten", in *Schütz,* A. 1971 a, S. 237 ff., entfaltet.

[169] Diese Frage stellt sich Schütz z. B. *notwendig* nicht, da er nicht auf eine Konstitution der Alltagswelt abstellt. Ihm geht es vielmehr nur um eine Ableitung der Mechanismen und nicht um deren Genesis. Alltagswelt als solche wird nicht problematisiert. Dazu hat Schütz viel zu sehr Angst, in das Husserlsche Dilemma einer transzendentalen Begründung zu verfallen, welche ja auch in einem phänomenologischen Theorierahmen die einzige Möglichkeit darstellt, das Konstitutionsproblem anzugehen.

[170] Wie ich oben schon andeutete, war für die Phänomenologie Husserl gerade den umgekehrten Weg gegangen, indem er das alltägliche Bewußtsein und dessen Randbedingungen in der objektiven Welt „einklammert" und über die „transzendentale Reduktion" zu einer Kontrastierung von empirischem Ich, das sich durchaus in seiner Intentionalität als unabhängiges erlebt, und transzendentalem Ich gelangt, dem „Eigentlichen", der „primordinalen Welt". Der Zugang zum empirischen Unverwechselbarkeitserlebnis wird durch eine Theorie innerer Wahrnehmung zu leisten versucht, innerhalb derer ich mich immer schon als ego erfasse, wenngleich in einem monadologisch-solipsistischen Sinn ausgehend von meiner Leiberfahrung. (s. *Husserl,* E.: Cartesianische Meditationen und Pariser Vorträge [herausg. von S. Strasser], Den Haag 1950). Das transzendentale Ich kann nicht als Abstraktion des empirischen verstanden werden, stellt also keine Induktionsleistung aus dem Vergleich mehrerer empirischer Ichs dar, sondern eher eine

2. Problematisierungsversuch der ETH: „Analysis"-Versuch

Nachdem Husserls Programm der phänomenologischen Begründung der Intersubjektivität, auch nach Aussage von Schütz[171], als gescheitert betrachtet werden kann, werde ich mich von einer anderen Seite her dem anstehenden Problem zu nähern versuchen.

Wollte man Erfahrung allgemein, also Wahrnehmung und Denken übergreifend, definieren, so bleibt als phänomenologisch konstatierbare Grundeinsicht, daß Bewußtsein immer *Bewußtsein von etwas* sein muß, an welches man von einer bestimmten raum-zeitlich-motivationalen *Perspektive* herangeht[172]. Das Komplement der Perspektivität von Bewußtsein und Erfahrung, besonders im Bereich der Wahrnehmung, wäre die *Standortgebundenheit*[173].

Erfahrung, d. h. sowohl Wahrnehmung wie Denken haben einen aktiven Charakter, d. h. sie erhalten weitgehend ihre interne Strukturierung und Programmierung im Verlauf der biographischen Auseinandersetzung des Individuums mit seiner sachlichen und personalen Umwelt innerhalb einer historisch entstandenen und eingespielten Lebensform.

In den Erkenntnis*möglichkeiten* bestehen aber nun gravierende Unterschiede zwischen Wahrnehmung und Denken, wiewohl beide grundsätzlich „aktivistisch" im Piagetschen Sinne zu begreifen sind:

Die „Aktivität" der Wahrnehmung erschöpft sich weitgehend in Methoden zur *Verdeutlichung der Oberfläche* von Gegenständen und Prozessen sozialer oder nicht-sozialer Art, von denen sich die Wahrnehmung mangels *Reversibilität* aber nicht distanzieren kann. Die aktiven Wahrnehmungsleistungen[174] gewährleisten nur die *Konstanz*

Intuitionsleistung, deren Erfolgskriterium in gewisser Weise die Evidenz ist („evidente Selbstgebung"), nicht aber intersubjektive Nachprüfbarkeit im Rahmen eines wissenschaftlichen oder auch alltagsweltlichen Sprachspiels. Dieser Subjektivismus wird unfähig zur Klärung der Frage nach dem Verhältnis von Eigen- zu Fremderfahrung, also dem Problem, inwieweit ich Fremderfahrung brauche, um Eigenerfahrung konstituieren zu können. Vgl. Fein, H.: Genesis und Geltung in Husserls Phänomenologie, Frankfurt 1970.

[171] s. *Schütz*, A. 1971 b, S. 172.

[172] s. *Graumann*, E. F.: Grundlagen einer Phänomenologie und Psychologie der Perspektivität, Berlin 1960.

[173] „Die jeweilige Perspektive des Gegenstandes stellt nicht ein irgendwie geartetes selbständiges ‚ideelles' Etwas dar. In der Perspektivität der Wahrnehmung wird vielmehr gerade im Innesein der Tatsache, daß mir das Ding nur in einer bestimmten ‚Hinsicht' gegeben ist, auf das *ganze* Ding verwiesen; wenn ich mir der Perspektive meiner Wahrnehmung bewußt bin, so weiß ich gleichzeitig, daß das Ding stets *unendlich viel ist, als mir aus meiner Perspektive an ihm offenbar wird.* Graumann spricht in diesem Zusammenhang von der Perspektivität als einer ‚Verweisungs-Ganzheit'" (Holzkamp, K. 1973, S. 27 f.).

[174] Vgl. *Holst*, E. v. / *Mittelsteadt*, H.: Das Reafferenzprinzip, in: Naturwissenschaften, 37, 1950. Abgedruckt in: Holst, E. v.: Zur Verhaltensphysiologie bei Tier und Mensch, München 1969.

von *Wahrnehmungsinhalten* in verschiedenen bzw. sich wandelnden Kontexten, wenngleich noch auf einer sehr konkreten Stufe.

Nach Graumann[175] läßt sich das Denken demgegenüber charakterisieren durch seine Möglichkeiten zur:

— *Vergegenwärtigung* (Reversibilität von Zeit)

— *Abstraktion* (Absehen von spezifischen Kontextcharakteristika)

— *Aufgabencharakter* (Orientierung an bestimmten Motivationsrelevanzen)

— *Selektivität* (Ablösung der Bedeutung von den Gegenständen)

— *Reflexivität* (Denken wird auf dem Hintergrund eigener Subjektivität und der Spezifik der Situation erlebt)

— *Personalität* (Denken ist *mein* Gedachtes).

Im Verhältnis von Wahrnehmung und Denken spiegelt sich noch einmal das Indexikalitätsproblem in interessanter Weise wider, da der Konkretismus des bloßen „Auf-sich-wirken-lassens" passiv-kontemplativer Wahrnehmungsformen ebenso wie die hochtheoretisierte denkerische „Erfahrung" gegensätzliche, aber dennoch in gleicher Weise defiziente Erfahrungsmodi wären. Die jeweilige Beschränktheit von Wahrnehmungs- und Denkakten, also die Problematik ihrer Geltung kann im jeweiligen Falle aber nur im Kontext der Analyse der zu erfahrenden Situation bzw. in der konkreten praktischen Auseinandersetzung mit ihr erwiesen werden[176].

Auf dem Hintergrund der in dem zitierten Engelszitat angedeuteten komplexen Struktur des gesellschaftlichen Erfahrungszusammenhanges

---

[175] *Graumann*, C. F.: Denken im vorwissenschaftlichen Verständnis, in: ders. (Hrsg.): Denken, Köln—Berlin 1965.

[176] Freilich läßt sich weder die Frage nach der Struktur von Erfahrung noch jene nach ihrer Geltung auf die Unterstellung einer bloßen „Widerspiegelung" der betreffenden Situation beschränken, etwa in Gestalt eines ökonomischen Determinismus, der übrigens eher von den bürgerlichen Wissenssoziologen und Millieutheoretikern als von den Klassikern des Marxismus vertreten wurde: „Nach materialistischer Geschichtsauffassung ist das *in letzter Instanz* bestimmende Moment der Geschichte die Produktion und Reproduktion des wirklichen Lebens. Mehr hat weder Marx noch ich je behauptet. Wenn nun jemand das dahin verdreht, das ökonomische Moment sei das *einzig* bestimmende, so verwandelt er jenen Satz in eine nichtssagende abstrakte, absurde Phrase ... Die ökonomische Lage ist die Basis, aber die verschiedenen Momente des Überbaus — politische Formen des Klassenkampfs und seine Resultate — Verfassungen nach siegreicher Schlacht durch die Herrschenden festgestellt usw. — Rechtsformen und nun gar die Reflexe dieser wirklichen Kämpfe im Gehirn der Beteiligten, politische, juristische, philosophische Theorien, religiöse Anschauungen und deren Weiterentwicklung zu Dogmensystemen, auch über ihre Einwirkungen über den Verlauf der geschichtlichen Kämpfe hinaus, bestimmen in vielen Fällen

2. Problematisierungsversuch der ETH: „Analysis"-Versuch

erscheint die Reduktion des sich in Erfahrung realisierenden Bewußtseins auf die bloße Reflexion ökonomischer, sozialer oder ideengeschichtlicher Bedingungszusammenhänge unsinnig. Hierdurch werden aber auch gleichzeitig die vielfältigen Vermittlungszusammenhänge angedeutet zwischen individuellem Bewußtsein und der jeweiligen historischen *Form* gesellschaftlicher Erfahrung. Deshalb kann das Bewußtsein der unverwechselbaren Subjektivität von Erfahrung nicht im Husserlschen Sinne als immer schon gegeben akzeptiert werden, sondern bedarf hinsichtlich seiner historischen Gewordenheit einer spezifischen Analyse. Die Akzeptierung von Subjektivität darf sich nicht in einem *existentialistischen Subjektivismus* verlieren, der Freiheit nur im Rahmen gedanklicher Welt- und Selbstkonstitution (analog dem „Thomas-Theorem") zu begreifen versucht, nicht aber als das Resultat der Aufhebung „objektiver" Zwänge. Das hier gewählte Forschungsprinzip gleicht jenem von Klaus Holzkamp, wenn er schreibt:

„Das Forschungsprinzip ... ist die Voraussetzung, daß Momente der empirischen Subjektivität des Menschen wie ‚Bedürfnisse' oder ‚Wahrnehmung' nur dann in wissenschaftlichem Erkennen angemessen zu begreifen sind, wenn man sie als ‚resultativen Ausdruck' (Rubinstein) ihrer historischen Gewordenheit expliziert[177]."

Erst auf einem solchen Hintergrund scheint es mir möglich zu sein, anders als ontologisch von Begriffen wie „Freiheit", „Privatheit" oder „Subjektivität" zu sprechen.

Einen der prominentesten soziologischen Versuche, die Dialektik von Gesellschaftlichkeit und Individualität zu erfassen, hat m. A. n. *George Herbert Mead* unternommen, in dessen Konzeption schon wesentliche Elemente einer nicht-objektivistischen Theorie sozialer Erfahrung enthalten sind, um deren Grundlagen herauszuarbeiten ich diesen „Analysis"-Versuch der ETH unternommen habe.

Als für seine Theorie zentrales Element kann sein Konzept der *Identität* angesprochen werden, also der spezifischen Form von Subjektivität, welche sich innerhalb gesellschaftlicher Erfahrungs- und Tätigkeitsprozesse herausbildet.

„Diese Identität, die für sich selbst Objekt werden kann, ist im Grunde eine gesellschaftliche Struktur und erwächst aus der gesellschaftlichen Erfahrung. Wenn sich eine Identität einmal entwickelt hat, schafft sie sich gewissermaßen selbst ihre gesellschaftlichen Erfahrungen. Somit *können*

---

vorwiegend deren *Form* ... Sonst wäre die Anwendung der Theorie auf eine beliebige Geschichtsperiode ja leichter als die Lösung einer einfachen Gleichung ersten Grades. Wir machen unsere Geschichte selbst, aber ... unter sehr bestimmten Voraussetzungen und Bedingungen" (*MEW*, Band 37, S. 463).

[177] *Holzkamp*, K. 1973, S. 46.

wir uns eine absolute solitäre Identität vorstellen, nicht aber eine Identität, die außerhalb der gesellschaftlichen Erfahrung erwächst[178]."

Damit spricht Mead auch schon *sein generelles Programm* an:
1. Aufzeigen der Konstitution von Identität aus gesellschaftlicher Erfahrung:
2. Explikation der Dialektik zwischen der erfahrungsbestimmten Identität und identitätsbestimmter Erfahrung.
3. Die Analyse unterschiedlicher Identitätsformen.

Meads Ausgangspunkt kann in der These gesehen werden, daß sich die Selbsterfahrung nur indirekt, aus der Übernahme der Sicht der anderen Mitglieder einer Gesellschaft bzw. aus der verallgemeinerten Perspektive der umgreifenden gesellschaftlichen Gruppe für das Individuum eröffnet. Als wesentliche Grundlage für diesen Prozeß der „Selbstobjektivierung" gilt ihm die Kommunikation vor allem in sprachlicher Hinsicht, da sich im Medium der Sprache durch Bezugnahme auf gemeinsame Symbole intersubjektive Sinnbezüge herstellen lassen[179].

Von zentraler Wichtigkeit für die Identitätsbildung wird dann, und hier geht Mead auf Cooley zurück, das *Spiel*, da sich im Spiel das Kind aus der Perspektive seiner Mitspieler zu erfahren lernt sowie sich andererseits darin trainiert, virtuell fremde Rollen (zunächst Vater und Mutter) zu übernehmen. Das Spiel repräsentiert das generelle Paradigma aller folgenden Identitätserfahrungen: durch die Übernahme der Rolle des Gegenüber in einem regelgeleiteten sozialen Zusammenhang wird der sozial Handelnde zunehmend in die Lage versetzt, sich auf dem Hintergrund der Einstellung des *„generalisierten Anderen"* zu betrachten und zu beurteilen.

Die Bildung von Identität wird als zweiphasiger Prozeß interpretiert: Zunächst wächst das Identitätsbewußtsein durch die Übernahme der Einstellungen der Handlungspartner in speziellen Interaktionsprozessen, an denen das Individuum teilhat, während im zweiten Stadium es nicht mehr um Erfahrungen in speziellen Handlungsbereichen geht, sondern Identität baut sich jetzt auf dem Hintergrund der Vorstellungen vom

---

[178] *Mead*, G. H.: Geist, Identität und Gesellschaft, Frankfurt 1973 (original 1934), S. 182 (Hervorh. St.W.).

[179] „Wenn der einzelne selbst etwas verwendet, das der beobachteten Geste (damit sind auch sprachliche Gesten gemeint; St.W.) entspricht, es sich selbst wiederholt, sich in die Rolle der zu ihm sprechenden Personen versetzt, dann erkennt er den Sinn des Gehörten, hat eine Idee: der Sinn ist zu dem seinen geworden. Diese Situation scheint dem, was wir Geist (‚Mind') nennen, zugrunde zu liegen. Der gesellschaftliche Prozeß, in dem ein Individuum andere Individuen beeinflußt, wird in die Erfahrung der so beeinflußten Individuen übernommen. Der Einzelne nimmt diese Haltung

2. Problematisierungsversuch der ETH: „Analysis"-Versuch

„Verallgemeinerten Anderen" auf. Man nimmt nun die Einstellung der gesamten sozialen Gruppe zu seiner Person als Kriterium der Eigenbeurteilung[180].

Folgerichtig muß Mead nun auch von einer *Doppelstruktur des Individuums* ausgehen, in der zum einen die übernommenen gesellschaftlichen Einstellungen zu einem selbst („ME") repräsentiert sind. Zum anderen findet sich als zweites Stadium der Reflexivität das „I", in dem sich das Individuum mit den im „ME" zusammengefaßten gesellschaftlichen Rollenanforderungen auseinandersetzt und gerade in dieser Gegenüberstellung sein „Selbst" erfährt (Goffman spricht von Ich-Identität). Mead versucht nun die Frage zu klären, wie denn ein „I" beschaffen sein müßte, um sich seines gesellschaftlichen „ME" bewußt zu werden und in reflexiver Einsicht seine Individualität zu erkennen[181].

Das „I" bringt ein Moment der Unbestimmtheit und Unfestgelegtheit in die individuellen Reaktionen, die eben nicht in den Verhaltensimperativen des „ME" aufgehen. Diese Unbestimmtheit und damit die Chance, daß sie auch bewußtseinsmäßig realisiert wird, steigt mit der Komplexität und/oder der Widersprüchlichkeit des „ME": Bewußtsein macht sich an solchen konfligierenden Handlungsimperativen fest und damit an Entscheidungsnotwendigkeiten. Freilich sind wir damit noch nicht im Reich der Freiheit und des Indeterminismus gelandet: Selbst

---

nicht einfach durch Wiederholung ein, vielmehr als Teil der komplizierten gesellschaftlichen Reaktion, die abläuft." (Mead, G. H. 1973, S. 150). Mead zeigt die Geschichte von Identitätsvorstellungen bzw. deren Entwicklung auf und weist in diesem Zusammenhange darauf hin, daß bei Kindern wie bei sozial Handelnden in primitiven Gesellschaften die Vorstellung des *Doppelgängers* das Bewußtsein der eigenen Identität konstituiert (s. Mead, G. H. 1973, S. 192).

[180] „Diese gesellschaftlichen oder Gruppenhaltungen werden in den direkten Erfahrungsbereich des Einzelnen gebracht und als Elemente in die Struktur der eigenen Identität ebenso eingeführt wie die Haltungen der anderen. Der Einzelne erarbeitet sie sich, indem er die Haltungen bestimmter anderer Individuen im Hinblick auf ihre organisierten gesellschaftlichen Auswirkungen und Implikationen weiter organisiert und dann verallgemeinert" (Mead, G. H. 1973, S. 200 f.).

[181] Die widersprüchliche Einheit von „ME" und „I" führt uns noch einmal auf einem anderen Begriffshorizont die generelle Problematik der Indexikalität vor Augen, die man nicht spontaneistisch „greifen" kann, sondern die immer nur in der Reflexion der „Heilungsprozesse" als Faktum bewußt wird. „Das Ich (I) reagiert auf die Identität, die sich durch die Übernahme der Haltungen anderer entwickelt. Indem wir diese Haltungen übernehmen, führen wir das ICH (ME) ein und reagieren damit auf das Ich (I) ... Ich spreche zu mir selbst und erinnere mich an meine Worte und vielleicht auch an den damit verbundenen emotionellen Inhalt. Das Ich (I) dieses Moments ist dem ICH (ME) des nächsten Moments präsent. Aber auch hier wiederum kann ich mich nicht schnell genug umdrehen, um mich noch selbst zu erfassen ... Auf das Ich (I) ist es zurückzuführen, daß wir uns niemals ganz unserer selbst bewußt sind, daß wir uns durch unsere eigenen Aktionen überraschen" (Mead, G. H. 1973, S. 217).

Mead redet vorsichtiger von „*Gefühl* der Freiheit, der Initiative"[182], da sich das Individuum oder besser: sein „Selbst" niemals auf die nur personale Identität des „I" reduzieren lassen[183].

Erving Goffman spricht von einer Dialektik der personalen und sozialen Identität, welche das „Selbst" konstituiert oder, wie er sagt, die *Ich-Identität*. Die personale Identität kommt in einer selbstkonstruierten, unverwechselbaren Biographie zum Ausdruck, während sich die soziale Identität in den gesellschaftlichen Rollenanforderungen manifestiert, welche von den verschiedenen Bezugsgruppen bzw. von der Gesellschaft allgemein an den Handelnden gestellt werden[184]. Beide Identitäten haben eine komplementäre Stabilisierungsfunktion: die personale Identität (vgl. oben die retrospektiv-prospektive Interpretation von Erfahrung) erlaubt die (idealisierte) Stabilisierung des Ich, das sich in den Wechselfällen alltäglicher Kontingenz permanent als identisches durchhält, während die soziale Identität die jeweiligen Komplexe von Rollenbeziehungen, die für das Individuum relevant sind, zusammenfaßt.

„Beide ‚Identitäten' können als das Ergebnis einer ‚Synthesis' aufgefaßt werden, die sich auf eine Folge von Zuständen in der Dimension der sozialen Zeit (Lebensgeschichte) bzw. auf die Mannigfaltigkeit gleichzeitiger Erwartungen in der Dimension des sozialen Raumes (Rollen) erstreckt. Ich-Identität kann dann als die Balance zwischen der Aufrechterhaltung beider Identitäten, der persönlichen und der sozialen, aufgefaßt werden. Wir müssen gleichzeitig unsere soziale Identität wahren und ausdrücken, ohne der Gefahr der ‚Verdinglichung' zu erliegen; aber ebenso müssen wir unsere persönliche Identität zugleich wahren und ausdrücken, ohne ‚stigmatisiert' zu werden[185]."

Die sozial Handelnden sehen sich demnach zwei, in sich widersprüchlichen Erwartungen ausgesetzt: einerseits müssen sie die soziale Identität aufrechterhalten, dürfen aber nicht darin aufgehen. Die „Lösung"

---

[182] s. *Mead*, G. H. 1973, S. 221.
[183] Tendentiell wird dies in der Regression während der psychoanalytischen Behandlungsprozedur angestrebt. Der grundsätzliche Fehler der Psychoanalyse wird hier zumindest theoretisch deutlich: durch die vermeintliche Reduzierung des Individuums auf das, was scheinbar seinen personalen Kern ausmacht, sollen die Voraussetzungen für den Aufbau einer neuen sozialen Identität geschaffen werden, die aber in der psychoanalytischen Behandlungssituation selbst nicht hergestellt werden kann. Die Psychoanalyse liefert nur die optimalen Möglichkeiten zur Regression, nicht oder nur begrenzt für den Aufbau sozialer Identität, ausgenommen man wollte im Analytiker den „verallgemeinerten Anderen" sehen. Dies erklärt u. U. die lange Dauer der Behandlung sowie die Tatsache, daß viele Patienten sich regelrecht in die Behandlungssituation „verlieben", die sie als Schonraum ihrer in der harten Wirklichkeit zerzausten Gefühle empfinden. Dazu *Freud*, S.: Die endliche und die unendliche Analyse, in: Internationale Zeitschrift für Psychoanalyse, 23, 1937.
[184] Mead verglich übrigens das „ME" explizit mit der Freudschen Konzeption des „Über-Ich". s. *Mead*, G. H. 1973, S. 254.
[185] *Habermas*, J. 1973 b, S. 131.

2. Problematisierungsversuch der ETH: „Analysis"-Versuch

dieses Problems ist nach Goffman das fiktive Signalisieren von rollenentsprechender Normalität *(„phantom normalcy")*. Zum anderen darf die personale Identität im sozialen Verkehr nicht zu sehr zum Ausdruck gebracht werden, d. h. Sozialität muß immer auch in genügendem Maße mitsignalisiert werden *(„phantom uniqueness")*.

Autonome Kontrolle im Sinne der ETH macht die Definition der Situation also keineswegs „konfliktloser", wie dies Bohnsack[186] unterstellt, sondern im Gegenteil komplexer und schwieriger, da die Aufrechterhaltung der Ich-Identität tendenziell schwieriger wird, wenn sich personale und soziale Identität immer mehr voneinander differenzieren. Ich würde Habermas zustimmen, wenn er bemerkt, daß die Möglichkeit der Individuierung hauptsächlich von der Differenzierung der Rollensysteme abhängt, spezieller vom Grad der Repressivität eines Rollensystems, seiner Rigidität sowie dem Ausmaß und der Art der ausgeübten Verhaltenskontrolle[187].

Autonomie wird von der ETH immer schon im Rahmen von für selbstverständlich gehaltenen Lebensformen konzipiert, wo sie sich etwa in einer reflektierenden Einstellung gegenüber lebensforminternen Problemlösungen erweist. Damit wird zwar eine recht hoch entwickelte selbstreflexive Problemlösungskompetenz angesprochen, die nicht mehr nur Probleme als Probleme in mir versteht, sondern auf die begrenzte und unzulängliche Natur meines Wissens über das zu lösende Problem abhebt. Dies impliziert aber lange noch nicht ein Verständnis der auftauchenden Probleme als Ergebnis einer Analyse der Konstitutionsbedingungen dieser speziellen Lebensform selbst.

Die „utilitaristische Praxis" des Alltags setzt eine „Naturalisierung" voraus, in der *geschichtlich Gewordenes* nur mehr als faktisch unbefragte Vorfindlichkeit auftaucht. Demzufolge müssen in einem solchen Kontext Probleme als solche des erfahrenden Individuums angesehen werden und sich infolgedessen Problemlösungsprozesse mehr auf die Umdeutung subjektiver Erfahrungen, weniger auf die Veränderung der objektiven Randbedingungen solcher Erfahrungs- und Denkprozesse beziehen[188].

---
[186] *Bohnsack*, R. 1973, S. 39.
[187] s. dazu *Habermas*, J. 1973 b, S. 127 ff.
[188] „Das Selbst des Alltagsbewußtseins wäre in diesem Zusammenhang als ein aus wohlverstandenen Gründen noch nicht zu sich selbst gekommenes, blockiertes Selbst zu beschreiben. Das Agglomerat von konfligierenden Handlungstendenzen auf das sich das Selbst des Alltagsbewußtseins beziehen kann, bleibt partiell vereinseitigt; Synthetisierungen der widersprüchlichen Handlungsintentionen richten sich nach einem fixierten Muster der Problemlösung ... Das Alltagsbewußtsein bleibt mit seinem set von Handlungsintentionen einseitig identifiziert. Das macht seine innere Bornierung aus. Seine Greifkapazität bleibt eingeschränkt; alltägliche Erfahrungs- und Verhaltensweisen erhalten etwas ‚stromlinienförmiges' (Brückner)" (Leithäuser, Th. 1973, S. 158 f.).

Daß Freiheit und Indeterminismus nur im Rahmen bestimmter Lebensformen existieren und nicht etwa *gegen* diese oder in Absetzung von ihnen, hat Goffman deutlich zeigen können. Gerade die Fremd- und Selbstdarstellung von Autonomie scheint ein höchst kompliziertes darstellerisches Problem zu sein, da einerseits die Anforderungen des „ME" bzw. der sozialen Identität erfüllt werden müssen, andererseits das „spezifisch Individuelle" aufrechtzuerhalten ist. Die Selbstdarstellung bzw. das persönliche „image-management" entwickelt sich damit zu einer schwierigen *moralischen Aufgabe, wobei Moralität mit der Fähigkeit zusammenfällt, zu signalisieren, man sei moralisch*[189].

In „Stigma" spricht Goffman von der Aufgabe jedes Selbstdarstellers seine *aktuelle soziale Identität* möglichst im Rahmen allgemeiner normativer Erwartungen, also im Rahmen der *virtuellen sozialen Identität* erscheinen zu lassen. Je rigider der entsprechende Rollentyp ist, desto weniger kann das Individuum in „autonomer Kontrolle" den gegebenen Spielraum durch ad-hoc-Interpretationen ausfüllen, d. h. desto weitgehender sind die Einschränkungen für das „impression management", wenngleich, wie die ETH aufgewiesen hat, selbst in den rigidesten Rollensystemen ad-hoc-Interpretationen *unvermeidlich* sind. Dennoch bedeutet „Rollendistanz", d. h. die effektiv ausgedrückte bzw. intendierte Trennung zwischen dem Individuum und seinen vermeintlichen Rollen, keine *grundsätzliche* Problematisierung der jeweiligen Rolle oder gar eines ganzen Rollensystems, sondern nur eine Distanzierung gegenüber der in der jeweiligen Rolle implizierten Identität („ME"). Meist und vielleicht gerade in den „totalen Institutionen" dürfte eine offen ausagierte Distanzierung von der Rollenidentität vermieden werden.

Ein beliebter Ersatzmechanismus scheint mir die *Ironie* zu sein, welche sich nach Dreitzel verstehen läßt

„als eine kulturell typisierte Distanzierung vom eigenen Rollenspiel durch artikulierte Reflexion über die Rolle und die Situation, die den Rahmen des Verhaltens abgeben. Mit ihr wird zum Ausdruck gebracht, daß man sich der Rollenhaftigkeit und der Situationsbedingtheit seines Verhaltens bewußt ist und daß man außerhalb dieses Verhaltensrahmens noch mehr und anders ist"[190].

Innerhalb des phänomenologischen, naturalistischen (Goffman) wie des ethnomethodologischen Theorierahmens steigt folglich Ironie zu

---

[189] Vgl. dazu die Problematik mündlicher Prüfungen, bei denen es ja weniger um den *Aufweis* wirklicher Kompetenz des Prüflings geht, denn dann müßte die Prüfung als ein sample des betreffenden Wissensstoffes organisiert sein, sondern um das kompetente *Signalisieren* von Kompetenz.

[190] *Dreitzel*, H. P.: Die gesellschaftlichen Leiden und das Leiden an der Gesellschaft. Vorstudien zu einer Pathologie des Rollenverhaltens, 2. Auflage, Stuttgart 1972, S. 188 f.

2. Problematisierungsversuch der ETH: „Analysis"-Versuch 281

einem Zeichen höchster sozialer Kompetenz des Einzelindividuums auf, da sich Kompetenz an dem pragmatischen „Durchkommen" in den verschiedensten sozialen Bezügen bemißt, was auch und gerade durch ironische Distanzierung erreicht werden kann, nicht aber an einem Erkennen der historisch-logischen Systematik dieser Bezüge sowie der eigenen Bewältigungsmechanismen.

Einer kritischen Theorie sozialer Erfahrung kann es aber nicht darum gehen, alltägliches „impression management", Imagepflege und „facework" nur naturalistisch zu beschreiben oder gar Effektivierungsvorschläge zu machen. Darin mag ein kritischer Demonstrationseffekt liegen, welcher aber unzulänglich bleibt, weil die Veränderung widersprüchlicher sozialer Situationen dann nur als deren *manipulative Umgehung* gedacht werden kann, die bestehende Macht und Sozialstrukturen, also die spezifische Lebensform unangetastet lassen[191].

Im Gegensatz zu Mead, der die durch die Arbeitsteilung konstituierte Entfremdung der Menschen von den Zielen ihrer Arbeit feststellt und sogar die Sozialisierung der Industrie als mögliches Hilfsmittel anspricht, zieht Goffman aus der Erkenntnis von Entfremdung nur die Konsequenz des *dramaturgischen Kaschierens, der Herstellung einer Illusion des Selbst*. Er hat zwar die menschlichen Bedürfnissen und Verhaltensgewohnheiten zuwiderlaufenden Zustände „totaler Institutionen" erkannt, er weiß um die Irrationalität der Beziehung individueller Leistung und der Höhe der Belohnung, er realisiert den ideologischen Charakter von Moralvorstellungen auf dem Hintergrund ihrer jeweiligen Nützlichkeit für bestimmte Klassen, und dennoch beschränkt er sich auf die naturalistische Beschreibung subjektiver Tricks, mit deren Hilfe die Handelnden in verdinglichten Strukturen die Illusion von „Identität" aufrechterhalten. Gesellschaftliche Veränderungen werden damit implizit für unmöglich erklärt; was bleibt ist das zynische Abfinden mit vorgegebenen, unbegriffenen Situationen, und zwar in einer eleganten, „peppiger" Weise, die intersubjektive Reputation („Typ") einbringt[192].

---

[191] Alwin Gouldner hat in treffender Weise die hinter der Theorie Goffmans stehende Lebensform charakterisiert: „Goffmans soziale Welt wird nicht vom Moralkodex (oder vom ‚Respekt'), sondern vom ‚Takt' (oder berechnender Ungezwungenheit) zusammengehalten. Eine soziale Ordnung, wie sie für Goffman existiert, hängt von kleinen Gefälligkeiten ab, die die Menschen einander erweisen; soziale Systeme sind kleine gefährdete Treibinseln, deren Küsten täglich gesichert und erneuert werden müssen. In Goffmans Weltbild betreten die Menschen wieder die Szene, durchtriebene, ständig bedrohte kleine Teufel, aber immer noch Menschen, während die starren sozialen Strukturen in den Hintergrund verschwinden. Hier wird ein Gefühl von der Gefährdetheit der Welt vermittelt und gleichzeitig die Lust, sich in ihr zu behaupten" (*Gouldner*, A. 1974, S. 454).

[192] Siehe dazu die nette Anekdote von einem Gespräch Gouldners und Goffmans mit einem gemeinsamen Verleger: „Ich wandte mich an Goffman

Die von den Ethnomethodologen abstrakt so hochgelobte „autonome Kontrolle" manifestiert sich hier als die Politik einer pragmatischen Vortäuschung von Identität, welche die grundsätzliche Gleichartigkeit der Situation der Beteiligten in historischen gesellschaftlichen Strukturen nicht akzeptiert, deshalb die historischen Bedingungen ihrer Möglichkeit nicht erkennen kann und sie deshalb der „Spontaneität", der „Phantasie" und ähnlichen ominösen subjektiven Eigenschaften zuschreiben muß. Solche „Tricks" machen den soziostrukturellen Handlungsrahmen zwar „komfortabler", lösen ihn aber niemals auf[193].

In einer kritischen Theorie sozialer Erfahrung könnte sich Kompetenz demnach nicht weiter auf die Stabilisierung abstrakter „autonomer Kontrolle" reduzieren, weil dadurch nur der alltägliche manipulative Pragmatismus prämiert würde, sondern muß sich auch auf Fähigkeiten beziehen, neue Formen von *Solidarität* zu entwickeln.

„Konfliktlose" Situationsdefinitionen sind innerhalb der ethnomethodologischen Lebensform nur um den Preis eines weitgehenden *Reduktionismus* denkbar, nämlich dem analytischen Zerfallen der Welt in ein komplexes Chaos, das zu ordnen allein Angelegenheit der Subjekte sein soll. Dieser Ordnungsprozeß selbst erfährt eine subjektivistische Interpretation und wird nicht als eine Erscheinung verstanden, welche zumindest von ihren Rahmenbedingungen her durch den Entwicklungsstand gesellschaftlicher Produktion und Reproduktion bestimmt wird.

An solche Situationsdefinitionen, seien es alltagsweltliche oder auch wissenschaftliche, kann keine Validitätsfrage gestellt werden, da sie ja in sich sinnvolle (im Sinne von „pragmatisch-sinnvoll") Sprachspiele darstellen. Ihre Konfliktlosigkeit erweist sich solange als unproblematisch, als man dem selbstbewußten, d. h. autonomiebewußten Ich die aktive Ordnung seiner Welt erkenntnistheoretisch zubilligt: dies genau wäre die Position eines pragmatisch-konstruktivistischen Subjektivismus, der die soziale Realität nur als einen „Splitterhaufen subjektiver Horizonte" zu denken in der Lage ist.

Das Reden von der „Autonomie des Subjekts" impliziert in diesem Konzept einen Vernunftbegriff, der sich seine eigene Vernünftigkeit nur *ontologisch*, nicht aber *historisch* klarmachen kann. Damit wird nun

---

und sagte mit ziemlichen Widerwillen: ‚Diese Burschen behandeln uns wie Handelsartikel'. Goffmans Antwort lautete: ‚Das ist schon in Ordnung, Al, solange sie uns nur als *teure* Handelsartikel behandeln'" (Gouldner, A. 1974, S. 458).

[193] Zu einer ähnlichen Bewertung Goffmans kommt auch Leithäuser: „Das an Erfolg und Vorteil gebundene Identitätsmanagement des Alltagsbewußtseins bleibt streng auf die in Geltung stehenden Regeln institutionalisierter Kommunikation und Interaktion bezogen. Erst die Veränderung der sozialen Situation kann den Verzicht auf pragmatische Identitätspolitik erzwingen" (Leithäuser, Th. 1973, S. 196).

2. Problematisierungsversuch der ETH: „Analysis"-Versuch

Vernunft rationalistisch an den individuellen Träger, das atomisierte und sich autonom dünkende Individuum angebunden. Andererseits wird die Struktur der sozialen Umwelt, obwohl sie durchaus über einzelne rationale Akte (etwa Tauschakte) hergestellt worden ist, in ihrer Gesamtheit für das individuelle Bewußtsein undurchdringlich und undurchschaubar. Als pragmatische Konsequenz der im Alltag Handelnden bietet sich die Ersetzung von Rationalem durch Rationelles an. Dadurch werden übergreifende gesellschaftliche Zielvorstellungen, wie sie im Rationalismus durchaus gefordert wurden, als Kristallisationspunkte gesellschaftlicher Ordnung obsolet, und die abstrakte Hypostasierung bestehender Prozesse („Sachzwänge") tritt an ihre Stelle. Vernunft oder auch Kompetenz bestehen infolgedessen in individuell hochentwickelten Informationsverarbeitungsstrukturen, und nicht *auch* in der Fähigkeit der Handelnden sich selbst und ihre Erfahrungen auf dem Hintergrund komplexer und teilweise widersprüchlicher gesellschaftlicher Randbedingungen zu begreifen und daraus die praktischen Konsequenzen für die Umstrukturierung dieser Erfahrungssituationen zu ziehen.

In einem alternativen Ansatz wäre konkret nach den *historisch sich wandelnden Formen von Individualität* zu fragen, also nach den *notwendigen Aktivitätsmatrizen* (Sevé) einer bestimmten Gesellschaftsformation, wie Schüler, Rentner, Arbeiter, Konsument, Kapitalist etc., auf deren Hintergrund sich dann das konkret-situative Handeln abspielt. Ausgangspunkt könnte die *These* sein, daß sich der Mensch erst im Verlauf des historischen Prozesses „vereinzelt", nicht aber durch Zufall, Spontaneität oder gar Mutation[194]. Wir hätten demnach *zwei verschiedene Formen von „Einmaligkeit"* zu unterscheiden: einmal jene, die sich im Bewußtsein der Handelnden im „Gefühl der autonomen Kontrolle der charakteristischen Disparität" manifestiert, und zum anderen die Einmaligkeit der historisch-gesellschaftlichen Persönlichkeit als solcher. Es wäre sicherlich falsch, die konkrete Persönlichkeit einfach mit ihren gesellschaftlichen Grundlagen identifizieren

---

[194] Wie Marx gezeigt hat, besitzt jede Gesellschaft ihre *eigenen Zufallsformen:* „Der Unterschied zwischen persönlichem Individuum und zufälligem Individuum ist keine Begriffsunterscheidung, sondern ein historisches Faktum. Diese Unterscheidung hat zu verschiedenen Zeiten einen verschiedenen Sinn, z. B. der Stand als etwas dem Individuum Zufälliges im 18. Jahrhundert, plus ou moins auch die Familie" (*MEW*, Band 3, S. 71). „Die universal entwickelten Individuen, deren gesellschaftliche Verhältnisse als ihre eigenen, gemeinschaftlichen Beziehungen auch ihrer eigenen, gemeinschaftlichen Kontrolle unterworfen sind, sind kein Produkt der Natur, sondern der Geschichte. Der Grad und die Universalität der Entwicklung der Vermögen, worin *diese* Individualität möglich wird, setzt eben die Produktion auf der Basis der Tauschwerte voraus, die mit der Allgemeinheit der Entfremdung des Individuums von sich und von anderen, aber auch die Allgemeinheit und Allseitigkeit seiner Beziehungen und Fähigkeiten erst produziert" (*Marx*, K.: Grundrisse der Kritik der politischen Ökonomie, Berlin [DDR] 1953, S. 79 f.).

zu wollen, da dies implizit eine *Psychologisierung von Gesellschaft* mit sich brächte, indem man sie sich als eine Art Gesamtindividuum vorstellt, welches sich aus der Zahl seiner Mitglieder zusammensetzt. Damit könnte das einzelne Individuum nicht mehr als gesellschaftliches *Produkt* (L. Sevé spricht vom konkreten Individuum als einer „Juxtastruktur") begriffen werden, sondern als konstituierender *Teil* von Gesellschaft, als deren „Basis". Dagegen ließe sich unter Bezugnahme auf so unterschiedliche Ansätze wie jener von Marx und Luhmann m. A. n. zurecht einwenden, daß sich Gesellschaft nicht aus Individuen zusammensetzt, sondern der Summe der *Beziehungen* worin die Individuen zueinander stehen[195] bzw. der Rollenzusammenhänge. Schon deshalb kann ein wechselseitiger Reduktionsprozeß von Individualität und Sozialität nicht statthaben.

Lucien Sevé, der sich intensiv um eine „Wissenschaft vom konkreten Individuum" bemüht, wie er seinen Versuch einer marxistischen Persönlichkeitstheorie bezeichnet, faßt die vorliegende Problematik in zwei voneinander untrennbare Paradoxa zusammen: in das Paradoxon der Individualität und jenes der Humanität.

Unter der Bezeichnung „*Paradoxon der Individualität*" versteht Sevé folgendes:
„Jedes Individuum ist *einmalig* (d. h. indexikal bestimmt; St.W.), folglich ist die individuelle Einmaligkeit ein *allgemeiner,* ein gesellschaftlicher Sachverhalt. Aber dieser *gesellschaftliche* Sachverhalt besteht in der von Grund auf gegebenen Unterschiedlichkeit der *Individuen.* Zudem ist, da jedes Individuum nur insofern Individuum ist, als es einmalig ist, die Einmaligkeit *wesentlich* für die Individualität; da aber die Individualität ein gesellschaftlicher und allgemeiner Sachverhalt ist, erscheint die Einmaligkeit des Individuums darin als *unwesentlich.* Wie ist unter diesen Bedingungen eine allgemeine Theorie der Individualität, eine gesellschaftliche Theorie der psychologischen Persönlichkeit vorstellbar? Wie ist das Individuum als Produkt der gesellschaftlichen Verhältnisse, also die Einmaligkeit des Individuums als Ergebnis der Allgemeinheit der gesellschaftlichen Verhältnisse denkbar? Diese Paradoxon ist im Grunde nichts anderes als das hochwichtige epistemiologische Paradoxon der *Wissenschaft vom Individuellen*[196]."

Demgegenüber bezieht sich das *Paradoxon der Humanität* auf die Feststellung, daß jedes Individuum ein einmaliges Exemplar der Humanität im allgemeinen ist, daß aber diese allgemeine Humanität keine Art von psychischem apriori darstellt. Wie wir bei Marx und Mead notierten, läßt sich die Gesellschaftlichkeit der Individuen nur im Kontext bestimmter historischer Verkehrsformen bzw. Rollenzusammenhänge denken und nicht in jedem gesellschaftlichen Individuum etwa über eine „epoché" als substantielle Grundbeschaffenheit nachweisen. Die Humanität, und das scheint mir der entscheidende

---
[195] *Marx,* K. 1953, S. 176.
[196] *Sevé,* L. 1972, S. 260.

2. Problematisierungsversuch der ETH: „Analysis"-Versuch

Einwand gegen die Theorie der Basismechanismen zu sein, hat keine psychologische Gestalt, etwa in Form einer gemeinsamen Grundausstattung von „Ethnomethodologien". Sevé spricht bei diesem Paradoxon auch vom Paradoxon des *konkreten Wesens:*

> „Wenn das Wesen allgemein ist, wie soll es dann etwas anderes sein als bloße Abstraktion, die dem Leben des Gegenstandes fremd ist (,Heilungsversuch'; St.W.); und wenn es das konkrete Leben des Gegenstandes ausdrückt, wie kann es dann wissenschaftliche Allgemeinheit erlangen?[197]."

Sevés Lösung beider Paradoxa frappiert; sie besteht aus zwei dialektisch aufeinander bezogenen Thesen:

1. Ausgehend von der sechsten Feuerbachthese stellt Sevé die Behauptung von der *Äußerlichkeit und Fremdheit des menschlichen Wesens in bezug auf seine psychologische Gestalt* auf. Marx hatte ja davon gesprochen, daß das menschliche Wesen kein dem einzelnen Individuum innewohnendes Abstraktum sei, sondern das Ensemble der gesellschaftlichen Verhältnisse. Demnach gibt es einen *qualitativen* Unterschied zwischen dem konkreten Individuum und dem Ensemble der gesellschaftlichen Verhältnisse. „Basis", Überbauphänomene und Ideologien sind *keine psychologischen Tatbestände*[198].

Daraus muß man folgern, daß die Tatsache, daß Basis, Überbauten und Ideologien *psychologische Gestalt* annehmen, nicht gesellschaftlichen Ursprungs sein kann, daß also die psychologische Gestalt von den Individuen auf die Gesellschaft übergeht und nicht umgekehrt[199].

2. Dialektisch schließt Sevé die zweite These an, nach der Inhalt und Formen des Psychischen nicht individuell angeboren sind, sondern sich im Laufe der historischen Entwicklung sozial erst herstellen. Von der Gesellschaft werden die konkreten Individualitätsformen und die konkreten historischen Inhalte des Psychischen produziert; die Gesellschaft

produziert sie jedoch ursprünglich nur in den konkreten Individuen, wo die psychologische Gestalt (Einzahl!) als *Effekt der Individualität* erscheint, und von den Individuen aus wird diese ihrerseits in die Gesellschaft projeziert, wo sie sich dann als abgeleitetes „gesellschaftliches Psychisches" offenbart, was die verschiedensten, außerordentlich komplexen Wechselwirkungen mit den Individuen zur Folge hat[200].

---

[197] *Sevé*, L. 1972, S. 261.

[198] „Man scheint oft anzunehmen, daß der Standpunkt der von Grund auf gegebenen Priorität der gesellschaftlichen Formen des *Psychischen* und des Bewußtseins gegenüber den individuellen Formen ein ausgesprochen materialistischer, marxistischer Standpunkt sei. In Wirklichkeit steckt man, wenn man es dabei beläßt, tief im Idealismus, weil man *der Gesellschaft als solcher die psychologische Gestalt zuschreibt*, sie also psychologisiert" (*Sevé*, L. 1972, S. 262).

[199] s. dazu *Sevé*, L. 1972, S. 262.

[200] *Sevé*, L. 1972, S. 263. Eine dieser Folgen wäre sicherlich auch die ETH!

Die Persönlichkeit bleibt demnach zwar immer von der Gesellschaft abhängig, behält aber ihre grundsätzliche Eigenart, so daß Sevé davon spricht, daß sie in *„Juxtastruktur"-Beziehung* zur Gesellschaft stehe. Die Beziehung von Individualitätsformen bzw. gesellschaftlichen Inhalten und Persönlichkeit dürfe nicht als kausalmechanistische Ableitung begriffen werden, sondern als *„Funktionaldeterminationsverhältnis"*. Demnach können weder gesellschaftliche Verhältnisse und Persönlichkeit abstrakt getrennt werden, wie dies auf unterschiedlichen Ebenen sowohl im Strukturalismus wie in der Phänomenologie geschieht, noch darf man ökonomistisch Kategorien wie „Kapitalist", „Arbeiter", „Rentier", etc. einfach in psychologische Begriffe umzuformulieren versuchen, wie dies in einer vulgärmarxistischen „Charaktermaskentheorie" geschieht. Solche Kategorien bezeichnen *in bezug auf die Ökonomie* bestimmte Bedingungen der gesellschaftlichen Reproduktion auf einer bestimmten historischen Produktionsstufe, während man hinsichtlich ihrer Bedeutung *für die konkreten Individuen* sagen kann, sie stellten *„notwendige Aktivitätsmatrizen"* dar, welche von den Individuen nicht von Fall zu Fall „gewählt" werden können, sondern notwendige Grundlagen und Randbedingungen des Handelns der entwickelten Persönlichkeit sind[201].

Diese Individualitätsformen, welche dem konkreten Individuum äußerlich bleiben, stellen Widerspiegelungen objektiver gesellschaftlicher Prozesse in dem Sinne dar, daß sie aus den Funktionserfordernissen des betreffenden historischen gesellschaftlichen Systems abzuleiten sind. Ich kann in diesem Rahmen nicht in extenso auf Sevés Versuch einer Wissenschaft vom konkreten Individuum eingehen, zumal es mir in diesem Zusammenhang eher darum geht, eine negative Abgrenzung dessen zu versuchen, was „Individualität", „subjektive Autonomie" bzw. „autonome Kontrolle" im Rahmen einer Theorie sozialer Ordnung für ein Stellenwert zukommen könnte.

Aus den bisherigen Hinweisen dürfte aber doch schon die Beschränktheit der Theorie der Basismechanismen und der in ihr implizierten Lebensform deutlich geworden werden, die sich über den historischen Charakter von „Autonomie"-Unterstellungen nicht im klaren ist, und damit keine Kriterien für die faktische Berechtigung solcher Idealisierungen angeben kann und daher nicht in der Lage ist, zumindest tendenziell zwischen illusionären und historisch realistischen Autonomieunterstellungen differenzieren zu können.

---

[201] „In einer kapitalistischen Gesellschaft Kapitalist oder Proletarier zu sein, bedeutet also ganz und gar nicht, sich aus dem ‚affektiven Antwortbedürfnis' oder irgend einer anderen, *vom Individuum ausgehenden* psychologischen Motivation heraus nach Kulturmodellen zu richten bzw. eine soziale Rolle innezuhaben; nein, es handelt sich um *notwendige* Aktivitätsmatrizen, die den Individuen *objektiv bestimmte gesellschaftliche Charaktere* aufprägen" (Sevé, L. 1972, S. 267).

D. Zusammenfassung

I. Zum allgemeinen Ansatz der Arbeit

Zusammen mit der Rekapitulation des letzten Kapitels soll in diesem Abschnitt der Versuch gemacht werden, den Gesamtzusammenhang noch einmal in „retrospektiver Interpretation" klarzumachen[1].

Mein Ziel war es gewesen, die „Rhetorik" bzw. richtiger, die „Rhetoriken" darzustellen, welche von alltagsweltlich und wissenschaftlich Handelnden angewendet werden, um in sozialen Situationen angesichts der jeweils vorliegenden sachlichen, zeitlichen und sozialen Ressourcenbeschränkungen mit dem Applikations- bzw. Indexikalitätsproblem fertig zu werden. Eine solchermaßen hergestellte Geordnetheitsunterstellung („sense of social structure") bildet den Hintergrund für jedwedes praktisch-pragmatische Handeln innerhalb der jeweiligen Lebenswelt.

„Rhetorik", so meine These, muß immer ein *Versuch* der Herstellung von sozialer Ordnung bleiben, da man sich bei der Interpretation und Darstellung sozialer Situationen im Rahmen bestimmter *notwendiger* Unschärfen bewegt, dies aber in einer methodischen Weise tut, und zwar so methodisch, daß trotz der unausweichlichen Vagheit die soziale Akzeptabilität gesichert bleibt.

Eine weitere These von mir ging dahin, daß sich für die interpretative Herstellung sozialer Ordnung keine (Ethno-) Methodologie *an sich*, also transzendentale Bedingungen der Möglichkeit sozialer Akzeptabilität ausmachen lassen, sondern jeweils nur spezielle Methodologien, welche der vorliegenden historischen Lebensform, innerhalb denen diese Interpretationen statthaben, mehr oder weniger entsprechen. „Geordnetheit" wird nicht an sich hergestellt, sondern immer nur relativ und in Abhängigkeit zu in bestimmter Weise strukturierten historischen „Umwelten".

Diese letzte These ist von mir nicht in extenso, d. h. in einer genauen historischen Analyse herausgearbeitet, sondern gewissermaßen nur negativ plausibilisiert worden, indem ich im letzten Kapitel C die

---

[1] Diese Schlußinterpretation muß sich in gewisser Weise notwendig von jenen unterscheiden, die während der Argumentation vorgebracht wurden, da sich ja der durch die Diskussion hergestellte Sinnhintergrund laufend veränderte. Es ist das Verdienst der ETH auf diese „Aktualgenese von Problemlösungen" aufmerksam gemacht zu haben.

historische Adäquatheit einer von der ETH implizierten Form, Indexikalität alltagsweltlich zu „heilen", nachzuweisen versuchte, woraus sich dann meine Ablehnung der ethnomethodologischen These der Universalität der Basismechanismen herleitete.

Die verschiedenen „Praxeologien" bzw. „Ethnomethodologien" der sozial Handelnden können somit als kontingente „Rhetoriken" bezeichnet werden; die soziologische Untersuchung solcher Heilungsprozesse kann damit als Wissenschaft von der „Rhetorik sozialer Ordnung" angesprochen werden. Der „Rhetorik"-Begriff beansprucht hier keinen besonderen analytischen Stellenwert, sondern soll formelhaft die *Richtung* der Analyse aufzeigen und Gemeinsamkeiten im Vollzug von Situationsdefinitionen und Verstehensprozessen in verschiedenen sozialen Kontexten verdeutlichen.

Auf dem Hintergrund dieser allgemeinen Andeutungen will ich nun einen kurzen retrospektiven Interpretationsversuch der vorherigen Kapitel unternehmen.

Zunächst sollte (Abschnitt A I) deutlich werden, wie sich die Wissenschaftslehre im Laufe ihrer historischen Entwicklung, die ich aus darstellungstechnischen Gründen auf die Stufen Sensualismus, logischer Empirismus, Falsifikationismus und Konstruktivismus reduzierte, dem Indexikalitätsproblem auf eine *bestimmte methodische* Weise näherte bzw. besser *methodisch entfernte*. Ich konstatierte angesichts der zunehmenden Aufhebung ontologischer Hilfsmaßnahmen im Forschungsprozeß die Technik, im Validierungsprozeß die zu untersuchenden sozialen Lebensformen immer mehr den von der Theorie implizierten anzunähern. Dies führte in letzter wissenschaftstheoretischer Konsequenz zum Konstruktivismus sowie forschungspraktisch zum Operationalismus, also zu Positionen, in denen man zwischen experimentelltheoretischer und alltäglicher Lebenswelt zuungunsten der letzteren kaum mehr differenziert („Primat des Theoretischen"). Im Anschluß daran wird, zumindest von den radikalsten Vertretern dieser Positionen, konsequent die Forderung nach Umstrukturierung der Realität in Richtung auf eine künstliche Laborwirklichkeit erhoben, innerhalb der erst wirkliche Forschung möglich wäre.

Der systemimmanenten Eindeutigkeit von Theorien wird das Bemühen um die adäquate Abbildung alltäglicher Realität geopfert. Da nur von den zynischsten Vertretern des Behaviorismus eine solche Forderung explizit vorgebracht wird, erfährt diese Position im „wissenschaftlichen Alltag" ihre Abstützung und Legitimation mehr aus wissenschaftsinternen Hilfsideologien, wie ich sie am Beispiel der klassischen Testtheorie und der daraus sich ergebenden Anweisungen für sozialwissenschaftliche Experimente zu demonstrieren versuchte. Dabei ließen sich verschiedene Elemente der „Grammatik des Experiments" angeben, mit deren Hilfe das Indexikalitätsproblem methodisch zu bewältigen versucht wird, sowie die Abstraktion von den situativen (lokal-historischen) Randbedingungen legitimiert wird. Als zentrale Annahme fiel dabei die Unterstellung von „wahren Werten" auf, die nur durch die situativen Kontingenzen der Experimentalsituation und der psychischen Gestimmtheiten von Versuchspersonen und Versuchsleitern zufällig verzerrt würden.

Vom Ansatzpunkt den genauen Gegensatz stellt die im nächsten Abschnitt geschilderte Konzeption einer sich von Wittgenstein herleitenden „therapeutischen" oder „Sprachspielsoziologie" dar. Ein solcher Ansatz versucht nicht seine „Rhetorik" einer wie immer konstruierten bzw. rekonstruierten Realität „überzustülpen", sondern beschränkt sich ausdrücklich auf die *Abbildung* vorliegender alltagsweltlicher „Rhetoriken" (Abschnitt A II). Es geht dann um die Darstellung bzw. Nachkonstruktion von Sprachspielen, sowie um die Rekapitulation ihrer (unterstellten) inneren Ordnung.

Da man sich hier ganz von einer konstruktivistischen Einstellung zum wissenschaftlichen Objektbereich zurückgezogen hat, ist man zur Unterstellung des Geordnetheitscharakters solcher Sprachspiele gezwungen, um überhaupt noch zu wissenschaftlich sinnvollen Aussagen kommen zu können. Die Systematisiertheitsunterstellung geht dabei so weit, daß die Möglichkeit einer Übersetzung von Sinnelementen aus einem Sprachspiel in ein anderes als unmöglich abgelehnt wird, da jedes „item" angeblich nur innerhalb seines jeweiligen Sprachspielhintergrundes mit einem bestimmten sozialen Sinn verknüpft werden kann.

Dieser Position zufolge (s. Abschnitt A II, 2) reduziert sich der wissenschaftliche Anspruch auf den Versuch einer „therapeutischen Soziologie", welche neben der Nachkonstruktion der Sprachspielsystematiken nur mehr Hinweise auf etwaige Sprachspiel-interne Widersprüche und Inkonsistenzen geben kann, aus denen soziale Probleme oder besser „Scheinprobleme" entstehen. Damit verbleibt als einzige Ebene, auf der soziale Probleme und Spannungen lokalisiert werden können die „grammatische", d. h. „grammatische" Inkonsistenzen in Sprachspielen haben soziale Probleme zur Folge.

Aus der erwähnten Geordnetheitsunterstellung, deren Idealisierungscharakter freilich nicht mitgedacht wird, resultiert die ausdrückliche Akzeptierung des Rationalitätsbegriffes, wie er innerhalb alltagsweltlicher Sprachspiele und auf dem Hintergrund von deren „Rhetorik" jeweils vorliegt (vgl. die „ethnomethodological indifference"). Dennoch bieten die Konzepte von Wittgenstein, und in seiner

Nachfolge von Winch, Hart und Rawls die Möglichkeit, wichtige analytische Differenzierungen anzubringen, mit denen es unter anderen theoretischen Voraussetzungen m. A. n. gelingen könnte, das Sprachspielkonzept dialektisch „aufzuheben".

Gerade die Unterscheidung in die beiden Ebenen der *konstativen* und *präferentiellen* Regeln deutet nicht nur die Ausdifferenzierung der sozialen Wirklichkeit in eine Vielzahl von Sprachspielen an, sondern erlaubt auch die Hypothese, daß sich die historische Entwicklung und Aufeinanderfolge von Sprachspielen aus dem jeweiligen Wechselverhältnis beider Regelebenen verstehen ließe.

Zudem leitet sich aus der Konzeption von Wittgenstein eine enge Verbindung von Sprachspielen und dazugehörigen sozialen Lebensformen ab, deren Systematik freilich weder von ihm noch von seinen Nachfolgern herausgearbeitet wurde, da man idealistisch eine Identifikation von Sprachspiel und sozialem Handlungssystem unterstellte[2]. Der sprachanalytische Ansatz bleibt grundsätzlich beschränkt, da er keine Kriterien für die Unterscheidung, Abgrenzung und Kritik einzelner Sprachspiele, also ein „Metasprachspiel" angeben kann, wie auch deren Verhältnis zu den jeweiligen lokal-historischen Situationen, in denen sie sich entwickeln, nicht anzugeben in der Lage ist, zumal die historische *Situation* idealistisch mit den sprachspielabhängigen *Situationsinterpretationen* identifiziert wird. Der Radikalisierung der Geordnetheits- bzw. Differenzierungsthese steht keine übergeordnete Theorie gegenüber, wodurch Wittgenstein in ähnlicher Weise „sprachlos" wird, wie als Konsequenz seiner Abbildtheorie im Tractatus.

Die „Rhetorik" dieses „Heilungsversuches", an dessen Ausgangspunkt doch die ausdrückliche Ablehnung einer tendentiell konstruktivistischen Wissenschaftsposition stand, führt also im Endeffekt zu ähnlichen Abstraktionsleistungen. Speziell die Unterstellung der Geordnetheit und wechselseitigen Unvereinbarkeit von Sprachspielen legitimiert innertheoretisch das Absehen von den situativen Randbedingungen solcher Sprachspiele. Auch die Identifikation von Sprachspiel und sozialer Lebensform läßt keinen Raum für Fragen nach den Widersprüchen oder Entsprechungen von Situation und Situationsdefinition, da sich kein gehaltvoller Begriff sozialer Praxis aus dieser Theorie entwickeln läßt.

Dennoch sei neben dem doppelten Regelbegriff noch eine zweite wichtige Errungenschaft der sprachanalytischen Diskussion erwähnt: nämlich die *Widerlegung der pragmatisch-utilitaristischen Position* hin-

---

[2] „Existieren soziale Beziehungen zwischen Menschen nur in ihren Ideen und durch diese, so müssen sie eine Abart innerer Beziehungen sein, da die Beziehungen zwischen Ideen dies auch sind" (Winch, P. 1967, S. 157).

D.I. Zum allgemeinen Ansatz

sichtlich des Problems der Regelanwendung. Auch der Pragmatismus, der anscheinend keine „Rhetorik" impliziert, sondern jeweils neu in der aktuellen Situation Entscheidungen bzw. Entscheidungskriterien herzustellen vorgibt, bedarf, wie Rawls zeigte, einer Fundierung durch gewisse Basisannahmen, die in der Situation selber nicht mehr „pragmatisiert" werden. Man muß demnach ein System primärer Regeln unterstellen, welche die Spielregeln der Lebensform definieren, innerhalb deren dann erst pragmatisch sich Verhalten und Situationsdefinitionen abwickeln können. Pragmatisches Handeln bzw. der wissenschaftstheoretische Pragmatismus bleiben daher auf alltagsweltlicher bzw. wissenschaftlicher Ebene jeweils in pointiertem Sinne „oberflächlich", da für sie nur das System sekundärer Regeln in den Blick kommt.

In Abschnitt A III führte ich dann noch als ein wesentliches theoretisches Konzept *Vertrauen* ein, welches mir notwendig bzw. vorsichtiger funktional für die Aufrechterhaltung einer jeden „Rhetorik" erscheint, weil es im Prozeß der situativen Applikation von Regeln in sozial sanktionierter Weise die Suspendierung etwaiger Zweifel verständlich macht.

Da ich das Applikations- bzw. Indexikalitätsproblem grundsätzlich als *Entscheidungsproblem* (über die Anwendung oder Nichtanwendung allgemeiner Regeln auf eine bestimmte singuläre, raum-zeitlich bestimmte Situation) interpretiere, lag es nahe, im Rahmen der empirischen Entscheidungstheorie nach Ergebnissen darüber nachzuforschen, was denn die empirisch vorfindbaren Formen von Entscheidungsverhalten bzw. *-nicht-*verhalten seien, um daraus Schlüsse für eine allgemeine soziologische Theorie der Regelanwendung zu ziehen.

Es ergab sich, daß alle sozialen Interpretationen und Handlungen als resultierend aus *Entscheidungen unter Risiko* aufzufassen sind, die unter den Bedingungen unvollständiger Information und unter knappen sachlichen, zeitlichen und sozialen Ressourcen zu fällen sind. Als Paradigma einer solchen risikoreichen Entscheidungssituation hatte ich das sog. „prisoner dilemma" diskutiert, wobei sich zeigte, daß die Bezugnahme auf die angeführten situativen Randbedingungen zu einer neuen Interpretation des *Nutzensbegriffes* (als subjektiv erwartetem) und auch des Begriffs von *Rationalität* führen muß. Diese läßt sich nicht mehr als eine *strukturelle*, welche formal aus den objektiven Strukturbedingungen der Situation ableitbar ist, sondern nur mehr als *prozessuale* verstehen. Zum rationalen Verhalten gehört demnach auch das vertrauensvolle Sich-einlassen auf Entscheidungs- und Handlungsprozesse anderer, d. h. die zeitweise kontrafaktische Vorgabe von Sicherheit und Vertrauen, auch wenn die Struktur solcher Prozesse aus der jeweiligen Situation zunächst noch nicht klar ersichtlich ist (vgl. den Basismechanismus der et-cetera-Regel). Die scheinbar „irrationale" Bezugnahme auf Vertrauen erwies sich, etwa im Exkurs auf Erikson, als eine *notwendige Komponente sozialer Kompetenz*, wobei sich Vertrauen seinerseits nur auf dem Hintergrund entwickelter Ich-Identität theoretisch verständlich machen läßt. Diese These ließ sich am Beispiel schizophrener Persönlichkeiten demonstrieren, denen es unmöglich ist, längere soziale Handlungssequenzen im Rahmen einer einzigen Situationsdefinition durchzuhalten, da sie ohne Vertrauen in einmal etablierte Situationsdefinitionen konkretistisch auf jede neue Information mit einer totalen Umstrukturierung ihres Situationsverständnisses reagieren.

Im zweiten Teil des Abschnittes A III versuchte ich dann, Vertrauen als sozialen Mechanismus entlang der verschiedenen Dimensionen situativer Komplexität zu verdeutlichen und seine spezifischen Anwendungsbedingungen anzugeben. Danach bleibt jede „Rhetorik sozialer Ordnung" wesentlich auf Vertrauen angewiesen bzw. muß so gestaltet werden, daß daraus abgeleiteten Handlungen und Interpretationen Vertrauen entgegengebracht werden kann. D. h., soziales Verhalten muß in einer solchen Weise *methodisch* präsentiert werden, daß Akzeptabilität unter nicht zu großen sozialen Risiken unterstellt werden kann.

Der nächste Hauptteil (B) diente dann einem dreifachen Zweck:

— der begrifflichen Präzisierung (I)
— der paradigmatischen Darstellung der kritischen Folgerungen, die sich aus der Anerkennung des Indexikalitätsproblems für die Analyse traditioneller soziologischer Ordnungstheorien ergeben (II)
— der Darstellung einer, vom Anspruch her, alternativen soziologischen Konzeption in Gestalt der ETH (III).

Die begriffliche Präzisierung bezog sich zum einen auf den „Rhetorik"-begriff, unter dem der grundsätzlich methodische Charakter sozialer Sinnherstellung gefaßt werden sollte („Rhetorik" als universales Phänomen). Dabei bezieht sich die Methodik nicht auf formal-äußerliche Kriterien von Sprechen und Handeln, sondern auf hinter dieser Oberfläche liegende Interpretationsmechanismen[3].

Zum anderen galt es, den Begriff der Indexikalität zu klären, der ein Problem bezeichnet, welches ja schon vorher unter dem Namen „Applikationsproblem" aufgetaucht war, und dessen philosophische und linguistische Hintergründe angedeutet werden sollten. In diesem Zusammenhang tauchte das wichtige Argument auf, daß sich die „Wahrheit" von Sätzen bzw. die soziale Akzeptabilität von Handlungen in

---

[3] "Formal structures of practical actions" nach *Garfinkel,* H. / *Sacks,* H. 1970.

D.I. Zum allgemeinen Ansatz

sozialen Situationen nur unter ausdrücklicher Berücksichtigung der situativen Parameter feststellen läßt, woraus sich u. a. die Unhaltbarkeit generalisierender, d. h. situationsinsensibler Annahmen der *Verhaltens*theorie ableitet. Wahrheit und Akzeptabilität müssen daher als permanente Ordnungsleistungen interpretiert werden, die im Rahmen bestimmter sozial eingespielter „Rhetoriken" stattfinden.

Anschließend versuchte ich dann kurz jene Konsequenzen zu skizzieren, die sich aus dem theoretischen Ernstnehmen dieser Konzepte für die Soziologie ergeben und vertrat dabei die These, von der neuen paradigmatischen Qualität dieses Ansatzes, der ja quasi *unterhalb* der Annahmen und Aussagen der traditionellen Soziologie ansetzt.

Im Abschnitt B II nahm ich die Spezifik traditioneller soziologischer Ordnungstheorien noch einmal auf (in Gestalt der Theorien von Hobbes Durkheim und Parsons), um darzulegen, wie die Vernachlässigung des Indexikalitätsproblems, des Konzeptes der zwei Regelebenen und die analytische Nichtbeachtung der Vertrauenskategorie notwendig zu einem bestimmten soziologisch-theoretischen „Syndrom", dem „moralischen Absolutismus" führen muß. Generell ist damit die Tendenz der Überbewertung normativer Verhaltenssteuerung bei der interaktiven Herstellung sozial geordneter Situationen angesprochen, letztlich ein *normativistischer Konstruktivismus,* der über erkenntnistheoretische Hilfskonstruktionen wie den analytischen Realismus etwa bei Parsons abzusichern versucht wird.

An verschiedenen Punkten, hauptsächlich in Abschnitt B III, 1, hatte ich die forschungstechnischen und theoretischen Kosten eines solchermaßen „rhetorischen" Vorgehens angedeutet, vor allem die mangelnde Sensibilität für situativ bestimmte soziale Abläufe, die Vernachlässigung des Prozeßcharakters sozialer Abläufe, die Verdinglichung sozial hergestellter Daten, die Vermischung von Wissenschaft und alltagsweltlichem common-sense usw.

Der nächste Abschnitt B III, 2 war dann einer referierenden Darstellung der ETH vorbehalten, einer soziologischen Theorierichtung, die den Anspruch erhebt, eine wissenschaftliche Untersuchung alltagsweltlicher und wissenschaftlicher Sinnherstellungsprozesse zu leisten, ohne selbst dem „Rhetorik"-Verdikt zu verfallen. Daß sich dieser letztgenannte Anspruch nicht aufrechterhalten läßt, zeigt schon die theoretische Differenzierung, welche sich trotz der Einheitsideologie, die die ETH nach außen hin als Selbstdarstellung vertritt, zwischen verschiedenen ethnomethodologischen Positionen aufweisen läßt. Ich will hier nicht mehr die einzelnen Darstellungen der verschiedenen Richtungen rekapitulieren, sondern nur das Ergebnis dieser Diskussion herauszuarbeiten versuchen. Resümierend (in Abschnitt C I) war es meine grundlegende These gewesen, daß die ETH zwar eine adäquate Kritik an den traditionellen ordnungstheoretischen soziologischen Vorstellungen geliefert hätte, d. h. den konstruktivistischen Charakter des „moralischen Absolutismus" richtig aufgezeigt hätte, aber im Überziehen dieser Kritik und in der Nichtbeachtung ihres Geltungsbereiches selber zu einer „Rhetorik" würde. Die ETH übersieht bzw. verleugnet (Cicourel), daß auch sie nur ein bestimmtes theoretisches Sprachspiel darstellt, welches bestimmten historischen Lebensformen angemessen sein mag, dessen universalistischer Generalisierung bzw. Transzendentalisierung (wie im Rahmen der deutschen ETH-Rezeption) aber in die Irre führen muß.

Dieser Eindruck, der sich zunächst nur an den weitgehenden Forschungs- und Denkverboten festmachte, welche von der ETH gegenüber der traditionellen soziologischen Vorgehensweise ausgesprochen werden (eingeengter Empiriebegriff, totale Auflösung soziologischer Daten in ihren Herstellungsprozessen ohne Frage nach dem Referenzgegenstand, weitgehende Einschränkung makrosoziologischer Theoriebildung, Elimination einer möglichen historischen Dimension usw.), sollte dann im letzten Abschnitt (C II, 3) spezifisch erläutert und zu einer grundlegenden Kritik der ETH ausgearbeitet werden.

Zu dieser Demonstration zog ich die m. A. n. entwickelste ethnomethodologische Konzeption, jene der „cognitive sociology" Aaron Cicourels heran, welche sich sowohl durch eingehende empirische Validierungsversuche wie andererseits durch einen universalen Anspruch auszeichnet, nämlich die Basismechanismen angeben zu können, die sozialer Erfahrung überhaupt zugrunde liegen.

Mein *Ziel* in diesem letzten Abschnitt bestand nun darin, generell den *historisch-relativen Charakter* dieser Konzeption aufzuweisen, also die These von der Universalität der durch die Basismechanismen gekennzeichneten Erfahrungsform zu widerlegen. Die ETH sollte also nicht als grundsätzlich irrelevant abgetan werden, sondern es galt sie innerhalb einer *historisch gerichteten Theorie sozialer Erfahrung* als die bestimmten historischen Lebensformen entsprechende Form sozialer Erfahrung „aufzuheben", also als eine von mehreren möglichen „Rhetoriken sozialer Ordnung" auszuweisen.

Zunutze kam mir dabei, daß sich im „Analysis"-Ansatz eine Konzeption anbot, die es ermöglichte, sozialwissenschaftliche Theorien auch als soziale Lebensformen zu verstehen, deren „Grammatik" sich mit jenen bestimmter historisch vorfindbarer Lebensformen vergleichen läßt. Aus einem solchen „Analysis"-Versuch und der angedeuteten Parallelisierung verschiedener „Grammatiken" lassen sich natürlich keine genauen Ableitungen auf ganz spezifische historische Situationen konstruieren. Was geleistet werden kann und hier von mir auch intendiert war, ist eine *Plausibilisierung* eines Entsprechungsverhältnisses zwischen der von der ETH skizzierten Erfahrungsform mit den Bedingungen sozialer Erfahrung in der bürgerlich-kapitalistischen Gesellschaft.

Diese Parallelen bzw. der gesamte Analysis-Versuch der Theorie der Basismechanismen seien an dieser Stelle noch einmal rekapituliert:

II. Zusammenfassung des „Analysis"-Versuchs der Theorie der Basismechanismen

Als wesentlichstes Kennzeichen des ethnomethodologischen „Lösungsversuches" des Indexikalitätsproblems habe ich das Konzept der *invarianten Basismechanismen* herauszustellen versucht. Dabei erwies sich als die charakteristische theoretische Schwäche dieses Ansatzes die bloße analytische *Separierung* der Ebene der Basismechanismen, mit deren Hilfe ein „sense of social structure" erzeugt wird, von der Ebene der Oberflächenregeln oder Normen, die je nach lokal-historischen Bedingungen des gesellschaftlichen Kontexts variieren. So kann in der Theorie der Basismechanismen zwar allgemein von „Pragmatisierung" der allgemeinen Regeln und Normen mit Hilfe der Basismechanismen gesprochen werden, niemals folgt aber daraus die Möglichkeit einer historischen Spezifizierung bestimmter Pragmatisierungs- oder auch Normalisierungsprozesse. So bleibt die ethnomethodologische Explikation *alltäglicher Erfahrungspraxis* notwendig abstrakt.

Daß diese Theorie nicht die Bedingungen der Möglichkeit sozialer Erfahrung überhaupt angibt, erweist sich, wenn man die „Grammatik" der hinter dieser Theorie stehenden Lebensform mit der „Anatomie der bürgerlichen Gesellschaft" vergleicht, wie sie von Marx herausgearbeitet wurde.

An Hand der verschiedenen Ebenen von Basismechanismen und der daraus sich ableitenden Theorie sozialer Erfahrung lassen sich einige Elemente einer solchen Lebensform verdeutlichen:

Soziale Erfahrung und Geschichte

Die „Rationalität" innerhalb dieser Lebensform bemißt sich auf einer ersten Ebene an der Möglichkeit, konkrete Erfahrungen in einen „geschichtlichen" Zusammenhang einzubauen. „Geschichte" erweist sich hier als die Rekonstruktion von Prozessen vom Standpunkt der aktuellen Situation aus, d. h. Situation und Geschichte bestimmen sich gegenseitig in reflexiver Weise. Dieser Geschichtsbegriff ähnelt in gewisser Weise dem Marxschen, wie dieser ihn in seiner Kritik der politischen Ökonomie entwickelt hat. Im Unterschied zu der ethnomethodologischen

D.II. Zusammenfassung des „Analysis"-Versuches

Auffassung meint Marx aber nicht, Geschichte sei mit der bloß subjektiv rekonstruierten Geschichte gleichzusetzen, daß also Geschichte mit den Vorstellungen der sozial Handelnden über sie *zusammenfalle*. Marx unterscheidet „Geschichte" von solchen subjektiven Rekonstruktionen von Geschichte durch seine spezifische *Erkenntnisbeziehung*, die er historischen Prozessen gegenüber einnimmt:

„Die bürgerliche Gesellschaft ist die entwickelste und die mannigfaltigste historische Organisation der Produktion. Die Kategorien, die ihre Verhältnisse ausdrücken, daß Verständnis ihrer Gliederung, gewähren daher zugleich Einsicht in die Gliederung und die Produktionsverhältnisse aller der untergegangenen Gesellschaftsformen, mit deren Trümmern und Elementen sie sich aufbaut, von denen teils noch unüberwundene Reste sich in ihr fortschleppen ... In der Anatomie ist ein Schlüssel zur Anatomie des Affen. Die Andeutungen auf höheres in den untergegangenen Tierarten können dagegen nur verstanden werden, wenn das Höhere selbst schon bekannt ist. Die bürgerliche Ökonomie liefert so den Schlüssel zur antiken etc. ....4."

„Geschichte" wird hier nur in einem dialektischen Wechselverhältnis zwischen der Strukturanalyse der gegebenen historischen Situation und den Ansätzen zu einer logisch-historischen Interpretation geschichtlicher Abläufe „herstellbar". Einem solchen dialektischen gegenüber muß der ethnomethodologische Geschichtsbegriff als bloß *subjektiv-konstruktivistischer* angesprochen werden. Wenn wir uns die „Breite" der in dieser Theorie angesprochenen „Geschichtsbilder" vergegenwärtigen, so können wir nur eine unzusammenhängende Mannigfaltigkeit subjektiver Zeithorizonte konstatieren.

Die Problematik des Verhältnisses von individuellen zu gesellschaftlichen (bzw. bereichsspezifischen) Standardzeiten bzw. Zeithorizonten bleibt grundsätzlich unberücksichtigt. Die Idealisierung der *Theoretizität* verdeckt diese Dialektik von Zeitperspektiven bzw. die spezifischen restriktiven Randbedingungen, die der subjektiven Konstruktion von Geschichte und möglichen Zukunftsperspektiven entgegenstehen[5].

Eine solche Lebensform dürfte selektiv nur für Individuen realisierbar sein, die

— entweder weitgehend entlastet sind von organisierten Arbeitsvollzügen und so den Ablauf ihrer Aktivitäten zumindest in gewissen Bereichen und mittelfristig selber bestimmen können wie Studenten, Intellektuelle, Rentiers etc.,

— oder Individuen, welche sich interpretatorisch die objektiven Randbedingungen ihrer Handlungen nicht eingestehen, also weitgehende

---
[4] *Marx*, K. 1953, S. 25 f.
[5] Bei dieser Idealisierung der Theoretizität wird unterstellt, daß der Handelnde sich über die möglichen Alternativen in einer gegebenen Situation im klaren ist und seine Entscheidungen auf dem Hintergrund dieser Kenntnis trifft; er ist und erlebt sich als autonom Handelnder.

Realitätsausklammerung betreiben. Extremfälle solcher Realitätsausklammerung werden gemeinhin unter dem Etikett „Schizophrene" „psychiatrisiert"[6], wobei Unterschichtenangehörige dominieren.

Freilich darf man trotz der offensichtlichen Schichtenabhängigkeit der Möglichkeit subjektiver Gestaltung von Zeithorizonten nicht von der einfachen Alternative: Privilegiertheit versus Realitätsausschließung ausgehen, sondern hat zu beachten, daß in einer kapitalistischen Gesellschaft in beiden gesellschaftlichen Kontexten gleichermaßen eine Trennung von subjektiv „eingerichteter" Alltäglichkeit und allgemeiner Geschichte impliziert ist, da letztere sich eher entlang den Verwertungsbedingungen des Kapitals als in bewußter Planung der handelnden Subjekte vollzieht. Da sich diese naturwüchsige Logik des Produktionsprozesses als objektiver „Sachzwang" darstellt, der mit dem alltäglichen Handeln kaum interpretativ in einen logischen Zusammenhang gebracht werden kann, kann in einer solchen Lebensform der Einbruch von „Geschichte" in Alltäglichkeit nur als „Schicksal" verstanden und „erlitten" werden.

Soziale Erfahrung und Intersubjektivität

Die „Rationalität" innerhalb dieser Lebensform hat weiterhin die *Entqualifizierung menschlicher Beziehungen und Persönlichkeitsunterschiede* zur Voraussetzung, und zwar in Gestalt von Typisierungen der Situationen sowie von Akteuren.

Damit ist einerseits richtig die Anerkennung eines Interaktionspartners als gesellschaftliches Subjekt überhaupt, und zwar in der Idealisierung der „Auswechselbarkeit der Standpunkte" angesprochen; dies führt aber andererseits in der Systematik dieser Lebensform zu einer Reduzierung der Handlungspartner auf ein Exemplar des „Man", wenn man vom Kompetenzkriterium der Basismechanismentheorie, nämlich Generalisierung der Basismechanismen, ausgeht. Was dieses „Man" historisch-inhaltlich bedeutet, kann innerhalb der Theorie der Basismechanismen wegen der Vermischung des transzendentalen mit dem Unterstellungsargument bezüglich dieses Basismechanismus nicht deutlich werden, so daß zwischen „transzendentaler Gegebenheit" und der bloßen Unterstellung der „Reziprozität der Perspektiven" nicht unterschieden werden kann.

---

[6] Man könnte einwenden, daß z. B. Priester in primitiven Gesellschaften oder Adlige im Mittelalter ähnlich souverän in ihrer Zeitplanbestimmung waren. Freilich stellte in diesen Gesellschaften der Trennung von Alltäglichkeit und Geschichte nicht eine Entsprechung einer widersprüchlichen gesellschaftlichen Organisationsform dar, war die interpretative „Anbindung" von Alltäglichkeit an Geschichte eher ein Komplexitätsproblem und wurde nicht systematisch durch strukturelle Antagonismen in der Gesellschaftsorganisation verunmöglicht.

In der dabei implizierten sozialen Lebensform, so habe ich es zu zeigen versucht, wird ein hohes Maß an gesellschaftlich „sanktionierter Vagheit" nötig, da nur auf diese Weise der Interaktionspartner in der Erfahrung auf die hier avisierte geringe Zahl abstrakter Wahrnehmungsdimensionen reduziert werden kann. Daraus folgerte ich die These, daß ein hoher Generalisierungsgrad der Reziprozitätsunterstellung nur bei ganz spezifischen sozialen Randbedingungen funktional wird, also einer bestimmten historischen Lebensform entspricht, deren Organisation einen solchen Grad an Generalisierung ermöglicht. Auf diese Weise kann die scheinbare Autonomie der Zuschreibung des Selbstverständnis der sich als unabhängige Atome verstehenden Individuen als zwar fiktiv, aber gleichwohl gesellschaftlich vermittelt anerkannt werden.

Im Rahmen dieser Theorie ist die Konstitution von Erfahrung *nur als subjektive Leistung* begreifbar, was bei Bohnsack in seiner Kompetenztheorie konkret dazu führen muß, *Rigidität als Zeichen von Kompetenz* zu werten. Damit wäre die ETH trotz ihres Umwegs über die Indexikalität und die Annahme von Basismechanismen beim sozialisierten Rollenhandel a la Parsons angelangt, welches ehedem von Cicourel[7] doch so scharf attackiert worden war.

Der ETH bleibt die inhaltliche Bestimmung und Bestimmtheit von Typisierungen im Rahmen kooperativer Arbeitsvollzüge verborgen, da Typisierungsleistungen zudem nur als autonome Setzungen konzipiert sind. Damit verschließt sich ihr auch die Erkenntnis, daß die Tatsache der Herstellung eines „sense of social structure" ein *gesellschaftliches Verhältnis* impliziert. „Privatsprachliche Typisierungen" bleiben immer auf den Bezugsrahmen eines intersubjektiven Sprachspiels und darüber hinaus, wofür die ETH überhaupt keinen Begriff hat, auf eine intersubjektive, historisch-spezifische Lebensform bezogen und werden auch nur auf diesem Hintergrund indexikal verstehbar.

Marx hat, wie ich darzustellen versuchte, die historischen Bedingungen von Abstraktheit in seiner Warenanalyse entwickelt, sowie mit dem Terminus des „Fetischcharakters der Ware" die tendentielle Undurchdringlichkeit der Verdinglichung kapitalistischer Tauschbeziehungen für die alltäglich Handelnden aufgewiesen. Ich versuchte dies mit dem Hinweis auf die Dialektik der Erscheinung von Waren (darunter sind sowohl Sachen, wie Personen in ihrer Kennzeichnung als „Ware Arbeitskraft" gefaßt) als indexikalistisch besondere und gleichzeitig als „sinnlich-übersinnliche" Dinge anzudeuten.

Die generalisierenden Typisierungen beziehen sich vornehmlich auf den *Tauschwertaspekt* von Dingen und Personen, so daß gerade in

---

[7] s. *Cicourel*, A. V. 1973 b.

diesem Fall deren gesellschaftliche Vermitteltheit offensichtlich wird. Hohe Kompetenz im Rahmen der in der Theorie der Basismechanismen angesprochenen Lebensform impliziert also die „totale Heilung" der Gebrauchswertcharakteristika von Dingen und Personen und damit entspricht sie in ihrer Logik einer idealtypisch entwickelten kapitalistischen Tauschgesellschaft, welche freilich in diesem Verdinglichungsgrad kaum anzutreffen sein dürfte[8].

Soziale Erfahrung und Typisierungen

Die „Rationalität" von Situationsinterpretationen bemißt sich auf einer weiteren Ebene an der jeweiligen Generalisierung von Typisierungen, wobei es dafür, trotz und gerade angesichts ihrer „wesensmäßigen reflexiven Bezogenheit" auf bestimmte indexikale Situationen nur subjektive Kriterien gibt. Einerseits wird damit richtig der grundsätzlich konstruktivistische und damit „erratische" Charakter von Typisierungen angesprochen, welcher dadurch zustande kommt, daß man durch die Spezifität konkreter Situationen hindurch versucht, bestimmte Typisierungen allgemeiner Art zu erkennen („dokumentarische Methode") bzw. aufrechtzuerhalten („et-cetera-Regel"). Hohe Generalisierungsleistungen auf dieser Ebene führen aber andererseits zur *Zurechtstutzung der Realität* auf logisch konsistente Satzsysteme im Rahmen der zweiwertigen Logik, deren Fragwürdigkeit hinsichtlich ihrer situativen Applikation durch die Anwendung der „et-cetera-Regel" nur überdeckt wird. Gerade hochgradig generalisierte Typisierungen machen den *„Konservatismus"* innerhalb subjektiver Entscheidungsprozesse besonders deutlich (s. Abschnitt A III, 2).

Eine solche „Realitätsausschließung" wird erleichtert durch eine *Entspezifizierung der Wirklichkeit,* wodurch diese nur mehr als eine, in sich zufällig variierende „Umwelt" erscheint. Dadurch eröffnen

---

[8] In solch hoch abstrakten Reziprozitätsbeziehungen findet sich dann, gleichsam als „generalisierter Mechanismus" im Sinne Luhmanns Sympathie oder „Liebe", welche die Stabilisierung isolierter Privatwelten leistet, die hoch-indexikal sind. Luhmann versucht aber, im Gegensatz zu meiner obigen Darstellung eine systemtheoretische Legitimation solch verabstrahierter Beziehungen: „Auf diese Weise kann die Welt dupliziert werden in eine öffentliche, anonym konstituierte Privatwelt, in der Ereignisse parallelgewertet werden und das jeweilige Ich dank seiner Relevanz in der Welt des anderen eine besondere Bedeutung gewinnen kann, die für seine öffentliche Bedeutungslosigkeit entschädigt. Diese Duplikation dramatisiert das Problem der Selektionsübertragung und erzwingt den Transfer auf die Ebene symbolischer Generalisierung. Die romantische Paradoxie des Zusammenfallens von Notwendigkeit und Zufall, von Zwangsläufigkeit (Krankhaftigkeit!) und Freiheit in der Liebe fungiert dann als genaue Chiffrierung der liebesspezifischen Zurechnungskonstellation: die Selektion des Alter muß, bei aller Ideosynkrasie als *Erleben* geliebt werden soll, nicht ihm zugerechnet werden; man liebt ihn, ,wie er ist'" (Luhmann, N.: Einführende Bemerkungen zu einer Theorie symbolisch generalisierter Kommunikationsmedien, in: Zeitschrift für Soziologie, 3, 1974, S. 244 f.).

sich in der von der Basismechanismentheorie umschriebenen Lebensform ungeahnte Möglichkeiten scheinbar autonomer Sinnsetzung.

Im Rahmen der aktuellen soziologischen Theoriediskussion scheint mir der inhaltlich unspezifizierte Komplexitätsbegriff Luhmanns ein paralleles Beispiel für die Möglichkeit zu sein, über die extensive Ausbeutung von „Leerformeln"[9] Theorieproduktion großen Stils (respektive alltagsweltliche Produktion von Interpretationen) unter geringer Risiko-, d. h. Kritikbelastung zu betreiben. Interessante Hinweise, welche sich m. A. n. auch auf unsere Diskussion beziehen lassen, die sich auf eine historische Konkretisierung des Komplexitätsbegriffes beziehen, hat Claus Offe gegeben:

„Ich hätte dazu geneigt, den Komplexitätsbegriff etwas aufzudröseln und ihn als den abstrakt-anthropologisierenden Ausdruck einer sozio-ökonomischen Organisation zu begreifen, die sozusagen permanent gezwungen ist, in ein Feld von selbstgelegten Tretminen hinein zu expandieren. Die Komplexität, die Luhmann meint, ist das Hauptproblem nur von solchen Gesellschaften, die ihre Hauptantagonismen ziemlich zuverlässig unterdrückt haben, andererseits mit den Folgeproblemen, die dieser Unterdrückungs- und Regulierungsapparat aufrührt, nicht zurechtkommen ... Würde man den Komplexitätsbegriff nach diesem Schema konkretisieren, so müßte sich allerdings Luhmann Einsichten gutschreiben lassen, die er in dieser Form nicht gewollt haben kann. Die Behauptung, daß es Gesellschaften gibt (und zwar unter einer einmaligen historischen Konstellation), die mit nichts anderem als Überleben beschäftigt sind, wäre dann nicht bloß Funktion eines beschränkten systemtheoretischen Jargons, sondern sie ließe sich analytisch stark machen, freilich nur im Rahmen einer Kapitalismusanalyse[10]."

Im Anschluß an Offe ließen sich sowohl an den Luhmannschen Komplexitätsbegriff wie an den „Umwelt- bzw. Situationsbegriff" der Theorie der Basismechanismen folgende Fragen stellen, welche freilich im Rahmen beider Theorien unbeantwortbar sind:

— weshalb ist etwas komplex (historisch-genetische Konkretisierung)?

— für welche Gruppen und welche Institutionen erscheint etwas komplex, d. h., wie läßt sich das historisch variable Unvermögen (oder Vermögen), ihre Komplexität abzubauen bzw. ihre „Umwelt" als kontingent zu erleben, soziologisch erklären?

— welches Verdienst kann sich eine Systemtheorie, ebenso wie eine Theorie der Basismechanismen zugute halten, die a) empirisch gehaltlos ist und b) eigentlich nur als Geheimwissenschaft überlebensfähig zu sein scheint, denn wüßten ihre Exekutoren, was sie

---

[9] Vgl. *Degenkolbe*, G.: Über die logische Struktur und gesellschaftliche Funktion von Leerformeln, in: Kölner Zeitschrift für Soziologie und Sozialpsychologie, 17, 1965.

[10] Claus Offe, zitiert in einer Anmerkung von *Habermas*, J. 1971, S. 269.

tun, dann könnten sie es nicht mehr tun, weil sie permanent über ihre eigene Reflexivität stolpern müßten und sich im Endeffekt nur mehr kontemplativ mit ihren eigenen Kontemplationen beschäftigen könnten.

Vor allem könnte dann das von der ethnomethodologischen Lebensform implizierte *Substanzdenken* nicht mehr aufrechterhalten werden, welches über die Naturalisierung von Typisierungen (dem „Hauptsächlichen"), sowie der Eliminierung scheinbar zufälliger Randbedingungen zustande kommt (s. den Abschnitt A I, 3 über die klassische Testtheorie). Wegen des solchermaßen mystifizierten Charakters von Typisierungen wird die Destruktion dessen, was wir „Pseudokonkretheit" genannt haben, für die sozial Handelnden zunehmend unmöglich und auch weitgehend „uninteressant", solange man sich in seiner utilitaristischen Praxis ohne wesentliche Hindernisse „durchwursteln" kann.

Das undifferenzierte „Umweltkonzept" führt außerdem zu der Möglichkeit einer extensiven Anwendung der et-cetera-Regel mit der Folge, daß der idealtypische „Bewohner" einer solchen Lebenswelt eine sehr hohe Sensibilitätsschwelle für sozial widersprüchliche Situationen aufweist. Ein solcher neuer Typ des „oversocialized man" wäre dann nicht mehr einer (wie in der funktionalistischen Theorie), der seine soziale Umwelt im Kontext sozialer Rollenerwartungen taxiert und sich selbst streng nach diesen verhält, sondern einer, der es gelernt hat, sowohl bei anderen als bei sich selbst, schon dann ein Gefühl von sozialer Geordnetheit aufkommen zu lassen, wenn „something's going on". Nicht das Inhaltliche sozialer Abläufe, sondern ihre Prozessualität an sich reichen als Kriterium sozialer Ordnung in dieser Lebenswelt aus.

Soziale Erfahrung und situative Eingebundenheit

In einer vierten Dimension wird die indexikale „Rationalität" in dieser Lebensform unter dem Gesichtspunkt des Vertrauens auf die prinzipiell unbezweifelte Übereinstimmung von Typisierung und Situation betrachtet. „Rationalität" erlangen „Typisierungen auf dem Hintergrund einer „natürlichen Einstellung", die aber in der Theorie der Basismechanismen nur als subjektivistische Selbststabilisierung einer Situationsdefinition gedacht werden kann. Dadurch geht die Differenzierungsmöglichkeit zwischen Situation und Situationsdefinition, zwischen der Systematik von Situationen und der Geordnetheit von Situationsdefinitionen verloren. Die sich daraus ableitende Geordnetheitsunterstellung von Realität begrenzt die Reichweite des Zweifels, welcher sich aufgrund irgendwelcher Störungen der „natürlichen Einstellung" ergeben könnte:

— wenn trotz der „Störung" die Situationsdefinition aufrechterhalten werden kann und nur bestimmte Typisierungen problematisiert werden, bleibt wegen der Gleichsetzung von Situation und Situationsdefinition die Geordnetheitsunterstellung der Realität bestehen. Die Folge wäre eine Modifikation der problematisierten Typisierungen, so daß sich diese wieder logisch in die Situationsdefinition einpassen.

— oder aber, die „Störung" erweist sich als so gewichtig, daß die Situationsdefinition aufgegeben werden muß, dann kann aber die hereinbrechende Realität nur chaotisch und schicksalhaft erlebt werden. Zwischen dem unspezifischen, anekdotischen und unkritischen Zweifel und der völligen Destruktion der Situationsdefinition gibt es in der Systematik dieser Theorie keine Zwischenschritte.

Die im Rahmen der „natürlichen Einstellung" vorliegende generalisierte Legitimation führt zu einer fragwürdigen „Sublimität" von Typisierungen mit der Folge eines bloß metaphorischen Eingehens auf die konkrete Situation. Auch hier wird wieder die schon angeführte Gleichstellung von Geordnetheit und dem „Gefühl" von Geordnetheit deutlich. Man erklärt die Welt als wesentlich *sinnlos*, worauf dann alle subjektiven Sinnsysteme auf derselben Ebene der Realitätskonstitution behandelt werden können. Die daraus abgeleitete „Indifferenz"-Forderung der ETH verhindert dann jedwede Transzendierung und erlaubt nur die Abbildung und den Nachvollzug des „Absurden"[11], des Alltags verdinglichter sozialer Lebensformen.

Soziale Erfahrung und Identitätsbewußtsein

Die idealistische Grundausrichtung verhindert auch eine adäquate Behandlung des Identitätsbegriffs im Rahmen dieser Theorie. Der Grad der „autonomen Kontrolle" der Bedeutungszuschreibung, an der sich die indexikale „Rationalität" von Situationsdefinitionen bemessen soll, bezieht sich nicht auf Autonomie an sich, sondern auf das quasi-existentialistische *Bewußtsein* von Autonomie. „Rationalität" hängt demnach mit dem Bewußtsein eines „privaten Restes" von Bedeutungszuschreibungen zusammen. Innerhalb dieser theoretischen Lebensform wird diese Fiktion der Autonomie[12] mit persönlicher „Freiheit" gleichgesetzt, wobei nicht bedacht wird, daß „Freiheit" hier nur Freiheit *innerhalb*, nicht aber *von* dieser Lebensform bedeuten kann[13].

---

[11] *Lyman*, St. M. / *Scott*, M. B. 1970.

[12] Fiktion deshalb, weil „Privatheit" grundsätzlich nur unter den Bedingungen fundierter Intersubjektivität entstehen kann. Dies zeigt sich auch darin, daß sie historisch eine recht späte Kategorie darstellt.

[13] So ist man zwar in Grenzen „frei", seine Arbeitskraft zu verkaufen an wen man will, aber nicht in der Entscheidung, ob man sich überhaupt vermarkten will. „Freiheit" gibt es also nur innerhalb vorgängiger konstitutiver Regeln.

Daß die Anerkennung von Subjektivität nicht gleichbedeutend sein muß mit existentialistischem Subjektivismus, habe ich an Meads Identitätstheorie aufzuzeigen versucht, in welcher die Genese der personalen Identität im Kontext der Vergesellschaftung des Individuums interpretiert wird. „Autonome Kontrolle" führt demnach keineswegs automatisch zu konfliktloseren Situationsinterpretationen und Handlungen, wie die ETH behauptet, da die Balance zwischen personaler und sozialer Identität schwieriger wird. Konfliktlosigkeit resultiert erst dann, wenn man weitgehend in der Lage ist, soziale Rollenanforderungen zu ignorieren, sich über sie hinwegzusetzen oder sie doch zumindest ironisieren zu können. Die andere hilflosere Möglichkeit bestünde darin, hermetisch verschiedene „Autonomiebereiche" voneinander zu separieren wie Familie und Betrieb, Behörden und Kegelverein, Realität und Tagträume.

III. Folgerung: Ansätze zu einer kritischen Theorie der Ethnomethoden

Wie wir gesehen haben, beschreibt die Theorie der Basismechanismen die „Rhetorik sozialer Ordnung" einer bestimmten Lebensform, deren „Grammatik" mit jener der bürgerlich-kleinbürgerlichen Lebensform in der kapitalistischen Gesellschaft weitgehende Parallelen aufweist. Infolgedessen wird eine solche „cognitive sociology" in dem Moment zur Ideologie, als sie diese „Rhetorik" als eine quasi transzendental notwendige ausgibt, die für alle möglichen sozialen Kontexte Geltung haben soll.

Die *Form sozialer Erfahrung,* welche in dieser Theorie beschrieben wird, entspricht den gnoseologischen Beschränktheiten der bürgerlichen Lebensform, neigt wie diese zur Ontologisierung und nimmt sich so die Möglichkeit, ihre eigene „Rationalität" (als historisch notwendige!) im geschichtlichen Zusammenhang noch einmal zu rekonstruieren, wie dies Marx für die Politische Ökonomie seiner Zeit paradigmatisch zu leisten versucht hat.

Problematisch wird diese Ontologisierung vornehmlich deshalb, weil ihrem Erfahrungsmodell eine spezifische Begrenztheit zu eigen ist: Soziale Erfahrung wird hier immer nach dem Muster *wahrnehmender* Erkenntnis interpretiert, und zwar als methodische Herstellung von geordneter Realität mit Hilfe bestimmter Stabilisierungsmechanismen. Damit *gehört diese Konzeption zum selben Theorietypus wird beispielsweise die Gestaltpsychologie* und die anderen Theorien über subjektive Konstanzleistungen im Rahmen der menschlichen Wahrnehmung. Ich schlage vor, auch hinsichtlich dieser Theorien allgemein von „*Ethnomethoden*" zu sprechen, da auch sie die systematischen subjektiven

Herstellungsweisen situationaler Rationalität bzw. von „Rationalität" an sich beschreiben.

Die hier erwähnten Wahrnehmungstheorien beschäftigen sich mit den Selbstorganisationsleistungen der perzeptiven Organe des Organismus, also vornehmlich des Gehirns der diversen Rezeptororgane, welche das „objektive" Bild eines Gegenstandes, d. h. in diesem Falle, was *an der Oberfläche erscheint* (etwa auf der Netzhaut des Auges), in gewisser systematischer Weise *verzerren*, und zwar in Richtung auf eine stärkere Prägnanz bestimmter Teile des Wahrnehmungsfeldes („Figur"; analog dazu: „Typisierung"!) relativ zu anderen („Grund", „Horizont").

Bei der Diskussion der Piagetschen Theorie haben wir oben den treffenden Begriff für solche Kompensationsleistungen kennengelernt — *Regulationen*[14]. Über den Nachweis solcher Regulationen oder, wie wir jetzt auch sagen können, Ethnomethodologien[15], ließe sich jegliche simple Abbildtheorie sozialer wie von Erfahrung überhaupt widerlegen, da Erfahrung nur als dialektischer Prozeß zwischen Situationsbedingungen und subjektiven Regulationen denkbar wird. Regulationen, und dies erscheint mir für unsere weitere Diskussion wichtig, sind *unvollständige Kompensationen*, wenn man demgegenüber die vergleichsweise höchste Form kognitiver Organisation, nämlich die *logischen Operationen* mit der sie auszeichnenden vollständigen *Reversibilität* betrachtet.

Die Gestaltpsychologie hat eine Reihe von Organisationsprinzipien („Ethnomethoden") der Wahrnehmung aufgewiesen, die vor allem dann in Aktion treten und auch dann am besten experimentell nachgewiesen werden können, wenn die Reizsituation in erhöhtem Maße „labilisiert", überkomplex oder, wie wir bisher sagten, hoch indexikal ist. Dies kann als ein doppelter Hinweis gewertet werden:

— einmal als Nachweis des stabilisierenden Effekts dieser Organisationsprinzipien, und zum anderen kritisch

— als ein Argument dafür, daß die kognitive Reorganisation des Wahrnehmungsobjektes immer dann stärker zum Tragen kommt, wenn in der Wahrnehmungssituation selber keine normale Strukturiertheit vorliegt, daß also Wahrnehmung nicht völlig auf „soziale Wahrnehmung" zurückgeführt werden kann[16].

---

[14] *Piaget*, J. 1974, S. 33 ff.
[15] Ich will einmal außer acht lassen, daß bestimmte Regulationen auch im Tierreich vorkommen.
[16] In ähnlicher Weise hatte ja auch Cicourel darauf hingewiesen, daß sich je nach sozialer Situation und deren Komplexität der Einfluß der „Ethnomethoden" mehr oder weniger stark geltend macht. Grundsätzlich sind aber immer *beide*, „Ethnomethoden" und Oberflächenregeln, als notwendig gegeben anzunehmen. s. *Cicourel*, A. V. 1973 a.

D.III. Ansätze zu einer kritischen Theorie der Ethnomethoden

Wahrnehmung zeichnet sich demnach je nach Situation mehr oder weniger durch eine *„erratische Komponente"* aus, die den Organisationsprinzipien der subjektiven Realitätsinterpretation geschuldet ist. Piaget hat das zu lösende Problem richtig gestellt, wenn er davon ausgeht, daß das „Wahre" nicht das Abbild sein könne, sondern nur die *Organisation* des Wirklichen, und dann fragt, welches Subjekt denn der Urheber einer solchen Organisation sei[17].

Die Gestaltpsychologie zählt eine ganze Reihe solcher autochtonen Organisationsprinzipien auf[18].

— Die *Überverdeutlichung der Abgehobenheit,* wozu die Figur-Grund-Differenzierung, die verschiedenen Kontrastphänomene, wie Größen-, Helligkeits- oder Tiefenkontrast zu zählen waren, sowie die Gestaltfaktoren der „Dichte" und der „Nähe".

— Die *Überhomogenisierung von Innenfeldern.*

— Die *Überakzentuierung der Geschlossenheit,* mit dem zentralen Gesetz der „guten Gestalt" bzw. dem Prägnanzgesetz.

— Die *Kompletierung von Reizkonstellationen* bei optimaler Ausnutzung vorhandener Information, mit solchen Unterprinzipien wie dem der „durchgehenden Kurve" oder des „glatten Verlaufs".

— Die *Überakzentuierung von Invarianzen* innerhalb von Geschehensabläufen.

— Die *Kausalitätswahrnehmung,* wie sie etwa in den Untersuchungen von Michotte und jenen zur „sozialen Kausalität" von Heider als Regulationsmechanismus deutlich wird.

Wollte man nach *Erklärungsprinzipien* für diese „Ethnomethoden" fragen, so ließen sich unter Zugrundelegung der bisher praktizierten historisch funktionalen Betrachtungsweise[19] sicherlich keine soziologischen Erklärungen (zumindest primär nicht!) angeben, da sich solche Organisationsmechanismen schon weitgehend im Tierreich finden. Die

---

[17] Auch Piaget scheidet bestimmte Lösungsversuche als unzureichend aus: „Ist es nur das menschliche Subjekt, dann besteht die Gefahr, daß sich der Egozentrismus zu einem Anthropozentrismus ausweitet, der auch ein Soziozentrismus sein kann (! s. o.) — womit nicht viel gewonnen wäre. Deshalb haben alle um das Absolute bemühten Philosophen auf ein transzendentales Subjekt zurückgegriffen, das über den Menschen und vor allem über die ‚Natur' hinausgeht ... Bekanntlich hat das transzendentale Subjekt von Plato bis Husserl fortwährend seine Gestalt gewandelt, ohne daß dadurch Verbesserungen erzielt worden wären, die nicht den Fortschritten der Wissenschaft selbst, also dem Modell des Realen und nicht dem Transzendentalen zu verdanken sind" (Piaget, J. 1974, S. 371).

[18] Zusammengestellt nach *Holzkamp,* K. 1973; und *Metzger,* W. 1963.

[19] Dabei lautet die grundlegende Fragestellung: welche Ethnomethoden sind im Rahmen welcher historischen Lebensformen adäquat bzw. funktional?

Erklärungsebene wäre also primär keine soziologische, sondern eine *evolutionstheoretische,* innerhalb derer der Sinn solcher generellen Typisierungserleichterungen zu klären wäre. Damit gilt zugleich für die soziologische Bewertung solcher Normalisierungsmechanismen, wenn sie, wie nachzuweisen sein wird, im Bereich sozialer Erfahrung auftauchen, daß sie sehr elementare organismische Charakteristika von Wahrnehmung darstellen, die u. U. im Rahmen anderer Funktionsbedingungen entwickelt wurden, wie sie in komplexen sozialen Systemen gegeben sind.

Wenn wir nach dem Sinn solcher Überakzentuierungen fragen, so sollten wir uns zunächst noch einmal ins Gedächtnis rufen, daß „Ethnomethoden" im Grunde nicht anders als *Kennzeichnungen subjektiven Entscheidungsverhaltens,* Ethnomethodologie also als Theorie subjektiver Entscheidung betrachtet werden kann. Solche Entscheidungen erfolgen nun auf dem Hintergrund bestimmter Ausgangsannahmen, die in Anbetracht der grundsätzlich unvollständigen Informationslage *Hypothesen* sein müssen. Hypothesen können statistisch an Hand der Größe und Art der Stichprobe beurteilt werden, welche ihre Datengrundlage bildet. Entscheidungsverhalten ließe sich demnach als die subjektive Eigenart des Umgehens mit Hypothesen bestimmen.

Sehen wir uns nun das Entscheidungsverhalten an, welches unter Verwendung der Basismechanismen oder auch der Organisationsprinzipien der Gestaltpsychologie resultiert, dann stellen wir fest, daß systematisch eine bestimmte Art des *Fehlermachens* zumindest tendentiell vermieden wird. Grundsätzlich kann man zwei Arten des Fehlermachens unterscheiden:

— der *Fehler erster Art* tritt auf, wenn man eine Hypothese ablehnt, die richtig ist, während

— der *Fehler zweiter Art* sich auf die Annahme einer falschen Hypothese bezieht.

Die bisher erwähnten Ethnomethoden lassen den Entscheidenden (auch über die „Realität" von Erfahrungen kann man entscheiden!) dazu tendieren, auch dann eine Typisierung vorzunehmen, wenn dazu keine oder auch nur eine sehr fragwürdige Realitätsgrundlage in Gestalt von selektivem Datenmaterial vorliegt[20].

---

[20] Ein gutes Beispiel, bei dem sich zugleich auch die Problematik eines solchen Entscheidungsstils verdeutlichen läßt, wäre das Entscheidungsverhalten von Psychiatern, die sich weitgehend an einem *medizinischen Entscheidungsmodell* orientieren: „In Zweifelsfällen weiterhin Krankheit annehmen." Das bedeutet, der Arzt begeht einen Irrtum des Typs 1, wenn er einen Patienten entläßt, welcher tatsächlich krank ist, und einen Irrtum des Typs 2, wenn er einen Patienten weiterbehandelt, der nicht krank ist" (*Scheff,* Th.: Das Etikett „Geisteskrankheit". Soziale Interaktion und psychische Störung, Frankfurt 1973, S. 93).

Die Inkaufnahme von Fehlern zweiter Art sichert vornehmlich die Position des Typisierenden und erlaubt ihm in jedem Falle, „sich ein Bild von der Sache zu machen", während die Frage, ob er wirklich etwas „entdeckt" oder bloß interpretatorisch konstruiert hat, zweitrangig wird, ebenso wie die Frage, welche Auswirkungen ein solcher Definitionsprozeß auf die von der Typisierung Betroffenen zeitigt.

„Ethnomethoden" dieses Typs welche den Fehler erster Art zu vermeiden suchen, können allgemein als *evolutionär vorteilhaft* bezeichnet werden, weil sie die typisierende Orientierung in der Realität erleichtern, wenn auch manchmal unter Inkaufnahme von Fiktionen oder zumindest Überakzentuierungen. Diese „Ethnomethoden", die sich im Großen und Ganzen durch Irreversibilität auszeichnen, erlauben so eine optimale *Oberflächenorientierung*, zumindest was die Wahrnehmung wichtiger Objekte betrifft[21].

Dagegen muß nun auf dem Hintergrund unserer obigen Erörterungen eingewandt werden, *daß die adäquate Erkenntnis von Dingen und Personen eben auch in der Erkenntnis ihrer Widersprüchlichkeit und gesellschaftlichen Vermitteltheit besteht, welche nur über eine andere Verarbeitungsweise von Realität zugänglich sind.*

Die „transphänomenalen" Charakteristika von Wahrnehmungsgegenständen und Personen sind nicht einfach erfahrbar, sondern nur *rekonstruierbar*. Über die bisher angeführten „Ethnomethoden" dürfte ein Bezugssystem, welches über den subjektiv erlebten „Horizont" hinausgeht, kaum aufgebaut werden können. Gerade die „Natürlichkeit" und Selbständigkeit von Erfahrungsgegenständen, wie sie aus der Anwendung solcher Organisationsprinzipien resultiert, macht soziologisch die Falschheit dieser evolutionär und auch für die „einfache Wahrnehmung" sicherlich richtigen Mechanismus aus[22]. Man kann deswegen

---

Das Vermeiden des Fehlers erster Art hat bei eindeutig organisch bedingten psychischen Störungen (Paralyse) kaum Negatives, wohl aber bei solchen, die wesentlich eine soziale Definition darstellen. Eine substantialistische Interpretation solcher Störungen im Rahmen eines medizinischen Krankheitsmodells (s. *Keupp, H.*: Der Krankheitsmythos in der Psychotherapie, München 1972) läßt den sozialen Entscheidungscharakter solcher Diagnosen nicht mehr deutlich werden.

[21] Zu diesen Schematisierungen der Wahrnehmungswelt gehören auch die sog. „Konstanzleistungen" der menschlichen und teilweise auch der tierischen Wahrnehmung, die eine Stabilisierung von typisierten Objekten und Beziehungen unter je veränderten indexikalen Bedingungen erlauben: so können Personen, obwohl sie unterschiedlich weit entfernt sind und deshalb in verschieden großen Bildern auf der Netzhaut erscheinen, als gleich groß wahrgenommen werden, oder eine Farbe kann trotz unterschiedlicher Beleuchtungsbedingungen als die gleiche erlebt werden. Es scheint also so zu sein, daß biologische, d. h. evolutionär entstandene Indexikalitäts-Heilungsmechanismen uns immer schon zur Verfügung stehen.

[22] Zur „Richtigkeit" von Wahrnehmung s. *Holst*, E. v. 1969, S. 198.

eigentlich nicht von „Falschheit", sondern nur von einer *systematischen Oberflächlichkeit* der sozialen Erfahrung auf diesem Organisationsniveau sprechen. Unsere subjektive Erfahrungsproduktion funktioniert hier nach den Bestimmungen der zweiwertigen Logik (der Gegenstand besteht oder besteht nicht; er ist zu anderen auf bestimmten Dimensionen in eindeutige Relationen zu bringen usw.) und reagiert nicht auf die indexikalen Besonderheiten, d. h. den lokal-historischen Kontext eines Gegenstandes. Widersprüche können gemäß dieser „Rhetorik sozialer Ordnung" nur als *subjektiver Mangel* der Wahrnehmungsweise und nicht eventuell auch als die objektive Widerspiegelung gesellschaftlicher Verhältnisse *an*-erkannt werden, was dann im Rahmen der „natürlichen Einstellung" ihre unproblematische Eliminierung mit Hilfe subjektiver „Normalisierungsmechanismen" erlaubt.

Auf der Grundlage der Unterstellung der Unspezifität der „Umwelt" führt im Rahmen einer kapitalistischen, d. h. in sich systematisch widersprüchlich organisierten Gesellschaft soziale Erfahrung nach dem Muster der Wahrnehmung (die „Ethnomethoden" der Gestaltpsychologie, der ETH und der Theorie der Konstanzleistungen)

„nicht zu einem Gewinn, sondern zu einer Einbuße von Wirklichkeitserkenntnis, wenn nicht die notwendig unvollkommene, halbirrtümliche sensorische Information in Richtung auf die Grundbeschaffenheiten einer als solchen eindeutigen, gegliederten dinglichen Realität, die es zu erfassen gilt, modifiziert und komplettiert wird, sondern wenn die bürgerliche Lebenswelt mit ihren in sinnlicher Hülle gegebenen historisch gewordenen Scheinhaftigkeiten, Widersprüchlichkeiten, Verkehrtheiten, mit Bewegungsformen, die sich dem Menschen gegenüber als mehr oder weniger chaotische ... dem Zugriff der Vernunft sich immer wieder entziehende Prozesse verselbständigt haben, zum Gegenstand sinnlicher Erfahrung wird"[23].

Die „evolutionäre Weisheit" einer solchen Erfahrungsform verkehrt sich unter den Bedingungen einer widersprüchlichen Gesellschaft zur Unmöglichkeit, sich der objektiven Hintergründe[24] der Erfahrung zu versichern.

Das zeigt sich dann etwa an der Übertragung gestaltpsychologischer Prinzipien auf die Analyse von Denkprozessen und sozialen Interaktionsabläufen. Für die ETH zeigt sich diese Problematik, wenn man Attewells Charakterisierung der Cicourelschen Position als einer kognitiv-perzeptuellen Theorie sozialer Erfahrung sich vergegenwärtigt. Wenn Denken und soziale Erfahrung nach denselben Organisationsprinzipien ablaufen sollen wie die Wahrnehmung, resultiert ein subjektiv-idealistisches Erkenntniskonzept, mit der Unterstellung, es gäbe

---
[23] *Holzkamp*, K. 1973, S. 335.
[24] Diese objektiven Hintergründe lassen sich nicht aus den Phänomenen selbst, sondern nur aus den gesellschaftlichen Verhältnissen erschließen, in denen diese stehen.

im Rahmen der Denkorganisation unabhängig automatische Gestaltschließungstendenzen, welche grundsätzlich unabhängig vom Inhalt und der situationalen Randbedingungen des Erfahrungsobjektes funktionieren und gleichwohl adäquate Erfahrung garantieren. Man könnte hier von einem „ästhetisierenden Agnostizismus" sprechen, da sich die Form der Erfahrung allein in quasi-transzendentalen Organisationsprinzipien in Richtung auf prägnante Gestalten (resp. Typisierungen) besteht und weil auf diese Weise ein Begriff von objektiver Realität überhaupt undenkbar ist. Wie wir gesehen haben, müßte unter widersprüchlichen gesellschaftlichen Bedingungen ein adäquater Erkenntnisprozeß eigentlich gegenläufig ablaufen in Richtung der reversiblen Aufhebung solcher Prozesse und ausgerichtet an einer historischen Reflexion der Systematik ihrer Abfolge[25].

Solcherart reduzieren sich konkrete gesellschaftliche Probleme auf individuelle Problemlösungsaufgaben, die beendet sind, wenn die subjektive Zufriedenheit mit der Lösung sich einstellt. Dies bedeutet gleichzeitig, daß die Unterscheidung von Realwidersprüchen und Denkwidersprüchen nicht mehr gesehen wird, d. h. man meint Widersprüche überhaupt über kognitive Prozesse und nicht über die Veränderung der widersprüchlichen Realität lösen zu können. Genau diese Tendenz wird durch das klassische „Thomas-Theorem" ausgedrückt.

---

[25] Der *erkenntnisausschließende*, weil realitätsausschließende Charakter einer solchen Erfahrungsorganisation erweist sich am deutlichsten bei den sozialpsychologischen Theorien der kognitiven Dissonanz (*Festinger*, L.: A Theory of Cognitive Dissonance, Evenston, Ill., 1957) bzw. der kognitiven Konsistenz (*Abelson*, R. P. / *Aronson*, E. / *McGuire*, W. J. / *Newcombe*, Th. M. / *Rosenberg*, M. J. / *Tannenbaum*, P. H.: Theories of Cognitive Consistency, a Sourcebook, Chicago 1968), die systematische Aussagen darüber enthalten wie subjektiv empfundene Widersprüchlichkeit von Erfahrungsinhalten bzw. der Beziehung zwischen Erfahrungssubjekt und seinem Gegenstand in einem Prozeß systematischer Realitätsausschließung eliminiert bzw. „geheilt" wird. Nicht die Erkenntnis der objektiven Realität (was immer das auch sein mag) wird zum Thema gemacht, sondern die subjektiven Möglichkeiten, sich in einer im Ganzen unbegriffenen Realität komfortabel einzurichten; d. h. weder durch die Reproduktion objektiver Widersprüche seine Frustrationstoleranz zu überziehen, noch durch offensichtliche Realitäts-*verkennung* in seiner alltäglichen utilitaristischen Praxis anzuecken. Impliziert ist immer ein Absehen vom Inhaltlichen zu Gunsten der Formulierung sozialer Erfahrung in möglichst logisch konsistenter Form, d. h. nicht nur die Analyse von Erfahrung, sondern schon die *Beschreibung* soll logisch konsistent sein.
Ähnliche Einwände gelten auch für die von Piaget angesprochene und neuerdings von der psychologischen kognitiven Informationsverarbeitungstheorie herausgearbeiteten Erfahrungsform des *problemlösenden Denkens*, die sich etwa mit der optimalen (algorithmischen) Struktur von Denkprozessen befassen.
Diesen „Ethnomethoden" eignet zwar als Charakteristikum die Möglichkeit der Reversibilität, also Denkprozesse „gegenzulesen", aber in ihrer Vernachlässigung der Horizonte der *Problementstehung* stellen sie nur subjek-

Eine solche Realitätsverkennung funktioniert nur unter Bedingungen spezifischer Lebensformen und damit auch nur eines ganz bestimmten *Anspruchsniveaus* bezüglich der Reichweite von sozialer Erfahrung: eben dann, wenn es einem nur um eine für die jeweiligen „purposes-at-hand" zufriedenstellende Strukturierung der utilitaristischen Praxis geht[26].

---

tive Technologien sozialer Erfahrung dar, die sich selbst, über die Reflexion des jeweiligen Kontext, in dem sie angewandt werden, niemals transzendieren können. Sie verbleiben damit im Rahmen eines *logizistischen Instrumentalismus* und ihre Generalisierung als optimales Denkkonzept erscheint mehr als fragwürdig. s. Holzkamp, K. 1973, S. 354.

[26] Auf die sich ergebende Parallele zwischen der ETH bzw. den verschiedenen Ethnomethodologien und der inkrementalistischen Entscheidungstheorie habe ich schon hingewiesen. Die ETH ließe sich so metaphorisch als eine „science of muddling through" (Lindblom, Ch. E. 1959) begreifen.

Literaturverzeichnis

Abel, Th.: The Operation Called „Verstehen", in: Albert, H. (Hrsg.): Theorie und Realität, Tübingen 1964.

Abelson, R. P. / *Aronson*, E. / *McGuire*, W. J. / *Newcombe*, Th. M. / *Rosenberg*, M. J. / *Tannenbaum*, P. H.: Theories of Cognitive Consistency, a Sourcebook, Chicago 1968.

Adorno, Th. W.: Jargon der Eigentlichkeit, Frankfurt 1965.

Albert, H.: Im Rücken des Positivismus?, in: Kölner Zeitschrift für Soziologie und Sozialpsychologie, 17, 4, 1965.

— Traktat über kritische Vernunft, 2. Aufl., Tübingen 1969.

— Konstruktivismus oder Realismus? Bemerkungen zu Holzkamps dialektischer Überwindung der modernen Wissenschaftslehre, in: Zeitschrift für Sozialpsychologie, 2, 1971.

— Erkenntnis und Recht. Die Jurisprudenz im Lichte des Kritizismus, in: Albert, H. et al. (Hrsg.): Rechtstheorie als Grundlagenwissenschaft der Rechtswissenschaft. Jahrbuch für Rechtssoziologie und Rechtstheorie, 2, 1972.

Albert, H. / *Keuth*, H. (Hrsg.): Kritik der kritischen Psychologie, Hamburg 1973.

Anders, G.: Die Antiquiertheit des Menschen, München 1961.

Apel, K. O.: Wittgenstein und das Problem des hermeneutischen Verstehens, in: ders.: Transformation der Philosophie, Band I, Frankfurt 1973, S. 335 bis 377.

Arbeitsgrupppe Bielefelder Soziologen (Hrsg.): Alltagswissen, Interaktion und gesellschaftliche Wirklichkeit, Reinbek bei Hamburg 1973.

Arminstead, N.: Experience in Everyday Life, in: ders. (Hrsg.): Reconstructing Social Psychology, Harmondsworth 1974.

Aron, R.: Hauptströmungen des soziologischen Denkens, Köln 1971.

Asch, S. E.: Forming Impressions of Personality, in: Journal of abnormal and social Psychology, 41, 1946.

Atkinson, J. M.: Societal Reaction to Suicide: The Role of Coroners' Definitions, in: Cohen, St. (Hrsg.): Images of Deviance, Harmondsworth 1971.

Attewell, P.: Ethnomethodology since Garfinkel, in: Theory and Society, 1, 1974.

Austin, J. L.: Zur Theorie der Sprechakte, Stuttgart 1972.

— Performative und konstatierende Äußerungen, in: Bubner, R.: (Hrsg.): Sprache und Analysis, Göttingen 1968.

Bachrach, P. / *Baratz*, M.: Two Faces of Power, in: American Political Science Review, 57, 1962.

— Power and Poverty: Theory and Practice, New York 1970.

Bandura, A.: Principles of Behavior Modification, New York 1969.

Bar-Hillel, Y.: Indexikalische Ausdrücke, in: Schmidt, S. J. (Hrsg.): Pragmatik I, München 1974 (original 1954).

Bateson, B. et al.: Schizophrenie und Familie, Frankfurt 1969.

Ben-David, J.: The Scientist's Role in Society. A Comparative Study, Englewood Cliffs, N. J., 1971.

Berger, P. / *Luckmann*, Th.: Die gesellschaftliche Konstruktion der Wirklichkeit, Stuttgart 1969.

Berger, P. / *Kellner*, H.: Die Ehe und die Konstruktion der Wirklichkeit. Eine Abhandlung zur Mikrosoziologie des Wissens, in: Soziale Welt, 16, 1965.

Berger, H.: Erfahrung und Gesellschaftsform, Stuttgart—Berlin—Köln—Mainz 1972.

— Untersuchungsmethode und gesellschaftliche Wirklichkeit, Frankfurt 1974.

Bergmann, J. E.: Die Theorie des sozialen Systems von Talcott Parsons, Frankfurt 1967.

Bergmann, J. R.: Der Beitrag Harold Garfinkels zur Begründung des ethnomethodologischen Forschungsansatzes, unveröffentlichte psychologische Diplomarbeit, München 1974.

Bischof, N.: Erkenntnistheoretische Grundlagenprobleme der Wahrnehmungspsychologie, in: Metzger, W. (Hrsg.): Handbuch der Psychologie, Band I, Halbband 1, Göttingen 1965.

Bittner, E.: Radicalism and the Organization of Radical Movements, in: American Sociological Review, 28, 1963.

— The Police on the Skid Row, in: American Sociological Review, 32, 1967.

Black, D. J.: Production of Crime Rates, in: American Sociological Review, 35, 1970.

Bleuler, E.: Lehrbuch der Psychiatrie, 12. Auflage, Heidelberg—Berlin—New York 1972.

Blum, A. F.: Theorizing, in: Douglas, J. D. (Hrsg.): Understanding Everyday Life, London 1971.

— Positive Thinking, in: Theory and Society, 1, 1974.

Blumer, H.: Der methodologische Standort des Symbolischen Interaktionismus, in: Arbeitsgruppe Bielefelder Soziologen (Hrsg.): Alltagswissen, Interaktion und gesellschaftliche Wirklichkeit, Reinbek bei Hamburg 1973.

Böhme, G. / *Daele*, W. v. d. / *Krohn*, W.: Alternativen in der Wissenschaft, in: Zeitschrift für Soziologie, 1, 1972.

— Finalisierung der Wissenschaft, in: Zeitschrift für Soziologie, 2, 1973.

Bohnen, A.: Zur Kritik des modernen Empirismus, in: Albert, H. (Hrsg.): Theorie und Realität, 2. veränderte Auflage, Tübingen 1972.

Bohnsack, R.: Handlungskompetenz und Jugendkriminalität, Neuwied und Berlin 1973.

Brandt, G. / *Bergmann*, J. / *Körber*, K. / *Mohl*, E. T. / *Offe*, C.: Herrschaft, Klassenverhältnis und Schichtung, in: Adorno, Th. W. (Hrsg.): Spätkapitalismus oder Industriegesellschaft?, Stuttgart 1969.

Bruner, J.: Going Beyond the Information Given, in: Contemporary Approaches to Cognition. Symposium held at the University of Colorado, Cambridge, Mass., 1957.

Bruner, J. / Olver, R. R. / Greenfield, E. M. et al.: Studien zur kognitiven Entwicklung, Stuttgart 1971.

Bühl, W.: Das Ende der zweiwertigen Soziologie, in: Soziale Welt, 20, 1969.

Carnap, R.: Der logische Aufbau der Welt, Berlin 1928.

— The Methodological Character of Theoretical Concepts, in: Feigl, H. / Scriven, M. (Hrsg.): Minnesota Studies in the Philosophy of Science, Vol. I, Minneapolis 1956.

— Scheinprobleme in der Philosophie, Frankfurt 1966.

Chomsky, H.: Syntactic Structures, The Hague 1957.

— A Review of B. F. Skinner's "Verbal Behavior", in: Language, 35, 1959.

— Aspekte der Syntax-Theorie, Frankfurt 1969.

Churchill, L.: Ethnomethodology and Measurement, in: Social Forces, 50, 1971.

Cicourel, A. V.: The Social Organization of Juvenile Justice, New York 1968.

— Methode und Messung in der Soziologie, Frankfurt 1970.

— Cognitive Sociology, Harmondsworth 1973 a.

— Basisregeln und normative Regeln im Prozeß des Aushandelns von Status und Rolle, in: Arbeitsgruppe Bielefelder Soziologen (Hrsg.): Alltagswissen, Interaktion und gesellschaftliche Wirklichkeit, Reinbek bei Hamburg 1973.

Cicourel, A. V. / Boese, E.: Sign Language Acquisition and the Teaching of Deaf Children, in: Hymes, D. / Cazden, C. / John, V. (Hrsg.): The Function of Language: An Anthropological and Psychological Approach, New York 1972.

Claessens, D.: Rolle und Macht, München 1968.

Coleman, J.: The Review Symposium on "Studies in Ethnomethodology", in: American Sociological Review, 33, 1968.

Collins, B. E. / Guetzkow, H.: A Social Psychology of Group Processes for Decision-Making, New York—London—Sydney 1964.

Degenkolbe, G.: Über die logische Struktur und gesellschaftliche Funktion von Leerformeln, in: Kölner Zeitschrift für Soziologie und Sozialpsychologie, 17, 1965.

Denzin, N. K.: Symbolic Interactionism and Ethnomethodology: A Proposed Synthesis, in: Douglas, J. D. (Hrsg.): Understanding Everyday Life, London 1971.

Descartes, R.: Abhandlungen über die Methode des richtigen Vernunftgebrauches, Stuttgart 1971.

Deutsch, K. W.: Politische Kybernetik, Freiburg 1969.

Dörner, D.: Die kognitive Organisation bei Problemlösen, Bern 1974.

Douglas, J. D.: The Social Meanings of Suicide, Princeton 1967.

— Deviance and Order in a Pluralistic Society, in: McKinney, J. C. / Tiryakian, E. (Hrsg.): Theoretical Sociology: Perspectives and Developements, New York 1970 a.

Douglas, J. D.: The Rhetoric of Science and the Origins of Statistical Social Thought, in: Tiryakian, E. (Hrsg.): The Sociological Phenomenon, New York 1970 b.
— (Hrsg.): Understanding Everyday Life, London 1971 a.
— American Social Order, London 1971 b.
— (Hrsg.): Deviance and Respectability: The Social Construction of Moral Meanings, New York und London 1972.

Dreitzel, H. P.: Recent Sociology No. 2, New York 1970.
— Die gesellschaftlichen Leiden und das Leiden an der Gesellschaft. Vorstudien zu einer Pathologie des Rollenverhaltens, 2. Auflage, Stuttgart 1972.

Durkheim, E.: The Division of Labor in Society, Glencoe, Ill., 1960.
— Regeln der soziologischen Methode, Neuwied 1961.
— Erziehung, Moral und Gesellschaft, Neuwied 1973.

Edwards, W.: The Theory of Decision-Making, in: Edwards, W. / Tversky, A. (Hrsg.): Decision Making, Harmondsworth 1967 (original 1954).
— Behavioral Decision Theory, in: Edwards, W. / Tversky, A. (Hrsg.): Decision Making, Harmondsworth 1967 (original 1961).

Elliot, H. C.: Similarities and Differences between Science and Common Sense, in: Turner, Roy (Hrsg.): Ethnomethodology, Harmondsworth 1974.

Emerson, J.: Behavior in Private Places: Sustaining Definitions of Reality in Gynecological Examinations, in: Dreitzel, H. P. (Hrsg.): Recent Sociology No. 2, New York 1970.

Erikson, E. H.: Identität und Lebenszyklus, Frankfurt 1973 (original 1959).

Feest, J.: Die Situation des Verdachts, in: Feest, J. / Lautmann, R. (Hrsg.): Die Polizei, Opladen 1971.

Feigl, H.: The "Mental" and the "Physical", in: Feigl, H. / Scriven, M. / Maxwell, G. (Hrsg.): Minnesota Studies in the Philosophy of Science, Vol. II, Minneapolis 1958.

Fein, H.: Genesis und Geltung in E. Husserls Phänomenologie. Frankfurt 1970.

Festinger, L.: A Theory of Cognitive Dissonance, Evenston, Ill., 1957.

Feyerabend, P. K.: Problems of Empiricism, in: Colodny, R. G. (Hrsg.): Beyond the Age of Certainty, Englewood Cliffs, N. J., 1965. University of Pittsburgh Series in the Philosophy of Science, Vol. II.
— Von der beschränkten Gültigkeit methodologischer Regeln, in: Neue Hefte für Philosophie, 2/3, 1972.

Filmer, P. / *Walsh*, D. / *Phillipson*, M. / *Silverman*, D.: New Directions in Sociological Theory, London 1972.

Fischer, G.: Psychologische Testtheorie, Stuttgart 1968.

Foucault, M.: Wahnsinn und Gesellschaft, Frankfurt 1973.

Francis, E. K.: In Search of Utopia, Glencoe, Ill., 1959.

Freese, J.: Sprechen als Metapher für Handeln, in: Schmidt, S. J. (Hrsg.): Pragmatik I, München 1974.

Freud, S.: Die endliche und die unendliche Analyse, in: Internationale Zeitschrift für Psychoanalyse, 23, 1937.

Friedrichs, J.: Methoden der empirischen Sozialforschung, Reinbek bei Hamburg 1973.

Fuchs, W.: Empirische Sozialforschung als politische Aktion, in: Soziale Welt, 21/22, 1970/71.

Furth, H. G.: Intelligenz und Erkennen. Die Grundlagen der genetischen Erkenntnistheorie Piagets, Frankfurt 1972.

Garfinkel, H.: Conditions of Successfull Degradation Ceremonies, in: American Sociological Review, 61, 1956.

— A Conception of and Experiments with "Trust" as a Condition of Stable Concerted Actions, in: Harvey, O. J. (Hrsg.): Motivation and Social Interaction, New York 1963.

— Studies in Ethnomethodology, Englewood Cliffs, N. J., 1967.

— Diskussionsbeiträge, in: Hill, R. J. / Crittenden, K. St. (Hrsg.): Proceedings of the Purdue Symposium on Ethnomethodology, Layfayete, Ind., 1968.

— Remarks on Ethnomethodology, in: Gumperz, J. / Hymes, D. (Hrsg.): Directions in Sociolinguistics: The Ethnography of Communication, New York 1972.

Garfinkel, H. / Churchill, L.: Some Features of Decision Making in Common-Sense Situations of Choice, unveröffentlichtes paper, Departement of Sociology, University of California at Los Angeles 1964.

Garfinkel, H. / Sacks, H.: On Formal Structures of Practical Actions, in: McKinney, J. C. / Tiryakian, E. (Hrsg.): Theoretical Sociology: Perspectives and Developements, New York 1970.

Gellner, E.: Der neue Idealismus — Ursache und Sinn in den Sozialwissenschaften, in: Albert, H. (Hrsg.): Theorie und Realität, 2. veränderte Auflage, Tübingen 1972.

Giegel, H. J.: Die Logik seelischer Ereignisse, Frankfurt 1969.

Glaser, B. / Strauss, A.: The Discovery of Grounded Theory, London 1967.

Goffman, E.: Stigma. Über Techniken der Bewältigung beschädigter Identität, Frankfurt 1967.

— Strategic Interaction, Philadelphia 1969.

— Interaktionsrituale, Frankfurt 1971.

— Asyle, Frankfurt 1972.

— Das Individuum im öffentlichen Austausch, Frankfurt 1974.

Gouldner, A.: Reziprozität und Autonomie in der funktionalen Theorie, in: Hartmann, H. (Hrsg.): Moderne amerikanische Soziologie, Stuttgart 1967.

— Soziologie in der Krise, Reinbek bei Hamburg 1974.

Graumann, C. F.: Grundlagen einer Phänomenologie und Psychologie der Perspektivität, Berlin 1960.

— Denken im vorwissenschaftlichen Verständnis, in: ders. (Hrsg.): Denken, Köln—Berlin 1965.

Haag, F. / Krüger, H. / Schwärzel, W. / Wildt, J. (Hrsg.): Aktionsforschung, München 1972.

Haber, R. N. (Hrsg.): Information Processing Approaches to Visual Perception, New York 1969.
— How We Remember What We See, in: Scientific American, May, 1970.
— Visual Information Processing, New York 1973.

Habermas, J.: Theorie und Praxis. Sozialphilosophische Studien, Neuwied und Berlin 1963.
— Technik und Wissenschaft als „Ideologie", Frankfurt 1968.
— Theorie der Gesellschaft oder Sozialtechnologie?, in: Habermas, J. / Luhmann, N.: Theorie der Gesellschaft oder Sozialtechnologie?, Frankfurt 1971.
— Legitimationsprobleme im Spätkapitalismus, Frankfurt 1973 a.
— Wahrheitstheorien, in: Festschrift für W. Schulz, Pfullingen 1973 b.
— Der kommunikationstheoretische Ansatz, unveröffentlichtes paper, vorgelegt auf dem deutschen Soziologentag in Kassel 1974.

Haley, J.: Die Interaktion von Schizophrenen, in: Bateson, G. et al.: Schizophrenie und Familie, Frankfurt 1969.

Hart, H. L. A.: The Ascription of Responsibility and Rights, in: Flew, A. (Hrsg.): Essays in Logic and Language, Oxford 1951.
— Der Begriff des Rechts, Frankfurt 1973.

Harvey, O. J. / *Hunt,* H. E. / *Schroder,* H. M.: Conceptual Systems and Personality Organization, New York—London 1961.

Heeren, J.: Alfred Schutz and the Sociology of Common-sense Knowledge, in: Douglas, J. D. (Hrsg.): Understanding Everyday Life, London 1971.

Hempel, C. G.: Aspects of Scientific Explanation and Other Essays in the Philosophy of Science, New York 1965.

Hempel, C. G. / *Oppenheim,* P.: The Logic of Explanation, in: Philosophy of Science, 15, 1948.

Heritage, J.: Assessing People, in: Arminstead, N. (Hrsg.): Reconstructing Social Psychology, Harmondsworth 1974.

Hill, R. / *Crittenden,* K. St.: Proceedings of the Purdue Symposium on Ethnomethodology, Layfayete, Ind., 1968.

Hiz, H.: Discussion: Kotarbinski's Praxeology, in: Philosophy and Phenomenological Research, 15, 1954.

Hobbes, Th.: Leviathan oder Wesen, Form und Gewalt des kirchlichen und bürgerlichen Staates, Reinbek bei Hamburg 1965.

Holst, E. v.: Zur Verhaltensphysiologie bei Tier und Mensch, München 1969.

Holst, E. v. / *Mittelstaedt,* P.: Das Reafferenzprinzip, in: Naturwissenschaften, 37, 1950. Abgedruckt in: Holst, E. v.: Zur Verhaltensphysiologie bei Tier und Mensch, München 1969.

Holzkamp, K.: Wissenschaft als Handlung, Berlin 1968.
— Kritische Psychologie, Frankfurt 1972.
— Sinnliche Erkenntnis — Historischer Ursprung und gesellschaftliche Funktion der Wahrnehmung, Frankfurt 1973.

Husserl, E.: Erfahrung und Urteil, Hamburg 1948.

Husserl, E.: Cartesianische Meditationen und Pariser Vorträge Husserliana, Band I (herausg. von S. Strasser), Den Haag 1950.

— Die Krisis der europäischen Wissenschaften und die transzendentale Phänomenologie, Den Haag 1962.

Ittelson, W. H. (Hrsg.): Environment and Cognition, Englewood Cliffs, N. J., 1971.

Kaplan, A.: The Conduct of Inquiry, San Francisco 1964.

Katz, J.: Philosophie der Sprache, Frankfurt 1969.

Kenny, A.: Wittgenstein, Frankfurt 1974.

Kern, H. / *Schuhmann*, M.: Industriearbeit und Arbeiterbewußtsein, Frankfurt 1970.

Keupp, H.: Der Krankheitsmythos in der Psychotherapie, München 1972.

Kitsuse, J. I. / *Cicourel*, A. V.: A Note on the Official Use of Statistics, in: Social Problems, 11, 1963.

Klages, H.: Geschichte der Soziologie, München 1969.

Klix, F.: Information und Verhalten, Bern—Stuttgart—Wien 1971.

König, R.: Einleitung, in: Durkheim, E.: Regeln der soziologischen Methode, Neuwied 1961.

Kogon, E.: Der SS-Staat, München 1974 (original 1946).

Kohlberg, L.: Stage and Sequence: the Cognitive Developemental Approach to Socialization, in: Goslin, D. A. (Hrsg.): Handbook of Socialization Theory and Research, Chicago 1968.

— From Is to Ought: How to Commit the Naturalistic Fallcy and Get Away with It in the Study of Moral Developement, in: Mischel, T. (Hrsg.): Cognitive Developement and Epistemiology, New York und London 1971.

Kosik, K.: Dialektik des Konkreten, Frankfurt 1967.

Kotarbinski, T.: Praxeological Sentences and How They are Proved, in: Nagel, E. / Suppes, P. / Tarski, A. (Hrsg.): Logic, Methodology, and Philosophy of Science, Stanford 1962.

Krappmann, L.: Soziologische Dimensionen der Identität, Stuttgart 1971.

Kuhn, Th.: Die Struktur wissenschaftlicher Revolutionen, Frankfurt 1967.

— Logic of Discovery or Psychology of Research, in: Lakatos, I. / Musgrave, A. (Hrsg.): Criticism and the Growth of Knowledge, Cambridge 1970.

Laing, R. D.: Phänomenologie der Erfahrung, Frankfurt 1969.

Laing, R. D. / *Phillipson*, H. / *Lee*, R. A.: Interpersonelle Wahrnehmung, Frankfurt 1969.

Leist, A.: Widerspiegelung der Realität — Realität der Widerspiegelung, in: Das Argument, 81, 1973.

Leithäuser, Th.: Untersuchung zur Konstitution des Alltagsbewußtseins, Hannover 1972.

Lexikon zur Soziologie, Opladen 1973.

Lienert, G.: Testaufbau und Testanalyse, Weinheim—Berlin 1967.

Lindblom, Ch. E.: The Science of Muddling Through, in: Public Administration Review, 19, 1959.

Lorenzer, A.: Sprachzerstörung und Rekonstruktion, Frankfurt 1973.

Luhmann, N.: Zweckbegriff und Systemrationalität, Tübingen 1968.
— Legitimation durch Verfahren, Neuwied 1969 a.
— Klassische Theorie der Macht, in: Zeitschrift für Politik, 16, 1969 b.
— Soziologische Aufklärung, Köln—Opladen 1970.
— Sinn als Grundbegriff der Soziologie, in: Habermas, J. / Luhmann, N.: Theorie der Gesellschaft oder Sozialtechnologie?, Frankfurt 1971.
— Rechtssoziologie, Reinbek bei Hamburg 1972 a.
— Weltzeit und Systemgeschichte, in: Kölner Zeitschrift für Soziologie und Sozialpsychologie, Sonderheft 16, 1972 b.
— Vertrauen. Ein Mechanismus der Reduktion sozialer Komplexität, 2. Auflage, Stuttgart 1973.
— Einführende Bemerkungen zu einer Theorie symbolisch generalisierter Kommunikationsmedien, in: Zeitschrift für Soziologie, 3, 1974.

Lyman, St. M. / *Scott,* M. B.: Sociology of the Absurd, New York 1970.

Lyons, J.: Einführung in die moderne Linguistik, München 1972.

Maas, U.: Grammatik und Handlungstheorie, in: Maas, U. / Wunderlich, D.: Pragmatik und sprachliches Handeln, Frankfurt 1972.

Macpherson, C. B.: Theorie des Besitzindividualismus, Frankfurt 1973.

Mandel, A. / *Mandel,* K. H. / *Stadter,* E. / *Zimmer,* D.: Einübung in Partnerschaft, München 1971.

Mannheim, K.: Wissenssoziologie, Neuwied und Berlin 1964.

Marx, K.: Grundrisse der Kritik der politischen Ökonomie, Berlin (DDR) 1953.

Marx, K. / *Engels,* F.: Werke (MEW), 39 Bände, Berlin 1956 ff. (zitiert: MEW, Bd. X).

Matthes, J. / *Schütze,* F.: Zur Einführung: Alltagswissen, Interaktion und gesellschaftliche Wirklichkeit, in: Arbeitsgruppe Bielefelder Soziologen (Hrsg.): Alltagswissen, Interaktion und gesellschaftliche Wirklichkeit, Reinbek bei Hamburg 1973.

Mayntz, R. / *Holm,* K. / *Hübner,* P.: Einführung in die Methoden der empirischen Soziologie, 2. erweiterte Auflage, Opladen 1971.

McCawley, J. D.: The Role of Semantics in Grammar, in: Bach, E. / Harms, R. T. (Hrsg.): Universals in Linguistic Theory, New York 1968.

McHugh, P.: A Common-sense Perception of Deviance, in: Dreitzel, H. P. (Hrsg.): Recent Sociology No. 2., New York 1970.
— On the Failure of Positivism, in: Douglas, J. D. (Hrsg.): Understanding Everyday Life, London 1971.

McHugh, P. / *Raffel,* D. / *Foss,* St. / *Blum,* A. F.: On the Beginning of Social Inquiry, London 1974.

McNeill, D.: Developemental Psycholinguistics, in: Smith, F. / Miller, G. A. (Hrsg.): The Genesis of Language, Cambridge, Mass. und London 1966.

Mead, G. H.: Geist, Identität und Gesellschaft, Frankfurt 1973.

Metzger, W.: Psychologie, 3. Auflage, Darmstadt 1963.

Mittelstrass, J.: Die Möglichkeit von Wissenschaft, Frankfurt 1974.

Mixon, D.: Instead of Deception, in: Journal of the Theory of Social Behavior, 2, 1972.

Mullins, N. C. / *Mullins*, C. J.: Theories and Theory Groups in Contemporary American Sociology, New York 1973.

Meyer-Ingwersen, J.: Mit Marx und Sprache gegen den Materialismus? Entgegnung auf Leist und Zimmermann, in: Das Argument, 85, 1974.

Milgram, St.: Behavioral Study of Obedience, in: Journal of abnormal and social Psychology, 67, 1963.

Negt, O. / *Kluge*, A.: Öffentlichkeit und Erfahrung, Frankfurt 1972.

Neisser, U.: Cognitive Psychology, New York 1967.

Neuendorff, H.: Der Begriff des Interesses. Eine Studie zu den Gesellschaftstheorien von Hobbes, Smith und Marx. Frankfurt 1973.

Neumann, J. v. / *Morgenstern*, O.: The Theory of Games and Economic Behavior, Princeton 1947.

Newell, A. / *Simon*, H. A.: Human Problem Solving, Englewood Cliffs, N. J., 1972.

Nisbet, R. A.: Emile Durkheim: With Selected Essays, Englewood Cliffs, N. J., 1968.

Opp, K. D.: Methodologie der Sozialwissenschaften, Reinbek bei Hamburg 1970.

Pap, A.: Analytische Erkenntnistheorie, Wien 1958.

Parsons, T.: The Structure of Social Action, New York 1937.

— The Social System, New York 1952.

— Die jüngsten Entwicklungen in der strukturell-funktionalen Theorie, in: Kölner Zeitschrift für Soziologie und Sozialpsychologie, 16, 1964.

— Beiträge zur soziologischen Theorie. Herausgegeben und eingeleitet von D. Rüschemayer, Neuwied und Berlin 1964.

— Societies, Evolutionary and Comparative Perspectives, Englewood Cliffs, N. J., 1966.

— Die Konstitution sozialer Systeme, in: Tjaden, K. H. (Hrsg.): Soziale Systeme, Neuwied und Berlin 1971.

Parsons, T. / *Shils*, E. A. (Hrsg.): Toward a General Theory of Action, Cambridge, Mass., 1951.

Phillips, L. / *Edwards*, W.: Conservatism in a Simple Probability Inference Task, in: Edwards, W. / Tversky, A. (Hrsg.): Decision Making, Harmondsworth 1967.

Piaget, J.: Psychologie der Intelligenz, Zürich 1967.

— Einführung in die genetische Erkenntnistheorie, Frankfurt 1973.

— Biologie und Erkenntnis, Frankfurt 1974.

Pollner, M.: Sociological and Common-sense Models of the Labeling Process, in: Turner, Roy (Hrsg.): Ethnomethodology, Harmondsworth 1974.

Popitz, H. / *Bahrdt*, H. P. / *Jüres*, E. A. / *Kesting*, H.: Das Gesellschaftsbild des Arbeiters, Tübingen 1957.

Popper, K. R.: Conjectures and Refutations. The Growth of Scientific Knowledge, London 1963.

— Logik der Forschung, 4. Auflage, Tübingen 1971.

Preuss, U.: Legalität und Pluralismus, Frankfurt 1973.

Rawls, J.: Two Concepts of Rules, in: Philosophical Review, 64, 1955.

Ritsert, J.: Substratbegriffe in der Theorie sozialen Handelns, in: Soziale Welt, 19, 1968.

Ronge, V. / *Schmieg,* G.: Restriktionen politischer Planung, Frankfurt 1973.

Rosenthal, R.: Experimenter Effects in Behavioral Research, New York 1966.

Rubinstein, S. L.: Sein und Bewußtsein, 6. Auflage, Berlin (DDR) 1972.

Ryan, A.: Die Philosophie der Sozialwissenschaften, München 1973.

Ryave, A. L / *Schenkein,* J. N.: Notes on the Art of Walking, in: Turner, Roy (Hrsg.): Ethnomethodology, Harmondsworth 1974.

Ryle, G.: Der Begriff des Geistes, Stuttgart 1973.

Sacks, H.: Sociological Description, in: Berkeley Journal of Sociology, 8, 1963.

— On the Analysability of Stories by Children, in: Turner, Roy (Hrsg.): Ethnomethodology, Harmondsworth 1974.

Salmon, W. C.: The Foundations of Scientific Inference, Pittsburgh 1967.

Savage, L. J.: Historical and Critical Comments on Utility, in: Edwards, W. / Tversky, A. (Hrsg.): Decision Making, Harmondsworth 1967.

Schachter, St.: Emotion, Obesity, and Crime, New York und London 1971.

Scheff, Th.: Das Etikett „Geisteskrankheit". Soziale Interaktion und psychische Störung, Frankfurt 1973.

Schegloff, W. / *Sacks,* H.: Opening up Closings, in: Turner, Roy (Hrsg.): Ethnomethodology, Harmondsworth 1974.

Schlüter, H.: Grundkurs der Rhetorik, München 1974.

Schmidt, A.: Zum Verhältnis von Geschichte und Natur im dialektischen Materialismus, in: ders. (Hrsg.): Existentialismus und Marxismus, 3. Auflage, Frankfurt 1968.

— (Hrsg.): Beiträge zur marxistischen Erkenntnistheorie, Frankfurt 1969.

Schmitt, C.: Der Leviathan in der Staatslehre des Thomas Hobbes, Hamburg 1938.

Schütz, A.: Gesammelte Aufsätze, Den Haag 1971 a (Band 1), 1972 (Band 2).

— Das Problem der Relevanz, Frankfurt 1971 b.

— Der sinnhafte Aufbau der sozialen Welt, Frankfurt 1974 (original 1932).

Schütze, F. / *Meinefeld,* W. / *Springer,* W. / *Weymann,* A.: Grundlagentheoretische Voraussetzungen methodisch kontrollierten Fremdverstehens, in: Arbeitsgruppe Bielefelder Soziologen (Hrsg.): Alltagswissen, Interaktion und gesellschaftliche Wirklichkeit, Reinbek bei Hamburg 1973.

Schwanenberg, E.: Soziales Handeln — Die Theorie und ihr Problem, Bern—Stuttgart—Wien 1970.

Sellars, W.: Science, Perception, and Reality, London 1963.

Sève, L.: Marxismus und Theorie der Persönlichkeit, Frankfurt 1972.

Silverman, D.: Methodology and Meaning, in: Filmer, P. et al.: New Directions in Sociological Theory, London 1972.

Simon, H. A.: Models of Man, Social and Rational. Mathematical Essays on Rational and Human Behavior in a Social Setting, New York 1957.

Smith, D.: Theorizing as Ideology, in: Turner, Roy (Hrsg.): Ethnomethodology, Harmondsworth 1974.

Sohn-Rethel, A.: Geistige und körperliche Arbeit, Frankfurt 1972.

Stegmüller, W.: Hauptströmungen der Gegenwartsphilosophie, Stuttgart 1965.

— Wissenschaftstheorie, in: Diemer, A. (Hrsg.): Philosophie, Frankfurt 1967.

— Wissenschaftliche Erklärung und Begründung, Berlin—Heidelberg—New York 1969.

— Das Problem der Induktion: Humes Herausforderung und moderne Antworten, in: Lenk, H. (Hrsg.): Neue Aspekte der Wissenschaftstheorie, Braunschweig 1971.

Steinvorth, U.: L. Wittgenstein: Sprache und Denken, in: Speck, J. (Hrsg.): Philosophie der Gegenwart 1, Göttingen 1972.

Storer, N.: The Social System of Science, New York 1972.

Strauss, L.: Hobbes' politische Wissenschaft, Neuwied und Berlin 1965.

Sudnow, D.: Normal Crimes: Sociological Features of the Penal Code in a Public Offender's Office, in: Social Problems, 12, 1965.

Torgerson, W. S.: Theory and Methods of Scaling, New York 1958.

Toulmin, St.: Human Understanding, Vol. I: The Collective Use and Evolution of Concepts, Princeton, N. J., 1972.

Triesman, D.: The Radical Use of Official Data, in: Arminstead, N. (Hrsg.): Reconstruction Social Psychology, Harmondsworth 1974.

Truzzi, M. (Hrsg.): Sociology and Everyday Life, Englewood Cliffs, N. J., 1968.

Turner, Ralf: Role Taking: Process versus Conformities, in: Rose, A. M. (Hrsg.): Human Behavior and Social Process. An Interactionistic Approach, London 1962.

Turner, Roy (Hrsg.): Ethnomethodology, Harmondsworth 1974.

Watzlawick, P. / *Beavin*, J. H. / *Jackson*, D. D.: Menschliche Kommunikation, Bern—Stuttgart—Wien 1969.

Weingardt, P.: Wissenschaftssoziologie, Frankfurt 1972 (Band 1), 1974 (Band 2).

Wellmer, A.: Methodologie als Erkenntnistheorie, Frankfurt 1967.

Werner, H.: Einführung in die Entwicklungspsychologie, München 1959.

Westmayer, H.: Kritik der psychologischen Unvernunft. Probleme der Psychologie als Wissenschaft, Stuttgart 1973.

Wieder, L. D.: On Meaning by a Rule, in: Douglas, J. D. (Hrsg.): Understanding Everyday Life, London 1971.

— Telling the Code, in: Turner, Roy (Hrsg.): Ethnomethodology, Harmondsworth 1974.

Wilson, Th. P.: Theorien der Interaktion und Modell soziologischer Erklärung, in: Arbeitsgruppe Bielefelder Soziologen (Hrsg.): Alltagswissen, Interaktion und gesellschaftliche Wirklichkeit, Reinbek bei Hamburg 1973.

Winch, P.: Understanding a Primitive Society, in: American Philosophical Quarterly, 1, 1964.

— Die Idee der Sozialwissenschaft und ihr Verhältnis zur Philosophie, Frankfurt 1966.

Wittgenstein, L.: Tractatus logico-philosophicus. Logisch-philosophische Anhandlung, Frankfurt 1973 (zitiert wird nach der Wittgensteinschen Nummerierung).

— Philosophische Untersuchungen, Frankfurt 1971 (zitiert wird nach der Wittgensteinschen Nummerierung).

Wolff, St.: Ansätze zu einer integrierten Theorie der Emotion, unveröffentlichte psychologische Diplomarbeit, München 1973.

Wright, G. H. v.: Erklären und Verstehen, Frankfurt 1974.

Wrong, D. H.: The Oversocialized Concept of Man in Modern Sociology, in: American Sociological Review, 26, 1961.

Wuchterl, K.: Struktur und Sprachspiel, Frankfurt 1969.

Wunderlich, D.: Pragmatik, Sprechsituation und Deixis, in: Zeitschrift für Literaturwissenschaft und Linguistik, 1, 1971.

Zimmerman, D.: Tasks and Troubles: the Practical Bases of Work Activities in a Public Assistence Organization, in: Hansen, D. A. (Hrsg.): Explorations in Sociology and Counseling, Boston 1969.

Zimmerman, D. / *Pollner,* M.: The Everyday World as a Phenomenon, in: Douglas, J. D. (Hrsg.): Understanding Everyday Life, London 1971 a.

— Ethnomethodology and the Problem of Order: Comment on Denzin, in: Douglas, J. D. (Hrsg.): Understanding Everyday Life, London 1971 b.

Zimmermann, E.: Das Experiment in den Sozialwissenschaften, Stuttgart 1972.

Zimmermann, R.: Semantik, „Widerspiegelung", marxistische Erkenntnistheorie, in: Das Argument, 85, 1974.

Soziologische Schriften

1. **Wandel und Beständigkeit im sozialen Leben.** Von L. v. Wiese. 70 S. 1964. DM 11,60
2. **Die Logik des Experiments in den Sozialwissenschaften.** Von W. Siebel. 253 S. 1965. DM 38,60
3. **Methodologische Aspekte des Idealtypus.** Max Weber und die Soziologie der Geschichte. Von J. Janoska-Bendl. 115 S. 1965. DM 19,80
4. **Sozialnatur und Sozialstruktur.** Studien über die Entfremdung des Menschen. Von J. Wössner. 110 S. 1965. DM 19,80
5. **Jugend zwischen Tradition und Demokratie.** Struktur und politische Bedeutung der Einstellung von Oberschülern zu politischer Autorität. Von H. Lenné. 230 S. 1967. DM 39,80
6. **Institution und Veranstaltung.** Zur Anthropologie der sozialen Dynamik. Von W. Lipp. 216 S. 1968. DM 46,80
7. **Das Problem der Prognose in der Soziologie.** Von A. Kühn. 195 S. 1970. DM 46,80
8. **Restloses Erkennen.** Die Diskussion über den Strukturalismus des Claude Lévi-Strauss in Frankreich. Von A. Dumasy. 257 S. 1972. DM 48,60
9. **Max Weber und China.** Herrschafts- und religionssoziologische Grundlagen zum Wandel der chinesischen Gesellschaft. Von A. Zingerle. 180 S. 1972. DM 38,60
10. **Gesellschaftsstruktur und Rolle der Frau.** Das Beispiel der Irokesen. Von I. Schumacher. 149 S. 1972. DM 29,60
11. **Utopie und Technik.** Zum Erscheinungs- und Bedeutungswandel des utopischen Phänomens in der modernen Industriegesellschaft. Von W. Trautmann. 150 S. 1974. DM 38,60
12. **Soziologische Wahrheit zwischen subjektiver Tatsache und wissenschaftlichem Werturteil.** Wissenssoziologische Überlegungen, ausgehend von Alvin Gouldner. Von E. Klausa. 87 S. 1974. DM 22,60
13. **Mensch und Kapitalismus bei Max Weber.** Zum Verhältnis von Soziologie und Wirklichkeit. Von B. Meurer. 177 S. 1974. DM 48,—
14. **Traditionale Werte im Entwicklungsprozeß.** Versuch einer allgemeinen theoretischen Grundlegung traditionalistisch orientierter entwicklungspolitischer Konzeptionen. Von F. Kandil. 278 S. 1975. DM 76,—
15. **Strukturprobleme einfacher Interaktionssysteme.** Eine empirische Untersuchung über Informationsdefizite, Nonkonformität, Dissens und ihre Abwicklung. Von E. Lange. 146 S. 1975. DM 39,60
16. **Nation und Nationalliteratur.** Eine soziologische Analyse des Verhältnisses von Literatur und Gesellschaft in Belgien zwischen 1830 und 1840. Von S. Tömmel. 278 S. 1976. DM 68,—

DUNCKER & HUMBLOT / BERLIN

Soziologische Abhandlungen

Herausgegeben von D. Claessens, R. Mayntz-Trier, O. Stammer

1. **Angestellte und Angestelltengewerkschaften in Deutschland.** Entwicklung und gegenwärtige Situation von beruflicher Tätigkeit, sozialer Stellung und Verbandswesen der Angestellten in der gewerblichen Wirtschaft. Von Prof. Dr. G. Hartfiel. 221 S. 1961. DM 32,—

2. **Solidarität und Gleichheit.** Ordnungsvorstellungen im deutschen Gewerkschaftsdenken nach 1945. Von Dr. I. von Reitzenstein. 217 S. 1961. DM 29,80

3. **Strukturveränderungen der Gesellschaft und politisches Handeln in der Lehre von Rudolf Hilferding.** Von Prof. Dr. W. Gottschalch. 287 S. 1962. DM 44,—

4. **Familie und Wertsystem.** Eine Studie zur „zweiten, sozio-kulturellen Geburt" des Menschen und der Belastbarkeit der „Kernfamilie". Von Prof. Dr. D. Claessens. 3., überarbeitete und erweiterte Aufl. 219 S. 1972. DM 24,60

5. **Klassengesellschaft ohne Klassenkonflikt.** Eine Studie über William Lloyd Warner und die Entwicklung der neuen amerikanischen Stratifikationsforschung. Von Dr. D. Herzog. 170 S. 1965. DM 29,60

6. **Handlungstheorie und Freiheitsantinomie.** Von Dr. J. Ritsert. 145 S. 1966. DM 29,80

7. **Herrschende Klasse und Elite.** Eine Strukuranalyse der Gesellschaftstheorien Moscas und Paretos. Von Dr. P. Hübner. 178 S. 1967. DM 34,60

8. **Eliten und Entscheidungen in Stadtgemeinden.** Die amerikanische „Community Power"-Forschung und das Problem ihrer Rezeption in Deutschland. Von Dr. A. Ammon. 160 S. 1967. DM 32,—

9. **Das Studium des Lehrers.** Pädagogische Hochschule und Universität im Urteil ihrer Studenten. Von Dr. G. Achinger. 235 S. 1969. DM 53,40

10. **„Professions" oder „Freie Berufe"?** Professionales Handeln im Sozialen Kontext. Von Dr. H. Kairat. 160 S. 1969. DM 34,80

11. **Die Krise der Parteiendemokratie und die Parteiensoziologie.** Eine Studie über Moisei Ostrogorski, Robert Michels und die neuere Entwicklung der Parteienforschung. Von Dr. R. Ebbighausen. 89 S. 1969. DM 21,60

12. **Rationalität und Herrschaft.** Aspekte einer Theorie der Implementation zentraler Planung in der westeuropäischen Industriegesellschaft. Von Dr. E. Volk. 252 S. 1970. DM 48,60

13. **Totalitäre Herrschaft.** Anatomie eines politischen Begriffes. Von Prof. Dr. M. Jänicke. 281 S. 1971. DM 48,—

DUNCKER & HUMBLOT / BERLIN